四國攻略完全制霸 2024~2025

廣島 瀨戶內海

MOOK

wagamama no.070

四國·廣島·瀨戶內海攻略完全制霸 2024~2025

contents

本書標註各景點的開放時間、相關價格、餐廳內容均為編輯群實地走訪，並於2024年5月全面普查正確資訊，但經濟活動頻繁的四國、廣島、瀨戶內海地區店家眾多，隨時會有搬遷、暫停營業的可能性，正確資訊需以當地景點、商店及餐廳公布為準，如有資訊更動，會隨時公佈於MOOK景點家旅遊網：www.mook.com.tw，敬請自行更新即時資訊。

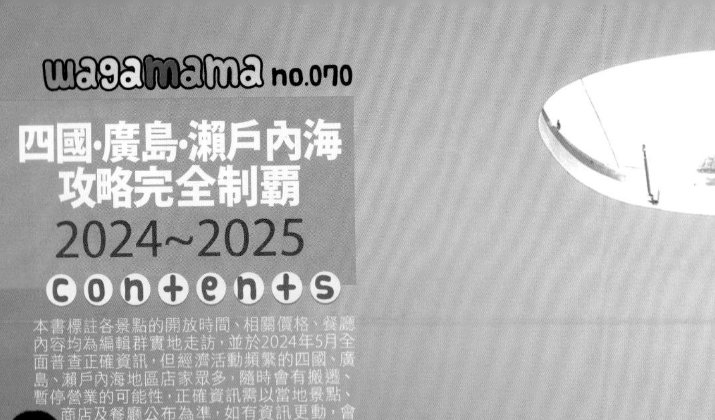

玩遍四國·廣島·瀨戶內 制霸33個分區＋

山陽地區P.1-1

瀨戶內海小島P.2-1

香川縣P.3-1

慢旅四國·廣島全區 獨享瀨戶內海跳島的浪漫

海小島
6大城市

四國·廣島·瀨戶內海攻略完全制覇 2024~2025

分區內頁使用說明

本書標註各景點的開放時間、相關價格、餐廳內容均為編輯群實地走訪，並於2024年5月全面普查正確資訊，但經濟活動頻繁的四國、廣島、瀨戶內海地區店家眾多，隨時會有搬遷、暫停營業的可能性，正確資訊需以當地景點、商店及餐廳公佈為準，如有資訊更動，會隨時公佈於MOOK景點家旅遊網：www.mook.com.tw，敬請自行更新即時資訊。

清楚標示出景點所在的地圖頁碼及座標值，可迅速找出想去的地方。
頁碼
區域小地圖
分區名稱與英日文拼音
不同樣式的BOX分別介紹每一景點或店家的豆知識
右頁邊欄上標出索引名稱，翻閱更輕鬆。
木場製麵所
別冊P.5,A2
土庄港開車約
縣小豆郡土庄町甲5162-2
tenobe.biz
清楚分別美食、購物、景點、住宿等機能，一眼就能找到旅遊需求。
看一眼就知道的符號說明
清楚列出鐵路及其他交通工具資訊
紅色粗字清楚列出此店家或景點的特色
編輯認為值得推薦的景點或店家

地圖ICONS使用說明

景點	麵食	飯店
神社	日式美食	寺廟
博物館	西式美食	溫泉
美術館	咖啡茶館	美容
公園	和菓子	公車站
購物	甜點、麵包	國道
百貨公司	酒吧	現場演唱
書店	劇院	機場

書中資訊ICONS使用說明

- 與本書地圖別冊對位，快速尋找景點或店家。
- 不小心東西忘在店裡面，可立刻去電詢問。
- 若店家均位於同一棟大樓，僅列出大樓名稱與所在樓層。
- L.O.（Last Order指的是最後點餐時間）
- 如果該店家無休假日就不出現。
- 日文料理菜名括號詳列中文翻譯，輕鬆手指點餐。
- 在大區域範圍內詳細標明如何前往景點或店家的交通方式。
- 出發前可上網認識有興趣的店家或景點。
- 各種與店家或景點相關不可不知的訊息。
- ① 地圖上出現車站實際出口名稱。

日本美妝
健康小物攻略
經典商品搶先關注！

日本大大小小的藥妝店實在太好逛，推陳出新的新商品更是令人眼花撩亂，不過有幾樣口碑持續發燒的美妝及健康小物可千萬別錯過，鎖定後快速下手準沒錯！

＊商品價格皆為含稅價

ロイヒ膏TMロキソプロフェン
ロイヒ膏TMロキソプロフェン 大判

ROIHI - KOTM LOXOPROFEN 第2類医薬品
ROIHI - KOTM LOXOPROFEN Large

ニチバン株式会社

¥1,078 / 7片　¥1,738 / 大尺寸7片

受到大家熱烈支持的「ROIHI-TSUBOKOTM」系列產品推出了「ROIHI - KOTM LOXOPROFEN」貼布！使用消炎止痛成分氯索洛芬鈉的溫熱型舒適貼布。可緩解肩膀酸痛、腰痛等，功效直達疼痛深處且持續24小時，1天1貼即可。舒適無味，辦公或外出時皆可使用。貼布不易皺摺，大尺寸亦可貼於腰部。
請認明印有「ROIHI-TSUBOKOTM」的「ROIHI博士」的紫色包裝外盒！

TM: trademark

龍角散ダイレクト®スティック ミント・ピーチ

龍角散®清喉直爽顆粒 第3類医薬品

株式会社龍角散

顆粒型：￥770 / 16包
口含錠型：￥660 / 20錠

在日本熱銷超過200年的咽喉藥「龍角散」經過改良，設計成可直接服用的條狀包裝。有薄荷與水蜜桃口味的顆粒製劑，在口中會如薄雪般迅速融化。同系列產品中也有口含錠型，為芒果加薄荷的香醇清涼口味。本產品可改善因咳痰、咳嗽、喉嚨發炎引起的聲音沙啞、喉嚨痛及喉嚨不適等症狀。無需配水服用，細微粉末的生藥成分，直接作用於咽喉黏膜，發揮效果。

救心カプセルF

救心膠囊 F 第2類医薬品

救心製薬株式会社

¥1,650 / 10顆
¥4,510 / 30顆

「救心膠囊F」是由天然生藥製成，可有效舒緩心臟泵血功能減弱造成的「心悸」、血液循環不暢因而無法帶給全身充足氧氣所導致的「呼吸困難」，以及眩暈、站起來時發暈、注意力無法集中、「意識模糊」等症狀。救心膠囊F為小型膠囊，不僅方便服用，也可以迅速吸收藥效成分。製造工廠使用最新設備，並擁有嚴格品質管理規範。

トフメルA

TOFUMEL A

第2類医薬品

三宝製薬株式会社

￥1,650 / 40g

舉凡寶寶的尿布疹、孩童的切擦傷、媽媽的手腳皮膚乾裂、爸爸刮鬍子時不小心的割傷、老年人的褥瘡、燙傷等都能使用，而且不會留下疤痕，自1932年上市以來就獲得許多顧客的支持，是每個家庭裡一定要有一罐的常備藥。
燙傷或流血時可在傷口塗上厚厚一層的軟膏，對付皮膚乾裂可在塗抹後配合按摩來促進吸收。

松本清藥妝店/Sundrug藥妝店/大國藥妝店/驚安殿堂・唐吉訶德/鶴羽藥妝店/Welcia藥局/杉藥局/Cocokarafine藥妝店

四國・瀨戶內海怎麼玩

四國有許多名聞海內外的景點與特色：2010年瀨戶內國際藝術祭開辦，瀨戶內海小島與藝術畫上等號；清澈見底的四萬十川棲息著日本最多的溪魚種類；金刀比羅宮長長的石階，自江戶時代枴杖點地的聲音就不絕於耳；連夏目漱石也深愛不已的道後溫泉，涓湧著質佳量多的湯泉；夏日祭典與四國遍路都在在吸引著旅人前去造訪。

❸香川縣(P.3-1)

位在四國東北側的香川縣，縣廳所在處的高松市是四國重要的玄關位置，藉由鐵道或汽車可前往岡山縣，知名的瀨戶內海小島多隸屬於香川，以高松港做為主要聯繫港口。除了因瀨戶內海藝術祭而名聞島群外，香川縣內的金刀比羅宮更是每年都吸引近400萬人次前去參拜。

必去！金刀比羅宮、栗林公園

❷高知縣(P.5-1)

高知縣位居四國的西南側，北為險峻山嶺，南臨太平洋，擁有豐富優美的海岸線景觀。有著「日本最後的清流」之稱的四萬十川，或是高知市中心的高知城，以及坂本龍馬的相關景點也相當具有人氣，尤其在夏季的YOSAKOI祭期間，更是讓高知市擠滿世界各地的遊客。

必去！四萬十川、高知城、桂濱

廣島縣
瀨戶內海
今治
伊予西条
松山機場
松山
伊予
❶愛媛縣
❷高知縣
內子
八幡浜
大洲
須崎
宇和島
四萬十
龍串
足摺岬

重要文化財 松山城

❶愛媛縣(P.4-1)

位在四國西北側的愛媛縣，北臨瀨戶內海，經由島波海道可從愛媛縣的今治市連接到廣島縣的尾道市，溫暖少雨的氣候讓這裡成為知名的柑橘產地。縣內以歷史悠久的道後溫泉為夏目漱石小說《少爺》的故事場景，是愛媛必遊之地，加上四國最大的平山城「松山城」，以及商店櫛比鱗次的大街道，購物、歷史人文與療癒溫泉匯聚，讓遊客相當滿足。

必去！道後溫泉、松山城、臥龍山莊

❹瀨戶內海小島(P.2-1)

日本主要是由北海道、本州、四國、九州等四個大型海島所組成，位於本州南端與四國中間的正是瀨戶內海，散落其中的小島則各自分屬不同地區，其中屬於四國地區的包括有小豆島、直島、豐島、男木島和女木島。

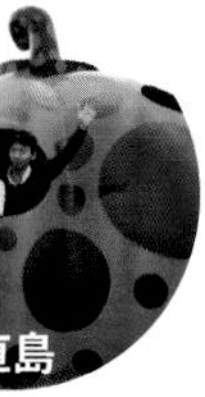

岡山縣
4
豐島
小豆島
直島
男木島
女木島
高松
宇多津
❸香川縣
善通寺
高松機場
鳴門
德島機場
三好
德島市
伊予三島
祖谷口
大步危峽
❺德島縣
高知
高知機場
太平洋

小豆島
豐島
直島
男木島
女木島

❺德島縣(P.6-1)

位於四國東部的德島縣，舊名為阿波，擁有相當多的自然觀光資源，其中在鳴門海峽出現的巨大漩渦是德島最具代表性的景點。鼎鼎大名的阿波舞有著悠久的歷史傳統，延續4天的夏日祭典是一年中的最高潮，若趕不上祭典期間造訪，也可到阿波舞會館欣賞有名連的演出。

必去！眉山纜車、鳴門漩渦、大步危·祖谷

四國在哪裡？

日本本土四島中最小的島嶼，行政區域劃分為香川縣、愛媛縣、高知縣以及德島縣，中間橫亙著蒼翠山巒，北依瀨戶內海與本州對望，南臨太平洋，予人清新純粹的印象。

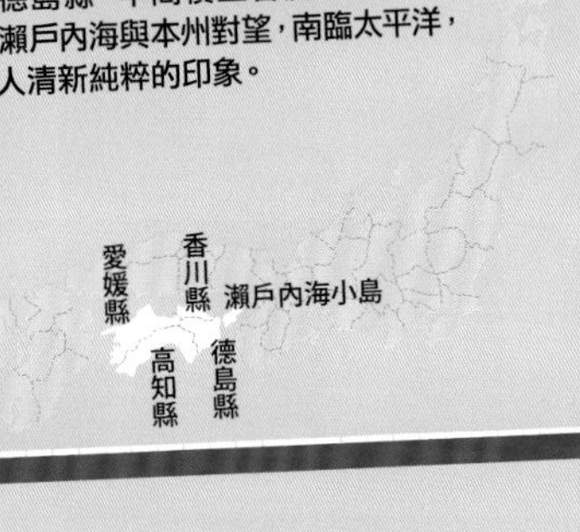

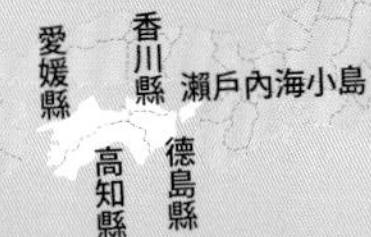

機場進入四國

前往四國地區其實比想像中還簡單，目前從台灣有直飛高松及松山的班機，可作為前往四國的起點。因為四國西臨中國及九州地區、東濱關西，從日本境內其他城市搭乘鐵路、巴士前來，基本的交通都不算複雜，快快規劃旅程，來趟四國小旅行吧！

➔台灣直飛四國地區機場

從台灣目前可直飛高松機場以及松山機場。如果在旅遊旺季時訂不到兩個機場進出的機票，可以改由大阪的關西國際機場、九州的福岡機場或是中國地區的廣島機場及岡山機場做為出入口，由上述地區進出四國皆可用鐵路或是高速巴士做連結，交通相當方便，可作為後補機場。

台灣⇔四國直飛班機

出發地	目的地	航空公司	班機時間
桃園國際機場	香川縣高松機場(TAK)	中華航空・日本航空	每週5班，週二~四、六~日
香川縣高松機場(TAK)	桃園國際機場		每週5班，週二~四、六~日
臺中國際機場	香川縣高松機場(TAK)	星宇航空	每週3班，週三、五、日
香川縣高松機場(TAK)	臺中國際機場		每週3班，週三、五、日
桃園國際機場	愛媛縣松山機場(MYJ)	長榮航空	每週2班，週三、日
愛媛縣松山機場(MYJ)	桃園國際機場		每週2班，週三、日
桃園國際機場	高知龍馬機場(KCZ)	台灣虎航	每週2班，週三、六
高知龍馬機場(KCZ)	桃園國際機場		每週2班，週三、六

備註：以上為2024年5月資訊，最新資訊請上各航空公司網站查詢

其他機場

地區	機場	網站
關西地區	關西國際機場(KIX)	www.kansai-airport.or.jp
中國地區	岡山機場(OKJ)	www.okayama-airport.org
	廣島機場(HIJ)	www.hij.airport.jp
九州地區	福岡機場(FUK)	www.fukuoka-airport.jp

➔由四國各機場進入市區

四國4縣都設有機場，從台灣前往四國最方便的是直飛香川縣高松機場，每週出發五班，愛媛縣松山機場則是每週出發兩班，高知縣高知龍馬機場則是每週出發兩班，雖然從台灣沒有直飛德島阿波舞機場，但從日本各地轉機直抵各縣也相當方便。

抵達各機場後，因為都沒有鐵路或電車連接，所以皆須利用巴士前往市區，巴士的發車時間搭配班機時間，不用擔心候車時間過長。

高松機場(TAK)

機場巴士

機場自動售票機可購買車票

琴電巴士：www.kotoden.co.jp；琴空巴士：kinkuubus.jimdofree.com；西讚巴士：www.k-sss.com/limousine

琴参巴士：www.kotosan-limousine.com；琴平巴士：www.kotobus-express.jp

目的地	交通方式	停靠站	時間	價格
JR高松駅	琴電巴士(ことでんバス)	高松機場(2號乘車處)→空港通り一宮→香川大学附属中学校前→ゆめタウン高松前→栗林公園前→中新町→瓦町(5號乘車處)→県庁通り中央公園前→兵庫町→高松築港(8號乘車處)→JR Hotel Clement高松→高松駅(6號乘車處)／フェリー乗り場	45分	至栗林公園前大人¥900、小孩¥450 至高松駅大人¥1,000、小孩¥500
JR琴平駅	琴空巴士(琴空バス)	高松機場(1號乘車處)→NEWレオマワールド→うどん街道→まんのう町役場(僅可下車)→琴中前(僅可下車)→こんぴらさん入口(僅可下車)→八千代(僅可下車)→大宮橋(僅可下車)→JR琴平駅→琴参閣(僅可下車)→紅梅亭(僅可下車)→大麻町	48分	至JR琴平駅大人¥2,000、小孩¥1,000
丸亀、観音寺、善通寺、丸亀	西讚巴士(西讃バス)	高松機場(0號乘車處)→綾川駅バス停→高速丸亀バス停→高速善通寺バス停→高速観音寺バス停→三島川之江IC入口バス停→伊予三島駅バス停→四国中央停留所	1小時23分	至善通寺バス停(善通寺巴士亭)大人¥1,400、小孩¥700 至高速丸亀バス停(高速丸龜巴士亭)大人¥1,400、小孩¥700
丸亀駅	琴参巴士(琴参バス)	高松機場(4號乘車處)→綾川駅→坂出駅→宇多津駅南口→南条町→丸亀駅→オークラホテル丸亀(大倉飯店丸龜)	1小時25分	至丸亀駅大人¥1,400、小孩¥700
大歩危・祖谷	琴平巴士(琴平バス)	JR高松駅(12號乘車處)→高松機場→こんぴら参道口(Kotori前)→阿波池田バスターミナル(阿波池田巴士總站) 2號乘車處→島の河原バス停→大歩危峡まんなか→祖谷ふれあい公園→かずら橋夢舞台	3小時	高松駅・高松機場⇔大歩危・祖谷大人¥2,500、學生¥2,000、小學生以下¥1,250 琴平⇔大歩危・祖谷大人¥1,500、學生¥1,000、小學生以下¥750

松山機場(MYJ)

機場巴士

機場巴士搭乘處自動售票機購票

伊予鐵巴士：www.iyotetsu.co.jp/bus/limousine/airport

目的地	交通方式	停靠站	時間	價格
道後温泉駅(行經JR松山駅、松山市駅)	伊予鐵巴士(伊予鉄バス)	松山機場→JR松山駅前→愛媛新聞社前(Hotel JAL CIRY前) →松山市駅→一番町·大街道→県民文化会館前→道後温泉駅前	40分	至JR松山駅前大人¥700 至松山市駅大人¥790 至道後温泉駅前大人¥950

高知龍馬機場(KCZ)

機場巴士

機場巴士搭乘處自動售票機購票

高知機場：www.kochiap.co.jp；土佐電交通：www.tosaden.co.jp/bus；高知駅前観光：kochiekimaekanko.jp/airportbus/

目的地	交通方式	停靠站	時間	價格
高知駅	機場連絡巴士(空港連絡バス)／土佐電交通(とさでん交通)	往高知駅：高知龍馬機場(2號乘車處)→農学部前·高専前→後免町通→工業団地前→中野団地北口→古川→葛島→知寄町二丁目→宝永町→菜園場町→はりまや橋→北はりまや橋→蓮池町通→高知橋→高知駅前→高知駅バスターミナル(高知站巴士總站) 往高知駅(經由東部自動車道高知南國道路)：高知機場(2號乘車處)→葛島→知寄町→宝永町→菜園場町→はりまや橋観光バスターミナル(播磨屋橋観光巴士總站)→北はりまや橋→蓮池町通→高知橋→高知駅前→高知駅バスターミナル(高知站巴士總站)	往高知駅35分；往高知駅(經由東部自動車道)25分	至はりまや橋、高知駅大人¥900、小孩¥450
高知駅	機場連絡巴士(空港連絡バス)／高知站前觀光(高知駅前観光)	高知龍馬機場(2號乘車處)→知寄町→宝永町→菜園場→はりまや橋観光バスターミナル(播磨屋橋觀光巴士總站)→北はりまや橋→蓮池町通→高知橋→高知駅前→JR高知駅	25分	

德島阿波舞機場(TKS)

機場巴士

機場1樓大廳機場巴士自動售票機購票

德島阿波舞機場：www.tokushima-airport.co.jp；德島巴士：www.tokubus.co.jp/airportbus

目的地	交通方式	停靠站	時間	價格
徳島駅	利木津機場巴士(リムジンバス)／德島巴士(徳島バス)	德島機場(1號乘車處)→徳島大学前→中央公園 裁判所→徳島駅前	30分	至徳島駅前大人¥600、小孩¥300
鳴門駅前·鳴門公園	路線巴士(路線バス)／德島巴士(徳島バス)	徳島駅前→松茂→德島機場(2號乘車處)→鳴門駅前→高速鳴門バス停前→アオアヲナルトリゾート前(Ao Awo Naruto Resort前)→大塚国際美術館前→鳴門観光港→鳴門公園	德島機場出發約45分	至鳴門駅前大人¥280、小孩¥140 至鳴門公園大人¥480、小孩¥240

➔其他機場進入四國

如買不到直飛高松及松山機場的機票，不妨可將關西、中國及九州地區的機場做為後備選項，飛抵各地區機場後又該使用何種交通方式進四國呢，善加利用高速巴士是不錯的方式，以下介紹各個機場交通接駁的參考。

關西國際機場(KIX)

目的地	交通方式	停靠站	時間	價格
徳島駅	關西機場交通／關空利木津巴士(関西空港交通／関空リムジンバス)・徳島巴士(徳島バス)・南海巴士(南海バス)・本四海峽巴士(本四海峡バス)	關西機場第2航廈(9號乘車處)→關西機場第1航廈(2號乘車處)→りんくう・プレミアムアウトレット(臨空PREMIUM OUTLETS)→淡路IC→東浦IC→津名一宮IC→洲本IC→志知→鳴門公園口→高速鳴門→松茂→徳島駅	約2小時45分	至徳島駅前、鳴門公園口大人¥5,000、小孩¥2,500
高松駅高速バスターミナル(高松站高速巴士總站)	關西機場交通／關空利木津巴士(関西空港交通／関空リムジンバス)・南海巴士(南海バス)・四國高速巴士(四国高速バス)・JR四國巴士(JR四国巴士)	關西機場第2航廈(8號乘車處)→關西機場第1航廈(7號乘車處)→高速大内→高速津田→高速志度→高松中央インターバスターミナル(高松中央交流道巴士總站)→ゆめタウン高松(YouMe Town高松)→高松駅高速バスターミナル(高松站高速巴士總站)	約3小時35分	至高松駅大人¥5,250、小孩¥2,630

備註：關西機場⇔高松駅目前運休中

岡山桃太郎機場(OKJ)

岡山機場無提供直達四國的高速巴士，需要先轉乘接駁巴士或機場巴士到新幹線、JR岡山駅後，再轉乘JR或是高速巴士到四國各地。轉乘方式及路線可見P.A-16。

目的地	交通方式	停靠站	時間	價格
岡山駅	利木津巴士(ムジンバス)：岡電巴士(岡電バス)・中鐵巴士(中鉄バス)	岡山機場(2號乘車處)→岡山駅西口	30分	大人¥780、小孩¥390

廣島機場(HIJ)

廣島機場無提供直達四國的高速巴士，需要先轉乘機場巴士到JR広島駅後，再轉乘新幹線、JR或是高速巴士到四國各地。轉乘方式及路線可見P.A-16。

目的地	交通方式	停靠站	時間	價格
廣島駅	廣島電鐵巴士(広島電鉄バス)	廣島機場(2號乘車處)→広島駅新幹線口	45~50分	大人¥1,450、小孩¥730

福岡機場(FUK)

福岡機場無提供直達四國的高速巴士。抵達機場後在國際線1樓的1號乘車處搭乘接駁巴士至國內線的B1轉乘福岡市地下鐵空港線到博多駅後，再轉乘新幹線、JR或是高速巴士到四國各地。轉乘方式及路線可見P.A-16。

琴電巴士：www.kotoden.co.jp；琴空巴士：kinkuubus.jimdofree.com

目的地	交通方式	停靠站	時間	價格
博多駅	福岡市地下鐵空港線	福岡機場→博多駅	5分	大人¥260、小孩¥130
	國內線(2號乘車處)：西鐵市內巴士(西鉄市内バス)快速39、139 國國際線(4號乘車處)：西鐵路線巴士(西鉄路線バス)直行	福岡機場→博多駅	20分	大人¥270、小孩¥140

四國景色天然純淨，對台灣旅客來說是值得一探的處女地，瀨戶內海、四萬十川、祖谷、太平洋的自然景色迷人，南予老街、道後溫泉、金刀比羅宮、栗林公園的人文風情更是深沉。四國境內除了瀨戶內海小島需要乘船往返之外，其餘4大城市：香川縣高松市、愛媛縣松山市、高知縣高知市、德島縣德島市之間皆有JR鐵路和高速公路連接，JR鐵路主要環島而建，由JR土讚線貫穿，而高速道路呈十字狀交叉。深山野溪則主要依賴巴士及計程車。四國往北搭乘JR鐵路還可順遊山陽地區岡山縣、廣島縣，遊覽岡山城、後樂園、倉敷、平和紀念公園、嚴島神社、尾道、竹原、吳等地。

➔鐵路交通

要在四國廣大的區域移動，最快速最方便的莫過於鐵道。雖然四國多山區，鐵路交通比較沒那麼發達，有一些景點之間甚至只能夠靠巴士移動，但若是要穿梭在各大城市間，仍以搭乘JR特急列車最為快速。只是要注意四國與中國(岡山、廣島)之間跨區拉車距離都相當長，所以在出發前最好先熟悉車班時間，以免在車站浪費時間。

值得一提的是，中國與四國地區的JR鐵路分別隸屬於JR西日本及JR四國，兩者以JR瀨戶大橋線的児島駅為界，這一站由兩間公司共同管理，也是往來於岡山及高松的必經之站，所以列車都會在此站交換駕駛員及乘務員。

JR西日本路線系統

www.westjr.co.jp

JR(Japan Railways)原本指的是日本國有鐵路，但政府不堪長期的虧損，於是在1987年將JR民營化，而依日本各個區域，分別成立JR北海道、JR東日本、JR東海、JR西日本、JR

四國、JR九州等幾個民營公司。JR西日本的營業範圍涵蓋北陸、近畿、中國，山陽新幹線縮短了廣島到岡山之間的交通時間，加上各大城市間也規劃有完備的鐵道系統，無論從日本各地前來或是在中國地區內移動都相當方便。

◎山陽新幹線

重要車站：**新大阪、新神戸、岡山、広島、博多**

東起關西大阪、西至九州博多的山陽新幹線，因與行駛於東京至大阪的東海道新幹線直通運行，所以這兩條線路又併稱為「東海道·山陽新幹線」，在中國地區設有岡山、新倉敷、福山、新尾道、廣島、新岩國、新下關等總計12個車站。

◎瀨戶大橋線

重要車站：**岡山、児島、高松**

運行於岡山駅至高松駅區間的鐵路線，是日本各地經由鐵道前往四國的必經路線，因行經瀨戶大橋，所以有「瀨戶大橋線」的暱稱。瀨戶大橋線以児島駅為分界，北為JR西日本的管轄，以南則歸JR四國，其中可區分為3條路線：岡山駅~茶屋町駅間為「宇野線」，茶屋町駅~児島駅、児島駅~宇多津駅為「本四備讚線」，宇多津駅~坂出駅~高松駅區間則是「予讚線」。行經瀨戶大橋時，碧海青天就在窗外，景致優美絕倫。

JR四國路線系統

www.jr-shikoku.co.jp

四國境內的鐵路線都歸屬於JR四國所有，JR西日本則以本四備讚線的児島駅為界，自然景色優美、歷史人文氣息濃厚的四國，規劃出許多獨具特色的列車，讓遊客能徜徉於明媚風光中感受自然魅力，或是深入歷史小鎮中領略文化之美。

◎予讚線

重要車站：**高松、宇多津、松山、伊予大洲、宇和島**

予讚線起自高松駅，一路沿著瀨戶內海及宇和海向西行駛，經過愛媛縣的松山駅後，最後來到宇和島駅，沿線有許多車站與海洋十分鄰近而成為賞景秘境，尤其是以夕陽聞名的無人車站下灘駅，浪漫的景色還曾是日劇《HERO》特別篇的取景地。

◎高德線

重要車站：**高松、池谷、徳島**

高德線顧名思義就是銜接高松與德島的路線，行駛於東部海岸的高德線與予讚線、土讚線並列為四國島內各都市銜接的重要鐵路線，全區間除了有普通列車外，還有特急列車渦潮(うずしお)號運行其上，每日有兩班直通岡山。

◎土讚線

重要車站：**多度津、琴平、阿波池田、窪川**

因貫通高知(土佐國)與香川(讚岐國)，所以取名為「土讚線」，路線起於香川縣多度津駅，向西南延伸至高知縣高知駅，最後抵達四萬十町的窪川駅，一路穿越讚岐山脈、吉野川上游、四國山地等自然景色，尤其阿波池田駅至大杉駅區間沿著山間溪谷而行，四季有著不同色彩的車窗風景。

◎予土線

重要車站：**窪川、宇和島**

四國唯一一條串連起愛媛與高知的鐵路線，名稱來自兩縣在古代的令制國名稱「伊予國」與「土佐國」，在高知縣內部分路段穿行於四萬十川上游，所以又有「四萬十Green Line」的暱稱。予土線因沿途景致優美，所以推出了多台特色的景觀列車，總稱為予土線3兄弟的四萬十TOROKKO列車(しまんトロッコ)、海洋堂HOBBY TRAIN(海洋堂ホビーとトレイン)以及鐵道HOBBY TRAIN(鉄道ホビートレイン)與沿線景色構築最美的鐵道風景。

◎內子線

重要車站：**新谷、內子**

內子線全線皆位在愛媛縣境內，線內只有通過4個車站，位在大洲市的新谷、喜多山及內子町的五十崎、內子。此路線被定位為地方交通路線，銜接予讚線兩邊支線，新谷接往伊予大洲、內子接往伊予立川。

◎鳴門線

重要車站：**池谷、鳴門**

鳴門線為德島的地方交通線，連接起鳴門市的池谷駅到鳴門駅，是利用鐵道前往欣賞鳴門漩渦的必經路線，全線只有7個車站，路線上只有普通列車運行，每天約有15班車次來回，幾乎所有列車都有直通到德島駅。

◎德島線

重要車站：**德島、阿波池田**

德島線的全區間路段都在德島縣境內，東西向連接起三好市的佃駅到德島市的佐古駅，因沿著吉野川南岸而行，所以又暱稱為「吉野川Blue Line」(よしの川ブルーライン)，運行的列車除了普通列車外，還有特急列車劍山號、南風號。

◎牟岐線

重要車站：**德島、海部**

牟岐線全線皆德島縣境內，是JR四國連接地方鐵道阿佐海岸鐵道路線。由德島駅發車，向德島南邊方向行進，直至海部郡海陽町的海部駅。

阿佐海岸鉄道

asatetu.com

阿佐海岸鐵道橫跨德島縣及高知縣的海岸鐵道，早期為JR牟岐線延伸段，後因資金不足由德島縣政府、海陽町政府及高知縣政府集資營運。運行鐵道只有阿佐東線的阿波海南駅、海部駅、宍喰駅及甲浦駅4站。

土佐くろしお鉄道

www.tosakuro.com

土佐黑潮鐵道為四國高知縣內的地方鐵道，路線多在高知縣四萬十川市、宿毛市，以及高知南邊的南國市、香南市及安藝市等地。其知名的是請來同樣也是高知縣出身的麵包超人作者柳瀨嵩，為車站及列車設計獨特的公仔人物吸引觀光人潮。

◎中村線

重要車站：**窪川、若井、中村**

中村線全距離43公里、包含15個車站，路線由高知縣四萬十町的窪川駅為起站終點站為四萬十市的中村駅。該路線原為JR四國後將之交易給土佐黑潮鐵道經營，中村駅也是前往四萬十川旅遊最方便的進出車站。

◎宿毛線

重要車站：**中村、宿毛**

宿毛線全線23.6公里、含8個車站，路線涵蓋高知縣四萬十市的中村駅至宿毛市的宿毛駅，因與中村線是連接路線，也常合稱為中村‧宿毛線，但對比中村線，宿毛線行駛列車班次較少且相隔時間長。

◎ごめん・なはり線

重要車站：**後免、後免町**

後免‧奈半利線全線距離42.7公里，是連結高知縣南部地區的重要鐵道，其由高知縣南國市後免駅行經香南市，終點站為安藝郡奈半利町的奈半利駅。在後免駅可以轉乘JR土讚線(往高知方向)，在後免町駅可轉乘土佐電氣鐵道後免線。

➔車班種類

除了地下鐵是每站皆停之外，不管是JR還是各大私鐵，幾乎都會依照電車運行速度(或停靠站多寡)來區分出電車的種類：

・各停／普通列車

類似台灣說的慢車，每一站皆停靠之意。優點是不易坐過站，但缺點就是長程移動比較浪費時間。

・快速／急行／準急列車

這些種類的列車都是屬於快車，並非每站都停。大多會停靠的都是轉運站。如果目的地是有名的大車站或終點站，可以放心搭乘沒有關係；但如果是大站與大站間的小站，那麼還是事先看清楚月台上的車種表或是向站務員詢問，以免搭錯車白白浪費更多時間。

・JR特急列車

JR特急列車是比一般的快速列車更快能到達目的地的列車，相對的停靠的站數就更少了。要搭乘JR特急列車除了進出車站的乘車券之外，還需要另外購買特急券或指定席券，所以看到特急列車不要一股勁就衝上車，以免在車上被車掌補票。

當地路面電車

在廣島縣、岡山線、香川縣、愛媛縣及高知縣的最大城市中，都有相當完備的路面電車系統，皆為當地最便利的交通工具，無論是前往廣島市的平和紀念公園、岡山市的岡山城、高松市的栗林公園、松山市的道後溫泉等，都會利用到當地電車，不僅方便舒適，也是相當特別的乘車體驗。

乘車方式為：後門上車時從機器拿取整理券，即將到站時按鈴，前門下車時將整理券與零錢投入零錢口。

廣島市・廣島電鐵

2號宮島線首班車6:28、末班車23:17，每小時約6班車

除9號白島線(八丁堀~白島)均一價大人¥160、小學生¥80，以及2號宮島線(広電西広島~広電宮島口)區間依乘坐區間計費外，其他市內線一律均一價大人¥220、小學生¥110，未滿1歲免費；電車一日券大人¥700、小學生¥35

www.hiroden.co.jp

搭乘2號宮島線上車前需先抽整理券，宮島線內乘車者於月台整理券機器抽整理券，市內線搭乘者則於電車入口抽整理券

廣島路面電車共有8條路線，其中2號線広島駅~宮島口，路線代表色為紅色，行經八丁堀駅、紙屋町東駅、紙屋町西駅、原爆ドーム前駅、広電宮島口駅等車站，能順遊許多定番景點，電車除了速度比較慢以外，可說是經濟實惠的交通選擇。

岡山市・岡山電氣軌道

東山線，平均約5分鐘一班車；清輝橋線，平均約10分鐘一班車

大人¥120、¥140區間、小學生¥60、¥70區間；一日乘車券大人¥400、小學生¥200

www.okayama-kido.co.jp/tramway

岡山市內交通以路面電車與巴士為主，暱稱為「岡電」的路面電車有兩條路線，分別為行駛於岡山駅前~城下~東山之間的東山線，以及行駛於岡山駅前~西川綠道公園~清輝橋間的清輝橋線。欲前往後樂園、岡山城，從岡山駅東口出站後走至Bic Camera即可看見路面電車「岡山駅前」站，搭上開往東山的電車至「城下」站即可達。

高松市・琴平電氣鐵道

6:00首班發車，平均約15分鐘一班車。高松築港到栗林公園、琴電琴平分別需7分、1小時2分；從瓦町到琴電屋島約17分

依行駛距離調整車資，高松築港到栗林公園、琴電琴平(靠近金刀比羅宮)分別是大人¥200、¥730；從高松築港到琴電屋島則需在瓦町轉志度線，車資為大人¥360；琴電一日券大人¥1,400、小學生¥700

www.kotoden.co.jp

暱稱為「琴電」、「ことでん」的琴平電氣鐵道，現在共有3條路線，分別是琴平線、長尾線及志度線。其中最常利用的為琴平線，以黃色為代表色，從高松築港駅開往琴電琴平駅，全長32.9公里、22站，中間行經片元町駅、瓦町駅、栗林公園駅等主要車站；欲前往屋島則可利用志度線，沿線的屋島、八栗山、志度寺等都是當地的名所。

松山市・伊予鐵道

市內電車松山駅發車約6:30~22:27，郊外電車高浜駅發車6:44~21:52。少爺列車(坊っちゃん列車)僅週六日及例假日運行；道後温泉駅－松山市駅發車9:19、13:19、14:59，松山市駅－道後温泉駅發車10:04、14:04、15:44；道後温泉駅－JR松山駅前駅・古町發車10:48，古町－道後温泉駅發車11:47

市內電車大人¥200、小孩¥100，郊外電車大人¥200~740、小孩¥100~370；下車投現金，能使用伊予鐵交通IC卡(ICい～カード)，2024年3月13日起市內電車範圍亦可使用ICOCA、Suica、PASMO等交通系IC卡；少爺列車(坊っちゃん列車)大人¥1,300、小孩¥650

www.iyotetsu.co.jp

伊予鐵道常暱稱為「伊予鐵」、「いよてつ」，除了經營鐵道外，同時也經營百貨、觀光、人力派遣等事業。現存有松山市內線及郊外線，較常利用的松山市內線主要呈環狀圍繞松山城而行，共有1、2、3、5、6這五條路線，較常利用的1、2系統為環狀線，分別以逆時針及順時針方向環繞松山市駅前、松山駅前、古町、木屋町、上一万、大街道等站；3系統為松山市駅線，停靠松山市駅前、大街道、上一万、道後温泉等站；5系統JR松山駅前線，停靠松山駅前、南堀端、大街道、上一万、道後温泉等；6系統本町線，停靠本町六丁目、南堀端、大街道、上一万、道後温泉。

另外，道後温泉~JR松山駅前~古町、道後温泉~松山市駅前區間，則有復古的少爺列車運行其中，值得一乘。

高知市・土佐電氣鐵道

後免町~はりまや橋(播磨屋橋)6:00~21:25；高知駅前~はりまや橋(播磨屋橋)~ 橋通五丁目6:19~21:22

依區間定價，市內區間均一價大人¥200，其他區間大人¥130~480不等

www.tosaden.co.jp

簡稱為「土佐電鐵」、「土佐電」的土佐電氣鐵道，共有南北向和東西向兩條線，在「はりまや橋」(播磨屋橋)站成十字交叉，南北向的棧橋線，東西向的伊野線、後免線在介良通~曙町東町區間，車資均為¥200。遇到重要節日，會有異國電車在街上運行，煞是有趣。

➔四國鐵路快速轉乘表

主要觀光地	福岡市	廣島市	岡山市	高松市	松山市
福岡市		搭乘新幹線希望號、瑞穗號、光號、櫻號至博多駅，約1小時可達。	搭乘新幹線希望號、瑞穗號、光號、櫻號至博多駅，約1小時40分可達。	搭乘JR快速Marine Liner號至岡山駅，轉乘新幹線希望號、瑞穗號、光號、櫻號，約2小時50分可達。	搭乘JR特急潮風號至岡山駅，轉乘新幹線希望號、瑞穗號、光號、櫻號，約4小時20分可達。
廣島市	搭乘新幹線希望號、瑞穗號、光號、櫻號至広島駅，約1小時可達。		搭乘新幹線希望號、瑞穗號、光號、櫻號至広島駅，約40分可達。	搭乘JR快速Marine Liner號至岡山駅，轉乘新幹線希望號、瑞穗號、光號、櫻號，約2小時可達。	搭乘JR特急潮風號至岡山駅，轉乘新幹線希望號、瑞穗號、光號、櫻號，約3小時30分可達。
岡山市	搭乘新幹線希望號、瑞穗號、光號、櫻號，約2小時可達。	搭乘新幹線希望號、瑞穗號、光號、櫻號，約40分可達。		搭乘JR快速Marine Liner號，約1小時可達。	搭乘JR特急潮風號，約2小時45分可達。
高松市	搭乘新幹線希望號、瑞穗號、光號、櫻號至岡山駅，轉乘JR快速Marine Liner號，約約2小時50分可達。	搭乘新幹線希望號、瑞穗號、光號、櫻號至岡山駅，轉乘JR快速Marine Liner號，約2小時可達。	搭乘JR快速Marine Liner號，約1小時可達。		搭乘JR特急石鎚號，約2小時30分可達。
松山市	搭乘新幹線希望號、瑞穗號、光號、櫻號至岡山駅，轉乘JR特急潮風號，約4小時20分可達。	搭乘新幹線希望號、瑞穗號、光號、櫻號至岡山駅，轉乘JR特急潮風號，約3小時30分可達。	搭乘JR特急潮風號，約2小時45分可達。	搭乘JR特急石鎚號，約2小時30分可達。	
道後溫泉	搭乘新幹線希望號、瑞穗號、光號、櫻號至岡山駅，轉乘JR快速Marine Liner號，約3小時50分。再搭乘5號路面電車，約25分可達。	搭乘新幹線希望號、瑞穗號、光號、櫻號至岡山駅，轉乘JR快速Marine Liner號，約2小時。再搭乘5號路面電車，約25分可達。	搭乘JR特急潮風號，約2小時45分。再搭乘5號路面電車，約25分可達。	搭乘JR特急石鎚號，約2小時30分。再搭乘5號路面電車，約25分可達。	搭乘5號路面電車，約25分可達。
高知市	搭乘新幹線希望號、瑞穗號、光號、櫻號至岡山駅，轉乘JR特急南風號，約4小時15分可達。	搭乘新幹線希望號、瑞穗號、光號、櫻號至岡山駅，轉乘JR特急南風號，約3小時20分可達。	搭乘JR特急南風號，約2小時40分可達。	搭乘JR特急四萬十，約2小時15分可達。	搭乘JR特急石鎚號至多度津駅，轉乘JR特急南風號，約4小時10分可達。

道後溫泉	高知市	德島市	鳴門
搭乘路面電車至「JR松山駅前」站，約25分。搭乘JR特急潮風號至岡山駅，再轉乘新幹線希望號、瑞穗號、光號、櫻號，約4小時30分可達。	搭乘JR特急南風號至岡山駅，轉乘新幹線希望號、瑞穗號、光號、櫻號，約4小時15分可達。	搭乘JR特急潮風號至岡山駅，轉乘新幹線希望號、瑞穗號、光號、櫻號，約4小時20分可達。	搭乘JR鳴門線普通列車至池谷駅，轉乘JR特急潮風號至高松駅，轉乘JR快速Marine Liner號至岡山駅，再轉乘新幹線希望號、瑞穗號、光號、櫻號，約4小時30分可達。
搭乘路面電車至「JR松山駅前」站，約25分。搭乘JR特急潮風號至岡山駅，再轉乘新幹線希望號、瑞穗號、光號、櫻號，約3小時30分可達。	搭乘JR特急南風號至岡山駅，轉乘新幹線希望號、瑞穗號、光號、櫻號，約3小時20分可達。	搭乘JR特急潮風號至岡山駅，轉乘新幹線希望號、瑞穗號、光號、櫻號，約2小時40分可達。	搭乘JR鳴門線普通列車至池谷駅，轉乘JR特急潮風號至高松駅，轉乘JR快速Marine Liner號至岡山駅，再轉乘新幹線希望號、瑞穗號、光號、櫻號，約3小時20分可達。
搭乘路面電車至「JR松山駅前」站，約25分。接下來的交通方式同左欄。	搭乘JR特急南風號，約2小時40分可達。	搭乘JR特急潮風號至高松駅，轉乘JR快速Marine Liner號，約2小時20分可達。	搭乘JR鳴門線普通列車至池谷駅，轉乘JR特急潮風號至高松駅，再轉乘JR快速Marine Liner號，約2小時45分可達。
搭乘路面電車至「JR松山駅前」站，約25分。接下來的交通方式同左欄。	搭乘JR特急四萬十號，約2小時15分可達。	搭乘JR特急潮風號，約1小時10分。	搭乘JR鳴門線普通列車至池谷駅，轉乘JR特急潮風號，約1小時30分可達。
搭乘路面電車至「JR松山駅前」站，約25分。	搭乘JR特急列車潮風號或石鎚號至多度津駅，轉乘JR特急列車南風，約4小時10~35分可達。	搭乘JR特急潮風號至高松駅，轉乘JR特急石鎚號，約4小時5分可達。	搭乘JR鳴門線普通列車至池谷駅，轉乘JR特急潮風號至高松駅，再轉乘JR特急石鎚號，約4小時10分可達。
	搭乘JR特急南風號至多度津駅，轉乘JR特急石鎚號，約4小時10分。再搭乘5號路面電車，約25分可達。	搭乘JR特急潮風號至高松駅，轉乘JR特急石鎚號，約4小時5分。再搭乘5號路面電車，約25分可達。	搭乘JR鳴門線普通列車至池谷駅，轉乘JR特急潮風號至高松駅，再轉乘JR特急石鎚號，約4小時10分。再搭乘5號路面電車，約25分可達。
搭乘路面電車至「JR松山駅前」站，約25分。接下來的交通方式同左欄。		搭乘JR特急劍山號至阿波池田駅，轉乘JR特急四萬十號，約2小時50分可達。	搭乘JR鳴門線普通列車至池古駅，轉乘JR高德線普通列車至佐古駅，轉乘JR德島線普通列車至阿波池田駅，再轉乘JR特急南風號，，約3小時50分可達。

主要觀光地	福岡市	廣島市	岡山市	高松市	松山市
德島市	搭乘新幹線希望號、瑞穗號、光號、櫻號至岡山駅，轉乘JR特急潮風號，約4小時20分可達。	搭乘新幹線希望號、瑞穗號、光號、櫻號至岡山駅，轉乘JR特急潮風號，約2小時40分可達。	搭乘JR快速Marine Liner號至高松駅，轉乘JR特急潮風號，約2小時20分可達。	搭乘JR特急潮風號，約1小時10分。	搭乘JR特急石鎚號至高松駅，轉乘JR特急潮風號，約4小時5分可達。
鳴門	搭乘新幹線希望號、瑞穗號、光號、櫻號至岡山駅，轉乘JR快速Marine Liner號至高松駅，轉乘JR特急潮風號至池谷駅，再轉乘JR鳴門線普通列車至鳴門駅 ，約4小時30分可達。	搭乘新幹線希望號、瑞穗號、光號、櫻號至岡山駅，轉乘JR快速Marine Liner號至高松駅，轉乘JR特急潮風號至池谷駅，再轉乘JR鳴門線普通列車至鳴門駅 ，約3小時20分可達。	搭乘JR快速Marine Liner號至高松駅，轉乘JR特急潮風號至池谷駅，再轉乘JR鳴門線普通列車至鳴門駅 ，約2小時45分可達。	搭乘JR特急潮風號至池谷駅，轉乘JR鳴門線普通列車，約1小時30分可達。	搭乘JR特急石鎚號至高松駅，轉乘JR特急潮風號至池谷駅，再轉乘JR鳴門線普通列車，約4小時10分可達。

本表使用方法
1.在表的上列找出現在地　2.找出表左列的目的地　3.兩列交錯處即是連結兩地的交通資訊
※本表提供的轉乘資訊為一般最容易了解的方法，並非代表最短距離、最短時間能到達之方式。

道後溫泉	高知市	德島市	鳴門
搭乘路面電車至「JR松山駅前」站，約25分。接下來的交通方式同左欄。	搭乘JR特急四萬十號至阿波池田駅，轉乘JR特急劍山號，約2小時50分可達。		搭乘JR鳴門線普通列車至池谷駅，轉乘JR特急潮風號，約40分可達。
搭乘路面電車至「JR松山駅前」站，約25分。接下來的交通方式同左欄。	搭乘JR特急南風號至阿波池田駅，轉乘JR德島線普通列車至佐古駅，轉乘JR高德線普通列車至池古駅，再轉乘JR鳴門線普通列車，約3小時50分可達。	搭乘JR特急潮風號至池谷駅，轉乘JR鳴門線普通列車，約40分可達。	

➔前進四國鐵道/巴士/渡輪交通

四國這座島嶼，北邊隔著瀨戶內海與中國地區遙望，東西方則分別是關西及九州，彼此間可以飛機、渡輪、鐵道或巴士互相連接，交通相當便利，因此除了直飛高松、松山・高知這個選項之外，也有許多人是從廣島、岡山、關西或九州前來遊玩，以下介紹鐵路、巴士及渡輪的交通方式。

另外，高速巴士多為指定席，請提早預約。除了可至各巴士官網預訂車票，也可至以下高速巴士綜合訂票網預約。

高速巴士綜合訂票網(発車オ～ライネット) secure.j-bus.co.jp/hon

進入四國

◎往香川縣

香川県観光協会 www.my-kagawa.jp/access

出發地		交通方式	路線	時間	單程價格
關西	大阪	新幹線+JR快速列車Marine Liner(マリンライナー)	新大阪駅→岡山駅→高松駅	約2小時	自由席大人¥7,360
		Foot Bus「たかなんフットバス-大阪うどん線」(高南Foot Bus-大阪烏冬線)	南海なんば高速バスターミナル(南海難波高速巴士總站)→大阪駅前→高松駅高速バスターミナル(高松站高速巴士總站)	3小時45分~4小時5分	大人¥4,500
		JR四國巴士・JR西日本巴士・阪急観光巴士・四國高速巴士「高松エクスプレス大阪号・さぬきエクスプレス大阪号」(高松Express大阪號・讃岐Express大阪號)	JR大阪駅→阪急三番街→高松駅高速バスターミナル(高松站高速巴士總站)	1小時1~3班，車程約3小時45分	大人¥4,500
	京都	新幹線+JR快速列車マリンライナー(Marine Liner)	京都駅→岡山駅→高松駅	2小時20分	自由席大人¥8,890
		JR四國巴士・JR西日本巴士・四國高速巴士・京阪巴士「高松エクスプレス京都号」(高松Express京都號)	京都駅烏丸口→高松駅高速バスターミナル(高松站高速巴士總站)	1日6~7班，車程約3小時45分	大人¥5,050
	神戶	新幹線+JR快速列車マリンライナー(Marine Liner)	新神戸駅→岡山駅→高松駅	1小時50分	自由席大人¥6,590
		Foot Bus「たかなん フットバス神戸線-神戸うどん線」(高南Foot Bus-神戶烏冬線)	神戸三宮駅→高松駅	1日9班，車程約2小時40分~3小時	大人¥4,300
		JR四國巴士・JR西日本巴士・四國高速巴士・神姬巴士「高松エクスプレス神戸号」(高松Express神戶號)	新神戸駅→三宮バスターミナル(三宮巴士總站)→高松駅高速バスターミナル(高松站高速巴士總站)	1小時約1班，車程約3小時10分	大人¥4,300
		ジャンボフェリー(Jumbo Ferry)	神戸三宮フェリーターミナル(神戶三宮Ferry Terminal)→高松東港	1日4班，航程約4小時15~45分	大人¥1,990、國中生¥1,890、小學生¥1,000、每位大人可陪同1位學齡前小孩免費，週六日及例假日、深夜航班另須加價大人¥500、小學生¥250、國中生網路購票¥250
中國	岡山	JR快速列車マリンライナー(Marine Liner)	岡山駅→高松駅	約1小時	自由席大人¥1,660
	廣島	新幹線+JR快速列車マリンライナー(Marine Liner)	広島駅→岡山駅→高松駅	約1小時50分~2小時	自由席大人¥6,920
		JR四國巴士・JR中國巴士「瀬戸内エクスプレス」(瀨戶內Express)	広島バスセンター(廣島巴士中心)→高松駅高速バスターミナル(高松站高速巴士總站)	1日4班，車程約3小時45~55分	大人¥4,500
九州	福岡	新幹線+JR快速列車マリンライナー(Marine Liner)	博多駅→岡山駅→高松駅	約2小時50分~3小時10分	自由席大人¥13,330
		西鐵巴士・四國高速巴士「さぬきエクスプレス福岡」(讃岐Express福岡)	博多バスターミナル(博多巴士總站)→高松駅高速バスターミナル(高松站高速巴士總站)	22:30發車、7:37抵達，車程約9小時27分	大人¥7,200~9,700(依日期而異)

◎往愛媛縣

愛媛県観光物産協会 www.iyokannet.jp/access

出發地		交通方式	路線	時間	單程價格
關西	大阪	新幹線+JR特急列車しおかぜ(潮風)	新大阪駅→岡山駅→松山駅	約3小時40分~4小時	自由席大人¥12,210
		JR四國巴士・JR西日本巴士「松山エクスプレス号」(松山Express號)、夜行巴士「京阪神ドリーム松山号」(京阪神Dream松山號)	JR大阪駅→JR松山駅	1日10班，車程約6小時	大人¥7,500
		阪急観光巴士、伊予鐵巴士「松山・八幡浜ー大阪線」	大阪-阪急三番街バスターミナル(阪急三番街巴士總站)→松山市駅	1日7班，車程約5小時30分~6小時45分	大人¥7,500
		阪神巴士「サラダエクスプレス」(Salad Express)	大阪梅田(ハービスOSAKA)→宇和島バスセンター(宇和島巴士總站)：(途經神戶三宮及大洲)	1日2班，車程約7小時5分~8小時	大阪梅田⇔大洲大人¥7,850 大阪梅田⇔宇和島大人¥8,550
	京都	新幹線+JR特急列車しおかぜ(潮風)	京都駅→岡山駅→松山駅	約4小時15~40分	自由席大人¥13,630
		京阪巴士・伊予鐵巴士「松山ー京都線」	京都駅八条口→松山市駅	15:10發車、20:40抵達，車程約5小時30分	大人¥7,350
	神戶	神姬巴士「ハーバーライナー」(Harbor Liner)	神姫バス神戸三宮バスターミナル(神姬巴士神戶三宮總站)→松山市駅	1日4班(週六日及例假日加開4班)，車程約3小時15分	大人¥7,000

中國	岡山	JR特急列車しおかぜ(潮風)	岡山駅→松山駅	約2小時40分~3小時	自由席大人¥6,820
		下津井電鐵巴士(下電バス)・兩備巴士・JR四國巴士・伊予鐵巴士「マドンナエクスプレス」(Madonna Express)	岡山駅西口→松山駅	1日4班，車程3小時25分	大人¥4,800
	廣島	新幹線+JR特急列車しおかぜ(潮風)	広島駅→岡山駅→松山駅	約3小時30~45分	自由席大人¥11,990
		廣交觀光巴士「しまなみライナー」(島波Liner)	広島バスセンター(廣島巴士中心)→今治駅	一日3班，車程2小時50分	大人¥4,200
		中國巴士・鞆鐵巴士・しまなみ巴士・瀨戶內運輸「しまなみライナー」(島波Liner)	福山駅前→今治駅前	1日16班，車程約1小時25分	大人¥2,800
		中國巴士・伊予鐵巴士・本四巴士・しまなみ巴士「キララエクスプレス」(Kirara Express)	福山駅前→新尾道駅前→松山駅前	1日2班。福山駅前~松山駅約2小時55分，新尾道駅~松山駅約2小時10分	福山駅前⇔松山駅大人¥4,300 新尾道駅⇔松山駅大人¥4,100
		瀨戶內海汽船・石崎汽船	広島港→松山観光港	スーパージェッ(Super Jet) 1日9班，航程約1小時10分；クルーズフェリー(Cruise Ferry) 1日10班，航程約2小時40分	Super Jet大人¥8,000；Cruise Ferry大人¥5,000
九州	福岡	新幹線+JR特急列車しおかぜ(潮風)	博多駅→岡山駅→松山駅	約4小時50分~5小時	自由席大人¥17,710
		西鐵巴士・伊予鐵巴士・伊予鐵南予巴士・瀨戶內運輸「道後エクスプレスふくおか号」(道後Express福岡號)	博多バスターミナル(博多巴士總站)→今治駅→松山市駅	21:30發車，5:50抵達今治駅、7:25抵達松山市駅。車程約9小時40分	博多巴士總站⇔今治駅大人¥7,300~¥9,800(依日期而異) 博多巴士總站⇔松山市駅大¥8,000~¥10,500(依日期而異)
	佐賀	國道九四Ferry(国道九四フェリー)	佐賀関港→三崎港	1日16班，航程約1小時10分	大人¥1,200，展望席另加價大人¥500
	別府	宇和島運輸Ferry(宇和島運輸フェリー)	別府港→八幡浜港	1日6班，航程約2小時45分	2等席大人¥4,100
	大分	宇和島運輸Ferry(宇和島運輸フェリー)・九四Orange Ferry(九四オレンジフェリー)	臼杵港→八幡浜港	1日6~7班，航程約2小時20分	2等席大人¥3,100

◎往高知縣

高知県観光情報 www.attaka.or.jp/kanko/kotsu.php

出發地		交通方式	路線	時間	單程價格
關西	大阪	新幹線+JR特急列車南風	新大阪駅→岡山駅→高知駅	約3小時20~45分	自由席大人¥11,440
		JR四國巴士・JR西日本巴士「高知エクスプレス号」(高知Express號)、夜行巴士「京阪神ドリーム高知号」(京阪神Dream高知號)	JR大阪駅→高知駅高速バスターミナル(高松站高速巴士總站)	1日12班，車程約5小時15分	大人¥6,900
		阪急觀光巴士・土佐電交通(とさでん交通)「よさこい号」(YOSAKOI號)	大阪-阪急三番街バスターミナル(阪急三番街巴士總站)→高知駅高速バスターミナル(高知站巴士總站)	1日10班，車程約4小時50分	大人¥6,900
	京都	高知西南交通・近鐵巴士「しまんとブルーライナー」(四萬十Blue Liner)	京都駅八条口→中村駅	21:00出發、6:55抵達，約10小時	大人¥10,500
		JR四國巴士・JR西日本巴士「高知エクスプレス号」(高知Express號)、夜行巴士「京阪神ドリーム高知号」(京阪神Dream高知號)	京都駅中央口→高知駅高速バスターミナル(高知站巴士總站)	1日3班，車程約5小時40分	大人¥7,400
	神戶	神姬巴士・土佐電交通(とさでん交通)「ハーバーライナー」(Harbor Liner)	神姫バス神戸三宮バスターミナル(神姬巴士神戶三宮總站)→高知駅高速バスターミナル(高知站巴士總站)	1日4班(週六日及例假日加開4班)，車程約4小時	大人¥7,000
中國	岡山	JR特急南風	岡山駅→高知駅	約2小時35~45分	自由席大人¥5,940
		下津井電鐵巴士(下電バス)・兩備巴士・JR四國巴士・土佐電交通(とさでん交通)「龍馬エクスプレス号」(龍馬Express)	岡山駅西口→高知駅高速バスターミナル(高知站巴士總站)	1日9班，車程約2小時25分	大人¥4,100
	廣島	新幹線+JR特急列車南風	広島駅→岡山駅→高知駅	約3小時30~55分	自由席大人¥11,440
		廣交觀光巴士「土佐エクスプレス」(土佐Express)	広島バスセンター(廣島巴士中心)→高知駅	8:00、15:55發車，車程約4小時30分	大人¥7,500
九州	福岡	新幹線+JR特急列車南風	博多駅→岡山駅→高知駅	約4小時40分~5小時10分	自由席大人¥17,270
		琴平巴士「コトバスエクスプレス」(琴平巴士Express)	HEARTSバスステーション博多(HEARTS博多巴士總站)→高知駅	21:30發車、7:50抵達，車程約10小時20分	大人¥8,700~¥11,200(依日期而異)

◎往徳島縣

徳島県観光協会 www.awanavi.jp

出發地		交通方式	路線	時間	單程價格
關西	大阪	新幹線+JR快速列車マリンライナー(Marine Liner)+JR特急列車うずしお(渦潮)	新大阪駅→岡山駅→高松駅→徳島駅	約3小時15分	自由席大人¥9,890
關西	大阪	JR四國巴士・JR西日本巴士・本四海峽巴士「阿波エクスプレス大阪号」(阿波Express大阪號)	JR大阪駅→徳島駅	1小時1~2班，車程2小時43~51分	大人¥4,100
關西	大阪	阪急觀光巴士・阪神巴士・南海巴士・徳島巴士「パールエクスプレス徳島号」(Pearl Express徳島號)	大阪-阪急三番街バスターミナル(阪急三番街巴士總站)→徳島駅	1小時1~2班，車程約2小時30分	大人¥4,100
關西	大阪	南海巴士・關西空港交通・本四海峽巴士・徳島巴士「関空リムジンバス」(關空利木津機場巴士)	關西國際機場(第2航廈9號乘車處、第1航廈2號乘車處)→高速鳴門→徳島駅	1天3班，車程約3小時	大人¥5,000
關西	大阪	岸和田觀光巴士「SPA LINE 鳴門・四国」	なんばOCATバスターミナル(難波OCAT巴士總站)→JR神戸駅中央口南側出入口(海側)→大塚国際美術館前→鳴門観光汽船のりば前(鳴門觀光汽船乘船處前)	南波OCAT9:50發車、JR神戸駅11:05發車，車程約3小時5分	難波OCAT巴士總站⇔鳴門¥3,060 JR神戸駅⇔鳴門¥2,550
關西	京都	新幹線+JR快速列車マリンライナー(Marine Liner)+JR特急列車うずしお(渦潮)	京都駅→岡山駅→高松駅→徳島駅	約3小時30分	自由席大人¥11,420
關西	京都	JR四國巴士・京阪巴士・JR西日本巴士・徳島巴士・本四海峽巴士「阿波エクスプレス京都号」(阿波Express京都號)	京都駅中央口→徳島駅	1日9班，車程約3小時5分	大人¥4,600
關西	神戸	JR四國巴士・JR西日本巴士・本四海峽巴士「阿波エクスプレス神戸号」(阿波Express神戶號)	新神戸駅→徳島駅	約1小時1班，車程約2小時15分	大人¥3,600
關西	神戸	阪神巴士・神姫巴士・徳島巴士「徳島ー神戸線」	神姫バス神戸三宮バスターミナル(神姫巴士神戸三宮總站)→徳島駅	約1小時1班，車程約2小時	大人¥3,600
關西	神戸	四國交通「神戸線」	三ノ宮駅→阿波池田バスターミナル(阿波池田巴士總站)	1日3班，車程約2小時50分	大人¥4,200
關西	和歌山	南海Ferry(南海フェリー)	和歌山港→徳島港	1天8班，約2小時15分	大人¥2,500
中國	岡山	JR特急列車うずしお(渦潮)	岡山駅→徳島駅	約2小時~2小時10分	自由席大人¥4,940
中國	岡山	徳島巴士・兩備巴士「徳島ー岡山線」	岡山駅西口→徳島駅前	8:30、18:50發車，車程約2小時35分	大人¥2,600~¥3,400(依平日、週五六日及例假日而異)
中國	廣島	新幹線+JR快速列車マリンライナー(Marine Liner)+JR特急列車うずしお(渦潮)	広島駅→岡山駅→高松駅→徳島駅	約3小時~3小時10分	自由席大人¥9,670
中國	廣島	廣交觀光巴士・徳島巴士「あわひろしま号」(阿波廣島號)	広島バスセンター(廣島巴士中心)→徳島駅前	8:10、16:30發車，車程約4小時25分	大人¥7,000
九州	福岡	新幹線+JR快速列車マリンライナー(Marine Liner)+JR特急列車うずしお(渦潮)	博多駅→岡山駅→高松駅→徳島駅	約4小時~4小時50分	自由席大人¥15,720
九州	福岡	Ocean東九Ferry(オーシャン東九フェリー)	北九州港(新門司港)→徳島港(津田港)	19:00~翌9:20(週日及例假日18:00~11:20)，航程約14小時20分	2等洋室¥20,020

四國各縣之間交通連結

4縣縣廳的所在城市各為當地最熱鬧的地區，4座城市間交通銜接相當方便，可利用JR鐵道或是高速巴士相連。

地點	交通方式	運行區間	時間	單程價格
高松⇔徳島	JR特急列車うずしお(渦潮)	高松駅→徳島駅	車程約1小時10~20分	自由席大人¥2,840
	JR普通列車		車程2小時30~50分	大人¥1,640
	四國高速巴士・大川巴士「高徳エクスプレス号」(高德Express號)	高松駅高速バスターミナル(高松站高速巴士總站)→徳島駅	1日10班，車程約1小時30分	大人¥2,300
	琴平巴士「高松・琴平 ⇔ 大歩危・祖谷」	JR高松駅(12號乘車處)→こんぴら参道口(Kotori前)→祖谷ふれあい公園→かずら橋夢舞台	1日1班，9:00高松駅出發，車程約3小時	高松駅⇔大步危・祖谷大人¥2,500 琴平⇔大步危・祖谷大人¥1,500
高松⇔松山	JR特急列車いしづち(石鎚)	高松駅→松山駅	車程約2小時30分	自由席大人¥6,160
	JR四國巴士・伊予鐵巴士・四國高速巴士「坊っちゃんエクスプレス号」(少爺Express號)	高松駅高速バスターミナル(高松站高速巴士總站)→JR松山駅	1日16班，車程約2小時25~50分	大人¥4,400
高松⇔高知	JR快速列車サンポート(Sunport)+JR特急列車南風	高松駅→宇多津駅→高知駅	車程約2小時15~30分	自由席大人¥5,050
	JR特急列車しまんと(四萬十)	高松駅→高知駅	車程約2小時12~25分	自由席大人¥5,390
	JR四國巴士・四國高速巴士・土佐電交通(とさでん交通)「黒潮エクスプレス号」(黑潮Express號)	高松駅高速バスターミナル(高松站高速巴士總站)→高知駅バスターミナル(高知站高速巴士總站)	1日9班，車程約2小時10~20分	大人¥3,900
徳島⇔松山	JR特急列車うずしお(渦潮)+JR特急列車いしづち(石鎚)	徳島駅→高松駅→松山駅	車程約3小時50分~4小時	自由席大人¥8,900
	JR四國巴士・伊予鐵巴士・徳島巴士「吉野川エクスプレス号」(吉野川Express號)	徳島駅→JR松山駅	1日6班，車程約3小時30分	大人¥4.800
徳島⇔高知	JR特急列車南風+ JR特急剣山	徳島駅→阿波池田駅→高知駅	車程約2小時20分	大人¥5.830
	JR四國巴士・土佐電交通(とさでん交通)・徳島巴士「高知徳島エクスプレス号」(高知徳島Express號)	徳島駅→高知駅バスターミナル(高知站高速巴士總站)	1日4班，車程約2小時45分	大人¥4,000
松山⇔高知	JR特急列車しおかぜ(潮風)/いしづち(石鎚)+ JR特急列車南風	松山駅→多度津駅→高知駅	車程4小時10~35分	自由席大人¥9,800
	JR四國巴士「なんごくエクスプレス号」(南國Express號)	JR松山駅→高知駅バスターミナル(高知站高速巴士總站)	1日5班，車程約2小時40分	大人¥4,000
	伊予鐵巴士・土佐電交通(とさでん交通)「高知ー松山線」	JR松山駅→高知駅バスターミナル(高知站高速巴士總站)	1日5班，車程約2小時30分	大人¥4,000

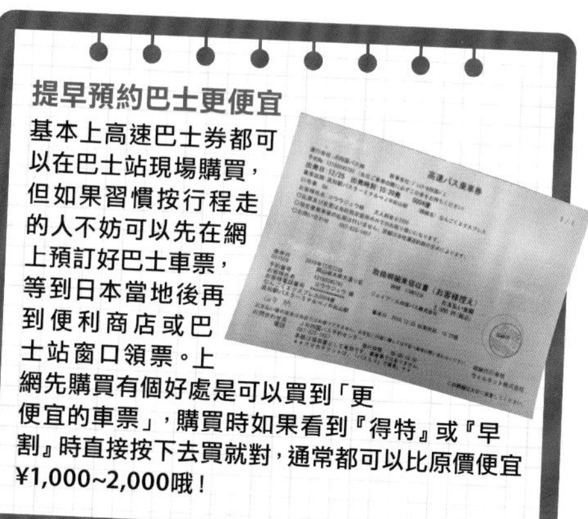

提早預約巴士更便宜

基本上高速巴士券都可以在巴士站現場購買，但如果習慣按行程走的人不妨可以先在網上預訂好巴士車票，等到日本當地後再到便利商店或巴士站窗口領票。上網先購買有個好處是可以買到「更便宜的車票」，購買時如果看到『得特』或『早割』時直接按下去買就對，通常都可以比原價便宜¥1,000~2,000哦！

➔瀨戶內海小島交通

若欲前往瀨戶內海上的小島，須從沿海地區乘船才可抵達，台灣目前直飛其中的廣島、大阪、香川以及福岡，交通其實相當方便，除了書中介紹的小島，還有許多大大小小島嶼值得遊客前去探訪。接下來依序介紹前往小島幾處重要港口及主要航段。需注意船班時間為2024年5月的資訊，隨時都有可能調整，另外在夏季或是瀨戶內海藝術祭期間會有加開船班，最新票價及船班資訊可至官網查詢。

如何前往沿岸地區各大港口

以下介紹要如何前往各沿海地區的港口。

地區	港口	交通方式	時間	單程價格
岡山	宇野港	JR岡山駅搭乘JR快速列車マリンライナー(Marine Liner)約15分至JR茶屋町駅，再轉乘宇野線普通列車，約25分抵達JR宇野駅，出站後徒步約10分即可抵達宇野港。	總計約1小時	大人¥590
		岡山駅巴士總站東口2號乘車處搭乘開往ダイヤモンド瀬戸内マリンホテル的兩備巴士「玉野渋川特急線」，約52分至「宇野港」站下車即達。1天約25班次，平均約35分一班。	約52分	¥660
	新岡山港	岡山駅巴士總站1號乘車處搭乘開往新岡山港的岡電巴士，約35~40分至終點「新岡山港」站下車即達。一天約9班，多數班次會配合船隻開航時間抵達。 ※欲利用此方式前往小豆島的話，可購買優惠套票「海鷗巴士券」(かもめバスキップ)，單程巴士+船班的價格為大人¥1,500、小孩¥750，可於岡山駅前綜合巴士案內所、天滿屋Ticket Center、小豆島土庄港往岡山方向售票處購買，並於一週內使用。	35~40分	大人¥500、小孩¥250
	宝伝港	JR岡山駅搭乘赤穂線普通列車，約18分至JR西大寺駅下車，轉乘兩備巴士「西大寺~西宝伝直行バス」，約25分至「西宝伝」站下車徒步3分即達。	約45分	JR鐵路車資大人¥240、巴士車資大人¥540
	日生港	JR岡山駅搭乘赤穂線普通列車，約55分至JR日生駅下車，出站徒步1分即達。	約55分	大人¥860
香川	高松港	JR高松駅徒步約8分	約8分	免費
	高松東港	高松站高速巴士總站8號乘車處搭乘接送巴士，約10分至終點站下車即達。	約10分	免費
兵庫	神戶三宮Ferry Terminal (神戸三宮フェリーターミナル)	各線三宮駅、三ノ宮駅徒步約20分	約20分	免費
		JR三ノ宮駅前搭乘神戶Ferry巴士，約10分至終點站下車徒步即達。	約10分	大人¥210
		搭乘港灣人工島線(ポートアイランド線)從三宮駅到ポートターミナル駅約9分，出站為第四突堤。	9分	大人¥210
	姬路港	JR姫路駅北口1號乘車處搭乘94號神姬巴士，約25分至終點「姬路港」站下車徒步即達。	約25分	大人¥280

前往小豆島

◎高松⇔小豆島(土庄／池田)

四國Ferry・小豆島Ferry (往土庄)、國際兩備Ferry(往池田)

四國Ferry・小豆島Ferry高松港營業所渡輪087-822-4383、高松港營業所高速艇087-821-9436、國際兩備Ferry 050-3615-635

單程渡輪約60分、高速艇約30分

渡輪大人¥700、小學生¥350；高速艇單程大人¥1,190、小學生¥600，來回大人¥2,270、小學生¥1,150；高速艇夜間船班大人¥1,580、小學生¥790

四國Ferry・小豆島Ferry www.shikokuferry.com、國際兩備Ferry ryobi-shodoshima.jp/

◎渡輪(フェリー)時間表：

高松發船	抵達小豆島	停靠港口	小豆島發船	抵達高松	出發港口
6:25	7:25	土庄	5:30	6:30	池田
6:50	7:50	池田	6:36	7:36	土庄
7:20	8:20	土庄	7:10	8:10	池田
8:02	9:02	土庄	7:35	8:35	土庄
8:32	9:32	池田	8:10	9:10	池田
9:00	10:00	土庄	8:35	9:35	土庄
9:30	10:30	池田	9:25	10:25	土庄
10:00	11:00	土庄	9:50	10:50	池田
10:40	11:40	土庄	10:20	11:20	土庄
11:10	12:10	池田	11:00	12:00	池田
11:35	12:35	土庄	11:25	12:25	土庄
12:10	13:10	池田	12:20	13:20	土庄
12:45	13:45	土庄	13:00	14:00	池田
13:40	14:40	土庄	13:40	14:40	池田
14:10	15:10	池田	13:55	14:55	土庄
14:48	15:48	池田	14:45	15:45	土庄
15:10*	16:10	土庄	15:30	16:30	池田
16:10	17:10	土庄	15:45	16:45	土庄
16:47	17:47	池田	16:25	17:25	池田
17:20	18:20	土庄	16:30	17:30	土庄
17:40	18:40	池田	17:10	18:10	池田
17:50	18:50	土庄	17:30	18:30	土庄
18:15	19:15	池田	18:00	19:00	池田
18:50	19:50	土庄	18:40	19:40	土庄
19:30	20:30	池田	19:00	20:00	池田
20:20	21:20	土庄	19:30*	20:30	土庄
20:30	21:30	池田	20:10	21:10	土庄

備註：*兩班次平日(例假日除外)一般旅客無法搭乘

◎高速艇時間表：

高松發船	抵達小豆島(土庄港)	小豆島(土庄港)發船	抵達高松
7:40	8:15	7:00	7:35
8:20	8:55	7:30	8:05
9:10	9:45	8:20	8:55
10:00	10:35	9:10	9:45
10:40	11:15	10:00	10:35
11:20	11:55	10:40	11:15
13:00	13:35	11:20	11:55
13:40	14:15	13:00	13:35
14:20	14:55	13:40	14:15
15:10	15:45	14:20	14:55
15:50	16:25	15:10	15:45
16:30	17:05	15:50	16:25
17:10	17:45	16:30	17:05
17:50	18:25	17:10	17:45
18:30	19:05	17:50	18:25
21:30*	22:05*	20:50*	21:25*

備註：底色的班次為夜間船班收費

◎高松東⇔小豆島(坂手)

小豆島Jumbo Ferry 078-327-3322 1日3班，航行時間高松東→小豆島1小時15分，小豆島→高松東1小時25分 大人¥700、小孩¥350 ferry.co.jp/shoudoshima-line/jikoku.htm

◎渡輪(フェリー)時間表：

高松發船	抵達小豆島(坂手港)	小豆島(坂手港)發船	抵達高松
6:00*	7:15*	9:20	10:45
6:15	7:30	11:40*	13:10*
14:00	15:15	14:40*	16:05*
16:30*	17:45*	16:50	18:15
19:15	20:30	22:40*	0:20*

註：底色的班次只行駛週末及例假日

◎新岡山港⇔小豆島(土庄)

四國Ferry・小豆島Ferry、國際兩備Ferry 四國Ferry・小豆島Ferry岡山營業所086-274-1222、國際兩備Ferry 050-3615-635 1日8班，單程約1小時10分 大人¥1,200、小學生¥600 四國Ferry・小豆島Ferry www.shikokuferry.com、國際兩備Ferry ryobi-shodoshima.jp/

◎渡輪(フェリー)時間表：

新岡山發船	抵達小豆島(土庄港)	小豆島(土庄港)發船	新岡山抵達
6:20	7:30	7:00	8:10
8:40	9:50	8:40	9:50
10:10	11:20	10:10	11:20
11:40	12:50	11:40	12:50
14:00	15:10	14:00	15:10
15:40	16:50	15:40	16:50
17:00	18:10	17:00	18:10
18:30	19:40	18:30	19:40

◎宇野⇔豐島(家浦)⇔豐島(唐櫃)⇔小豆島(土庄)

此航線請見P.A-28介紹。

◎姬路⇔小豆島(福田)

🚢四國Ferry・小豆島Ferry ☎姬路營業所079-234-7100 ⏰1日7班，航行時間約1小時40分 $大人¥1,710、小學生¥860 🌐www.shikokuferry.com/timetable/himeji-fukuda

◎渡輪(フェリー)時間表：

姬路發船	抵達小豆島(福田港)	小豆島(福田港)發船	抵達姬路
7:15	8:55	7:50	9:30
9:45	11:25	9:20	11:00
11:15	12:55	11:40	13:20
13:35	15:15	13:15	14:55
15:10	16:50	15:30	17:10
17:25	19:05	17:15	18:55
19:30	21:10	19:30	21:10

◎神戶(神戸三宮フェリーターミナル)⇔小豆島(坂手)

🚢小豆島Jumbo Ferry ☎078-327-3322 ⏰平日1日3班、週六日及例假日1日4班，航行時間白天約3小時20分、深夜約6小時30分 $大人¥1,990、國中生¥1,890、小學生¥1,000，國中生~25歲以下官網購票¥1,890；夜間航班及週六日及例假日需另加價大人¥500、小學生¥250(國中生官網購票¥250) 🌐www.shoudoshima-ferry.co.jp

◎渡輪(フェリー)時間表：

平日			
神戶發船	抵達小豆島(坂手港)	小豆島(坂手港)發船	抵達神戶
1:00*(經高松)	7:30	7:30	11:00
6:00	9:20	15:15	18:45
13:30	16:50	20:30	0:00
週六日及例假日			
神戶發船	抵達小豆島(坂手港)	小豆島(坂手港)發船	抵達神戶
1:00*(經高松)	7:15	7:15	10:40
8:30	11:40	15:15	18:40
11:20	14:40	17:45	21:00
19:20	22:40	22:40*(經高松)	5:15

備註：底色的班次為夜間船班收費

前往男木島・女木島

◎高松⇔女木島⇔男木島

🚢雌雄島海運 ☎087-821-7912 ⏰高松到女木島約20分，女木島到男木島約20分 $單程高松港~女木港大人¥370、小學生¥190，高松港~男木港大人¥510、小學生¥260，女木港~男木港大人¥240、小學生¥120；來回高松港~女木港大人¥740、小學生¥380，高松港~男木港大人¥1,020、小學生¥520，女木港~男木港大人¥480、小學生¥240 🌐meon.co.jp

◎渡輪(フェリー)時間表：

高松發船	抵達女木島/發船	抵達男木島	男木島發船	抵達女木島/發船	抵達高松
8:00	8:20	8:40	7:00	7:20	7:40
9:10	9:30	–	–	8:10*	8:30
10:00	10:20	10:40	9:00	9:20	9:40
11:10*	11:30	–	–	10:10*	10:30
12:00	12:20	12:40	11:00	11:20	11:40
13:10*	13:30	–	–	12:10*	12:30
14:00	14:20	14:40	13:00	13:20	13:40
15:10*	15:30	–	–	14:10*	14:30
16:00	16:20	16:40	15:00	15:20	15:40
17:10*	17:30	–	–	16:10*	16:30
18:10	18:30	18:50	17:00	17:20	17:40
18:40*	19:00	–	–	18:10*	18:30

備註：底色的班次只行駛於8/1~8/20

前往直島

◎高松⇔直島(宮浦)

🚢四國汽船 ☎高松事務所087-821-5100 ⏰一日5班渡輪、3班高速旅客船來回。高松到直島(宮浦)約50分，直島(宮浦)到高松約60分；高速旅客船單程約30分 $單程大人¥520、小學生¥260，來回¥990；高速旅客船單程大人¥1,220、小學生¥610 🌐www.shikokukisen.com/instant ❗高速旅客船不載送車輛、機車及腳踏車

◎渡輪(フェリー)與高速旅客船時間表：

(★為旅客船，未標註為渡輪)

高松發船	抵達直島(宮浦港)	直島(宮浦港)發船	抵達高松
7:20★	7:50★	6:45★	7:15★
8:12	9:02	7:00	8:00
9:20★	9:50★	8:40★	9:10★
10:14	11:04	9:07	10:07
12:40	13:30	11:30	12:30
15:35	16:25	14:20	15:20
18:05	18:55	17:00	18:00
20:30★	21:00★	19:45★	20:15★

◎高松⇔直島(木村)⇔豐島(家浦)

🚢豐島Ferry ☎087-851-4491、090-1009-6491 ⏰高松直行豐島約35分，高松到直島約30分，直島到豐島約20分 $高松到豐島單程大人¥1,350、小學生¥680；高松到直島單程大人¥1,220、

小學生¥610；豐島到直島¥630、小學生¥320 t-ferry.com 在高松港請至縣營第二棧橋高速船乘船處；分為12/1~3/19及3/20~11/30兩個時間表，請多加留意

◎12/1~3/19運行時間表：

高松發船	直島(木村港)	抵達豐島(家浦港)	豐島(家浦港)發船	直島(木村港)	抵達高松
7:41	→	8:16	7:00	→	7:35
9:07※	9:37	9:57	8:20	→	8:55
13:05	→	13:40	12:00	→	12:35
16:25	→	17:00	15:10※	15:30	16:00
18:03	→	18:38	17:20	→	17:55

備註：底色的班次為週一、六日及例假日加開船班
※行經直島(本村港)

◎3/20~11/30運行時間表：

週三~五					
高松發船	直島(木村港)	抵達豐島(家浦港)	豐島(家浦港)發船	直島(木村港)	抵達高松
7:41	→	8:16	7:00	→	7:35
9:02	→	9:37	8:20	→	8:55
10:45※	11:15	11:35	9:40	→	10:15
16:25	→	17:00	15:10▲	→	15:45
18:03	→	18:38	17:20	→	17:55
週二(豐島美術館休館日)					
高松發船	直島(木村港)	抵達豐島(家浦港)	豐島(家浦港)發船	直島(木村港)	抵達高松
7:41	→	8:16	7:00	→	7:35
13:05	→	13:40	12:00	→	12:35
18:03	→	18:38	17:20	→	17:55
週一、六、日及例假日					
高松發船	直島(木村港)	抵達豐島(家浦港)	豐島(家浦港)發船	直島(木村港)	抵達高松
7:41	→	8:16	7:00	→	7:35
9:07※	9:37	9:57	8:20	→	8:55
10:45※	11:15	11:35	10:04	→	10:39
16:25	→	17:00	15:10	15:30	16:00
18:03	→	18:38	17:20	→	17:55

備註：▲僅限豐島美術館週二開館航班
※行經直島(本村港)

◎宇野⇔直島(宮浦．本村)

四國汽船 宇野支店0863-31-1641 宇野⇔直島(宮浦港)一日13班渡輪、3班旅客船來回，宇野⇔直島(木村港)一日5班旅客船來回。搭乘渡輪約20分，搭乘旅客船約15分 渡輪．旅客船單程大人¥300、小學生¥150，來回¥570；旅客船深夜班次大人¥590、小學生¥300 www.shikokukisen.com 旅客船不載送車輛、機車及腳踏車

◎宇野⇔直島(宮浦港)時間表：(★為旅客船，未標註為渡輪)

宇野發船	抵達直島(宮浦港)	直島(宮浦港)發船	抵達發船
6:10	6:30	6:00	6:20
6:30	6:50	6:40	7:00
7:20	7:40	7:50	8:10
8:22	8:42	8:52	9:12
9:22	9:42	9:52	10:12
11:00	11:20	11:10	11:30
12:15	12:35	12:45	13:05
13:30★	13:45★	13:55★	14:10★
14:25	14:45	14:55	15:15
15:30	15:50	16:02	16:22
16:30	16:50	16:35	16:55
17:05	17:25	17:35	17:55
18:53	19:13	19:02	19:22
20:25	20:45	20:25	20:45
22:30★	22:45★	21:15★	21:30★
0:35★	0:50★	0:15★	0:30★

備註：底色的船班，以深夜船班價格購票

◎宇野⇔直島(木村港)時間表：(皆為旅客船行駛)

宇野發船	抵達直島(本村港)	直島(本村港)發船	抵達宇野
7:25	7:45	6:45	7:05
11:55	12:15	7:55	8:15
16:50	17:10	13:00	13:20
17:45	18:05	17:20	17:40
18:35	18:55	18:10	18:30

◎直島(宮浦)⇔豐島(家浦)⇔犬島

此航線請見P.A-28介紹。

前往豐島

◎高松⇔直島(木村)⇔豐島(家浦)

此航線請見P.A-26~P.A-27介紹。

◎高松⇔豐島(唐櫃)

豐島Ferry 087-851-4491 1日1班，高松至豐島約35分，2024年僅5/3、5/4、5/5、8/11、8/12運行 單程大人¥1,350、小學生¥680 t-ferry.com 在高松港請至縣營第二棧橋速船乘船處

◎時間表：

高松發船	抵達豐島(唐櫃港)	豐島(唐櫃港)發船	抵達高松
12:20	12:55	尚未公告	尚未公告

◎宇野⇔豐島(家浦)⇔豐島(唐櫃)⇔小豆島(土庄)

小豆島豐島Ferry 0879-62-1348 一日4班渡輪、5班旅客船來回。小豆島土庄港到豐島唐櫃港渡輪約30分、旅客船約20分，豐島唐櫃港到豐島家浦港約20分，豐島家浦港到宇野渡輪約40分、旅客船約25分 宇野到小豆島土庄港¥1,260、小學生¥630，宇野到豐島唐櫃港單程大人¥1,050、小學生¥530，宇野到豐島家浦港、豐島家浦港到小豆島土庄港單程大人¥780、小學生¥390，豐島唐櫃港到小豆島土庄港¥490、小學生¥250，豐島家浦港到豐島唐櫃港¥300、小學生¥150 www.shodoshima-ferry.co.jp

◎直島(宮浦)⇔豐島(家浦)⇔犬島

四國汽船

087-821-5100 直島到豐島約22分，豐島到犬島約25分

3/1~11/30週二停駛，12/1~2月底週二~四停駛。遇豐島美術館、犬島美術館休館時則停駛

直島到豐島單程大人¥630、小學生¥320；豐島到犬島單程大人¥1,250、小學生¥630；直島到犬島單程大人¥1,880、小學生¥940

www.shikokukisen.com

高速旅客船不載送車輛、機車及腳踏車

◎時間表：(皆為旅客船行駛)

直島發船	抵達豐島・發船	抵達犬島	犬島發船	抵達豐島・發船	抵達直島
9:20	9:42・9:50	10:15	10:25	10:50・10:55	11:17
12:10	12:32・12:40	13:05	13:10	13:35・13:40	14:02
14:50	15:12・15:17	15:42	15:47	16:12・16:17	16:39

其他路線

◎岡山(宝伝港)⇔犬島

あけぼの丸

086-947-0912 約10分 單程大人¥400、小學生¥200

twitter.com/inujima_hoden

◎時間表：(皆為旅客船行駛)

岡山出發	抵達犬島	犬島出發	抵達岡山
6:40	6:50	6:55	7:05
8:00	8:10	8:20	8:30
11:00	11:10	11:15	11:25
13:00	13:10	13:20	13:30
13:45	13:55	14:00	14:10
15:15*	15:25*	15:35*	15:45*
17:00	17:00	17:15	17:25
18:30	18:40	18:45	18:55

備註：*船班於犬島美術設施休館時停駛；底色的船班於週日停駛

◎渡輪(フェリー)與旅客船時間表：(★為旅客船，☆為渡輪)

宇野發船	豐島(家浦港)發船	豐島(唐櫃港)發船	抵達小豆島(土庄港)	小豆島(土庄港)發船	豐島(唐櫃港)發船	豐島(家浦港)發船	抵達宇野
-	★6:40發船	6:55	7:15	-	-	6:00發船☆	6:40
6:45☆	7:25	7:45	8:14	7:20★	7:40	7:55	8:20
8:40★	9:05	9:20	9:40	8:40☆	9:10	9:30	10:09
11:10*☆★	11:50	12:10	12:39	10:30★	10:50	11:05	11:30
12:00★	12:25抵達	-	-	-	-	12:30發船★	12:55
13:25★	13:50	14:05	14:25	13:10☆	13:40	14:00*	14:39
15:25☆	16:05	16:25	16:54	15:50★	16:10	16:25	16:50
17:30★	17:55	18:10	18:30	17:50☆	18:20	18:40	19:19
19:30☆	20:10抵達	-	-	19:25★	19:45	20:00抵達	-

備註：*及有底色的班次每月第1個週二(若有異動則改週四)載送貨物，旅客不可搭乘

四國・廣島・瀨戶內海 實用交通票

來到四國、廣島，要利用大眾交通運輸來做為遊玩的代步工具，除了購買一般車票外，使用周遊券可以使你的行程擁有更大的彈性，也可以省下大筆的交通費，以下介紹適用於四國地區的優惠周遊券。

➔周遊券購買方式

JR周遊券

除了購買一般車票外，使用周遊券可擁有更大的彈性，也可省下大筆的交通費。

誰能買：短期停留、持觀光簽證的人須持護照才能購買。

哪裡買：全日本鐵路周遊券需在國外的指定旅行社及機構購買，而其它JR周遊券可在台灣先買好兌換券，或入境日本後再至大車站的綠色窗口(みどりの窓口)購買，須注意，一人入境日本一次，每種周遊券都只能使用一張。兌換券需在開立後3個月內持護照兌換。

➔四國地區通用

四國鐵路周遊券(ALL SHIKOKU Rail Pass)

shikoku-railwaytrip.com/tw/railpass.html

外國人來四國可利用此票券搭乘JR四國、土佐黑潮鐵道特急、快速、普通列車自由席；亦可搭乘伊予鐵道、阿佐海岸鐵道、高松琴平電氣鐵道、土佐電氣鐵道全線，最北至兒島，兒島以北為則屬JR西日本經營範圍，接續搭乘需另自付費用。詳細使用資訊請見下表：

使用區間	JR四國、土佐黑潮鐵道、阿佐海岸鐵道、高松琴平電氣鐵道、伊予鐵道、土佐電氣鐵道全線 小豆島渡輪 (高松港~土庄港) 、小豆島橄欖巴士(小豆島島內公共巴士)			
天數/價格	3日	4日	5日	7日
海外購買	大人¥12,000、6~11歲¥6,000	大人¥15,000、6~11歲¥7,500	大人¥17,000、6~11歲¥8,500	大人¥20,000、6~11歲¥10,000
日本購買/JR西日本官網購買	大人¥12,500、6~11歲¥6,250	大人¥15,500、6~11歲¥7,750	大人¥17,500、6~11歲¥8,750	大人¥20,500、6~11歲)¥10,250
有效時間	連續使用3/4/5/7日			
售票處	高松、松山、德島、高知的各車站JR四國旅行社各分店(JR四國旅遊服務中心)或JR四國旅行社梅田分店購買；另海外購買E-MCO(E-TICKET)可在此兌換，JR西日本官網購買(JR-WEST ONLINE TRAIN RESERVATION)亦可在此領取周遊券			
使用需知	・搭乘特急指定席需另行購買特急指定席券 ・JR四國的瀨戶大橋線，兒島以北為則屬JR西日本經營範圍，搭乘需另外自付費用 ・無法搭乘寢台列車Sunrise瀨戶號、少爺列車、各地區路線巴士、小豆島渡輪的高速船及高松港~土庄港以外的航線 ・欲搭乘觀光列車「伊予灘物語」需另購買指定席券及綠色車廂券 ・可以¥2,000優惠價搭乘松山-高知線巴士「なんごくエクスプレス号」(南國Express號) ・可享沿線設施、渡輪優惠			
購買身分	非日本籍旅客，購買需出示護照。			

瀨戶內地區鐵路周遊券(Setouchi Area Rail Pass)

www.westjr.co.jp/global/tc/ticket/setouchi/areapass

想要關西、中國和四國一起玩，用上這張券就可以挑戰高松市或松山一日遊！行程規劃達人來挑戰一波吧！詳細使用資訊請見下表：

使用區間	山陽新幹線(新大阪~博多) JR在來線：關空~京都~亀岡、岡山~栗林・琴平・松山 岡山電氣軌道、岡電巴士(岡山站~新岡山港) 兩備渡輪(新岡山港~小豆島土庄港)、小豆島渡輪(高松港~小豆島土庄港)、石崎汽船・瀨戶內海汽船高速噴射船(廣島港~吳港~松山觀光港)、JR西日本宮島渡輪(宮島口~宮島) JR中國巴士 (廣島市觀光循環巴士ひろしま めいぷる~ぷ)、廣島巴士(廣島港新線/広島みなと新線：廣島港~廣島站)
價格	大人¥22,000、6~11歲¥11,000
有效時間	連續使用7日
售票處	JTB關西旅遊訊息服務中心關西國際機場、大阪難波、關西旅遊訊息服務中心京都；日本旅行TiS京都分店、大阪分店(大阪旅遊服務中心)、新大阪分店購買
使用需知	・能搭乘新幹線、特急列車和快速、普通列車普通車廂指定席及自由席 ・JR系統普通車廂指定席可至各車站綠色窗口或是可預訂指定席的售票機、官網(僅限JR西日本官網購票)預訂，免費換取不限次數普通車廂指定席券，第7次(含)起需至綠色窗口預訂 ・無法搭乘東海道新幹線(新大阪~京都~東京)、九州新幹線(博多~鹿兒島中央)、JR在來線(博多~下關)屬於JR九州之範圍 ・無法搭乘新快速指定座位A-SEAT，需另購買指定席券；以及快速列車Liner列車及需要整理券的列車，需另購買整理券及Liner券 ・無法搭乘小豆島渡輪高速船、石崎汽船・瀨戶內海汽船大型渡輪(クルーズフェリー) ・搭乘宮島渡輪至宮島，需另支付宮島訪問稅¥100，於宮島口渡輪站JR售票機購買 ・廣島~松山噴射船必須先行換票才搭船 ・搭乘山陽新幹線時，行李尺寸三邊合計160~250公分內，乘車前必須事先預訂「特大行李放置處附帶席」，無需另外付費；若未事前預約，將特大型行李攜帶上列車，將收取手續費¥1,000
購買身分	非日本籍旅客，購買需出示護照。

➔四國各縣專用

香川縣

◎香川迷你鐵路&渡輪周遊券(KAGAWA Mini Rail & Ferry Pass)

🌐shikoku-railwaytrip.com/tw/pass-information/?pref=kagawa

想深入遊玩香川縣的話，不妨將這張周遊券納入考慮。路線從高松市區涵蓋到小豆島，可以盡情坐著鐵道、渡輪和巴士旅遊香川縣。詳細使用資訊請見下表：

使用區間	JR予讚線(高松~觀音寺)、JR高德線(高松~引田)、JR土讚線(多度津~琴平)特急列車和快速、普通列車的普通車廂自由席 高松琴平電氣鐵道路線全線 小豆島渡輪(高松~土庄) 小豆島橄欖巴士
價格	大人¥6,000、6~11歲¥3,000
有效時間	連續使用2日
售票處	JR四國旅行社高松分店(JR四國旅遊服務中心)、高松站；另海外購買E-MCO(E-TICKET)可在此兌換，JR西日本官網購買(JR-WEST ONLINE TRAIN RESERVATION)亦可在此領取周遊券
使用需知	・僅能搭乘特急列車自由席 ・不可搭乘小豆島渡輪的高速船及高松~土庄以外航線 ・不可搭乘各公司(除小豆島橄欖巴士)的路線巴士 ・無法搭乘寢台列車Sunrise瀨戶號
購買身分	非日本藉旅客，購買需出示護照。

◎高松琴電一日券(1日フリーきっぷ)

🌐www.kotoden.co.jp/publichtm/kotoden/ticket/free_ticket2019/index.html

一日內可無限次搭乘琴電，適用於電車全線。從JR高松駅到商店街、港口、北浜alley、玉藻公園等處都徒步可達，不過前往商店街需步行約15分鐘，利用電車可以稍微節省一些體力，另外，若要去較遠的栗林公園、金刀比羅宮也需利用琴電，從「高松築港」站前往分別為¥200、¥730，可依需求選擇以下票券。詳細使用資訊請見下表：

使用區間	琴平電車全線【琴平線・長尾線・志度線】
價格	大人¥1,400、小孩¥700
有效時間	購買後一日內
售票處	所有有人車站皆可購買
購買身分	無限制

◎幡多旅 四萬十・足摺巴士周遊券

はた旅 四万十・足摺バスパス(Shimanto Ashizuri Bus Pass)

幡多旅 🌐四萬十・足摺觀光資訊：hata-kochi.jp/en；巴士周遊券：hata-kochi.jp/buspass.html

想要一次收集最美的高知景色，不如走一趟四萬十和足摺吧！由高知西南交通巴士推出定期路線巴士全線，以及周遊觀光巴士期間內無限次搭乘的幡多旅四萬十・足摺巴士周遊券(Shimanto Ashizuri Bus Pass)，行駛路線涵蓋四萬十、足摺地區全區，讓你一次走遍四國最南端、有270度水平線包圍著的足摺岬，平靜地環繞在大自然裡的清流四萬十川，享受高知最原始的大自然美景！詳細使用資訊請見下表：

使用區間	◎高知西南交通路線巴士全線(高速巴士除外) 路線：中村・清水・足摺・宿毛線(幹線)、江川崎線・下田線、大月町各地、黑潮町各地 ◎周遊觀光巴士「四萬十・足摺號」(周遊観光バス しまんと・あしずり号) 運行日：週六日及例假日，3、4、7、8月的特定期間每天(詳見巴士周遊券官網) ◎四萬十川巴士(四万十バス) 運行日：同周遊觀光巴士「四萬十・足摺號」
價格	3天大人¥3,000，5天大人¥3,500
有效時間	3/5日
售票處	四萬十市觀光協會(中村駅)、四萬十Travel(中村駅)、高知西南交通本社、高知觀光情報發信館TOSATERASU(とさてらす)
購買身分	限短期停留的訪日外國人使用

愛媛縣

◎市內電車一日券(市内電車1Dayチケット)

www.iyotetsu.co.jp/ticket/toku/rail.html

一日內可無限次免費搭乘電車與巴士，適用於全區間電車，以及巴士都心循環東南線、東西線、平和通り線。另有二日、三日及四日券可購買。詳細使用資訊請見下表：

使用區間	松山市內電車全線【1·2·3·5·6號線】			
天數	1 Day	2 Day	3 Day	4 Day
價格	大人¥800、小孩¥400	大人¥1,100、小孩¥550	大人¥1,400、小孩¥700	大人¥1,700、小孩¥850
有效時間	購買後一日內			
售票處	僅發售電子票券，下載みきゃんアプリ(Mican APP)或ジョルダン乗換案内アプリ 伊予鉄MaaS(Jorudan乘換案內APP伊予鐵MaaS)購入			
使用需知	·可免費搭乘一次高島屋摩天輪くるりん ·無法搭乘少爺列車			
購買身分	無限制			

高知縣

◎電車一日乘車券(市內均一・全線)

www.tosaden.co.jp/train/oneday.php

來高知市旅遊一定要坐上復古的路面電車，來場最有氣氛的城市迷走之旅。其實電車路線並不複雜，只購買市內均一乘車券已可以滿足遊逛觀光景點的需求。詳細使用資訊請見下表：

使用區間	市內均一乘車券【介良通~曙町東町、高知駅前~栈橋通五丁目間】 軌道全線乘車券【後免町~伊野、高知駅前~栈橋通五丁目】
價格	軌道全線大人¥1,000、小孩¥500
	市內均一區間大人¥500、小孩¥250
有效時間	發售當天可使用
售票處	路面電車內、播磨屋橋服務中心、後免町服務中心、高知駅巴士案內所(高知駅高速巴士站)、土佐電交通棧橋窗口、高知觀光情報發信館TOSATERASU(とさてらす)、城西館、The Crown Palais新阪急高知、三翠園、Orient Hotel Kochi
使用需知	·使用時將車票上的年、月、日的數字各別刮開，以供乘車員檢查
購買身分	無限制

◎電車24小時乘車券(市內均一・全線)

www.tosaden.co.jp/info/dtl.php?ID=1875

高知市復古的路面電車，除了有販售紙本的一日券外，另亦有販售電子票券版本的一日券及24小時乘車券。詳細使用資訊請見下表：

使用區間	市內均一乘車券【介良通~曙町東町、高知駅前~栈橋通五丁目間】 軌道全線乘車券【後免町~伊野、高知駅前~栈橋通五丁目】
價格	軌道全線大人¥1,200、小孩¥600
	市內均一區間大人¥600、小孩¥300
有效時間	啟用24小時內可使用
售票處	僅發售電子票券，下載ジョルダン乗換案内アプリ(Jorudan乘換案內APP)
使用需知	·上車前按下「開使用票券」的按鍵，後門上車並抽取整理券，下車時，出示票券啟用的手機畫面給駕駛員確認，並將整理券投入運賃箱
購買身分	無限制

➔山陽地區專用

廣島市

◎廣島觀光循環巴士「ひろしまめいぷる～ぷ」(Hiroshima Meipuru-pu)一日乘車券

www.chugoku-jrbus.co.jp/teikan/meipurupu

想暢遊廣島市區定番景點，又不想為交通燒腦，搭乘觀光循環巴士是便宜又方便的選擇，詳細使用資訊請見下表：

使用區間	橘線、綠線及黃線，皆從広島駅新幹線口發車；橘線行經縣立美術館、平和公園，綠線行經平和公園、新天地，黃線經由平和公園、並木通
價格	大人¥600、小學生¥300
有效時間	發售當天可使用
售票處	JR広島駅新幹線口1F「バスきっぷうりば」或於車內購買，車票亦可使用交通系IC卡(PASPY、ICOCA等)付費
使用需知	·出示JAPAN RAIL PASS、JR-WEST RAIL PASS(僅線廣島縣內區域)可直接搭乘
購買身分	無限制

自駕遊四國

四國．山陰山陽幅原廣闊，如果不想要在繁雜的交通工具選擇中搞得一個頭兩個大，或無法配合各種交通工具發車時間等瑣碎規定來排行程的話，開車的確是機動性很高的好選擇。尤其日本漢字發達，地名大多為漢字，再加上租車都會附加衛星導航，國人只要克服左駕的心理障礙，準備好一張日文版的台灣駕照就能上路囉！

租車流程

➔申請駕照日文譯本

在日本開車上路。申請手序十分簡單，攜帶駕照與身份證正本至各公路監理機關窗口，填寫申請表格、繳交100元規費，不到10分鐘就可以拿到譯本囉。譯本有效期限為1年。

STEP1：準備好駕照正本與身分證正本。

STEP2：帶著證件至各公路監理機關，到駕照相關窗口辦理台灣駕照的日文譯本申請手續。

STEP3：填寫申請表格，繳交100元規費。

STEP4：領取日文譯本，大功告成。

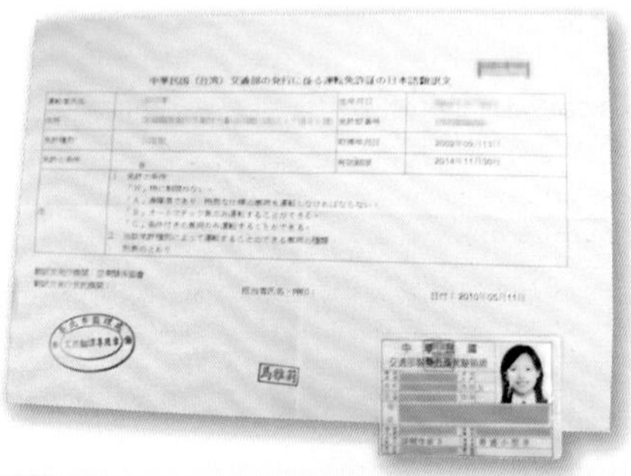

記得攜帶駕照正本

許多人到日本都會選擇自駕，尤其擁有台灣駕照的話，只需要申請駕照的日文譯本即可，非常方便。但是千萬不要以為只要帶駕照譯本出國就好，在日本當地租借汽車時，租車公司除了檢查駕照譯本，也會要求出示駕照正本及護照，要是沒帶駕照正本可就無法租車了。

公路常見用字

IC：Interchange，交流道。

JCT：Junction，系統交流道，也就是兩條以上高速公路匯流的地方。

PA：Parking Area，小型休息站，通常有廁所、自動販賣機，餐廳則不一定。

SA：Service Area，這是指大型休息站，廁所、商店、餐廳齊全以外，一般也設有加油站。

◎在日本申請駕照日文譯本

如果出國前來不及申請日文譯本，到了當地亦可在JAF官網線上申請或郵寄至JAF申請，若需臨櫃申請需事先預約，申請日文譯本￥4,000，不過申請時間約需約1~2週，不像台灣那麼快速方便，所以建議還是先在台灣申請，既便捷又安心。JAF在四 國各縣都設有分部，如有交通相關問題也可前去詢問。

❶JAF官網線上申請僅限日本境內網域申請，完成後會收到印刷號碼通知書，再至7-11マルチコピー機列印日文譯本，列印費用￥20

JAF(社團法人日本自動車聯盟)

www.jaf.or.jp/profile/general/office/index.htm

・JAF香川支部

琴電巴士「JAF香川支部前」站下車即達 高松市松縄町1083-16

10:00~17:00 休 週六日及例假日、年末年始

・JAF德島支部

德島巴士「南福島町」站下車即達 德島市新南福島1-4-32

10:00~17:00 休 週六日及例假日、年末年始

・JAF高知支部

土佐電巴士「北御座」站下車徒步7分 高知市北久保19-28

10:00~17:00 休 週六日及例假日、年末年始

・JAF愛媛支部

伊予鐵巴士「松山総合公園前」站下車即達 松山市南江5-15-32 10:00~17:00 休 週六日及例假日、年末年始

➔選擇租車公司

日本有多間知名的租車公司，以下就列出大家最熟悉的以供參考，其中部分網站有中文或英文介面，預約十分方便。

HONDA／ホンダレンタリース

www.hondarent.com

JR駅レンタカー

www.ekiren.co.jp

NISSAN Rent a Car／日産レンタカー

nissan-rentacar.com/ zh

TOYOTA Rent a Car／トヨタレンタリース

rent.toyota.co.jp/zh-tw/

➔如何選擇

建議依照自己的行程安排，尋找出發地附近的租車公司後再開始比較與選擇，部分車站周邊租車公司的選擇較少，提早預約會比較安心。如果覺得租車公司太多，看得頭昏眼花的話，也可以到統整多家租車公司資訊的比價網站查詢。

◎租車比價網站

・**Tabirai** tc.tabirai.net/car/

・**ToCoo** www2.tocoo.jp/cn/

➔線上租車

選定了租車公司、時間及地點後，接下來就可以在網路

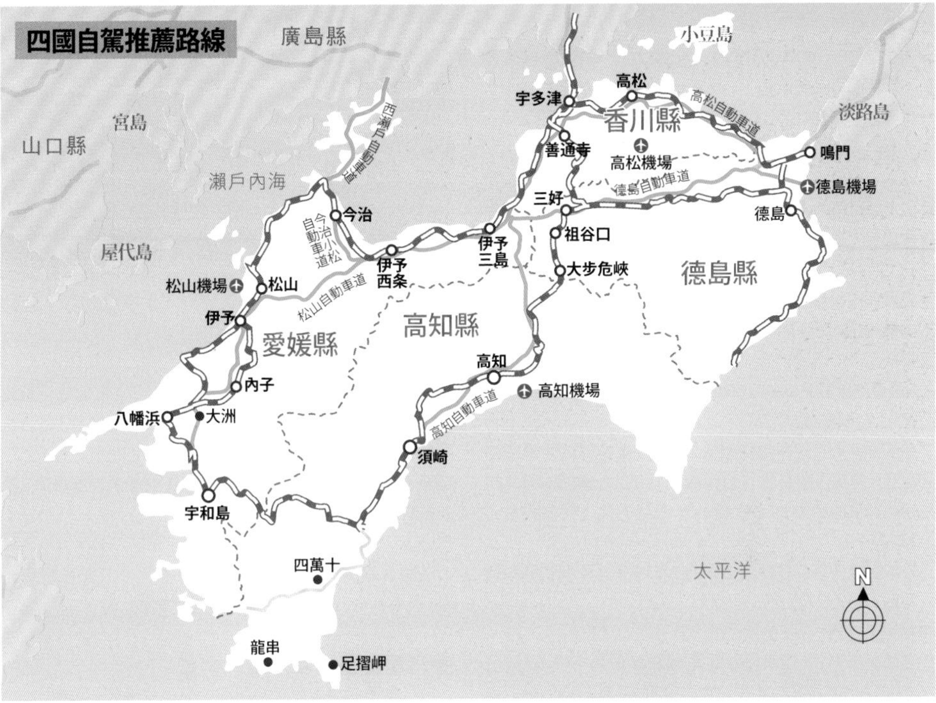

四國自駕推薦路線

上預約了，要注意部分網站只有日文介面。

➔租車安心方案

租車費用中所包含的強制保險包含強制汽車責任險與車體損害險，若發生交通事故，賠償金會由保險公司依投保額度來支付，駕駛者則須負擔賠償金支付後的餘額，另外還要自付免責額，可額外加入任意保險，便不用負擔免責金額。

而NOC(NOC, Non Operation Charge)則是營業中斷損失賠償費，萬一發生車禍造成車輛損害需進廠維修時，雖依保險可理賠損害金額，但並不負擔維修期間造成的利益中斷損失，這筆金額須由租車人自行負擔，若車輛還能開，須賠償2萬日幣，不能開的話則賠償5萬日幣。

➔實地取車

在日本租車時請記得一定要攜帶「台灣駕照」與「駕照日文譯本」，許多遊客就是因為忘記帶日文譯本，因而錯失自駕的機會，所以千萬不要忘記唷！

建議要提早到達租車公司，抵達租車公司營業所後，辦理取車手續如右圖：

➔還車

在約定的時間前將車開到指定場所歸還，建議事前將租車公司的服務電話及營業時間記下，若臨時有突發狀況，或是趕不及在預定時間內還車，才可盡快與租車公司聯絡。

還車時必須加滿汽油，並附上加油收據作為證明，否則租車公司會收取比市價高的油費。在職員陪同下驗車，如果車身在交還時有明顯刮痕、機件故障或是其他問題，租車公司會依照條款收費。

STEP1 提供駕照正本、駕照日文譯本，租車期間中會開車者都必須提供，必要時須出示旅遊證件或信用卡備查。
STEP2 仔細閱讀租車契約，包括租車條款、租金、保險範圍。
STEP3 簽訂租車合約，內含租車條款、租金、保險範圍。
STEP4 憑租車合約及收據至取車場所取車。
STEP5 由工作人員陪同檢查及確保車子沒有問題，並注意車身是否有刮痕，如果發現有刮痕，要請對方在合約內記載，釐清權責。
STEP6 檢查車子的基本操控以及詢問衛星導航的基本使用方式。
STEP7 取車時注意油箱是否加滿汽油。
STEP8 簽收所租汽車，記得帶走單據及地圖，完成手續，出發！

日本開車注意事項

四國市郊道路平直，整備得非常完善，再加上風景優美，可以盡享駕駛樂趣。不過畢竟國情和交通規則有異，請大家務必多加注意，記得安全是回家唯一的路。

◎左側行駛

日本與台灣的車子不僅方向盤的位置相反，而且是靠左行駛。雨刷和方向燈的控制也和台灣相反，往往在慌亂中就會誤打。

◎遵守交通規則

國道和高速道路都有監視攝影，雖然數量不多，但是罰款金額相當可觀。如果被快速照相，有可能會被警察追截或直接將罰款單寄往租車公司，並於信用卡扣除款項。另外，違規停車罰款由¥15,000起跳。

◎保持安全距離

在郊區開車往往會越開越快，這時候保持安全距離就格外重要。台灣人開車往往習慣緊貼著前面一輛車，可是這在高速行駛的時候就非常危險，一有閃失傷亡就很嚴重。

◎禮讓行人

日本有很多路口在綠燈的時候，同時容許車輛轉彎和行人穿越，所以原則上都必須讓行人先行。

◎按壓喇叭

在台灣按喇叭、閃車燈往往是駕駛者表達不悅、提醒的方式，而在日本則多為表示謝意以及提醒，像是遇到對方讓車，便會以亮雙方向燈兩次或是輕按兩次喇叭表達感謝。

◎路口右轉

在十字路口右轉時，即使是綠燈，也要等對面行車線轉為紅燈，或讓對面的車輛通過或是停下來方可右轉。需要右轉時，在市區通常有待轉車道(待轉區)，等對面行車線沒有車或是換燈號時才通過。在市區裡頭往往有些禁止右轉的標示是畫在地面上，要特別小心。另外，轉彎時可別進錯了車道。

◎穿越火車平交道

公路和鐵軌交會的地方，當有火車經過時，平交道兩側的柵欄會放下，因此要確認有足夠的時間和空間方可穿越，萬一卡在軌道上，要馬上下車啟動附近的緊急停車鈕，否則會釀成大禍。

◎緊急求助

很多路標下方會加設指示牌，顯示所在地內相關的道路情報中心的電話號碼。遇到緊急狀況時，可致電給他們或是租車公司尋求援助。

◎冬天駕駛

山區道路在冬天常有積雪，雪地行車有一定的危險度，記得先確定好打滑、冰面、積雪過厚等冬季行車狀況的可能性。

◎注意野生動物

山區路段有時會有牛、鹿等野生動物出現，因此看到標示時，放慢速度，避免引起事故。一則減少動物傷亡，二來有些動物體積龐大，重達100公斤，如果撞倒牠們，人員的傷亡也就在所難免。

◎新手駕駛

新手駕駛標誌又暱稱為「若葉マーク」，在考取第一類普通駕駛執照的一年內都要貼著，形狀如箭的尾端，右側為綠色、左側為黃色；另外常見的標誌還有四色幸運草，此為70歲以上的高齡駕駛者標誌，跟車在這些駕駛者後方，要多點耐心也要多點小心。

◎止まれ

在路上看到「止まれ(停止)」時，記得一定要先完全停車，看看左右方有無來車與行人後再繼續行駛。

➔汽車衛星導航／カーナビ

在日本租車大多會直接免費配備衛星導航，可選擇日文或是英文介面，也有部分導航有中文介面。日文的導航系統中，日文漢字出現的機率很高，且導航系統介面容易操作，大多數的店家(有些店家沒有登錄至系統)或景點，只要輸入電話號碼或地圖代碼(MAPCODE)便可鎖定，進而完整規劃路線，萬一不小心迷路還可以利用地圖確認自己所在位置。如果擔心衛星導航查詢不到想前往的地方，也可事先將景點名稱的日語平假名記下。

◎查詢MAPCODE

有些景點無法用電話號碼搜尋，這時候MAPCODE就是方便又萬無一失的選擇，常用的Mapion網站有兩種搜索方式，其一直接輸入地點搜索，其二就是從網頁中的地圖一步步縮小範圍，以下介紹第二個方式。

・Mapion www.mapion.co.jp

衛星導航日文

即將轉彎時，導航系統便會以語音通知駕駛者，不過因為駕駛者對日文及導航系統較不熟悉，所以常常會錯過轉彎時機，以下就介紹幾句導航系統的語音提醒。

導航：前方約500公尺處右轉/左轉。(提醒前方需要轉彎)
凡そ500メートル先、右方向/左方向です。
o-yo-so go-hya-ku me-to-ru sa-ki mi-gi ho-ko / hi-da-ri ho-ko de-su

導航：即將右轉/左轉。(提醒已靠近轉彎處)
まもなく、右方向/左方向です。
ma-mo-na-ku mi-gi ho-ko / hi-da-ri ho-ko de-su

導航：右轉/左轉。(已抵達轉彎處)
右/左です。
mi-gi / hi-da-ri de-su

STEP1 點選地圖中欲前往的都道府縣，再一步步縮小範圍到要去的區域。

STEP2 出現了範圍地圖後，拖曳地圖讓想去的地方對準中心的紅色十字。當然也可以直接輸入地址。

STEP3 將滑鼠游標移到右上角的「便利ツール」，從出現的下拉選單中點擊「地図URL」，MAPCODE(マップコード)即會出現。

➔加油方式

日本常見到的加油站為ENEOS、JOMO、SHELL、コスモ石油、Exxon Mobil Corporation等，在都市周邊或交通運量大的幹道旁皆可輕易找到，不過若是到郊區或是車運量少的地方時，數量就會鋭減，建議不要等到油快耗盡了才加油，以避免沒油可加的窘境。還有，記得還車前一定要把油加滿喔！

在日本加油時請學會「満タン(man-tan)」，也就是「加滿」的日語，並將貼在方向盤旁的油種標示貼紙指給服務人員看，一般為「レギュラー(regular)」，服務人員就會把油加滿。

加油日語

92無鉛汽油
レギュラー
re-gyu-ra
98無鉛汽油
ハイオク
hai-o-ku
柴油
軽油(ディーゼル)
kei-yu
92無鉛汽油加滿
レギュラー満タン
re-gyu-ra man-tan
付款方式
お支払いは？
o-shi-ha-ra-i wa?
只收現金
現金のみ
gen-kin no-mi
信用卡付款
クレジットカードで
ku-re-jit-to ka-do de
請給我收據
領収書をください
ryo-shu-sho wo ku-da-sai

➔行程距離建議

日本承認台灣駕照已有一段時間，美麗的道路風景搭配上精準的衛星導航，讓日本自駕十分地輕鬆容易。規劃行程時，總忍不住想貪心地多安排幾個景點，不過記得要仔細考量拉車時間，建議一天的行車距離控制在約150公里以下，最高也不要超過200公里，150公里相當於台北到苗栗的距離，在一般道路開車約需3~4小時，若加上繞路與臨時停車的時間，這個距離較可確保一天的行程充裕而輕鬆。

➔推薦網站

◎查詢高速道路費用
國土交通省 四国地方整備局 www.skr.mlit.go.jp
ドラぷら：www.driveplaza.com
◎規劃路線
YAHOO!JAPAN map map.yahoo.co.jp
Google地圖 maps.google.com.tw
NAVITIME www.navitime.co.jp

開車實用日文

異地還車
乗り捨て(のりすて)
no-ri-su-te
※意指甲地借、乙地還，不同區間則需要外加費用。
折價、優惠
割引(わりびき)
wa-ri-bi-ki
衛星導航
カーナビ(car navigator)
ka-na-bi
車禍
交通事故
ko-tsu-ji-ko
請問這個地址在哪裡？
ここの住所を教えてください。
ko-ko no jyu-syo wo o-shi-e-te-ku-da-sai.
受傷了
ケガをしました。
ke-ga wo shi-ma-shi-ta.
有停車場嗎？
駐車場はありますか。
chu-sha-jo wa a-ri-ma-su-ka?
車子該停在哪裡？
車はどこに停めればいいですか。
ku-ru-ma wa do-ko-ni to-me-re-ba ii-de-su-ka.
車子不能發動
車が動かない。
ku-ru-ma ga u-go-ka-nai.
反鎖了
鍵を閉じ込めました。
ka-gi wo to-ji-ko-me-ma-shi-ta.
爆胎了
パンクです。
pan-ku-de-su.
電瓶沒電了
バッテリーが上がりました。
batte-ri ga a-ga-ri-ma-shi-ta.
沒油了
ガス欠です。
ga-su-ke-tsu-de-su.
拋錨了
故障しました。
ko-syo shi-ma-shi-ta.

\ 香川縣 /

彩色蝦仙貝

四國SHOP 88／しまひで志滿秀

♥

蝦仙貝名店，曾在全國菓子大博覽會和2018年瀨戶內名產中獲獎，宛如馬卡龍般可愛，另有依顏色夾入各式高級起司夾心。

\ 香川縣 /

小豆島橄欖商品

四國SHOP 88／かがわ物産館栗林庵／まちのシューレ963

♥

瀨戶內海溫暖少雨的氣候相當適合橄欖栽種，各式商品從橄欖油、橄欖口味甜點、橄欖風味麵條、橄欖茶、面膜、保養品等通通都有。

四國・瀨戶內海 21樣伴手禮聰明買！

四國區域廣大，擁有許多地區限定的逸品名物，若是錯失入手的機會，就只能回家搥心肝了。為了避免遺憾，特選多樣熱門觀光地的特產，不論是點心銘菓、小巧禮物、特色商品，樣樣都有，快來看看該搬什麼貨回家！

\ 香川縣 /

海鮮仙貝

四國SHOP 88／象屋元藏

♥

將瀨戶內海的海味用仙貝封包起來，堅持手工烤製的各式海鮮仙貝，光看就令人驚豔，小包裝當伴手禮不佔空間又好攜帶。

\ 香川縣 /

烏龍圖案、公仔商品

四國SHOP 88／かがわ物産館 栗林庵

♥

烏龍縣代表的公仔當然也是烏龍！各式整碗烏龍麵的圖案商品很好買外，還有「烏龍腦」公仔商品，及令人莞爾的觀光係長うどん健。

\ 香川縣 /

小豆島 丸金醬油

丸金醬油紀念館

距今400年前，為了築造大阪城而前來採石的大名帶來了湯淺醬油，小豆島自此開啟了醬油之路，也讓醬油成為小豆島最知名的名產。1907年創立至今的百年老牌丸金醬油，也是小豆島最知名的名產。

\ 香川縣 /

小豆島 完熟橄欖油

井上誠耕園 THE STYLE SHOP mother's

只從完熟、果實呈紅黑色的橄欖榨取，滑順的口感無橄欖的生臭味，不管做什麼料理都很適合，也被稱為「萬能油」。

\ 愛媛縣 /

和蠟燭

大森和蠟燭

職人經數道手續，依照傳統技法製作的大森和蠟燭，樸實中見力量，屬於具有傳統特色的出遊紀念品。

\ 香川縣 /

小豆島 純米吟釀酒

MORIKUNI

採用瀨戶內海種植的優良酒米，而造酒的靈魂「水」則引入小豆島最高峰星城山的湧泉，加上堅持使用傳統手法製麴、釀造，讓小豆島的酒充滿甘醇清香的芬芳。

\ 愛媛縣 /

砥部燒

道後製陶社

以厚實白瓷繪上青藍色「吳須」顏料為主要特色的砥部燒，素淨典雅，深受收藏家喜愛，加上每個都是手繪，流露著不同的個性，也是道後溫泉當地相當受歡迎的伴手禮。

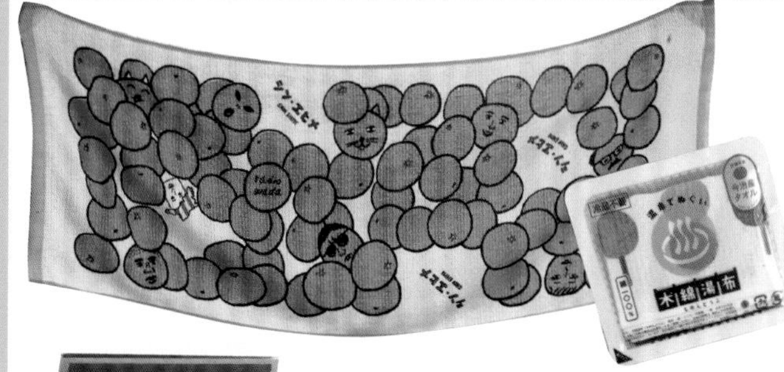

\ 愛媛縣 /

今治毛巾

伊織

來到愛媛縣別忘了買條今治毛巾，今治毛巾顏色豐富、圖案多變且質地柔軟，很適合作為餽贈親友的贈禮。

＼愛媛縣／

柑橘商品

愛媛果實俱樂部 柑橘之木

♥

愛媛相當適合柑橘生長，各種相關產品也多，每到觀光景點區都能找到多樣商區，包含冰品、果凍、果汁，還有數不清的調味品及包裝可愛的水果酒，熱愛柑橘的酸甜滋味的話一定不能錯過。

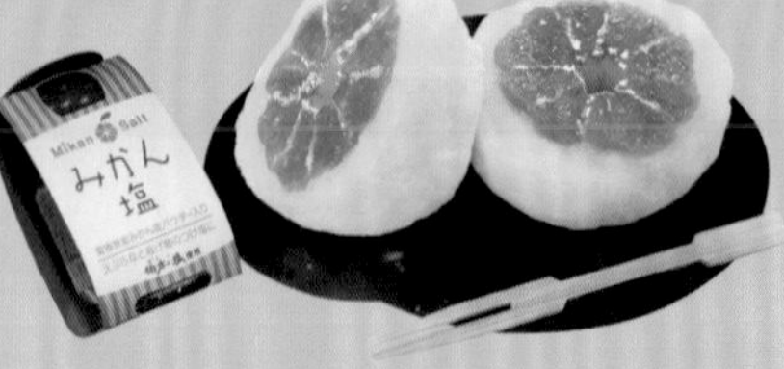

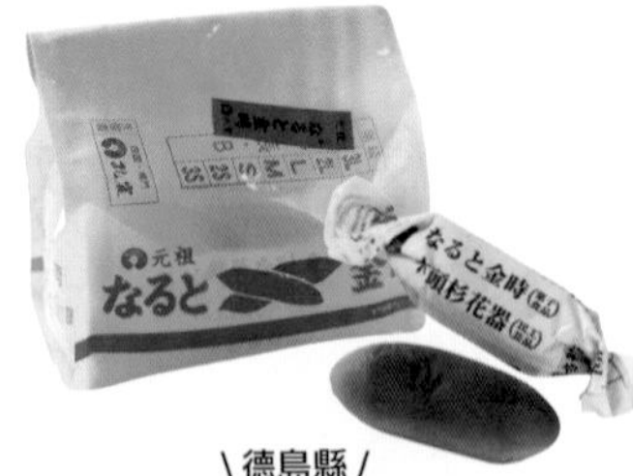

＼德島縣／

鳴門金時

菓匠 孔雀

♥

運用鳴門當地盛產的地瓜製作出外型就像縮小版的地瓜的鳴門金時，每一口都綻放著濃郁的地瓜香氣與甜味。

＼德島縣／

阿波和三盆糖

あるでよ徳島／CLEMENT PLAZA(德島名產街)

♥

德島必買伴手禮之一，維持傳統製法、自江戶時代起就是高級和菓子的優雅甜味來源，壓製成各式可愛模樣盆糖，當伴手禮也很適合。

藍染茶

＼德島縣／

藍染商品

あるでよ徳島、CLEMENT PLAZA(德島名產街)、脇町(藍藏)

♥

日本藍的美麗漸層藍，就是來自德島，除了藍染布飾，竟然還有藍染茶、藍染皂、藍染糖果，對辛苦的早期藍染工人而言，藍染茶可是重要保健品。

＼德島縣／

酸橘商品

あるでよ徳島、CLEMENT PLAZA(德島名產街)

♥

酸橘是德島縣代表水果、佔日本生產量第一，獨特的香酸口感，非常適合製作成各式食品，從酒、果汁、糖果、酸橘醬等，選擇非常多。

＼德島縣／

阿波舞圖案商品

あるでよ徳島／CLEMENT PLAZA(德島名產街)

♥

阿波舞是德島最具代表特色，更是日本三大祭典之一，活潑熱鬧加上特色趣味的傳統裝扮，各式跳舞姿態圖案商品，來德島絕對必入手！

\ 高知縣 /

土佐茶

ひだまり小路土佐茶カフェ

♥

高知縣為土佐茶的產地，栽種於仁淀川、四萬十川流域的山間地區，產出的茶葉茶香濃郁、不苦不澀，在日本相當受到喜愛。

\ 高知縣 /

天日鹽

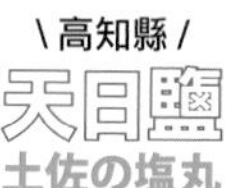

土佐の塩丸

♥

高知縣得天獨厚的地理環境造就最天然的製鹽法，使用百分之百太平洋海水及太陽能，經過無數次蒸發水分提高鹽的濃度，最後進入溫室結晶，淬鍊出的鹽沾著鮮蔬水果食用倍感甘甜。

\ 高知縣 /

坂本龍馬商品

こうち旅広場 土佐屋

♥

高知縣是幕末武士「坂本龍馬」的故鄉，鄉親自然對坂本龍馬推崇備至，哪裡都可瞻仰到龍馬像，伴手禮店都可以買到以龍馬為名的點心和酒。

\ 高知縣 /

地瓜條(芋けんぴ)

弘人市場

♥

將高知盛產的地瓜經由油炸後再裏上糖漿，少去地瓜原有的水分的地瓜條口感酥脆、不油膩，是來高知必買的伴手禮。

\ 高知縣 /

柚子商品

こうち旅広場 土佐屋

♥

高知因地勢及氣候適合栽種柚子，更擁有日本第一的柚子產量，因而發展出眾多柚子相關醬料、調味品等，使用於料理讓滋味更顯高雅清香。

\ 岡山縣 /

吉備糰子

廣榮堂

♥

「桃太郎呀，桃太郎呀，腰間掛著吉備糰子」，到岡山不可不買的特產吉備糰子因桃太郎的歌謠而名聲響亮。吉備糰子以小米製作，嚐起來就像麻糬般Q彈。

\ 香川縣 /

手工麵線

木場製麵所

♥

小豆島氣候冬季溫暖、少雪少雨，適合製作手工麵線，來到小豆島別忘了帶一點手工麵線回家繼續品嚐小豆島的美味記憶。

\ 香川縣 /

骨付鳥

一鶴

♥

將早上新鮮現宰的雞腿肉，經私房調味後現點現烤，約需等待20分鐘，炭烤得恰到好處的雞腿香氣濃郁，隨餐附上一盤生高麗菜，稍微平衡口中的鹹味與油分，絕美滋味讓人吮指回香。

四國・瀨戶內海 16道經典美食超懂吃！

盤點四國美食，拉麵一定榜上有名，但其實四國還有超多種特色美食，無論是用銅板就可吃得飽飽的平民美味，或是有著奢華味覺享受的山珍海味，保證不會讓人失望

\ 香川縣 /

橄欖牛

こまめ食堂

♥

被稱為日本橄欖發祥地的小豆島，將瀨戶內海的讚岐牛與橄欖栽培做了結合。在小豆島上因為橄欖農家將榨完油的橄欖果實混在飼料中餵養牛隻，讓這裡的牛肉質柔嫩，味道甘甜清爽。

\ 香川縣 /

讚岐烏龍麵

上原屋本店

♥

香川氣候少雨溫暖，出產上好的麥子，產自瀨戶內海的鹽巴更高達全日本產量的百分之九十；鹽加上麵粉可以和出香Q彈性的烏龍麵，有這樣得天獨厚的條件，香川無論烏龍麵的產量、消費量，都是全日本第一，烏龍麵也成為香川的代名詞。

\ 香川縣 /

灸饅頭(灸まん)

灸饅頭本舖石段屋

♥

艾草灸狀的點心，呈小三角錐狀，鵝黃色的非常可愛，不甜不膩，內餡以地雞的蛋黃製作，配上抹茶更是美味。

\ 愛媛縣 /

一六蛋糕捲(一六タルト)

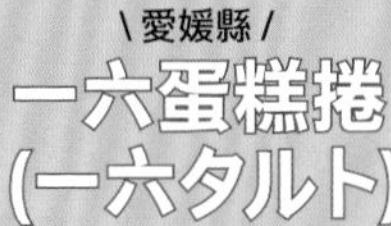

一六本舖

♥

松山市具代表性菓子老店的主力商品，帶著淡淡柚子香的紅豆餡散發高雅甜味，海綿蛋糕口感濕潤細緻，是店家自豪的招牌。

\ 愛媛縣 /

少爺糰子

道後溫泉

♥

道後名物少爺糰子因小説《少爺》聞名，是因少爺下課後照常坐著火車去道後泡湯，吃了一串糰子，大為傾倒連忙又叫一串，意猶未盡的模樣被學生看到而唱歌似地反宣傳，因此由雞蛋、抹茶、紅豆做成的三色糰子，就被稱為少爺糰子。

\ 愛媛縣 /

霧の森大福

霧之森菓子工房

♥

包著奶油和紅豆的大福口感類似台灣有包餡的麻糬，外頭沾附滿滿的抹茶粉，口感綿密柔軟，甜而不膩，是到松山市的不可不吃的名物。

\ 愛媛縣 /

勞研饅頭

勞研饅頭

♥

改良過的日本風中國饅頭，直徑約10公分的小小饅頭共有黑大豆、艾草(よもぎ)、紅豆餡(つぶあん)等14種口味，以天然酵母製作，嚐來口感紮實，口味樸素，越咀嚼口中越散發出麵團與餡料的香氣與甜味。

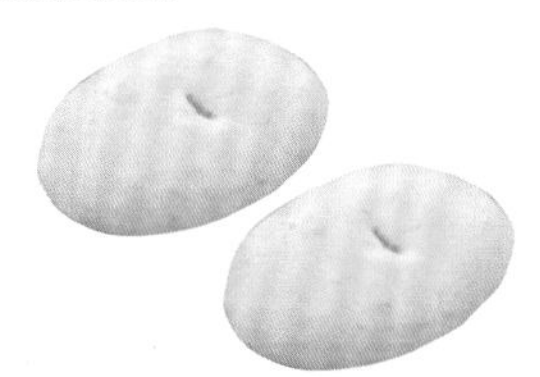

\ 德島縣 /

小男鹿

富士屋

♥

小男鹿使用德島縣最知名的「和三盆糖」再加入粳米、山藥、嚴選紅豆等，以傳統手法製成外觀澎鬆的蒸菓子，其散發著高雅甜味及濕潤口感是最吸引人之處。

\ 德島縣 /

拉麵

銀座一福本店

♥

知名的德島拉麵光在市區就有超過100間店可以品嚐到。除了豚骨茶色濃厚湯頭外，也另有白色系、紅色系湯底系列，1951年創業的老舖一福，則屬於白色湯頭系列，想來份傳統德島系拉麵，記得點「月見」系列。

\ 德島縣 /

祖谷鄉土料理

そば処 祖谷美人

別有風味的祖谷蕎麥麵(祖谷そば)和味噌串燒(でこまわし)是德島著名的鄉土料理，祖谷溫泉蕎麥麵較粗較短，有別於一般的蕎麥麵，而味噌串燒上串著蒟蒻、芋頭和豆腐，塗上厚厚的味噌在炭上烤，相當樸素而美味。

\ 高知縣 /

炙燒鰹魚

明神丸

♥

高知縣是全日本鰹魚使用量最高的縣，除了魚肉，甚至內臟都被做成名為酒盜的下酒菜，柴魚片加工等都是縣內重要產業，其中以稻草大火燒烤外皮焦香，魚肉鮮嫩的炙燒鰹魚搭配青蔥蒜片、紫蘇葉，是最簡單的美味。

\ 高知縣 /

煎餃(燒餃子)

安兵衛

♥

創業於1970年的安兵衛，最紅的名物是煎餃，甫上桌的煎餃散發誘人氣味，輕咬一口，鮮甜肉汁從煎得香酥的外皮中迸出，香氣溢滿口腔。

\ 高知縣 /

帽子麵包(ぼうしパン)

リンベル

♥

リンベル為永野旭堂本店直營的麵包店，它是高知代表性美食「帽子麵包」(ぼうしパン)的發源店。底層圓盤狀的麵包嚐來口感綿密且帶著香氣與甜味，上頭則相當鬆軟，深受當地民眾喜愛。

\ 香川縣 /

瀨戶內海藝術祭

♥

瀨戶內海是日本第一個國家公園，透過每三年舉辦一次的「瀨戶內國際藝術祭」，為島上生活注入更多朝氣，使更多人發現島嶼和海洋的無限魅力。

#瀨戶內海 #小豆島 #直島 #豐島 #男木島 #女木島 #犬島 #三年一度 #跳島旅行 #貓星人 #安藤忠雄 #草間彌生 #文青必來 #大南瓜

四國・瀨戶內海 29處定番景點搶先看！

在進入正式分區之前，先看看四國・瀨戶內海有哪些真正絕美的景點？哪些秘境是一定要去的呢？帶你先睹為快四國的必去景點！

\ 香川縣 /

小豆島橄欖公園

♥

山坡上的小豆島橄欖公園，古希臘白色建築的是絕佳的取景地點，記得在紀念館借支魔法掃把，變成魔女琪琪！

⌂小豆郡小豆島町西村甲1941-1

#小豆島 #道の駅小豆島オリーブ公園 #魔女宅急便 #橄欖霜淇淋 #橄欖起源之書 #在橄欖葉中找愛心 #紀念品也超好買

\ 香川縣 /

天使的散步道

♥

天使的散步道一天只會出現兩次，據說與心愛的人牽著手走過500公尺的細長沙灘，天使就會從天降臨實現心願。

⌂小豆郡土庄町銀波浦

#小豆島 #エンジェルロード #夢幻海中沙灘步道 #戀人的聖地 #一天只會出現兩次 #神秘絶景 #恋愛成就 #注意退潮時間

\ 香川縣 /

草間彌生的大南瓜

♥

剛到直島的宮浦港口就能看到藝術感十足的紅色大南瓜，另一顆黃色南瓜則在Benesse House Museum能找到！

#直島 #かぼちゃ #宮浦港 #BenesseHouseMuseum #草間彌生 #點點控別錯過 #迎接旅人的藝術大南瓜 #直島熱門打卡點

\ 香川縣 /

島嶼貓星人

♥

瀨戶內海上小島上除了居民外就是一群群的貓咪們，各色貓咪慵懶的慢步街上或藏匿石柱後方，抬頭往上看吧！還能看到小貓輕巧的遊走屋簷呢。

#男木島 #女木島 #直島 #豐島 #貓島 #登陸喵星球 #鏟屎官 #盡情揉貓吧！#跟貓咪玩躲迷藏 #貓咪街拍寫真集就在這裡完成了

\ 香川縣 /

豐島美術館

♥

自然、建築與藝術達到完美諧調的豐島美術館，外型猶如巨大水滴的巨型建物，有著有兩個巨大開口的圓拱薄殼構造是這裡的特別風景。

小豆郡土庄町豐島唐櫃607 門票大人¥1,570 ，15歲以下免費 10:00~17:00 週二休館

#豐島 #藝術愛好者必來 #咖啡店也別錯過哦！ #坐擁瀨戶內海最美景色

\ 香川縣 /

金刀比羅宮

♥

位於象頭山山腰的金刀比羅宮，最著名的就是要踩上千階參道才能參拜到大神，卻不影響來客興致，依舊人潮滿滿。

琴平町892-1 御本宮7:00~17:00

#琴平 #こんぴらさん #聽說以前都是狗狗代替主人來參拜大神 #所以才有金刀比羅犬 #挑戰腳力 #最難參拜的神社 #爬不動的記得先借支木杖 #御本宮觀景台擁有超美景色 #下山之後再到參道買伴手禮

\ 香川縣 /

栗林公園

♥

曾是古代藩主遊憩賞玩的私人庭園，歷經百年打磨潤飾，栗林公園自然是高松人最自豪的珍珠。

高松市栗林町1-20-16 5:30~18:30 入園大人¥410、國中小學生¥170

#高松市 #絕美公園 #四季美景輪番上陣 #人氣賞櫻景點 #超豪華池泉回遊式庭園 #飛來峰是公園裡必拍景點

\ 香川縣 /

父母之濱

♥

位在三豐市的父母之濱是處海水浴場，長約一公里是夏天戲水的最佳場所，近來因水上像是鏡面般能反射對稱世界而成為超人氣的打卡景點！

三豐市仁尾町仁尾乙203-3

#三豐市 #父母ヶ浜 #超美天空之鏡 #日本夕陽百選景點 #魔幻時刻是最美的拍照瞬間 #2020年東奧聖火傳遞地點之一

\ 香川縣 /

高屋神社

♥

高屋神社位在稻積山頂，位居高處的鳥居也被稱作「天空鳥居」而知名，從本宮能一覽觀音寺市內及瀨戶內海的美景。

⌂觀音寺市高屋町2800

#觀音寺市 #天空神社 #四國88景之一 #也要練練腳力 #想抵達神社先走趟天國的階梯 #最接近天空的美麗神社 #一覽瀨戶內海美景

\ 愛媛縣 /

松山城

♥

松山城佇立於標高132公尺的勝山山頂，城內的21處珍貴建築已被指定為國家重要文化財，可謂是松山的象徵性景點。

⌂松山市丸之內 ◷天守、二之丸史跡庭園9:00~17:00 $松山城天守觀覽券大人¥520、小學生¥160

#松山市 #四國地區最大平山城 #賞櫻首選地 #360度飽覽松山市全景#先坐纜車或吊椅登上半山腰

\ 愛媛縣 /

道後溫泉

♥

來愛媛怎能不泡一波溫泉！道後溫泉天下馳名，相傳開池時間為三千年前，號稱日本第一古湯，《日本書記》即有記載。

#松山市 #泡湯 #千年古湯 #夏目漱石 #復古少爺列車 #神隱少女 #道後溫泉本館 #手湯足湯可以免費泡一波 #坐上松山路面電車即達 #離都市最近的古湯

\ 愛媛縣 /

下灘駅

JR予讚線沿線有許多車站與海洋十分鄰近而成為賞景秘境，尤其是以夕陽聞名的無人車站下灘駅，吸引旅人前來。
伊予市双海町大久保

#伊予市 #鐵道迷必朝聖 #伊予灘物語列車 #伊予灘ものがたり #神隱少女海中電車#離海最近的絕美無人車站 #日劇《HERO》特別篇取景地

\ 愛媛縣 /

臥龍山莊

臥龍山莊是明治時期的商人構思4年、費時10年所建，古典的庭園造景是極盡奢華的日本傳統建築。
大洲市大洲411-2 9:00~17:00
大人¥550、國中生以下¥220

#大洲 #城下町 #大洲老街 #大洲桂離宮 #伊予小京都 #日本傳統建築 #四季擁有不同美麗景色

\ 愛媛縣 /

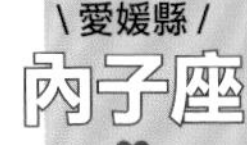

內子座

建於大正年間的內子座是歌舞伎的劇場，內部建有花道和旋轉舞台等設備，是見證內子町輝煌過去的古蹟。
喜多郡內子町內子2102 9:00~16:30 入館大人¥400、國中小學生¥200

#內子町 #歷史資料館 #內子文藝巡禮的第一站 #內子駅徒步約10分 #木蠟與和紙也很有名哦！#愛媛懷舊之旅

\ 高知縣 /

高知城

♥

位在高知公園境內的高知城還留存著當時的歷史風情，登上天守閣還可一望高知市街，被選為日本100名城。

高知市丸ノ内1-2-1 9:00~17:00 高知城天守·懷德館·東多門·廊下門¥420

#高知市 #登高一覽高知市街 #高知首選賞櫻地點 #日曜市 #高知在地小市集 #搭高知路面電車玩高知

\ 高知縣 /

弘人市場(ひろめ市場)

♥

ひろめ市場像是高知市的傳統市場，大約有60間居酒屋和名產店聚集在此，這裡就如同夜市一般喧鬧，餐桌上三五好友成群。

高知市帯屋町2-3-1 10:00~23:00

#高知市 #庶民美食集散地 #和熱情的高知人乾杯！#體驗高知才有的來客文化 #炙烤鰹魚生魚片必吃 #伴手禮也很好買 #獻杯返杯

\ 高知縣 /

四萬十川

♥

四萬十川是四國最長、流域面積第二大的河川，發源自四國山地的不入山，騎腳踏車兜風或是體驗帆船，都好玩！

#四万十市 #日本最後的清流 #最近的車站是中村駅 #日劇《遲開的向日葵》取景地 #沉下橋是特殊美景 #騎腳踏車欣賞河川美景 #乘坐舟母帆船感受清流

\ 高知縣 /

伊尾木洞

從安藝市坐上後免・奈半利線電車，前往適合探險的伊尾木洞吧！整個步道行程除了一段地質洞穴，也包含外面的植物自然步道與小瀑布。

安芸市伊尾木117 免費進入，如需導覽行程洞窟至200公尺處折返大人¥800、小學生¥300

#安芸市 #神秘洞穴探險 #天然冷氣房 #綠色蕨類好可愛

\ 高知縣 /

足摺岬

足摺岬是四國最南端，花崗岩台地經過沈降隆起的地理作用，高達80公尺的斷岩絕壁襯著深淺不一的湛藍是最天然的美景。

土佐清水市足摺岬

#土佐清水市 #海蝕形成天然美景 #足摺岬燈塔 #日本最大的燈塔之一 #大自然的鬼斧神工 #最美海景

\ 高知縣 /

麵包超人博物館

高達4層樓的麵包超人博物館裡展示上千件珍貴的繪本原版畫，還有放映麵包超人的電影、五花八門歷屆各種商品，一次汲取麵包超人的無窮力量！

香美市香北町美良布1224-2 9:30~17:00 大人¥800、國高中生¥500、3歲以上¥300、未滿3歲免費 休 週二休館

#香美市 #アンパンマン #小朋友一定超愛！ #週邊商品超好買

\ 德島縣 /

阿波舞會館

阿波舞會館幾乎每天上演熱鬧場景，來這可以大飽眼福，觀賞熱力四射的阿波舞，表演的都是當地赫赫有名的連(隊伍之意)。

德島市新町橋2-20 9:00~20:00 免費入館，看公演要收費，白天公演大人¥800、國中小學生¥400，晚間公演大人¥1,000、國中小學生¥500

#德島市 #阿波おどり会館 #可愛又熱情的阿波舞 #可以在あるでよ德島買伴手禮

\ 德島縣 /

眉山纜車

從阿波舞會館5樓可以搭乘纜車到標高290公尺的眉山山頂展望台，單趟需時6分鐘，纜車是小巧的圓柱形，顏色鮮豔非常可愛。

德島市新町橋2-20 9:00~21:00 單程大人¥620、小學生¥300

#德島市 #あわぎん眉山ロープウェイ #眉山 #山頂展望台 #一覽德島市景致 #日本新夜景的浪漫美景

\ 德島縣 /

瓢單島周遊船(ひょうたん島周遊船)

既然來到水城，當然就要搭船感受一下德島市多河、多橋的城市魅力，針對遊客最推薦「瓢單島周遊船」，20分鐘繞行市區中心一周看遍水都美景。

德島市南內町2-5-2 11:00~15:40 大人¥400、小學生以下¥200

#德島市 #新町川水際公園 #玩水都德島最推薦方式 #ひょうたん島周遊船 #眉山 #德島中央公園

\ 德島縣 /

脇町歷史建築街區

♥

脇町雖然只是個在大河~吉野川畔的小鎮，但吉野川畔一帶大量種植蓼藍，並盛產出代表日本藍的「阿波藍」，這裡更是地富商輩出的藍染之城。

#美馬市 #うだつの町並み #阿波藍 #Japan Blue #うだつ #卯建 #江戸藍商繁榮勝景 #老屋改建咖啡店很多 #可以一間一間慢慢喝 #體驗手作藍染

\ 德島縣 /

大塚國際美術館

♥

大塚美術館收藏來自世界26國、190多個知名美術館、1000多件西洋名畫的複製陶版畫，除了畫作外，連西斯汀教堂壁畫也原汁原味重現

鳴門市鳴門町土佐泊浦字福池65-1 9:30~17:00

大人¥3,300、大學生¥2,200、國高中小學生¥550

#鳴門市 #超大美術館 #世界名畫雲集 #《蒙娜麗莎的微笑》 #《最後的晚餐》 #參觀者可觸摸展覽品 #日本最大的常設展覽場

\ 德島縣 /

鳴門漩渦

♥

鳴門最有名的就是漩渦，海面上無數個呈現漩渦旋轉的浪潮十分壯觀，吸引無數的遊客前往參觀。

鳴門市鳴門町土佐泊浦字福池65　9:00~18:00　大人¥510、國高中生¥410、小學生¥260

#鳴門市 #鳴門公園 #大鳴門橋 #渦の道 #隔空踩上氣勢磅礡的漩渦浪潮 #搭船出海看漩渦！ #うずしお観潮船

\ 德島縣 /

平氏逃亡地

♥

奧祖谷仍舊風存著質樸的山村田野風光，從大步危一帶往東開車約40分鐘深入山林，民家沿著山面而建，依山傍水甚是優美。

#三好市 #德島秘境 #奥祖谷 #祖谷溫泉 #劍山 #原始山林間享受森呼吸 #奧祖谷二重蔓橋 #日本三大秘境之一

\ 德島縣 /

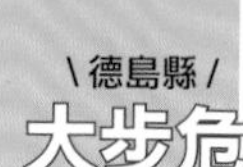

大步危

♥

吉野川的上游祖谷溪貫穿了四國山脈，切割出令人讚嘆不已的大步危、小步危峽谷，絕景望之令人屏息，被稱為日本三大祕境之一。

#三好市 #祖谷溪 #祖谷蔓橋 #琵琶瀑布 #峽谷斷崖絕壁美景撼動人心 #坐上觀光遊覽船遊覽壯麗美景 #峭壁上的尿尿小童 #黑澤濕原是散步好去處

山陽地區

さんようちほう

山陽地區怎麼玩

山陽位於日本本州的最西端，又被稱為中國地區，北方鄰著日本海，南面向著漁獲豐富的瀨戶內海，屬於東西向的長條狀地形，共由廣島、岡山、山口、島根及鳥取等五縣組成，為了要和中國(China)有所區別，以五縣中央標高約1,000公尺高的中國山脈將地形分割南北，由此為界，又可分為北側的山陰與南面的山陽地區。

❶廣島市(P.1-4)

南濱瀨戶內海的廣島縣位於中國地區中部，是中國最繁華熱鬧的城市。在第二次世界大戰期間，美軍於1945年在廣島市投下原子彈，轟炸地留下的遺跡「原爆圓頂(原爆ドーム)」，與宮島上的嚴島神社同登錄為世界遺產，兩者並列為廣島最著名的景點。

❷宮島(P.1-12)

日本三景之一的宮島，自古以來就被稱為「神之島」，1996年，嚴島神社被聯合國教科文組織指定為世界文化遺產，更吸引許多來自世界各國的觀光客，前來欣賞這個同時擁有自然、歷史與傳說的「神之島」。

日本海
出雲市
大田市
浜田
島根縣
鳥取縣
兵庫縣
津山
新見
岡山縣
岡山機場
三次
備中高梁
備前片上
廣島縣
廣島機場
岡山市 6
倉敷 7
児島
福山
小豆島
広島市 1
東広島
三原
5 尾道
竹原 4
呉 3
新岩国
2 宮島
山口縣
瀬戸內海
香川縣
愛媛縣

❸呉(P.1-26)

位於廣島縣西南部的港口城鎮「吳市」是廣島縣內的第三大城市，明治時代成為日本海軍重鎮，知名的大和號戰艦就是在此製造，是對海軍軍事歷史有興趣的，絕對不容錯過的景點。

❹竹原(P.1-17)

港口小鎮竹原江戶後期因製鹽、清酒製造興起而蓬勃發展，在當時有「安藝的小京都」之稱。都市景觀百選之一「竹原是町家保存地區」，江戶時期保存下來傳統的木造建築，深入其中洋溢著思古幽情。還能順遊乘船至有兔子島盛名的大久野島，上百隻可愛的兔子包圍，來趟療癒之旅。

❺尾道(P.1-21)

尾道主要的景點集中，且有許多階梯坡道，只要徒步就能悠閒觀光，以鐵道為分界，寺院多集中在臨山面，漫步於細窄的坡道上，可眺望海灣，許多古老民家改建成咖啡館或藝廊，常常一轉彎就出現意外的驚喜；臨海的一側則有許多美味餐飲，以著名的尾道拉麵，吸引更多觀光客到此一遊。

❻岡山市(P.1-28)

位在廣島縣東方的岡山縣北面瀨戶內海，被稱為桃太郎的故鄉，最有名的景點就是名列日本三大名園的後樂園；氣候溫暖的岡山，提供絕佳的水果生長環境，一年白桃、葡萄、無花果等高品質水果輪番盛產。

❼倉敷(P.1-32)

倉敷建物歷經時代風華洗禮，再生建築賦予新生的旅館，依舊保有原建物特色；倉敷川畔美観地區的美景，帶不走的美景只能回憶，但可以輕易帶回在地出品的雜貨小物倉敷帆布包、紙膠帶等，還有倉敷意匠以傳統工藝為美學基礎的各式生活雜貨，為旅行增添一道走過的足跡。

廣島市

ひろしまし

Hiroshima City

南濱瀨戶內海的廣島縣位於中國地區中部，是中國最繁華熱鬧的城市。在第二次世界大戰期間，美軍於1945年在廣島市投下原子彈，轟炸地留下的遺跡——原爆圓頂(原爆ドーム)，與宮島上的嚴島神社同登錄為世界遺產，兩者並列為廣島最著名的景點。

交通路線&出站資訊

電車

JR西日本広島駅➪山陽本線、山陽新幹線、宇野線、津山線、吉備線

JR西日本宮島口駅➪山陽本線

廣島電鐵広島駅➪1、2、5、6號線

廣島電鐵紙屋町東駅➪1、2、6號線

廣島電鐵紙屋町西駅➪2、3、6、7號線

廣島電鐵原爆ドーム前駅➪2、3、6、7號線

廣島電鐵広電宮島口駅➪2號線

出站便利通

觀光客在廣島市內移動主要有三種方式：電鐵、巴士及渡輪。

◎廣島電鐵

廣島路面電車共有8條路線，基本採取後門上車，前門付費下車的方式(使用交通系IC卡則上下車皆需刷卡)，除了速度比較慢以外，可說是經濟實惠的交通選擇。

$除9號白島線(八丁堀~白島)均一價大人¥160、小學生¥80，以及2號宮島線(広電西広島~広電宮島口)區間依乘坐區間計費外，其他市內線一律均一價大人¥220、小學生¥110，未滿1歲免費，每位大人陪同者最多可帶3位1~6歲小孩免費；電車一日券大人¥700、小學生¥350

www.hiroden.co.jp

❗搭乘2號宮島線上車前需先抽整理券，宮島線內乘車者於月台整理券機器抽整理券，市內線搭乘者則於電車入口抽整理券

◎巴士

・循環巴士「ひろしまめいぷる~ぷ」

巡迴繞行於廣島市內主要景點，運行路線分為橘線、綠線及黃線，皆從広島駅新幹線口發車，橘線行經縣立美術館、平和公園，綠線行經平和公園、新天地，黃線經由平和公園、並木通。

$橘線、綠線及黃線單程大人¥220、小學生¥110，未滿1歲免費，每位大人陪同者可帶1位1~6歲小孩免費；一日券大人¥600、小學生¥300

⏰広島駅新幹線口2號月台發車；橘線9:00~17:00，每1小時一班；綠線9:30~17:30，每1小時一班；黃線9:00~11:20，班距不固定

⌂售票處：一日券至JR広島駅新幹線口1F「バスきっぷうりば」或於車內購買，車票亦可使用交通系IC卡(PASPY、ICOCA等)付費

www.chugoku-jrbus.co.jp/teikan/meipurupu

・Astram Line(アストラムライン)

為廣島市內的捷運系統，路線從最熱鬧的「本通」站出發，車站位於地下，中間會變成高架軌道，終點在廣島市安佐南區的「広域公園前」站，約每10分鐘一班，若要前往廣島市郊，可多加利用。

$依照距離不同區分，約為¥190~490，小學生半價；一日乘車券大人¥950、小學生¥480

⏰本通發車6:02~23:45，約每10分鐘一班

⌂售票處：各車站的自動售票機，車票亦可使用交通系IC卡(PASPY、ICOCA等)

☎082-830-3111

astramline.co.jp

觀光旅遊攻略

・JR広島駅(新幹線口)

⌂JR広島駅新幹線口構內2F

⏰6:00~0:00

・紙屋町シャレオ(地下街)

☎082-243-5716

⌂廣島市中區基町地下街100號紙屋町地下街內

⏰11:00~17:00

・平和記念公園レストハウス

☎082-247-6738

⌂廣島市中區中島町1-1 平和記念公園レストハウス

⏰8:30~18:00，12~2月至17:00，8月至19:00(8/5至20:00，8/6 7:30~20:00)

歷經大火及原子彈爆炸，現在的廣島城是重新仿建而成。

廣島城

広島城

別冊P.25,C1 廣島電鐵「紙屋町西」、「紙屋町東」駅下車，往北徒步約15分 082-221-7512 廣島市中區基町21-1 9:00~18:00(12~2月至17:00)，入館至閉館前30分 休12/29~12/31、不定休 天守閣大人¥370、高中生及65歲以上¥180、國中學生以下免費 www.rijo-castle.jp

廣島城歷經福島氏與淺野氏等兩代城主，福島氏擴張廣島城的範圍，完成城外的壕溝；淺野氏則主宰廣島城約250年的命運，直到明治時期1869年才歸還天皇所管轄的政府。**現在的五層天守閣於1958年修復**，以鋼筋水泥遵照著歷史仿建，內部以武家文化為中心，展示歷史資料及廣島城生活發展的真實紀錄。

にしき堂 光町本店

別冊P.24,F2 JR広島駅徒步約5分 082-262-3131 廣島市東區光町1-13-23 9:00~18:00 nisikido.co.jp

主要販賣廣島名物紅葉饅頭的にしき堂，在廣島市各大交通據點都可找到。位於JR広島駅附近的本店不但能夠試吃各種的紅葉饅頭與和菓子，還可以遊走在充滿香甜氣味的工場中，參觀製作過程。にしき堂的紅葉饅頭完全**使用北海道產紅豆製作，特別改良讓甜度適中卻仍保留傳統滋味**，還研發出蘋果、麻糬等許多與眾不同的新口味。

MUSIMPANEN

別冊P.24,E3 廣島電鐵「銀山町」駅徒步4分 082-246-0399 廣島市中區銀山町1-16 10:00~19:00 休週二 アイスティー(冰紅茶)￥600 www.instagram.com/musimpanen1999/

在廣島市街有6條河川貫穿其中，其中距離JR広島駅約15分鐘腳程的京橋川，多間氣質咖啡廳沿著河畔而建，能在綠意及河川美景之中悠閒地享受午後，相當受到女性青睞。其中這間MUSIMPANEN，蛋糕相當受到好評，**使用從契約農家直送的節令水果新鮮製作**，甜度適中、滋味濃郁，**搭配咖啡、葡萄酒一起享用，十分享受**。

廣島美術館

ひろしま美術館

別冊P.25,B2 廣島電鐵「紙屋町西」、「紙屋町東」駅徒步約5分 082-223-2530 廣島市中區基町3-2 中央公園內 9:00~17:00(入館至16:30) 休週一(遇假日順延翌日休，特別展期間照常營業)、年末年始、換展期間 大人￥1,100、大學生￥600、高中生以下免費 www.hiroshima-museum.jp

廣島美術館是廣島銀行為了迎接創業100週年，也為了在原爆的復原過程中能夠藉由藝術撫慰人心，於1978年選擇在廣島中心的中央公園成立。圓形的展示空間內，正中央為充滿陽光的天井廣場，以雕塑作品迎接參觀者的到來。**收藏的藝術品主要以法國印象派為主**，依年代分類展出，可以欣賞到包括莫內、馬諦斯、畢卡索、夏卡爾等人的經典作品，另外**也大量收藏了因喜愛達文西而開始創作的日本畫家藤田嗣治的作品**。

平和紀念公園 おすすめ 薦

見證廣島的歷史浩劫與城市重生。

平和記念公園

別冊P.25,B3 JR広島駅南口徒步約20分；從廣島電鐵「原爆ドーム前」駅徒步即達、「中電前」駅徒步約5分 082-504-2390 廣島市中區中島町1~大手町1-10 自由參觀

廣島市是世界第一個原子彈爆炸的地方，也因為原子彈而重生，因第二次世界大戰而被夷為平地的廣島市在75年後擺脫了原爆的陰霾，重新規劃後的都市更為整齊且充滿綠意，**受到原爆炸裂而保存的建築，被指定為世界遺產，政府也規劃紀念公園以慰亡靈**。今日的廣島成為世界上和平象徵的都市，也是觀光資源豐富的都市。

沿岸綻放的粉色櫻樹，落英繽紛，似乎在默默地為往生者悼念。

和平之鐘

口徑約1公尺、高度1.7公尺、重量達1200公斤的和平之鐘，表面繪上無國境的世界地圖，表達「四海一家」的和平意念，周圍四柱則代表生老病死的人生輪迴。這道為原爆罹難者敲響的鐘聲，被列入「日本之音風景100選」之一。

原爆死難者慰靈碑

1952年8月6日原爆紀念日8週年，慰靈碑正式在廣島揭幕。原本是仿古墳時代的土燒來，後來基於堅固理由，改造成水泥實心。慰靈碑中央收放了記載罹難者姓名的名簿。在每年的8月6日，這裡都會舉行祈念和平的儀式，為死難者哀悼，隨時都可看到供養的鮮花。

原爆之子像

名為佐佐木楨子的小女孩，因廣島原爆放射線影響，在12歲時被診斷出患有原爆性白血病，於1955年過世，也就是原爆之子像的主角。楨子生前曾用包藥紙折成祈福的紙鶴，到了今日，學生們仍會帶來成串的彩色紙鶴，放在原爆之子像旁。

原爆圓頂

距離爆心地只有160公尺、原爆時少數存留的建築，就是這棟建於1915年、由當時知名的捷克籍建築師Jan Letzel設計的廣島縣物產陳列館。超級高溫和熱能輻射線，讓當時在館內辦公的職員無一倖存，但建築卻奇蹟式地保留了下來，尤其是那被炸空的圓頂(ドーム)，時時刻刻提醒著原爆威力的可怕。原爆圓頂在1996年被聯合國登錄為世界遺產，成為廣島市最重要的地標。

廣島和平紀念資料館

別冊P.25,B3 廣島電鐵「原爆ドーム前」駅徒步約10分、「中電前」駅徒步約5分；或從JR広島駅搭開往吉島的廣島巴士，至「平和記念公園」站下車 082-241-4004 廣島市中區中島町1-2 7:30~19:00(8月至20:00、8/5~8/6至21:00、12~2月至18:00) 12/30、12/31、2月中旬3天 大人￥200、高中生￥100、國中學生以下免費 www.pcf.city.hiroshima.jp 常設展需上網預約之時段：7:30~8:30、8月18:30~19:30(8/5~8/6至20:30)、3~7月及9~12月17:30~18:30、12~2月16:30~17:30

西館展示許多罹難者遺物，其中又以中學生的居多，燒焦的制服、鞋帽、水壺，訴說著一個個令父母心酸的故事。

紀念資料館分為東館及西館，由日本鼎鼎大名的**建築師丹下健三設計**，參觀路線從東館1樓開始，依序參觀2~3樓，再到達西館。**展覽從介紹原爆的由來、原子彈的威力開始，再逐步拉入受難的廣島市民的故事**，以及由家屬捐出、令人怵目驚心的遺物。整體來説，這座紀念資料館的規劃深入淺出，標示清楚，充分達到教育及省思的歷史意義。

這座鐘因為靜止在原爆投下的8點15分，而成為原爆的代表之一。

縮景園

別冊P.24,E2 廣島電鐵「縮景園前」駅下車徒步即達 082-221-3620 廣島市中區上幟町2-11 9:00~18:00(10~3月至17:00)，入園至閉園前30分 12/29~12/31 大人￥260、高中大學生￥150、國中小學生￥100；與廣島美術館共通券大人￥610、大學生￥350 shukkeien.jp

縮景園是由廣島藩主淺野氏的第一代淺野長晟在入廣島城的第二年(1620年)委託當時以精通茶道著稱的家臣長老上田宗箇規劃設計，庭園規劃模仿自中國的杭州西湖。屬於**池泉回遊式庭園的縮景園，中央濯纓池呈現東西向細長狀，池中點綴著十餘個小島，四周環繞著青翠鮮綠的山丘**，溪谷、小橋、茶室和涼亭，巧妙地搭配其間。從秋天的紅葉、冬天的梅樹到春天的櫻花，有著四季的自然景致，**200多株櫻花更讓縮景園成為廣島櫻花前線的指標**。

舊日本銀行廣島分店

旧日本銀行広島支店

別冊P.25,C3 廣島電鐵「袋町」駅徒步約2分 082-504-2500 廣島市中區袋町5-16 10:00~17:00(依展覽而異) 12/29~1/3 內部空間自由參觀，展覽各有不同

1936年完工落成的日本銀行廣島分店在原子彈爆炸時，是廣島市內極少數得以保存良好的建築物，**外觀以花崗岩與人造石所構成，玄關的柱列與裝飾線板以古典主義設計**，內部開闊的挑高空間原本作為銀行營業之用，如今提供出借作為展示藝廊，2樓的文物室則陳列許多廣島原爆相關的資料，3樓目前則是長期展出世界各國為祈禱受到原爆輻射影響的廣島兒童所折的上億隻千紙鶴。

天冨良 天甲 中町店

別冊P.25,C3 廣島電鐵「袋町」駅徒步5分 082-242-3933 廣島市中區中町5-1 中町長沼ビル2F 11:30~14:30、17:00~22:00(L.O.21:00) 週一 上天丼(頂級炸蝦飯)海老3尾、魚1種、野菜4種¥1,500 www.tempura-tenkou.com/

天冨良在日文中的發音其實就是天婦羅，老闆說這可不是隨意使用的名字，當年老闆曾在東京的天婦羅專賣店「天一」修業，深受達官顯貴喜愛的天一豐富了老闆的閱歷，也只有從天一完成修業的人才能使用代表著豐盈美味的天冨良作為店名。天甲以**天婦羅為主**，也能夠品嚐生魚片，吧檯上永遠準備著**30種以上的山珍海味，從各地精選的海鮮、蔬菜都會依季節而有所變動**，等著主廚兼老闆裹上天婦羅粉下鍋油炸，端出熱騰騰的燙口滋味。

柳橋小谷

柳橋 こだに

別冊P.24,E3 廣島電鐵「銀山町」駅徒步約3分、JR広島駅徒步10分 082-246-7201 廣島市中區銀山町1-1 うなぎビル2F 11:30~14:00、17:00~21:30(L.O.20:30) 週日、例假日 うなぎ丼(鰻魚丼飯)¥2,780 www.kodani.co.jp

廣島市內京橋川上有一座小橋，因橋邊植滿了柳樹而被稱為「柳橋」，柳橋小谷就是位於橋畔邊。1947年創業，從水產批發起家，**最知名的就是從當地港口直送的肥美牡蠣，10~4月為牡蠣的產季，過了冬季就成為鰻魚專賣店**，營養滿點的鰻魚塗上獨門醬汁燒烤，讓人食指大動。

Gariber

ガリバー

別冊P.24,D3 廣島電鐵「紙屋町東」駅徒步3分，在ROUND1斜對面 082-243-4914 廣島市中區本通4-1 11:00~21:00(L.O.20:30) 不定休 ビーフカレー(牛肉咖哩飯)¥800 www.instagram.com/gariber1984curry/

Gariber以**便宜美味的印度咖哩飯廣受歡迎，辣度分為0~20級**，最辣的20級甚至被貼上「令人難以置信的辣」這樣的標語，十分有趣。Gariber店內只有10個座位，不管什麼季節總是大排長龍，反正是全天候供餐的，建議最好避開用餐時間。

Andersen

広島アンデルセン

別冊P.25,C3 廣島電鐵「本通」、「紙屋町東」駅徒步3分 082-247-2403 廣島市中區本通7-1 1F麵包店10:00~19:30，三明治7:30~17:00(L.O.15:00)；2F餐廳11:00~17:00(L.O.16:00)、18:00~21:00(L.O.20:30)、週六日及例假日7:30營業 年末年始、不定休 www.andersen.co.jp/hiroshima/

借用童話作家安徒生之名的Andersen，是名滿日本的高級麵包店，總部就設於廣島，這裡的Andersen已經不只是麵包店，而擴張成一間「和麵包有關」的複合式大店，**1樓除麵包，還有搭配麵包的沙拉、小菜、起司、葡萄酒、花飾；2樓則是由義大利、中華、輕食三明治等多樣餐點組成的自助餐**，最棒的是，只要用餐，麵包則無限量免費供應。此外，更並提供烹飪及花藝教室，成為生活與品味的代名詞。

並木通

別冊P.24,D4 廣島電鐵「八丁堀」駅徒步6分 並木通り商店街振興組合082-245-1448 廣島市中區新天地・三川町・袋町 namikistreet-hiroshima.jimdo.com

並木通是廣島市內最時髦的一條街道，來此逛街的以年輕人居多，起點就是一株小圓環中的大樹，放眼望去道路兩旁植滿水胡桃木，街道寬敞正適合逛街，隨處可見精緻而個性化的小店，美味的糕點與飄來陣陣的咖啡香，還有一間間擁有設計風的服飾店，**充滿著歐洲小鎮的異國風情，最適合度過悠閒的午後**。

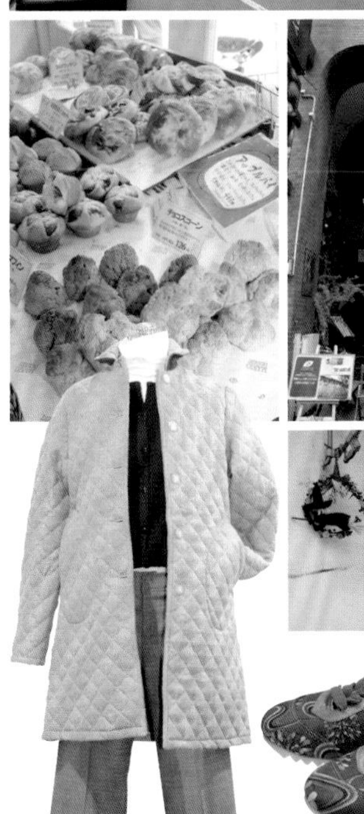

Pacela

別冊P.25,C2 廣島電鐵「紙屋町西」、「紙屋町東」駅徒步3分 082-502-3515 廣島市中區基町6-78 10:00~19:30，餐廳11:00~22:00 www.pacela.jp

位在廣島SOGO旁的Pacela，躍升為**廣島最時髦的購物去處。Pacela包含地下1層、地上11層**，品牌種類從世界精品到一般日本國產服飾，也有雜貨及家飾，範圍甚廣；7、8樓是一間間不同口味的餐廳，方便逛街的人及上班族前來用餐休息。這附近有許多大公司，以及公家機關，它可說是廣島市民下班後聚會的重要場所。

廣島SOGO

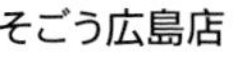

そごう広島店

別冊P.25,C2 廣島電鐵「紙屋町西」駅徒步即達 082-225-2111 廣島市中區基町 6-27 10:00~19:30，B1~1F至20:00，10F美食街11:00~22:00 不定休 www.sogo-seibu.jp/hiroshima/

廣島縣政府前的SOGO與Pacela開幕之後，和本通連成一氣，成為廣島最主要的購物區域。最特別的是SOGO**針對顧客需要，提供各種專業員服務**，包括服裝、鞋子、玩具甚至寵物美容、和服或寶石鑑定，都可以詢問這些專業人員的意見。

五衛門

五ェ門 福屋広島駅前店

別冊P.24,F3福屋 082-568-7355 福屋広島駅前店11F 11:00~22:00(L.O.21:20)

五衛門以廣島燒與鐵板燒料理吸引顧客，**廣島燒特地選用廣島產的觀音蔥，將高麗菜切成大片保留水份甜味**，煮過的麵條也先攤平拌炒去除水分，特製的沾醬則是微辣，最大的特色是擁有許多酒類及鐵板燒類下酒小菜，能夠有不同的味覺饗宴。

電光石火 駅前ひろば店

別冊P.24,F2 JR広島駅南口徒步3分 082-568-7851 廣島市南區松原町10-1 Full Focus Building 6F 10:00~23:00(L.O 22:30) 肉玉燒(肉蛋燒)¥925 okonomiyaki-denko-sekka.com

電光石火位在JR広島駅附近的大樓內，裡頭進駐了水產店、卡拉OK、漫畫館與網咖等店家，其中6樓則是**廣島燒屋台村「駅前ひろば」**所在的樓層，**以昭和40年代為主題**，別具復古情懷。屋台村內目前約有15間店，**其中最具口碑的電光石火，在《米其林指南廣島2013特別版》書中也有刊登**，美味值得信賴，除了基本款的肉蛋燒外，也有加入牡蠣、蝦子等配料的豐富選擇，平均不到25歲的年輕店員相當有熱情活力，讓用餐時光更放鬆愉快。

広島Parco

別冊P.24,D3 廣島電鐵「八丁堀」駅徒步3分 082-542-2111 (本館)廣島市中區本通10-1、(新館)廣島市中區新天地2-1 10:00~20:30 hiroshima.parco.jp

位在廣島市最繁華地帶的Parco同時也是本通商店街的起點，正好位於熱鬧地區的交通樞紐，距離並木通、廣島燒村相當近，所以也會有許多人從Parco借道。**分為新館與本館的Parco主打年輕客層，其中又以女性商品占大宗**，幾乎都是日本品牌，因為消費年齡較低，所以**商品都價格居中**，地下室另有多家餐廳與生活用品店。

廣島燒村

お好み村

別冊P.24,D3　廣島電鐵「八丁堀」駅徒步5分　依店家而異　廣島市中區新天地5-13新天地プラザ 2~4F　依店家而異

廣島燒是從路邊攤崛起，從中央通、新天地公園幾經搬遷，廣受市民歡迎，為因應市容整齊及衛生化需求，到了1982年，集體遷移到大樓內，**分布於2到4樓，也成為廣島燒的地標**，稱為**「廣島燒村」(お好み村)**。為降低成本，使用相同的沾醬與麵條，但卻以不同的煎法讓味道卻呈現獨到的特色。

大丸堂

別冊P.24,D3　お好み村　082-541-0022　お好み村4F　11:30~0:00　広島スペシャル(特製廣島燒)￥1,200

大丸堂的老闆從小就出生在廣島燒店，從半世紀前就與父母一同在廣島市經營廣島燒店，直到二十多年前才到廣島燒村獨立開店。**以廣島燒村的醬汁做基底進行調味後搭配獨特的配料**，讓店裡的客人讚不絕口。

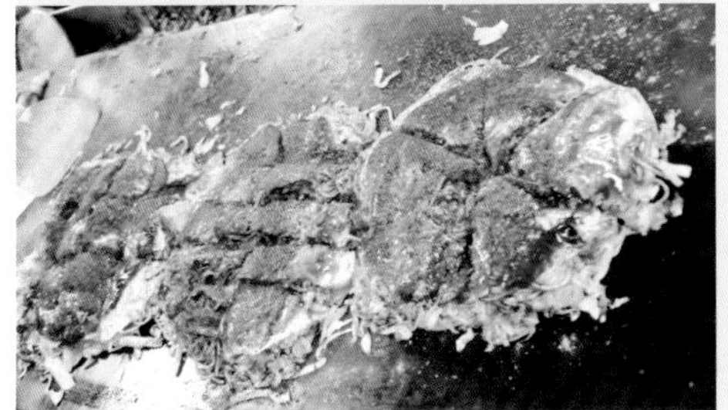

みっちゃん総本店 八丁堀本店

別冊P.24,D3　廣島電鐵「八丁堀」駅徒步5分　082-221-5438　廣島市中區八丁堀6-7チュリス八丁堀1F　11:30~14:30(L.O.14:00)、17:30~21:00(L.O.20:30)，週六日及例假日11:00~14:30(L.O.14:00)、17:00~21:00(L.O.20:30)　週四(遇假日提前週三休)　そば肉玉子(肉蛋麵燒)￥930　www.okonomi.co.jp

已超過半個世紀的みっちゃん総本店，是**廣島燒發源的老店之一**，擁有不可動搖的地位。每天煎出400枚以上的廣島燒中，**人氣最高的正是標準菜單「肉玉そば」(肉蛋麵燒)**，搭配季節嚴選的高麗菜、豆芽菜與獨家特調的醬汁，清爽的口感讓許多人每天都來報到。

廣島燒vs.大阪燒

廣島燒和大阪燒最大的不同便是作法與口感，大阪燒是將材料全攪和在一起，一次在鐵板上煎熟，廣島燒卻是一層一層地疊上去，再慢慢地煎，由此也反映了廣島人處事比較細緻的性格。口感方面，咬下大阪燒就是整體的熟軟，廣島燒則可嚐到外表酥脆的麵皮與中央鮮熟柔軟的咬勁，展現出不同的層次口感。

宮島

みやじま
Miyajima

宮島自古以來就被稱為「神之島」，就像是閃耀在廣島灣上的一顆珍珠，屬於瀨戶內海國立公園的一部分。前往宮島的船上就可以看到嚴島神社優雅的姿態，還有立於海中的朱紅色大鳥居，溪谷、原始山林中保留了許多從平安時代傳承下來的町家建築，充滿著歷史情懷的風情，深受喜愛，因此又與宮城的松島、京都的天橋立並稱為日本三景。

交通路線＆出站資訊

電車
JR西日本広島駅➪山陽本線、山陽新幹線、宇野線、津山線、吉備線
JR西日本宮島口駅➪山陽本線
廣島電鐵広島駅➪1、2、5、6號線
廣島電鐵広電宮島口駅➪2號線

出站便利通
◎渡輪
前往渡輪口的方式可從JR広島駅前搭乘廣島電鐵2號線在終點站「広電宮島口」下車，或由JR広島駅搭乘山陽本線，在JR宮島口駅下車，抵達後步行5分之內即可到宮島口碼頭，轉乘JR連絡船或宮島松大汽船，約10分即可抵達宮島碼頭。

・宮島松大汽船
單程大人¥200、小學生¥100，另需支付宮島訪問稅¥100。「宮島弥山エンジョイチケット」：來回船票+宮島訪問稅+宮島纜車來回大人¥2,100；「ワンコイン」：來回船票+宮島訪問稅+炸紅葉饅頭/紅葉可頌/やまだ屋購物券三擇一大人¥600　單程約10分鐘。宮島口出發7:15~20:35，宮島出發7:00~20:15，平均每小時4班，15分鐘一班(雙向對開)　8:30~15:00宮島松大汽船「宮島口」窗口，船票亦可使用交通系IC卡(PASPY・ICOCA・Kitaca・PASMO・Suica・manaca・tolCa・PiTaPa・はやかけん・nimoca・SUGOCA)付費
0829-44-2171
miyajima-matsudai.co.jp

・JR西日本宮島フェリー
單程大人¥200、小學生¥100，未滿1歲免費，每位大人陪同者可帶2位1~6歲小孩免費，另需支付宮島訪問稅¥100　單程約12分鐘。宮島口出發6:25~22:42，宮島出發5:45~22:14，平均每小時4班，15分一班(雙向對開)；大鳥居航班9:10~16:10由宮島口出發　JR西日本宮島フェリー「宮島口」窗口，船票亦可使用交通系IC卡(PASPY・ICOCA・Kitaca・PASMO・Suica・manaca・tolCa・PiTaPa・はやかけん・nimoca・SUGOCA)付費
0829-56-2045
jr-miyajimaferry.co.jp

觀光旅遊攻略
◎宮島観光案内所
0829-44-2011
廿日市市宮島町1162-18 宮島港棧橋內
9:00~18:00
www.miyajima.or.jp

豐國神社(千疊閣)

豊国神社(千畳閣)

別冊P.8,B3　宮島碼頭徒步約15分、嚴島神社徒步約2分　0829-44-2020　廿日市市宮島町1-1　8:30~16:30　大人¥100、國中小學生¥50

1587年，豐臣秀吉為了要在出兵朝鮮前，在宮島誓師誦經，便下令在嚴島神社旁建造千疊閣，沒想到建築尚未完工，秀吉先一步辭世，於是從秀吉過世的1598年，擱置至今。內部寬敞的千疊閣，因約**同857塊疊(榻榻米)的面積組成而得名**，整棟建築全以極粗的實木支撐，支柱之間毫無屏障，加上居高臨下，宮島海濱的景色一覽無遺。

嚴島神社

おすすめ 薦

一訪日本三景神之島，自然絕景中的海上神社。

別冊P.8,B4 宮島碼頭徒步約15分 0829-44-2020 廿日市市宮島町1-1 神社6:30~18:00，1/4~2月、10/15~11月至17:30，12月至17:00；1/2~1/3 6:30~18:30；1/1 0:00~18:30。寶物館8:00~17:00 神社大人¥300、高中生¥200、國中小學生¥100；寶物館大人¥300、高中生¥200、國中小學生¥100；神社‧寶物館共通券大人¥500、高中生¥300、國中小學生¥150 www.itsukushimajinja.jp 多寶塔屋頂、東迴廊屋頂、高舞台、西迴廊目前進行工事中

宮島自古以來便被視為**「神明居住的島嶼」**，早在西元六世紀的推古天皇時代就有建立神社的傳說。1996年，**嚴島神社被聯合國教科文組織指定為世界文化遺產，海中的朱紅色大鳥居是代表意象**，還保留了許多從平安時代傳承下來的町家建築，充滿著歷史情懷的風情，因此又與宮城的松島、京都的天橋立並稱為日本三景。

朱紅色的大鳥居不僅是嚴島神社的象徵，更是宮島甚至廣島的代表意象，退潮時露出完整的底座，可以直接徒步在沙灘上。

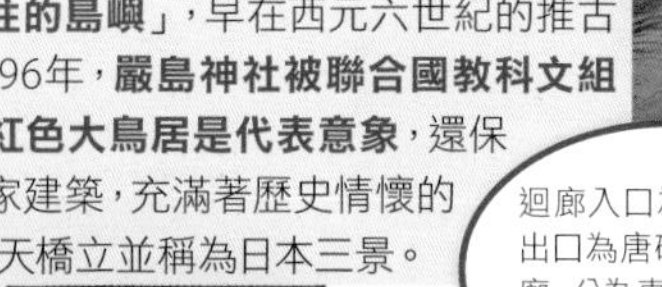

迴廊入口為切妻造、出口為唐破風造的迴廊，分為東側與西側，全長總計262公尺。

宮島上處處會遇到自遊自在的鹿群，據說牠們是神的使者。

寶物館

宝物館

別冊P.8,B4 宮島碼頭徒步約16分 嚴島神社0829-44-2020 嚴島神社內 8:00~17:00 大人¥300、高中生¥200、國中小學生¥100

寶物館內**收藏了平安至鎌倉時代流傳下來的珍貴文物**，4,000多件的史料與美術工藝品中，源賴朝、足利尊氏、豐臣秀吉等武將的相關物品也在其列，其中還包含130件被指定為國寶及重要文化財，**最知名的當屬「平家納經」的複製品**，平清盛為了祈禱平家一門能長久繁榮，而將共計33卷的裝飾經「平家納經」捐獻給嚴島神社。

漲退潮時間Check!

漲潮與退潮時間約每隔6小時循環一次，嚴島神社在漲退潮的時刻呈現出不同的樣貌，漲潮時，紅色大鳥居與神社沉浸於海水中，朱紅的神社映照於水面上，相映成趣，分外美麗，還可乘小船至鳥居參拜；退潮時則可以步行到大鳥居旁，近距離端詳其壯麗之美。

www.miyajima.or.jp

五重塔

別冊P.8,B4 宮島碼頭徒步約15分 0829-44-2020 廿日市市宮島町1-1 外觀自由參觀

與嚴島神社相呼應的朱紅色五重塔，以其**近28公尺的高度**，傲視整個宮島，於1407年所創建，外觀融合日本傳統與唐朝式樣，內部殘存著唐樣的鮮豔彩色，**中心柱僅到第二層，構造相當獨特**，如何對應海灣的強烈風力卻沒有損傷，至今仍是許多專家研究的對象。

大本山大聖院

別冊P.8,A4 宮島碼頭徒步約20~30分 本坊0829-44-0111 廿日市市宮島町210 8:00~17:00 自由參拜 www.galilei.ne.jp/daisyoin/

大聖院是真言宗御室派的大本山，從空海開山至今已有上千年的歷史，為宮島歷史最悠久的寺廟。沿著層層石階走向大聖院的廳堂，越往高走，宮島市街的景觀逐步自眼下浮現。寺院依坡而建，占地相當寬廣，雅致幽靜的築庭為桃山時代風格，豐臣秀吉過去曾在此舉辦數次歌會。境內擺放了觀音、羅漢等各色佛像，許多是信眾拿來供養的，可以感受到大聖院與當地居民的密切關係。**最具代表性的，首推豐臣秀吉在出兵朝鮮前，為祈求海上平安而在船上奉置的波切不動尊**，此外，**安置了四國八十八處所佛的「遍照窟」，也是特色之一**。

海味十足又肥美的烤牡蠣，讓人口水直流。

牡蠣屋

別冊P.8,C3 宮島碼頭徒步約7分 0829-44-2747 廿日市市宮島町539 10:00~售完為止 不定休 焼きがき(烤牡蠣)2個¥650 www.kaki-ya.jp

牡蠣、紅葉饅頭與星鰻可說是宮島的三大必吃美食，尤其是碩大肥美的牡蠣，鮮美的滋味讓人意猶未盡，這間**牡蠣屋正是宮島上最知名的牡蠣店之一**，菜單上清一色都是牡蠣變化出的各式料理，無論是炭烤的、生吃的、油炸的或是以油醃漬的，都能嚐到牡蠣的鹹香海味，牡蠣搭配店內豐富的酒藏相當對味。

Sarasvati

別冊P.8,C3 宮島碼頭徒步約15分 0829-44-2266 廿日市市宮島町407 9:00~18:00 咖啡¥490起 itsuki-miyajima.com/

一般咖啡廳多半給人較女性化的感覺，而這間Sarasvati卻是**充滿男性化的陽剛粗獷，以印度教女神「辯才天女」為名，利用大正時代的批發店倉庫改裝而成**，瀰漫著濃郁咖啡香氣的空間內，暗色系的水泥地板與壁面不假裝飾，必點的自家焙煎咖啡選用精品咖啡(special grade coffee)的生豆，喝來味道溫醇不苦澀，也可購買咖啡豆回家慢慢品嚐，自製餐點也相當美味。

燒牡蠣「林」

焼がきのはやし

別冊P.8,C3 宮島碼頭徒步約7分 0829-44-0335 廿日市市宮島町505-1 10:30~17:00(L.O.16:30) 週三 焼がき(烤牡蠣)3個¥1,400 www.yakigaki-no-hayashi.co.jp

創業已超過65年的**牡蠣老舖**，位於人來人往的宮島表參道商店街上，在**店門口有一座小小的牡蠣水族館，展示牡蠣養殖和成長的過程**。店員在門口以鐵板現烤著帶殼的生牡蠣，新鮮的鹽燒香味傳到街上，還傳來劈劈啪啪的響聲，很快就引來不少客人。

CAFE HAYASHIYA

カフェ ハヤシヤ

別冊P.8,C3 宮島碼頭徒步8分 080-1932-0335 廿日市市宮島町町屋通504-5 11:30~17:00(L.O.16:20) 休週三 HAYASHIYA tea's パフェ(HAYASHIYA tea's聖代)¥1,630 www.cafe-hayashiya.jp/

鑽入燒牡蠣「林」旁的小徑，表參道商店街的喧囂雲散煙消，來到的是安靜的小巷弄，有一間和風咖啡廳就靜靜地佇立於此。由燒牡蠣「林」開設的咖啡廳，以日本茶室風格建造，町家傳統風情融合現代俐落，裡頭闢建一處小小庭園，為室內帶來自然綠意，優雅而舒適。提供的餐點都相當精緻可口，**以有機栽培抹茶製作的各式甜點是店內的招牌**，另外在店門口旁還規劃有雜貨專區，可愛的鹿造型小物讓人愛不釋手。

MIYAJIMA COFFEE

宮島珈琲

別冊P.8,C3 宮島碼頭徒步約10分 0829-44-0056 廿日市市宮島町464-3 9:00~18:00(週六至19:00) 咖啡¥390起 miyajimacoffee.com

以百年歷史的商家改建而成，MIYAJIMA COFFEE**天花板的木梁留存住當時歲月痕跡**，高挑寬闊的兩層樓店面擁有超過100個座位，木造地板與桌椅，大地色系與簡單裝潢營造出沉穩氣氛，提供顧客放鬆舒適的用餐空間，不妨在這裡點杯咖啡與蛋糕，享受愜意的午後時光。

杓子の家

別冊P.8,C3 宮島碼頭徒步約7分 0829-44-0084 廿日市市宮島町488 10:00~16:30 休週三 www.shakushi.jp

杓子是宮島的特產，杓子の家位於表參道商店街上，店內陳列著70~80種商品，除了一般的杓子，另有許多周邊商品，如筷架、可使用於義大利麵的杓子，**也有完全以純手工及良木製作的杓子，最特別的則是杓子形狀的明信片**。來到杓子の家，幸運的話可以看到職人在現場製作手工杓子，如果是要送人，也可以請店家在紀念的杓子上當場寫上名字，不另外收取費用。

錦水館

別冊P.8,C3 宮島碼頭徒步約10分 0829-44-2131 廿日市市宮島町1133 Check in15:00~18:00，Check out 11:00 休維護日(詳見官網) www.kinsuikan.jp

1912年開業的錦水館擁**有百年歷史**，在2004年幸運地**從地底下200公尺挖掘到帶有海潮香味的冷泉，以「錦水館溫泉」命名的泉質屬於弱放射能的礦化物冷礦泉，為了讓住客享受溫泉而加溫到41度**，大浴場的入口充滿了京都街巷的氣氛，也因為重現宮島的溫泉讓錦水館更聲名大噪。

錦水館本館擁有絕佳的地理位置，有18間客房可欣賞到海景與鮮紅色的大鳥居，也有能夠眺望五重塔與千疊閣的房間，提供6~8人合宿的特別室，還有充滿日本傳統風味的地爐，冬天可以享用炭烤火鍋。

藤井屋

藤い屋 宮島本店

別冊P.8,C3 宮島碼頭徒步約7分 0829-44-2221 広島県廿日市市宮島町幸町東浜1129 8:00~18:00 もみじまんじゅう つぶあん(紅豆粒紅葉饅頭)¥130 www.fujiiya.co.jp

藤井屋是從大正14年(1925年)即創業的老舖，因此**只要說起宮島的紅葉饅頭，在地的廣島人就會想到藤井屋**。所有的紅葉饅頭內餡都是自家生產，所以口味也是獨家，**最受歡迎的首推去皮的紅豆沙(こしあん)，口感綿密，甜度適中**；如果比較喜歡帶點粗糙口感的，則可選擇帶皮的紅豆沙(つぶあん)，這兩種都是招牌的傳統口味。在藤井屋享用紅葉饅頭，店家還會提供一杯熱騰騰的綠茶，因應和風洋食潮流，也推出巧克力、卡士達奶油等新口味。

紅葉堂 本店

別冊P.8,B3 宮島碼頭徒步約10分 0829-44-2241 広島県廿日市市宮島町448-1 9:00~17:30(依季節而異) 不定休 揚げもみじ(炸紅葉饅頭)¥200 www.momijido.com

紅葉堂於2002年推出的**炸紅葉饅頭，現在已經成為宮島的名物之一，共有紅豆泥(こしあん)、奶油(クリーム)、起司(チーズ)等8種口味**可以選擇，裹上麵衣現點現炸的紅葉饅頭外頭香酥裡頭綿密，受熱而微微融化的內餡格外香甜，特殊的口感熱熱地吃相當過癮，可在店內坐著滿滿品嚐，也可外帶邊走邊吃。另外，2006年於牡蠣屋旁開設的分店弐番屋，改裝自町家的空間也別具趣味。

紅葉饅頭

傳說在明治年間，維新元老伊藤博文因喜愛宮島的紅葉谷美景，時常造訪此地，在小酌一杯之際，不經意地說出「老闆娘的手就像紅葉一樣地可愛」這樣的話，伊藤大臣的美言被一旁的女將聽見之後，於是突然有了以手為形狀，來製作名為紅葉和菓子的靈感。經過幾度改造演變，和手指數相同的五葉原型，演進為現在的七葉形狀，內餡則以紅豆去皮之後磨成沙的口味最為傳統，近年來更有了「炸紅葉饅頭」的新變化，是宮島散策時絕不能錯過的小點心。

山田屋

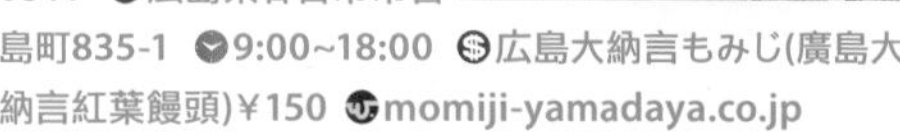

やまだ屋 宮島本店

別冊P.8,C3 宮島碼頭徒步約7分 0829-44-0511 広島県廿日市市宮島町835-1 9:00~18:00 広島大納言もみじ(廣島大納言紅葉饅頭)¥150 momiji-yamadaya.co.jp

顧客絡繹不絕的山田屋吸引眾多客人的原因，當然是**口味眾多，包含紅豆沙、藻鹽、檸檬等近20種口味任君選擇**。所有的紅葉饅頭都可單獨購買，還可以把自己喜歡的口味挑成一盒，更特別的**還有比一般尺寸大上10倍的大紅葉饅頭**。不用擔心保存期限太短，山田屋推出去皮紅豆口味的真空包裝，放一整個月都沒問題。

竹原

たけはら
Takehara

竹原鄰近瀨戶內海，在平安時代為下鴨神社的莊園，江戶末期製鹽、製酒產業興起，竹原於是蓬勃發展，在當時有「安藝的小京都」之稱。 如今，竹原是町家保存地區，象徵繁盛江戶時代的建築通通被保留下來，狹窄的石板小路間，傳統的町家讓人彷彿穿越時空，竹原的景點頗為集中，悠閒散步遊逛，大約需要3個半小時。此外，竹原也是盛產日本酒的地方，能夠在許多洋溢著古老風情的清酒倉庫試喝廣島最出名的地酒，竹製品也是到訪竹原不可錯過的特產。

交通路線&出站資訊

電車

JR西日本竹原駅◇呉線

出站便利通

◎從廣島市前往竹原多半需要搭乘JR快速通勤Liner或普通列車，並於広駅或三原駅轉車。

◎也能利用週五~一運行的JR觀光列車etSETOra(エトセトラ)從廣島前往竹原不需換車，車次一天一班。

觀光旅遊攻略

◎道の駅たけはら

0846-23-5100

竹原市本町1-1-1 2F

9:00~17:00

休 第3個週三(遇假日順延翌日休)、12/31、1/1~1/3

michinoekitakehara.com

竹原市歷史民俗資料館

竹原市歴史民俗資料館

別冊P.27,B1 JR竹原駅徒步17分 0846-22-5186 竹原市本町3-11-16 10:00~16:00(入館至16:30) 休 週二(遇假日照常開館)、12/27~1/3 大人¥200，18歲以下免費

在洋溢著濃濃和風的竹原街道中，有一棟雪白色的洋式建築顯得格外醒目，這棟昭和4年(1929年)建造的木造洋房原本為竹原書院圖書館，圖書館遷移後便改成展示竹原歷史文物的竹原市歷史民俗資料館，**館內以治鹽業為主，介紹竹原數百年來的歷史、民俗等鄉土文化**。

西方寺・普明閣

別冊P.27,B2 JR竹原駅徒步20分 竹原市產業振興課0846-22-7745 竹原市本町3-10-44 8:00~18:00 自由參拜

想要一覽竹原街道保存地區及竹原市的全景，可以到西方寺登高望遠。**西方寺為淨土宗的寺廟**，始建於慶長7年(1602年)，境內南側紅柱白牆的普明閣矗立於山坡上，據説是仿京都的清水寺所建，讓人眼睛為之一亮，**走上普明閣向外突出的舞台，竹原優美的景觀可一覽無遺**。

竹樂

竹楽

別冊P.27,B1 JR竹原駅徒歩20分 0846-22-1558 竹原市本町3-11-10 10:00~16:00 不定休

在盛產竹子的竹原，自然衍生出許多竹製產品，這間竹樂**販賣著各形各色的竹工藝品與玩具**，從竹水槍、竹蜻蜓等傳統玩具，到12生肖竹筷架、竹筷與小飾品，還有可以實際敲打試玩看看的竹木琴，清一色都是以竹子製成，另外還有販售當地職人製作的陶器與和紙娃娃。

MOSO棟同時殘留銀行與旅館的面貌，從房內還可以眺望普明閣。

以瀨戶內的豐富的食材製成的魚飯，是對客人至高無上的款待。

NIPPONIA HOTEL 竹原 製塩町

別冊P.27,B2 竹原駅徒歩約10分至「旧森川家住宅」 0120-210-289 竹原市中央3-16-33 Chick in 15:00~20:00，Check out ~12:00 一泊二食，2人1室每人51,150起 www.nipponia-takehara.com

16世紀，鹽田產業在竹原展開，當時以鹽致富的浜旦那，在以書院造和数寄屋造的豪邸中招待客人，浜旦那對於招待客人非常講究，提供精緻的魚飯等美食，展現對飲食的極致追求。透過現存的建築和文獻，NIPPONIA HOTEL竹原製塩町我們以窺見精緻的往日感性，打造出究極的住宿體驗，在竹原漫遊，入住古老的民宅，品味瀨戶內海的恩賜。

NIPPONIA HOTEL竹原製塩町由三棟建築組成，包括前台和餐廳的HOTEI棟，供宿泊使用的MOSO棟和KIKKO棟。這種分散型酒店提供特殊的住宿體驗，客房總共有10間，包括經過倉庫改建的獨棟客室。所有建築的**室內裝潢由笹岡氏負責，他以竹為主要材料，運用白色表現塩和酒麹，碧色表現瀨戶內豐富的海域，營造出能感受到竹原風土的空間**。

此外，曾獲得多項獎項的**重量級料理大師石井之悠，將法式技法帶回竹原，結合日本食材創造出傳承當地文化的新料理**。堅持使用高品質的塩，並搭配日本酒，這些料理不僅滿足味蕾，更是一種特別的五感體驗，讓人一同沉浸在這個獨特而難忘的旅程中。

尾道
おのみち
Onomichi

面對著瀨戶內海的尾道，是一個充滿濃郁港邊風情的小鎮，自古就是航道之一，造船海運繁榮興盛，並以擁有眾多寺院古剎聞名，循著坡道依靠著千光寺山林立，依山面海的絕佳地理位置，形成了尾道迷人的風景，吸引許多文學家、藝術家甚至導演到此找尋靈感或取景，也因此讓尾道聲名大噪，成為一個觀光城市。

交通路線＆出站資訊

電車

JR西日本尾道駅◇山陽本線
JR西日本JR新尾道駅◇山陽新幹線

出站便利通

◎尾道位在廣島縣的東南部，從廣島市前來約1個半小時，往東前往岡山縣的倉敷、岡山市也相當方便，往南則可經島波海道前往愛媛縣。需注意的是，伊予鐵高速巴士「キララエクスプレス」(Kirara Express)停靠的JR新尾道駅為新幹線車站，位在JR尾道駅北方約4公里處，需再搭巴士或計程車前往景點集中的尾道駅。

觀光旅遊攻略

◎尾道駅觀光案內所

0846-20-0005 尾道市東御所町1-1 JR尾道駅1F
9:00~18:00 休12/29~12/31

持光寺

別冊P.26,B2 JR尾道駅徒步約5分 0848-23-2411 尾道市西土堂町9-2 9:00~16:30 ¥300，にぎり仏(陶土握佛體驗)¥1,500 shichibutsu.jp/temple/jikouji.php

距離JR尾道駅最近的古寺便是持光寺，歷史可以追溯至平安時代，由傳教大師的高徒持光上人創立這座屬於天台宗的寺院，最**主要供奉的是觀世音菩薩像。到了南北朝足利義滿時代，迎入阿彌陀如來佛，改為淨土宗寺院**，其後又改為五劫院，至今已有近900年的歷史，每天持續不斷傳頌著清淨的佛號，境內擁有許多日本國寶，頗值得一看。最**受歡迎的則是能夠體驗「握佛」(にぎり仏)**，在師父的指導下，將一塊平凡的陶土，捏製成自己理想中的模樣，做出屬於自己的握佛，完成後會入窯燒製，就能擁有獨一無二的紀念品。

天寧寺

別冊P.26,C2 JR尾道駅徒步約15分 0848-22-2078 尾道市東土堂町17-29 9:00~16:30 自由拜觀 shichibutsu.jp/temple/tenneiji.php

1367年開基的天寧寺，屬於尾道頗為稀有的曹洞宗寺院，與纜車站「山麓」站僅有2分鐘的步行距離，本堂是唐破風建築式樣，羅漢堂中則排列供奉500餘尊羅漢，頗是壯觀，每逢春天，盛開的櫻花與寺院呼應出沈靜的絕美氣氛。不過比起本堂，三重塔更廣為人知，許多代表尾道的優美風景，都是以三重塔為主景。其實三重塔與天寧寺有一小段距離，600多年前建造時是五重塔，因第四、五層受到嚴重損傷，改建為今天所看到的**三重塔，因整座塔沒有使用一支釘子的巧奪天工建築技術，被指定為日本國家重要文化財**。從塔邊的小道向市內眺望，能夠全覽尾道大橋及水道，是最受歡迎的必訪景點。

千光寺

別冊P.26,C1 千光寺山纜車「山頂」駅沿著文學小路(文学のこみち)走下坡路約10分可達本堂 0848-23-2310 尾道市東土堂町15-1 9:00~17:00 自由拜觀；千光寺纜車(千光寺ロープウェイ)單程￥500、來回￥700，小學生以下半價 www.senkouji.jp、onomichibus.jp/ropeway/ (千光寺山纜車)

尾道以寺廟重眾多聞名，共有25間古寺分散在城內各處，其中以位於纜車站終點的千光寺最具代表性。千光寺於大同元年(806年)開基，**寺內供奉的十一面千手觀音菩薩據説是由聖德太子所製作**。境內廳堂分踞千光寺山的山頭各處，百年老樹、兩層樓高的巨石怪岩與廟宇自然融合，顯得十分肅穆莊嚴。

漆成朱紅色的本堂又叫做「赤堂」，曾在作家林芙美子的代表作《放浪記》中出現。登上本堂，尾道市容與遠方尾道水道盡收眼下，帶著些許鹹味的海風徐徐吹拂，讓人感到心曠神怡。**本堂旁龍宮造型的鐘樓「驚音樓」，每年除夕便會以108下鐘聲帶領尾道市民迎接新年**，悠揚沉穩的音調入選為「日本音風景100選」。

千光寺公園

別冊P.26,C1 千光寺山纜車「山頂」駅徒步即達 0848-38-9184 尾道市西土堂町19-1 自由參觀，展望台「PEAK」(ピーク)的電梯9:00~17:15

千光寺公園占地寬廣，約從千光寺山山頂到山腹之間都屬於其範圍。公園名列**「日本櫻花百選」之一**，如果錯過櫻花季也不用懊惱，園內尚植有4000株杜鵑，初夏艷紅杜鵑、藤花輪番齊放，到秋季還有大菊花大會，在任何季節千光寺公園都值得造訪。被一片綠意的包圍的千光寺公園中，**山頂的展望台是能夠眺望瀨戶內海，盡覽尾道風光的最佳地點**，天氣好時還可以看到四國的連峰山脈。

尾道市立美術館

別冊P.26,B1 JR尾道駅徒步約15分，或於1號乘車處搭乘往東行方向的尾道市巴士約5分至「長江口」站下車。到達纜車站後搭纜車約3分至「山頂」駅，出站後徒步5分 0848-23-2281 尾道市西土堂町17-19 千光寺公園內 9:00~17:00(入館至16:30) 休週一(遇假日照常開館)、換展期間、12/29~1/3 依展出內容而異，國中生以下免費 www.onomichi-museum.jp/

千光寺公園內的尾道市立美術館**由建築名家安藤忠雄設計**，充滿**現代極簡設計感的混凝土牆搭配大面清透玻璃帷幕**，傳遞出安藤忠雄一貫的風格。安藤巧妙地**融合傳統寺院與現代建築**，在千光寺山頭創造了這座醒目的尾道新地標。美術館大門面向千光寺公園，高聳而狹長的特殊形狀，精準地將光線引入，後方則面對繁忙的尾道海道，館內分成6個展覽室，從位在2樓的觀景台，可盡覽尾道水道和因島等海島。

艮神社

別冊P.26,C2 JR尾道駅徒步約15分；纜車「山麓」駅徒步約1分 0848-37-3320 尾道市長江1-3-5 自由參拜

艮神社創建於西元806年，是**尾道歷史最悠久的神社**，祭祀天照大神、吉備津彥命等神祇，穿過位在纜車搭乘處旁的鳥居來到**拜殿，前方的參天巨木為樹齡約900年的老樟樹，被指定為天然紀念物**，以陰涼綠蔭庇護著神社，超越千年的歷史讓艮神社自然流露出一股寧靜莊嚴的氛圍，不自覺地便會放輕腳步、細語輕聲。

西國寺

別冊P.26,D1　JR尾道駅搭乘觀光巴士或搭乘開往淨土寺的巴士，約6分至「西国寺下」站，下車徒步約7分　0848-37-0321　尾道市西久保町29-27　參拜8:00~17:00、持佛堂內拜9:00~16:30　境內自由參觀，持佛堂內拜￥500(附茶+茶菓子)、特別拜觀￥1000(庭園拜觀+抹茶+茶菓子)。　www.saikokuji.jp

西國寺是在天平年間(710年)由行基菩薩所開基的真言宗名剎，今日的寺院建築都是在南北朝時期所建，被指定為**國家重要文化財的金堂以和風折衷樣式的建築，規模壯麗，讓人感受到佛法的氣勢**。要到西國寺必須先爬上108階的石梯，入口2公尺高的仁王門上，懸掛著一雙巨大草鞋，旁邊則有許許多多為了祈求腳足病痛能夠恢復健康的人所懸掛鞋子，頗為壯觀，**主要供奉的便是藥師如來**。春天是到訪西國寺的最佳時節，除了境內滿開的櫻花之外，參道上整列櫻樹，構成一段絕美的櫻花隧道，是**尾道的賞花名所**。

猫の細道

別冊P.26,C2　千光寺山纜車「山麓」駅徒步約1分　尾道市東土堂町　自由參觀

快來一起找貓貓，貓奴不容錯過的景點！

尾道是個精巧優美的城市，古剎、文學遺址林立，光是這片山坡地至今仍有25座寺廟散居在不同角落，包括已有1,200年歷史的千光寺、可體驗禪坐的天寧寺等。順著坡道而下，會經過一些古老房舍改建的小商店、咖啡屋，還有一條貓之細道，不但有野貓出沒，更有**畫家園山春二特地為這條小路所手繪的福石貓**，藏在屋簷上、階梯旁以及其他意想不到的角落，**據說共有888隻**，沿途尋找貓的蹤跡，趣味獨具。

文學小路

文学のこみち

別冊P.26,C1　千光寺山纜車「山頂」駅徒步即達　尾道市観光課0848-38-9184　尾道市西土堂町 千光寺公園內　自由參觀

從千光寺山纜車「山頂」站開始延伸約1公里的散步道，過去曾有許多文人雅士來此造訪，在自然綠意的環抱中，環境清幽純淨，漫步其中時而凝望草木，時而遠眺海景，甚是風雅。在步道**沿途設有25個文學碑**，將林芙美子、志賀直哉、正岡子規等當地名家作品雕刻在自然石上，其中尤以**林芙美子的「放浪記」碑最具名氣**，從碑石往市街瞭望的景色更是拍照取景的絕佳地點。

からさわ

別冊P.26,C3　JR尾道駅徒步約10 分　0848-34-6804　尾道市土堂1-15-19　10:00~17:30(週六日及例假日至18:00)，7~8月至18:00，10~3月至17:00　週二(10~3月週二及第2個週三)，遇假日順延翌日休　アイスモナカ(冰最中)￥180、たまごあいす(雞蛋冰淇淋)￥290　www.ice.jcom.to

位於臨海道路的からさわ，販賣的是深受當地人喜愛的冰淇淋，雖然小巧精緻，卻是尾道最出名的一家店。からさわ從戰爭前就開始營業，如今由第三代接手，店內永遠絡繹不絕，**真材實料的冰淇淋中，約有7成都是牛奶，香甜濃郁的滋味**，除了尾道人，也口耳相傳地吸引許多觀光客。**最出名的便是冰最中**，類似甜筒的香脆餅乾盒中，放上一球冰淇淋，口感絕佳，吃一個還嫌不過癮，旺季一天可賣上1,500個，到了冬天，還有熱呼呼的紅豆湯麻糬溫暖胃。

茶房こもん

別冊P.26,D2 JR尾道駅徒步約15分;千光寺山纜車「山麓」駅徒步即達 0848-37-2905 尾道市長江1-2-2 10:30~17:30(L.O.17:00),週六日及例假日10:00~18:00(L.O.17:30) 休 週二(遇照常假日營業) www.common.jp 一旁附設的賣店Galetterie Common約販售10款鬆餅供顧客外帶

開幕於1977年的鬆餅專賣店,就位在纜車「山麓」站旁,只使用黑色、白色的內外裝,風格簡潔俐落中見雅緻復古,洋溢著寧靜安逸的氛圍。**鬆餅在點餐之後才將放置一夜的麵糰拿出現烤製作,外層微酥、裡頭綿密**,口味選擇相當多樣,從基本款的奶油到各式豪華的水果鬆餅,還有使用當季水果製作的限定款,每一個都讓人垂涎欲滴。

尾道浪漫珈琲 本店

別冊P.26,D2 JR尾道駅徒步約15分、千光寺山纜車「山麓」駅徒步約3分 0848-37-6090 尾道市十四日元町4-1 8:30~18:00,週六日及例假日8:00~18:30 休 1/1 $ 尾道浪漫珈琲オリジナルブレンド(特調綜合咖啡)¥539 www.roman-coffee.co.jp

1994年於尾道本通商店街上開幕的咖啡廳,在尾道及廣島市內也開設了多間分店。紅磚外牆內,現代與懷舊交融的空間風格洋溢著大正浪漫的氣息,**招牌的自家焙煎咖啡選用巴西契約農園的高品質咖啡豆,以虹吸式咖啡壺烹煮**,嚐來風味迷人,除了咖啡也提供包含鬆餅、三明治、披薩、吐司等多樣輕食,在咖啡廳的一角還設有賣店,可購買尾道浪漫珈琲的咖啡豆,將濃郁甘醇的風味打包回家。

尾道ええもんや

別冊P.26,D2 JR尾道駅徒步約10分 0848-20-8081 尾道市十四日元町4-2 10:00~18:00 休 不定休 www.eemonya.jp

店名「ええもん」為尾道方言中好東西、優質商品的意思,開門見山地指明這裡賣的就是尾道的土特產。店舖利用1910年建造的商家改裝而成,位在尾道本通商店街的中後段,由**近80間土產品業者加盟,並且由尾道觀光土產品協會所經營**,當地銘菓、尾道拉麵、海產商品、尾道帆布等應有盡有,**總計有近500項商品集結於此**,不僅可一次買齊伴手禮,這裡還是兼營喫茶與餐廳的複合式商店,逛累了可以順便喝杯茶歇歇腿。

貓掌麵包工場

ネコノテパン工場

別冊P.26,C2 JR尾道駅徒步約15分;從光明寺東側往山的方向走約2~3分 050-6864-4987 尾道市東土堂町7-7 10:00~日落 休 週二、三 $ 吐司一條¥500、鄉村麵包(無內餡)¥550、鄉村麵包(加內餡)¥770 pan.catnote.co.jp

貓掌麵包工場**在尾道空屋再生計畫下產生**,近年來隨著尾道的空洞化及高齡化,這一帶的空屋率不斷攀升,為了保存這些古老建物並活絡當地景氣,就有了再生計劃的誕生,也順利吸引數十間商家、Guest House與其他單位進駐。這小巧可愛的麵包店,多走兩步就會不小心錯過,狹小的空間只容得下一位客人進入,**麵包口感紮實、用料實在,在當地擁有高度人氣**。

工房 尾道帆布

別冊P.26,C3 JR尾道駅徒步約15分 0848-24-0807 尾道市土堂2-1-16 10:00~18:00 週四，手作體驗週日、一及例假日 手作體驗 帆布杯墊製作¥1,210(需於一週前預約) www.onomichihanpu.jp

帆布是使用船帆的布料所製作，屬於港灣小城的尾道從昭和時期就有以傳統技法製作的帆布工廠，不過運用尾道帆布的商品則是近年來才開始吹起一股熱潮的特產，2004年開店的工房尾道帆布，**選用天然材質製作而成**，除了一般的手提袋、皮包之外，也發展出帽子、錢包等商品。平日**還有開設手作體驗營，可親手製作杯墊**，所需時間約30分鐘，需事先預約。

壱番館 尾道本店

別冊P.26,D3 JR尾道駅徒步15分 0848-21-1119 尾道市土堂2-9-26 11:00~18:00(湯頭售完為止) 週五(遇假日照常營業) 尾道ラーメン(尾道拉麵)¥680、尾道角煮ラーメン(尾道角煮拉麵)¥1,150 www.f-ichibankan.com/

老少咸宜的壱番館的**招牌菜單就是入口即化的角煮拉麵**，燉得軟爛的爌肉即使是上了年紀都能輕鬆品嚐。**特別選用雞骨、沙丁魚、小魚乾、昆布還加入乾海參燉煮成海鮮味為主的高湯，味覺感受十分清爽**，大片面海玻璃窗，讓享用平民美味的客人擁有頂級視野的寬廣海景，美食美景雙重享受。

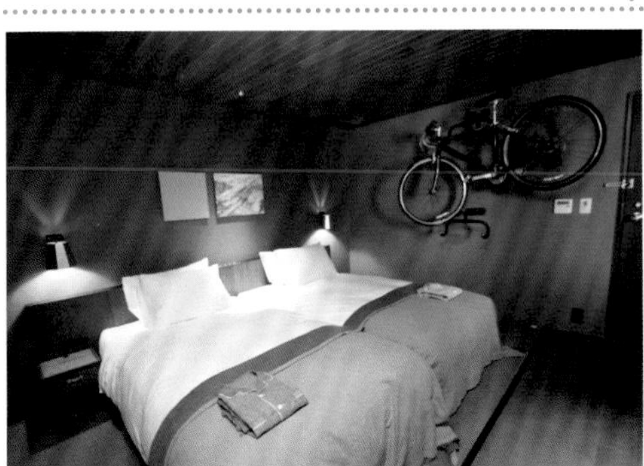

Hotel Cycle

別冊P.26,A3 JR尾道駅徒步約5分 0848-21-0550 尾道市西御所町5-11 Check in 15:00，Check out 11:00 onomichi-u2.com

尾道碼頭旁的2號倉庫重新規劃，變成有餐廳、烘焙坊、咖啡廳、商品小舖等齊聚的複合式休閒中心，名為Onomichi U2；2014年5月，專為單車族設計的飯店Hotel Cycle正式開幕。

Hotel Cycle的硬體建築，刻意裸露出老倉庫的原始建材，整體走極簡風格，只有28間房，**每間房都有自行車的專屬「休息站」，飯店裡裡外外也設置多處自行車的停放架、簡易維修站**，可以載著房客和他們的愛車一起到合適的地方，進行幕後支援充足的騎乘活動。各項細節設想周到，可謂單車族旅途中最理想的家。

吳 くれ Kure

吳市為廣島縣第三大都市，自平安時代以來就是頗受注目的港邊城市，到了戰爭時，因研究設計與製造船舶，成為東亞著名的軍港，保存許多日本海軍的歷史軌跡，成為緬懷過去的最佳場所，有充滿港灣風情的紅磚倉庫，有能夠看到真實潛水艇的港口，也有許多因海軍而發展出的美食，如馬鈴薯燉肉、咖啡等。今日的吳市，則有著另一種現代風貌，可以到時髦的屋台品嚐異國美味料理，還有櫻花滿開的橋畔公園，從過去到現在，可以看到最完整的風貌。

交通路線&出站資訊

電車

JR西日本呉駅◇呉線

出站便利通

◎從廣島市前往吳，可選擇搭乘JR快速安藝路Liner(JR快速安芸路ライナー)、JR呉線或搭乘廣島電鐵高速巴士「クレアライン線」，前者單程車資大人¥510、後者大人¥780。

◎也能利用週五~一運行的JR觀光列車etSETOra(エトセトラ)從廣島前往吳不需換車，車次一天一班。

觀光旅遊攻略

◎呉市観光案内所

☎0823-23-7845

⌂呉市宝町1-16 JR呉駅構內2F

◷9:00~19:00

◎呉中央桟橋ターミナル「無料休憩所」

☎0823-23-7845

⌂呉市宝町4-44 2F北側(與大和博物館相通)

大和博物館

大和ミュージアム

別冊P.27,C2 JR呉駅徒步約5分 ☎0823-25-3017 ⌂呉市宝町5-20 ◷9:00~18:00(展示室入館至17:30) 休週二(遇假日順延翌日休)，4/29~5/5、7/21~8/31、12/29~1/3無休 $大人¥500、高中生¥300、國中小學生¥200、學齡前小孩免費 www.yamato-museum.com

身為吳市海事歷史科學館的大和博物館，於2005年春天開幕，面海一側的建築外觀為清透的大片玻璃帷幕，**在館內就可遠眺海景，傍晚還可欣賞美麗的夕陽**。博物館主要展出過去到未來與船隻相關的資料，1樓是自明治時期以後的吳市歷史和造船技術，其中**最受注目的就是「大和」戰艦的十分之一尺寸模型**，展示室刻意設計成讓人能夠更貼近戰艦的空間，3樓提供體驗船與科學技術的各種設施，並有漫畫家松本零士的筆下的太空船世界。

吳灣散步Cruise(呉湾おさんぽクルーズ)

從吳港出海，並於江田島折返，搭乘觀光船可從海上眺望吳市的街景，也可近距離看到海上的自衛艦及潛水艇，一趟約45分鐘。

$大人¥500、小學生¥250 ◷一日9班，發船時間為8:35、9:25、10:15、11:30、12:20(僅週日運行)、14:22(僅週日運行)、15:12、16:00、18:10 瀨戶內海汽船setonaikaikisen.co.jp/archives/news/505 ❗途中無法下船

入船山紀念館

入船山記念館

別冊P.27,C2 JR呉駅徒歩約13分 0823-21-1037 呉市幸町4-6 9:00~17:00 週二(遇假日順延翌日休)、12/29~1/3 ￥250、高中生￥150、國中小學生￥100 irifuneyama.com/

位於吳市入船山公園一角的入船山紀念館是明治25年(1892年)，提供給駐守在吳市的海軍最高長官居住的處所，如今成為展出吳市歷史與各種珍貴史料的地方。**入口的石板路是從吳市內昔日路面電車行走的道路移築而來，一旁的鐘塔也是過去海軍工廠的歷史軌跡。**沿著石板路，盡頭所見就是最主要的**本館，外觀採取英國風的洋館建築**，是昔日長官處理公務的辦公室；貼滿**客室與餐廳的壁紙，是被指定為文化財產的「金唐紙」**，仔細瞧瞧，模樣美麗的花紋中隱藏著昆蟲、蝴蝶，本館後方的日式房舍是當年私人的起居空間，每逢秋天，還可欣賞到紅葉的絕美姿態。

音戸の瀬戸公園

別冊P.27,C3 JR呉駅搭乘廣電巴士，約22分至「音戶大橋上」站，下車徒步約5分 呉市觀光振興課 0823-25-3309 呉市警固屋8丁目 自由參觀

位於通往倉橋島的音戶大橋旁，音戶公園能夠眺望瀨戶內海景觀，每逢春天，從**4月上旬開始，就有2,300株櫻花爭奇鬥豔，到了5月上旬氣溫回暖，將近8千多叢杜鵑花也來競豔**，和紅色的音戶大橋相互呼應，花團錦簇，成為最佳賞花景點。此地還有一段神話般的傳說，為了便於航運，平清盛擁有一天就完成開鑿工作使得船隻順利通過音戶與瀨戶之間。公園內有一處可遠眺四國方向的高鳥展望台，也可到擁有天然溫泉招日之湯的音戶山莊享受泡湯之樂。

藏本通屋台

蔵本通りの屋台

別冊P.27,C1 JR呉駅徒步約10分 呉市觀光振興課 0823-25-3309 呉市中央3丁目蔵本通り 約18:00~翌3:00(依店家而異) 依店家而異，雨天大多休息

屋台，就是路邊攤。在日本，多數的路邊攤販賣的是拉麵或黑輪，位於吳市藏本通的屋台，卻有許多獨特的美味料理。**沿著堺川公園擺攤的屋台，從1960年代就可看到，目前有10多間別具個性與特色的屋台，**一到夜晚，便吸引許多年輕人品嚐這些時髦風尚的屋台美味。

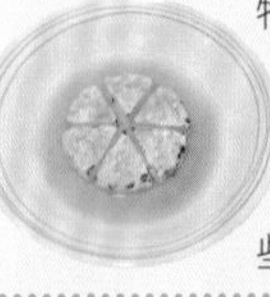

たんや華智

呉市中央3丁目蔵本通り 090-4809-0827 18:30~翌1:00 週一 テールラーメン(牛尾拉麵)￥800

外觀看起來就像一般小店，在藏本通一整排賣拉麵的屋台中，華智**以稀有的牛尾拉麵脫穎而出，清爽的醬油味拉麵中，有一整塊帶骨的牛尾**，經過長時間的燉煮，所有的精華都被濃縮在肉之間，相當值得品嚐。

RECRE

別冊P.27,C2 JR呉駅徒步約2分 依店家而異 呉市宝町2-50 依店家而異 www.kure-recre.com

2005年秋天開幕的RECRE是JR呉駅旁的購物中心，與大和博物館連成一氣，成為廣島最受矚目的觀光景點，美食區內，能夠品嚐到廣島的特產「廣島燒」，購物則有深受日本人喜愛的平價品牌UNIQLO，另外更有一間大型的書店，滿足了各種生活需求，**最吸引人的莫過於5樓的SOLA SPA 吳大和溫泉。**

岡山市

おかやまし
Okayama City

岡山自古以來就有岡山城作為象徵，又以桃太郎的故鄉而出名，最為人熟知的當然是日本三大名園之一的岡山後樂園，其周邊尚有美術館、歷史資料館等觀光景點，稍遠也能到倉敷的美觀地區體驗日本風情。

交通路線＆出站資訊

電車

JR西日本岡山駅➪山陽本線、山陽新幹線、宇野線、津山線、吉備線

岡山電氣軌道岡山駅前駅➪東山線、清輝橋線

巴士

◎從關西國際機場可以直接搭乘利木津巴士到達岡山駅西口，全程約3小時35分，成人¥4,750，小孩¥2,380，班次為預約制，需透過電話預約。

☎兩備高速バスコンタクトセンター0570-08-5050

🌐www.kate.co.jp/timetable/detail/OK

❗目前運休中

出站便利通

◎岡山駅東口是岡山最熱鬧的地區，百貨公司、飯店林立，也有許多商店街、美味餐廳，是在岡山逛街購物的好去處。

◎從岡山駅東口出站後，走至Bic Camara即可看見路面電車站「岡山駅前駅」，搭上開往「東山」的電車，至「城下」即可達後樂園、岡山城。

觀光旅遊攻略

◎ももたろう観光センター(桃太郎觀光中心)

☎086-222-2912

⌂岡山市北區駅元町1-1 岡山駅構内(岡山駅2F新幹線乘降口東側)

🕒9:00~20:00

🌐okayama-kanko.net

岡山電氣軌道

🕒東山線，平均約5分鐘一班車；清輝橋線，平均約10分鐘一班車 ⌂一日乘車券於路面電車車內、岡山駅前巴士綜合岸內所、岡電觀光中心等購買 ⑤大人¥120、¥140區間、小學生¥60、¥70區間；一日乘車券大人¥400、小學生¥200 🌐www.okayama-kido.co.jp/tramway

岡山市內交通以路面電車與巴士為主，暱稱為「岡電」的**路面電車有兩條路線，分別為**行駛於岡山駅前~城下~東山之間的**東山線，以及**行駛於岡山駅前~西川綠道公園~清輝橋間的**清輝橋線**。欲前往後樂園、岡山城，從岡山駅東口出站後走至Bic Camera即可看見路面電車「岡山駅前」站，搭上開往東山的電車至「城下」站即可達。

岡山桃太郎祭(おかやま桃太郎まつり)

🌐www.okayama-momotaro-fes.jp/

桃太郎祭是岡山夏日規模最大的祭典，於8月第3個週六日盛大舉行，兩天的祭典都會有うらじゃ演舞表演，在首日晚間則會舉行煙火大會。うらじゃ的漢字為「溫羅」，うら是桃太郎傳說中鬼。うらじゃ演舞表演的舞者會在臉上繪上溫羅妝，舞蹈則結合了日本民俗與現代舞，每年都吸引五、六十萬人前來參觀。

免費變裝體驗(着付け体験)，化身城主與公主的華麗變身。

岡山城

おすすめ 薦

歷史名城巡禮，順遊後樂園享城主之樂。

別冊P.6,D5 JR岡山駅前駅搭往東山方向路面電車，於「城下駅」下車徒步約10分 086-225-2096 岡山市北區丸の內2-3-1 9:00~17:30(入城至17:00) 休12/29~12/31、定期檢修日 休12/29~31 $15歲以上¥400，國中小學生¥100，未就學兒童免費；岡山城・後樂園共通券¥640 okayama-castle.jp/

建設在數個連續小山丘上的岡山稱又被稱為「烏城」，厚重結實的的黑色牆壁是最顯眼的特徵。想居高臨下將岡山美景盡收眼底，來到旭川環繞的岡山城準沒錯，登上天守閣，遠眺後樂園優美的庭園風景，裡面也展示著與歷代城主相關的史料與物品，居高臨下將岡山美景盡收眼底。

備前燒工房

備前焼体験

天守閣1F $¥1,250/黏土500g(寄送至府的運費另計) 備前燒體驗60分鐘，一天5場 10:00、11:00、13:00、14:00、15:00

在岡山城可以自己**動手體驗這個由稻草燒製紋路的獨特工藝品**，不管是要上色或是捏陶，有許多方案可以選擇。

酥脆柔嫩的肉排香氣十足，愈嚼愈美味。

カツ丼 野村

おすすめ 薦

別處吃不到的獨特滋味，來到岡山不容錯過。

別冊P.6,B5 JR岡山駅沿著桃太郎大通り向東徒步約7分；搭乘路面電車於「西川緑道公園」駅下車徒步1分 086-222-2234 岡山市北區平和町1-10 11:00~15:00，週六日及例假日11:00~14:30、17:00~20:30 $ドミグラスソースカツ丼 ロース(醬汁里肌肉豬排丼飯)¥900

野村從外觀看起來像是提供高級和食的料亭，卻**是岡山的庶民美味「醬汁豬排丼飯」的創始店**。岡山的醬汁豬排與其他地方的醬汁不同，用的是和風洋食一般用來沾漢堡排的Demi-glace Sauce。經過改良的香濃醬汁淋在炸得酥脆的豬排上，趁熱咬下，鹹甜醬汁先令人感到驚豔。

運用時令水果的鮮甜，每月更換主題聖代，引人進入甜蜜迷宮。

喫茶 ほんまち

別冊P.6,A4 JR岡山駅徒步5分 086-224-8650 岡山市北區本町2-2 錦ビル2F 12:00~0:00(L.O.23:00)，依日期而異詳見官網 休不定休 www.instagram.com/kissa_honmachi/

隱藏在建物2樓裡的「喫茶 ほんまち」，隨著**季節更換的水果聖代是店內必嚐甜點**，像是秋季限定的栗子，搭配濃縮焙茶香味的冰淇淋、清甜微酸的檸檬起士慕斯、煎茶薄餅和南瓜泥，每一口都是驚喜。如藝術品般的招牌水果聖代每月更新菜單，將時令滋味層層疊疊裝入玻璃杯裡。

後樂園

おすすめ 薦

後楽園

別冊P.6,D4 JR岡山駅徒步約25分；搭乘市內巴士，約12分於「後樂園前」站下車即達；岡山城徒步約5分 086-272-1148 岡山市後楽園1-5 3/20~9/30 7:30~18:00(入園至17:45)，10月~3/19 8:00~17:00(入園至16:45) 15~64歲(不含國高中生)¥410，65歲以上¥140，高中生以下免費(至2025/3/31止)；岡山城·後樂園共通券15~64歲(不含國高中生)¥640 www.okayama-korakuen.jp

透過池水名園遠眺烏城之巔，先憂後樂哲學於心了然。

與水戶的偕樂園、金澤兼六園同時並列為日本三大名園之一的岡山後樂園於1700年完工，是江戶時代頗具代表性的大名庭園，屬於池泉回游式，因位於岡山城後，被稱為「御後園」，是當時城主靜養、接待賓客的場所，過去城主可乘船沿著旭川抵達。占地約有4萬坪的面積，腹地四周被水道所環繞，春櫻、夏蓮、秋楓和冬雪，後樂園的四季展現不同風情魅力。

清甜的白鳳與噴汁的加納岩白桃最受歡迎。

殘夢軒

おすすめ 薦

残夢軒

別冊P.6,C3 岡電城下駅徒步10分 086-272-2371 岡山市北區後樂園1-2 岡山後樂園正門外 9:00~18:00

當令新鮮水果做的冰品美味無窮。

位在岡山後樂園正門附近的殘夢軒，販售的冰淇淋以**有「黃金牛奶」之稱的娟珊牛奶製作，奶味濃郁，口感順滑**，頗受好評。**夏天推出的白桃刨冰更是造成話題**，一整顆的白桃切片滿滿地放在刨冰上，是只有白桃之都才有的豪邁。刨冰加上有著淡淡白桃香的糖水十分清爽宜人。

出石町沿途的老屋翻新商家值得一逛。

出石町

別冊P.6,C4 岡電城下駅徒步約6分 岡山市北區出石町

挺過二戰轟炸，**位於旭川左岸的出石町至今還保留著明治與大正時期的遺風**。旅客可以先在出石町觀光資訊中心「出石城町工房」(出石しろまち工房)，拿到出石町散策圖，按圖索驥穿梭今昔百年流光，再按照散策圖探訪正面以砂漿或銅板構築巴洛克與古典主義建築立面，後方卻是傳統和式木造瓦頂房的擬洋風建築「看板建築」，洋皮和骨、充滿時代趣味。

Antenna

別冊P.6,C3 岡電城下駅徒步約10分 086-221-9939 岡山市北區出石町1-8-23 11:00~19:00(L.O.18:30)，12~3月至18:00(L.O.17:00) 休週二

富有大正浪漫風味Antenna是水果街其中的一間冰品店，**招牌的出石大正浪漫聖代(いづし大正浪漫パフェ)有著船帆般的哈密瓜、白桃以及麝香葡萄等水果**更是讓女孩兒們驚喜連連，搭配紅茶布丁的大吉嶺馨香、原味義式冰淇淋(Gelato)的輕靈奶香，高雅而耽溺。

聖代上放滿大塊水果，清香漫溢。

河、橋與行人共築的咖啡畫面。

cafe moyau

別冊P.6,C3 岡電城下駅徒步約8分 086-227-2872 岡山市北區出石町1-10-2 11:30~18:00(LO.17:30)，週日至16:00(LO.15:00) 休週四、不定休 www.instagram.com/cafe_moyau/

cafe moyau位在充滿歷史魅力的出石町，改裝自**古民家的咖啡廳完美地將書香、咖啡香融入古色古香的建築中**，書櫃上滿滿的書籍都可自由翻閱，**選擇多樣化的餐點有吐司、蛋糕、冰沙、Lassi、飯類等**，挑選2樓窗邊的座位，伴著後樂園的綠意享用美食，感覺無限美好。

宮下酒造「酒工房 獨步館」

おすすめ 薦

酒工房 独歩館

別冊P.6,C3 從JR西川原・就実駅(從JR岡山站搭1站，約3分)徒步約3分 086-270-8111 岡山市中區西川原185-1 賣店10:00~19:00，餐廳11:30~21:00(L.O.20:30) 休週三(遇假日順延翌日休)、第1、3、5個週二 酒窖見學免費 www.doppokan.jp/

免費試喝岡山當地美酒的機會，還有很多美食可以品嘗！

「酒工房 獨步館」同時設有餐廳和商店，**酒窖可以免費參觀，酒廠的直銷所也提供免費試喝的服務。**可以充分享用在地酒廠「宮下酒造」在日本與世界展開的美酒饗宴。在此酒廠裡有其釀造的精釀啤酒、日本酒、燒酒、利口酒、氣泡酒、威士忌和原創的酒冰淇淋，也有世界各地的紅酒。

福壽司

福寿司

別冊P.6,A3 JR岡山駅西口徒步7分 086-252-2402 岡山市北區奉還町2-16-17 11:30~14:00(L.O.13:30)、入店至13:30，17:00~21:00(L.O.20:30)、入店至20:00 休週一，第1、3、5個週二 岡山ちらし(岡山散壽司)￥2,200，にぎりずし(握壽司) 5個￥935 fukuzushi-okayama.jp

食材新鮮用料實在，吸引許多老饕專程前來品嚐。

福壽司創業於1955年，是當地知名的壽司屋老店，提供的料理以岡山鄉土料理為中心，其中以備前散壽司最具名氣。備前為岡山的地名，這道岡山美食奢華地使用當地產近40種食材，分別以不同的調理方式製作而成，山珍海味就濃縮在這一碗裡頭，因製作時間長需要兩天前預約，其他各項壽司、井飯等也相當新鮮味美。

吉備津神社

別冊P.6,A3 JR吉備津駅徒步10分 086-287-4111 岡山市北區吉備津931 5:00~18:00；鳴釜神事9:00~14:00前至受付所申請 休鳴釜神事週五休 kibitujinja.com

向下綿延400餘公尺的迴廊相當壯觀。

吉備津神社是大和名將吉備津彥命征討惡鬼溫羅的陣地，而此傳說亦為桃太郎的原型。本殿的「比翼入母屋造」，三座屋頂嫁接成H型屋脊，自側面望去，翼型檜皮葺飛簷上兩座山型破風巍峨聳立，橫向延伸出去與本殿相連的部分為拜殿，工法細膩、威儀堂皇。

鳴釜神事典出惡鬼溫羅的頭顱被葬在御釜殿下，為鎮魂而舉行之炊事，延續至今成為在釜內炒米，若自釜底傳來溫羅的怒吼便為吉兆的神事。陽光自窗櫺篩落、幻化裊裊炊煙，低鳴自地底如導電般傳至周身，縱使親身經歷亦難以言述其魔幻寫實。

倉敷

くらしき

Kurashiki

楊柳依依運河畔、白牆青瓦巷弄間、晚晴洋樓燈火闌珊之地，倉敷，這個往昔備中地方物資匯聚之交通要衝，江戶時期伴良田開發而升格為幕府直轄地「天領」，明治以降則又以地方望族大原氏為首的倉敷商人活躍於政商，成就倉敷川畔「美觀地區」一世風華。進入現代，陸續有許多洋風建築及美術館誕生，加上河川旁種植柳樹為倉敷美觀增添更多藝術氣息，如今，貫穿中心區域的倉敷川中，時而可見小船悠遊，水道旁的白壁建築及街景，和百年前幾乎一樣，保存良好的町家街道讓倉敷擁有「小京都」的稱號。

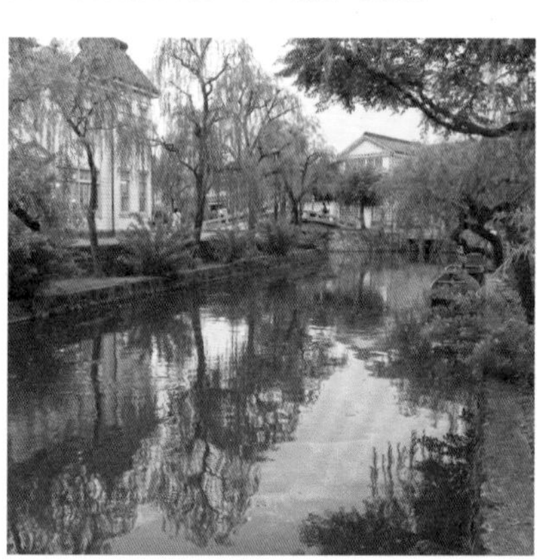

倉敷川遊船

おすすめ 薦

くらしき川舟流し

搭乘一葉扁舟晃盪於運河之上。

別冊P.7,C5 JR倉敷駅南口徒步約15分 倉敷館観光案内所086-422-0542 倉敷市中央1-4-8 9:30~17:00，每30分鐘一班；12~2月僅週六日例假日營業 休3~11月第2個週一(遇假日照常營業)、12~2月週一~五、年末年始 大人¥700，5歲~小學生¥350，5歲以下免費；乘船券販售請洽倉敷館観光案内所 kankou-kurashiki.jp/special/kawafune/

乘上小舟漂流於倉敷川，醉心在歷史風華中。

這座因運河而興的小鎮，水運倉儲深深影響其人文風貌與建設，商賈氣息浸潤常民生活積累演化成獨具韻致的邊城情懷。**來到倉敷，最佳的遊覽方式便是遊船**，坐上輕舟沿運河一遊，欸乃一聲山水綠、楊柳影綽恍惚間，船夫指著岸邊這家那家的房舍說建築、說傳奇，也說這條河與沿河生活的人們，口語言傳人間情感。

人力車

倉敷美觀地區的人力車是日本第二老的人力車，從1977年初就開始營業，坐上人力車遊覽整個充滿詩情畫意的美觀地區，拉著人力車的車伕們邊努力奔跑著，還會邊詳細地解說倉敷地區，從歷史、文化到最新活動訊息，每個帥氣無比的車伕都可以帶著觀光客欣賞最優美的倉敷。

ebisuya.com/branch/kurashiki

電車

JR西日本倉敷駅➪山陽本線、伯備線

水島臨海鐵道倉敷市駅➪水島本線

JR宇野駅➪宇野線

巴士

◎從關西國際機場可以直接搭乘利木津巴士到達岡山駅西口，全程約3小時35分，成人¥4750，小孩¥2380，班次為預約制，需透過電話預約。

両備高速バスコンタクトセンター 0570-08-5050 www.kate.co.jp/timetable/detail/OK

目前運休中

出站便利通

◎倉敷的美觀地區離車站有一小段距離，倉敷駅南口出站後經過天橋徒步約10分，第三個紅路燈向左轉即進入美觀地區的範圍。

◎要前往瀨戶內海的直島、小豆島等地，從宇野港出發最為方便。出JR宇野駅後經過站前圓環向右前方走去便能看見乘船處，一次買來回船票更划算哦！

◎兒島景點徒步約20分可達，部分景點需轉搭計程車前往。

觀光旅遊攻略

◎倉敷駅前観光案内所

倉敷市阿知1-7-2 くらしきシティプラザ2F (JR倉敷駅南口前西大樓2F)

086-424-1220 9:00~18:00

12/29~12/31

www.kurashiki-tabi.jp

◎倉敷館観光案内所

倉敷市中央1-4-8

086-422-0542 9:00~18:00

◎児島駅観光案内所

倉敷市児島駅前1-107 児島駅內

086-472-1289

9:00~17:30

12/29~1/3

倉敷美觀地區夜間點燈

倉敷美觀地區的店家營業時間約至晚間6點，雖然不能逛街了，但夜幕低垂後美觀地區也同樣浪漫醉人，夕陽西下後，此時路燈、商家的照明都亮了起來，與映照於川面的倒影相映成趣，整個地區就籠罩在浪漫溫暖的氛圍中。

日落~22:00(10~3月至21:00)

倉敷考古館

考古館是倉敷美觀地區相當重要的象徵性建築之一。

別冊P.7,C5　JR倉敷駅南口徒步約15分　086-422-1542　倉敷市中央1-3-13　9:00~17:00(入館至16:30)　週一~二(遇假日、補假日照常開館)、12/27~1/2　大人¥500，大學高中生¥400，國中小學生¥300　www.kurashikikoukokan.com

主要展示倉敷附近以「吉備地方」為中心，及瀨戶內海一帶所挖掘出土的考古資料，最值得一看的是代表舊石器時代的遺跡古物，建築外觀是倉敷最典型的建築式樣，白壁與瓦片形成強烈而優雅的對比，是以江戶時代末期所建的倉庫重新整修規劃成為文史資料館。

桃太郎機關博物館

おすすめ 薦

桃太郎のからくり博物館

適合愛胡鬧的大人來這裡重拾童心。

別冊P.7,C5　JR倉敷駅南口徒步約10分　086-423-2008　倉敷市本町5-11　10:00~17:00　大人¥600，小學~高中生¥400，5歲以上小孩¥100

桃太郎博物館便是以耳熟能詳的桃太郎故事為基礎，**放置許多相關介紹及設計許多有趣的互動小機關**，顛覆我們的日常感觀。特別的是館內還有一處以鬼島為主軸的探險洞窟，有點類似鬼屋，走進漆黑的空窟中不知道惡鬼何時會撲出，小小地驚險刺激。

三井OUTLET PARK倉敷

別冊P.7,B3　JR倉敷駅北口徒步3分　086-423-6500　倉敷市寿町12-3　10:00~20:00　不定休　mitsui-shopping-park.com/mop/kurashiki/

三井集團的OUTLET就位在倉敷駅出口不遠處，寬闊的購物空間讓人逛來十分輕鬆；這裡**集結日本海內外的知名品牌，從流行服飾、生活雜貨、家飾廚具等應有盡有**，且在折扣季時還會再打折，價錢十分漂亮。另外這裡還提供免費的寄物櫃，如果來採買時手上早已提著大包小包，不如先來這裡寄放吧！

園內有規劃一處莫內睡蓮池呼應其畫作。

大原美術館

おすすめ 薦

世界名畫聚集，館內的莫內睡蓮池復刻經典，轉為永恆。

別冊P.7,C5　JR倉敷駅南口徒步約15分　086-422-0005　倉敷市中央1-1-15　9:00~17:00(入館至16:30)，12~2月至15:00(入館至14:30)　週一(遇假日、補假日照常開館，7月下旬~8、10月無休)、冬季12月底~2月不定休　本館、工藝・東洋館共通券18歲以上¥2,000，小學~高中生¥500，學齡前小孩免費　www.ohara.or.jp　分館長期休館中

活耀於日本明治時代商業界的企業家大原孫三郎出身於倉敷，因此對於倉敷地區的建設與奉獻也不遺餘力。由於熱愛藝術，也為了紀念畫家友人兒島虎次郎，在1930年創立了大原美術館，這也是日本第一個以西洋美術為主的私人美術館。本館建築採羅馬柱列樣式，**主要收藏以印象派畫作為中心，從雷諾瓦到高更，分館的收藏以日本洋畫家為主**；東洋館與工藝館則是將米倉改建，展出有別於西洋流派的東洋藝術及古代美術品。

八間藏

おすすめ 薦

餐桌上的味覺小小奢華旅行。

八間蔵

別冊P.7,B4 JR倉敷駅南口徒步約15分 086-423-2122(9:00~18:00)、086-423-2400 (18:00~9:00) 倉敷市阿知3-21-19倉敷Royal Art Hotel別館 11:30~14:30(L.O.13:30), 17:30~21:30(L.O.20:30) 蔵のステーキランチ(八間藏牛排午間套餐)¥3,850 www.royal-art-hotel.co.jp/hachikens

由Royal Art Hotel所經營的八間藏是間**改建於重要文化財「大橋家住宅」米倉的法式餐廳**。稍稍泛黃的白牆與純日式的米倉建築，室內擺上歐式大圓桌，挑高的空間配上燈光設計，讓人彷彿置身中古世紀歐洲的城堡中，渾然不覺外頭的日式風情。八間藏的食料取自岡山地產農漁產品，每月會依當季的食材變換菜單。

餐廳前方庭園濃蔭如森，環境隱密而清幽。

林源十郎商店

おすすめ 薦

咖啡、設計手作、生活雜貨，每一樣都是能感受在地人文脈動的關鍵字。

別冊P.7,C4 JR倉敷駅南口徒步約10分 依各店而異 倉敷市阿知2-23-10 1、2F商品販售區10:00~18:00 週一(遇假日順延翌日休) www.genjuro.jp

創業350餘年的林源十郎商店為複合式商業設施，由本館以及後方的母屋、離れ、倉4棟建築物及中庭組成，共進駐12間店舖。本館共有三層樓，是倉敷美觀地區最高的建物，1樓有咖啡廳、畫室及販賣職人手作的日常用品，2樓除了林源十郎商店紀念室外，還有販售日本各地精選雜貨及植物選物店。另外，本館、別館與母屋共4間咖啡館與餐廳，風情各異。

若有時間可挑選喜歡的咖啡廳享用餐點與獨特情調。

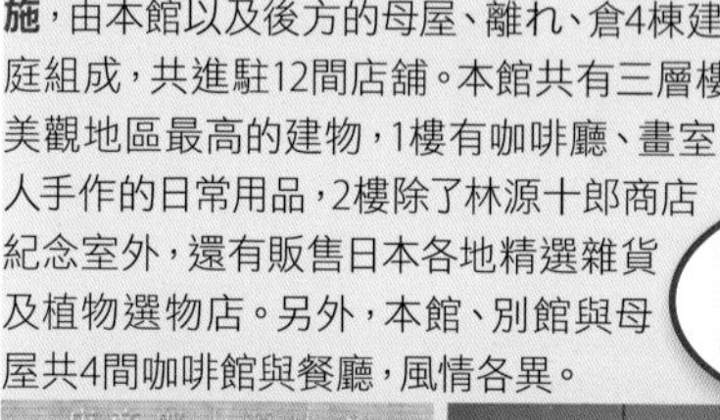

Pizzeria CONO FORESTA

ピッツェリア・コノフォレスタ

086-423-6021 林源十郎商店 母屋 早餐8:45~11:00(L.O.10:30)，午餐11:30~15:00，café 15:00~17:30，晚餐17:30~21:30(L.O.21:00) 週一(遇假日順延翌日休) Gelato(義式冰淇淋)單球¥380~400 www.pizzeriacono.info/

CONO FORESTA原為100年歷史的民家建築，大面落地窗將外頭的陽光綠意引入挑高室內，空間開闊明亮。**這裡提供的餐點以正宗拿坡里披薩為主**，以義大利產的麵粉、食鹽製作的餅皮經長時間低溫發酵，送入遠從義大利運來的薪窯內高溫燒烤，是店內的定番美味，餐後再來份義式冰淇淋(Gelato)畫下完美句號。

atiburanti

アチブランチ

086-441-7710 林源十郎商店 本館1F 10:00~18:00，12~2月平日至17:00 週一(遇假日順延翌日休) atiburanti.jp/

atiburanti2012~2021年為倉敷意匠計畫室直營店，以倉敷地區傳統手工藝為美學基礎發展出的生活雜貨品牌，於林源十郎商店本館1樓此開設了第一家實體店舖。2022年起倉敷意匠計畫室轉為合作夥伴角色，進而成為一間**日常用品選物店**，店內擺滿紙、布、木頭素材製成的商品，**集結全國職人手作的各式日常用品**，只要是雜貨迷都會止不住怦然心動。

町家喫茶 三宅商店

おすすめ 薦

百年老町家改建新風格。

別冊P.7,C5 JR倉敷駅南口徒歩15分 086-426-4600 倉敷市本町3-11 11:30~17:30(L.O.17:00)，週日至17:30(L.O.17:00)，週六11:00~19:30(L.O.19:00) 三宅カレー(三宅咖哩)¥1,100 www.miyakeshouten.com

江戶時期後期建造的三宅商店改建自近150年歷史的町家建物，過去曾是販售日用雜貨的商家，在改建成咖啡廳後仍保存其珍貴的歷史痕跡與名稱，推開格子門，裡頭的時間彷彿還停留在百年前，歷史感的地板、座席與坪庭都完整承襲下來，在這懷古的空間內，可享用現代的聖代、咖哩等美味料理。

選用當季盛產水果製作的聖代深受歡迎。

各式聖代(パフェ)¥1,430起

古色古香的老式建物散發著寧靜悠久的氣息。

倉敷桃子 倉敷本店

くらしき桃子

別冊P.7,C5 JR倉敷駅南口徒歩13分 086-427-0007 倉敷市本町4-1 10:00~17:00(L.O.16:30) 不定休 kurashikimomoko.jp

改建自150年歷史的白壁古民家，倉敷桃子正如其名是桃子的專賣店，**從桃子果凍、聖代、冰淇淋到桃子酒皆有，聖代在一年中會隨當季水果推出限定口味**，像是5 ~7月的芒果、7 ~9月的桃子、7~12月的葡萄、9~11月的無花果等，當然也有全年販售的招牌聖代，另外在2樓還有展示以桃子為主題的工藝飾品。

倉敷の犬猫屋敷

別冊P.7,B5 JR倉敷駅南口徒歩約10分 086-423-0552 倉敷市中央1-1-3 1F雜貨店9:00~18:00，12~2月平日至17:30；2F倉敷フクロウとヒョウ猫の森10:30~17:00(入場至16:30)，12~2月平日至16:30(入場至16:00) 1F雜貨店週四、2F倉敷フクロウとヒョウ猫乃森不定休 2F倉敷フクロウとヒョウ猫の森owls-cats-forest.com/free/kurashiki-doubutsunomori

位於倉敷美觀地區入口的倉敷犬猫屋敷，是一整間都**販賣各種貓咪與小狗的相關產品**，從日本名物招財貓、Kitty貓到以真實照片製作的商品，每一件都模樣可愛，種類繁多的小巧店內客人絡繹不絕，店員有時還會帶上貓耳朵、貓尾巴，模仿貓的動作站在店門口以招攬顧客，過路行人看了都不禁發出會心的微笑。

廣榮堂 倉敷店

おすすめ 薦

最適合作為伴手禮的岡山名菓。

別冊P.7,B5 JR倉敷駅南口徒歩約12分 086-426-5888 倉敷市中央1-1-8 9:00~18:00 週一 元祖きびだんご(吉備糰子)10入¥486、15入¥729 www.koeido.co.jp

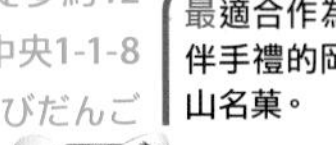

可愛包裝成為岡山的代表伴手禮。

「桃太郎呀，桃太郎呀，腰間掛著吉備糰子」到**岡山不可不買的特產吉備糰子**，就是因桃太郎的歌謠而名聲響亮。1856年創立的廣榮堂，製作出許多深受歡迎的和菓子，也曾經獻給明治天皇品嚐。**吉備糰子是以小米製作嚐起來像麻糬**，除了傳統口味，也推出黑糖、鹽味、灑黃豆粉與岡山水果「白桃」等獨家口味。

倉敷帆布 美観地区店

別冊P.7,D5 JR倉敷駅南口徒步約12分 086-435-3553 倉敷市本町11-33 10:00~17:00 週一、年末年始 www.kurashikihampu.co.jp/

景色如織的倉敷不僅聚集許多風格小舖、咖啡館，還是帆布重鎮，倉敷市棉花產業興盛加上擁有紡織技術，至今兒島地區仍占日產帆布7成的產量。倉敷帆布在2008年於古民家建築中開設，**其布包延續日本工藝精神，簡約俐落的造型源於生活亦源於Less is More的美學態度**。

橘香堂 美観地区店

別冊P.7,B4 JR倉敷駅南口徒步約10分 086-424-5725 倉敷市阿知2-22-13 9:00~18:00，體驗工房10:00~16:00 1/1 むらすゞめ¥150，むらすゞめ手焼き体験(烘烤むらすゞめ體驗：普通尺寸3個+職人製作1個)¥1,000 kikkodo.com

遊客們可以很容易找到這位於倉敷美觀地區入口的橘香堂，**主要販賣1877年誕生的倉敷名產和菓子むらすゞめ**，外皮是柔軟香甜的麵粉皮，就像略薄的銅鑼燒餅皮，內餡則是甜而不膩的紅豆；因為完成品像是晒穀場上張開翅膀飛舞的麻雀而得名。除了看職人製作，只要花¥1,000就可以在指導下體驗烘烤むらすゞめ。

透明玻璃內專業的和果子職人正大顯身手。

店內多樣的紙風船、信紙信封、紙杯墊也具有質感。

如竹堂

おすすめ 薦

紙膠帶迷絕不能錯過的雜貨百寶庫。

別冊P.7,D5 JR倉敷駅北口徒步3分 086-422-2666 倉敷市本町14-5 10:00~17:30 nyochiku.906.jp/

大正時代創業的如竹堂專賣原創與日本精選印刷品，是紙膠帶迷的寶庫，款式齊全的紙膠帶超過350種花色，其中以倉敷本町通上21間町家外型為圖案的倉敷町家Tape，是倉敷美觀地區專賣的限定商品中最受歡迎的款式，其他還有由知名插畫家設計的風格圖案，花樣精緻繽紛，讓人愛不釋手。

凸凹堂

別冊P.7,C5 JR倉敷駅北口徒步3分 086-435-9133 倉敷市中央1-10-10 9:30~17:30 www.tanzawa-net.co.jp

源自山梨的凸凹堂在日本各地開設了30間直營店，倉敷分店長形的店舖空間高挑而寬敞，裡頭販售的不是文雅的創意雜貨文具，而是**耀眼璀璨的天然石飾品以及玻璃製品**，包含色彩粉嫩的項鍊耳環、晶瑩剔透的吊飾等，還可在這裡體驗自製飾品的樂趣。

瀨戶內海小島

せとないかいのしま

瀨戶內海小島怎麼玩

日本主要是由北海道、本州、四國、九州等四個大型海島所組成，位於本州南端與四國中間的正是瀨戶內海，自一萬多年前就是豐饒的生活舞台，從江戶時代開始便以美麗的島嶼風光而聞名。自2010年瀨戶內國際藝術祭起更與藝術畫上等號，三年一度的藝術盛宴逐年擴大舉辦，規劃一場跳島小旅行便可體驗豐富的美景、美食與藝術之旅。

❶直島(P.2-29)

講起瀨戶內海藝術祭最大的印象似乎是大紅南瓜與大黃南瓜吧？在直島上最知名的兩顆南瓜出自知名大師草間彌生之手；島上另一間由建築大師安藤忠雄操刀的地中美術館更是建築迷必朝聖之處。

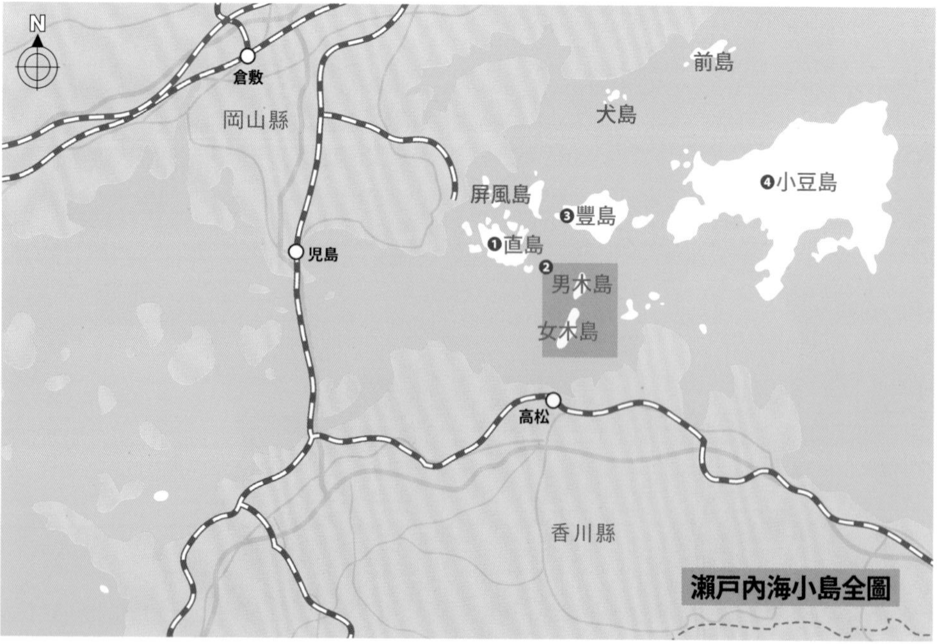

N
倉敷
岡山縣
前島
犬島
屏風島
❸豐島
❹小豆島
❶直島
兒島
❷
男木島
女木島
高松
香川縣

瀨戶內海小島全圖

❷男木島·女木島(P.2-20)

男木島與女木島並稱為雌雄島，彼此相隔約1公里，以山地為主的男木島，交縱錯雜的坂道與錯落其中的民家，成為特殊風景；稱為「鬼島」的女木島，以鬼之洞窟及海水浴場最受遊客青睞，一日走訪兩座小島，享受悠閒漫遊。

❸豐島(P.2-35)

曾長期遭非法傾倒產業廢棄物的豐島，因為瀨戶內海藝術祭的開始進駐人文展覽館及藝術品，成功轉換島內氣氛；盛產的柑橘、草莓為藝術性增添在地感，也為旅人帶來不同的豐島印象。

❹小豆島(P.2-4)

在瀨戶內海上面積僅次淡路島的小豆島，總面積廣達153平方公里，海岸線有136公里長，陽光及氣候孕育出美味的手工麵線及醬油，島上自產橄欖也是特色之一。在瀨戶內海第二大島上，用風景物產與藝術滿足身心靈。

小豆島

しょうどしま
Shodoshima

結實纍纍的綠橄欖隨風搖曳，陽光下的素麵像一匹匹白絲綢閃著光澤，黑褐色的醬油釀造著一股不變的甘香，寒霞溪的楓葉燃燒著一樹火紅的燦爛，小豆島的顏色並不太繽紛夢幻，而是紮實樸素一如無色無味的泉水，清涼沁人。

交通路線＆出站資訊

渡輪

◎面積廣闊的小豆島上主要有7個港口，船班最頻繁的就是位在小島西側的土庄港，可前往高松港、豐島的家浦及唐櫃港、以及岡山的宇野港及新岡山港，其次則是有前往神戶、高松船班的坂手港。

◎要前往瀨戶內海的直島、小豆島等地，從岡山倉敷市的宇野港出發最為方便。出JR宇野駅後經過站前圓環向右前方走去便能看見乘船處，一次買來回船票更划算哦！

◎高松港－小豆島(土庄港)

船公司：四國Ferry・小豆島Ferry

☎高松港營業所渡輪087-822-4383、高松港營業所高速艇087-821-9436

班次：渡輪一天15班來回，高速艇一天16班來回

◷船班時間：渡輪單程約60分，高速艇單程約35分。高松港渡輪首班船6:25、末班船20:20，高速艇首班7:40、末班船21:30；土庄港渡輪首班船6:36、末班船20:10，高速艇首班7:00、末班船20:50

$渡輪大人¥700、小學生¥350；高速艇單程大人¥1,190、小學生¥600，來回大人¥2,270、小學生¥1,150；高速艇夜間船班大人¥1,580、小學生¥790

🌐www.shikokuferry.com

◎高松港－小豆島(池田港)

船公司：國際兩備Ferry

☎050-3615-6352

班次：一天11班來回

◷船班時間：單程約60分。高松港首班船6:50、末班船20:30；池田港首班船5:30、末班船19:00

$單程大人¥700、小學生¥350；來回大人¥1,330、小學生¥670

🌐ryobi-shodoshima.jp/

◎宇野港－小豆島(土庄港)(行經豐島)

船公司：小豆島豐島Ferry

☎0879-62-1348

班次：一天各3班渡輪及旅客船來回；首班船6:45，末班船17:30(行駛至土庄港)、19:30(行駛至豐島家浦港)

◷船班時間：渡輪單程約90分，旅客船單程約60分。首班船6:45、末班船17:30(終點站：土庄港)，19:30(終點站：豐島家浦港)

休第1個週二一般旅客無法搭乘

$單程大人¥1,260、小學生¥630

🌐www.shodoshima-ferry.co.jp/

◎新岡山港－小豆島(土庄港)

船公司：四國Ferry・小豆島Ferry、國際兩備Ferry

☎四國Ferry・小豆島Ferry岡山營業所086-274-1222、國際兩備Ferry 050-3615-6352

班次：渡輪一天8班來回

◷船班時間：渡輪單程約70分。新岡山港首班船6:20、末班船18:30；土庄港首班船7:00、末班船18:30

$大人¥1,200、小學生¥600

🌐www.shikokuferry.com(四國Ferry・小豆島Ferry)、ryobi-shodoshima.jp/(國際兩備Ferry)

出站便利通

◎在瀨戶內海上面積僅次淡路島的

小豆島，總面積廣達153平方公里，海岸線則有136公里長，因小豆島的主要景點分散在島內各處，若想多逛一點，對一般遊客來說最推薦的就是自駕或是搭乘巴士。

◎若預定只逛港口周邊範圍的話，也可利用單車來移動。島內交通：shodoshima.or.jp/?page_id=1598

觀光旅遊攻略

◎小豆島觀光協會·Olive Navi(オリーブナビ)小豆島

土庄港搭乘開往坂手港的巴士，約25分於「オリーブ公園口」站下車徒步即達

0879-82-1775

香川縣小豆郡小豆島町西村甲1896-1

9:00~17:00

休 12/28~12/30

shodoshima.or.jp

小豆島橄欖巴士(オリーブバス)

島上唯一的巴士系統，共有7條路線，在小豆島上若選擇搭乘巴士，推薦可購買一日券或二日券會較為划算，在土庄港渡輪站(小豆島橄欖巴士營業所)、福田港(小豆島Ferry)、池田港(國際兩備Ferry)等處皆可購買。

$ 一日券大人¥1000，、小學生¥500；二日券大人¥1500，、小學生¥750

www.shodoshima-olive-bus.com/

手工麵線

小豆島氣候冬季溫暖、少雪少雨，適合製作手工麵線，來到小豆島別忘了帶一點手工麵線回家繼續品嚐小豆島的美味記憶。

小豆島素麵 赤帶18束¥1,100

麵線歷經多道程序才能完工，傾注職人的用心與專注。

木場製麵所

おすすめ 薦

注入職人精神的小豆島特產麵線。

別冊P.5,A2　土庄港開車約6分　0879-62-0814　香川縣小豆郡土庄町甲5162-2　10:00~18:00　休 週日　tenobe.biz

製作麵線幾乎可以說是一門藝術，由年輕夫妻經營的木場製麵所繼承自男主人父親的家業，每日凌晨4點便開始上工，每天依當天的天氣、溫度及濕度調整加入小麥粉的鹽分及水分，**木場製麵所的麵粉是使用澳洲標準白小麥(ASW)的芯磨製而成，麵條風味素雅**，相當受到青睞。

土渕海峽

土渕海峽

別冊P.4,A4 搭乘巴士於「土庄本町」站下車徒步3分 土庄町商工観光課0879-62-7004 香川縣小豆郡土庄町甲559-2 自由參觀

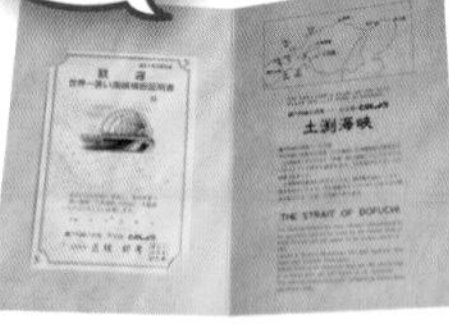

橫斷證明書¥100

小豆島有一項令人玩味的世界之最，就是最窄的土渕海峽。海峽全長2.5公里，最窄只有9.93公尺，簡直就像排水溝，但溝裡流的可是貨真價實的海水。走過後到位在南邊的土庄町役場還能申請一張橫斷證明書作紀念。

i's Life Olive Farm

イズライフオリーブ農園

別冊P.5,C2 搭乘小豆島橄欖巴士西浦線於「合同庁前」站下車徒步3分；土庄港開車8分 0879-62-9377 香川縣小豆郡土庄町渕崎1956-1 10:00~17:00 休週一、不定休 islife-olive.com

小豆島産 イズライフ エキストラバージンオリーブオイル(小豆島產i's Life初搾橄欖油)46g¥1,620

i's Life在栽培橄欖與其他作物十分用心，不使用農藥、化學肥料等，在蟲鳴鳥叫的環境中**採收的健康橄欖，使用自家栽培橄欖，與檸檬調合的油品更是風味獨特**。除了自家油品之外，店舖更精選了世界各國的優質橄欖油，讓生活中每天都要吃到的油有更多好選擇。

製油的嚴謹手法，讓i's Life的油品獲獎連連。

陽光灑落的咖啡店空間充滿開放感。

OASIS除了咖啡空間，另也是住宿的好選擇！

OASIS

オアシス

別冊P.5,C2 土庄港開車約10分；徒步約半小時內 0879-62-2495 香川縣小豆郡土庄町上庄1953-7 午餐11:30~14:00(L.O.13:30)，晚餐17:30~21:30(L.O.20:30)，下午茶14:00~17:00 咖啡廳週一(遇假日順延翌日休)、第3個週二 披薩¥1,200起 www.olive-oasis.com/

OASIS是一間兼營民宿的咖啡餐廳，七〇年代便開始營業，藍白相間的建築在島上十分醒目。店內除了**提供美味的咖啡、蛋糕之外，石窯披薩、創意義大利料理等也是十分令人贊賞的美味。**使用瀨戶內海捕捉的漁獲，島上居民種植的蔬菜、小豆島產的橄欖油，每一種素材都讓這裡的料理充滿地方人情味。

KOMAME食堂

こまめ食堂

別冊P.4,B3　搭乘小豆島橄欖巴士中山線於「中山春日神社前」站下車即達；土庄港開車約15分　080-2984-9391(9:00~11:00僅限當日預約)　香川縣小豆郡小豆島町中山1512-2　11:00~15:00(L.O.14:00)　週二、四　www.dreamisland.cc/cafe/komame-cafe.html

食堂的建築是昭和初年的精米所，空置多年後因地域再活化而被改造成現況；這裡想要傳達的是一種平凡日常的美好，所以咖啡並不特地引進頂級豆子，而是普通美味的即可，而料理也並不追求極緻，而是**將食材的原味發揮至100%，縮短食物與人的距離，也讓人體會到百分百的小豆島之味。**

こまめ食堂
棚田のおにぎり定食(棚田飯糰定食)¥1,800
KOMAME食堂建築原本是2010年藝術祭時的設施，並在2011重新開幕。
小豆島オリーブ牛ハンバーガーセット(小豆島橄欖油漢堡排套餐附飲料) ¥1,200

橄欖牛好吃在哪裡

被稱為日本橄欖發祥地的小豆島，將瀨戶內海的讚岐牛與橄欖栽培做了結合。在小豆島上因為橄欖農家將榨完油的橄欖果實混在飼料中餵養牛隻，這裡的牛肉口感柔嫩、味道甘甜清爽，暱稱為橄欖牛。

素麵アラカルト(素麵單品)5袋入¥2,851
工場見學¥500起(需預約)。

Nakabu庵

なかぶ庵

別冊P.4,C4　土庄港搭乘開往福田港的巴士，約34分於「安田上」站下車徒步5分　0879-82-3669　香川縣小豆郡小豆島町安田甲1385　餐廳10:00~14:00(售完為止)　週三、四、年末年始　生そうめん(素麵)並110g¥700　www.shodoshima-nakabuan.co.jp

由手工麵線(手延べそうめん)製麵所開設的直營店就位在工場旁，**店內販售新鮮製作的自家麵條以及島上的橄欖周邊製品**。除了吃跟買，事前預約安排即可到工場參觀製麵的過程，看師傅如何使出畢生絕活，用兩支筷子將機械上的粗麵條拉成細如髮絲的麵線，也可以自己親手體驗分麵的樂趣。

手延素麵館

おすすめ 薦

手延そうめん館

一起與職人動手做小豆島手工麵線吧！

別冊P.4,B4　池田港搭乘三都西線開往神浦西的巴士，於「小豆島ふるさと村」站下車即達；池田港搭乘計程車約5分　0879-75-0044　香川縣小豆郡池田町室生1-1　9:00~16:30　3~12月週一，1~2月週日　箸分け作業(見學含餐點)¥1,300　www.soumenkan.com/index.html　箸分け作業(見學)需於2天前預約，身高限155公分以上，且雨天中止

小豆島上的良好天氣，造就島上物資豐饒，其中最知名的就是手工麵線。鄰近池田港的「手延そうめん館」，創立自平成3年(1991年)，在這裡**由職人的帶領下拿著筷子親手體驗將麵線條條分開(箸分け作業)**，館內有飲食區及購物區，因為能仔細觀賞麵條製作程序，也吸引來眾多日本電視媒體前來報導。

Dutch Cafe Cupid & Cotton

おすすめ 薦

在荷蘭風格的風車小屋裡吃鬆餅。

別冊P.4,C4 草壁港開車約15分 0879-82-4616 香川縣小豆郡小豆島町西村乙1765-7 11:00~16:30 週三、四、五，不定休(詳見IG) www.instagram.com/cupidncotton/

位在高地小巷中的Dutch Cafe Cupid & Cotton不太好找，經過橄欖公園後再向上坡而去，見到荷蘭風格的風車小屋便是。這裡的**招牌料理便是各式荷蘭鬆餅，除了有一般印象中下午茶的甜點鬆餅，這裡也有道地荷蘭的傳統鹹鬆餅**，微薄餅皮上放著培根、起司，嚐起來像是法式可麗餅的口感，又帶著麵粉香氣。

荷蘭焦糖煎餅放在熱茶上，嚐得到熱得融化的焦糖口感。

オランダ風パンケーキ(荷蘭鬆餅)¥800起

つくだに屋さん2号店

おすすめ 薦

顛覆想像的佃煮霜淇淋！

別冊P.4,C4 草壁港開車約5分 0879-82-6066 香川縣小豆郡小豆島町片城甲44-270 9:00~17:00 週三、不定休 www.tsukudaniyasan.com

つくだに屋さん是小豆島的佃煮老舖，維持傳統好味道的秘訣就在使用島上有400年歷史的醬油。這裡的醬油不同於南方口味的甘甜，鹹味較重，讓人更能嚐到食材本身的甜味。除了佃煮，加入新創意用醬油、佃煮製成霜淇淋，微鹹的醬油味與霜淇淋的甜味調合得恰到好處，配杯梅子昆布茶，口中鹹甜平衡。

佃煮ソフトクリーム(佃煮霜淇淋)¥330

作兵衛

別冊P.4,B4 池田港開車約7分 0879-75-1663 香川縣小豆郡小豆島町池田3936 購物10:00~17:00，餐廳10:30~14:30(L.O.14:00) 週日、不定休(詳見官網) 手延べ素麵(手工素麵)あじわいの赤6束×3袋¥1161 sakube.co.jp

冬季溫暖、少雪少雨，只有在小豆島特殊風土下才能完美呈現的手工麵線，是已經傳承400餘年的老味道。純手工將一塊麵糰拉成極細的素麵，再經過太陽與海風的洗禮，簡單質樸的美味便呈於餐桌之上。來到**作兵衛的直營本舖，可以品嚐到現煮的美味麵點。**

手延べそうめん餐點¥550起

おすすめ 薦

丸金醬油紀念館

マルキン醬油記念館

小豆島上屬一屬二的百年醬油老店鋪！

別冊P.4,C4 土庄港搭乘坂手線開往坂手港的巴士，約35分於「丸金前」站下車即達；草壁港搭乘坂手線開往坂手港的巴士，約12分於「丸金前」站下車即達 0879-82-0047 香川縣小豆郡小豆島町苗羽甲1850 9:00~16:00，7/20~8月、10/16~11月至16:30 不定休；2024年：1/1(一)、1/16~1/25、2/13(二)、2/20(二)、6/11(二)、6/18(二) 門票大人¥400、小學生¥200 moritakk.com/know_enjoy/shoyukan

小豆島現今留存的醬油坊中丸金的人氣絕對是屬一屬二，1907年創立至今的百年老牌，每天總是吸引絡繹不絕的顧客上門，除了購物，展出其歷史文物、傳統醬油製造過程的丸金醬油紀念館也值得一看，可一窺醬油背後的秘密。

醬油霜淇淋(醬油ソフトクリーム)¥300

丸金醬油

距今400年前，為了築造大阪城而前來採石的大名帶來了湯淺醬油，小豆島自此開啟了醬油之路，也讓醬油成為小豆島最知名的名產。1907年創立至今的百年老牌丸金醬油，也是小豆島最知名的名產。

MORIKUNI

別冊P.4,C4 草壁港開車約8分 賣店、CAFE & BAR 0879-61-2077，ベーカリー(麵包坊) 0879-62-9737 香川縣小豆郡小豆島町馬木甲1010-1 賣店、ベーカリー(麵包坊)9:00~17:00，CAFE & BAR11:00~17:00 賣店、CAFE & BAR週四，ベーカリー(麵包坊)週二~四 www.morikuni.jp

創業於2005年的MORIKUNI是小豆島上唯一的造酒場，採用瀨戶內海種植的優良酒米，而造酒的靈魂「水」則引入小豆島最高峰星城山的湧泉，加上堅持使用傳統手法製麴、釀造，讓這裡的酒都充滿甘醇清香的芬芳。設計感的酒標包裝更是為製造的傳統產業注入年輕活力。

ふわふわ。純米吟釀酒 720ml¥2,300

MORIKUNIベーカリー(麵包坊)

由小豆島唯一酒藏提出的美味烘培提案，將發酵概念帶入製作麵包，發想出該店的招牌「コッペパン」(熱狗包)。

FOREST SAKEGURA MORIKUNI(フォレスト酒蔵MORIKUNIギャラリー)

改建自七十年佃煮工場的MORIKUNI新空間，在此可以盡情享用由小豆島食材製成的佳餚或是酒泊料理，搭上日本酒品嚐，帶出食材最原始的美味。

井上誠耕園 THE STYLE SHOP mother's

別冊P.4,B4 土庄港開車20分；池田港徒步10分 0879-75-1133 香川縣小豆郡小豆島町蒲生甲61-4 9:00~17:00 不定休 www.inoueseikoen.co.jp

小豆島上的井上誠耕園是由親子三代共同營運的橄欖自然農園，**栽培橄欖、柑橘等瀨戶內海特有的品種作物，並依其特性開發成調味料、純橄欖油、化妝品**等。其中利用橄欖萃取物製成的保養品廣受好評，從底層清潔至基礎保養，由於保濕性強十分受日本女性歡迎。

完熟橄欖油

完熟橄欖油只從完熟的橄欖(果實呈紅黑色)榨取，滑順的口感無橄欖的生臭味，不管做什麼料理都很適合，也被稱為「萬能油」。

小豆島尾崎放哉紀念館

小豆島尾崎放哉記念館

別冊P.5,C2 土庄町役場徒步10分；離天使的散步道(Angel Road)徒步約5分 0879-62-0037 香川縣小豆郡土庄町甲1082 9:00~17:00(入館至16:30) 休週三、12/28~1/4 大人¥220、小學生¥110 ww8.tiki.ne.jp/~kyhosai/index.htm

出身於鳥取的著名文人與徘句大師尾崎放哉，是畢業於東京帝國大學法學部的精英，早期曾於中國留學後因健康因素離中國，在人生的最後兩年來到小豆島生活。在**紀念館裡可以一窺徘句大師隱居在小島的生活痕跡，館內收藏他的眾多作品**，寧靜的氛圍也讓人短暫深陷於文學氣息中。

天使的散步道有「戀人的聖地」之稱。

天使的散步道

おすすめ 薦

天使の散歩道(エンジェルロード)·Angel Road

一天內只出現兩次的夢幻海中沙灘步道。

別冊P.4,A4 土庄港搭乘西浦線開往小瀨的巴士，約11分於「国際ホテル」站下車徒步3分 土庄町商工観光課0879-62-7004 小豆郡土庄町銀波浦 自由參觀，退潮時間可事先於網路查詢，或是飯店也會公布時刻，詳細時間會依天候及潮位變化 自由參觀 www.shodoshima-kh.jp/angel

天使的散步道一天只會出現兩次，隨著潮起隱沒於海中，隨著潮落而撥開海水露面，延伸500公尺的細長沙灘串連起弁天島、小余島、中余島、大余島4座島嶼，在**每天退潮的前後約2小時可橫渡**，據說與心愛的人牽著手一起走過這條沙灘，天使就會從天降臨實現心願。

小瀨石鎚神社 重岩

薦

走一次小豆島的秘境，探訪瀨戶內海最美絕景。

小瀨石鎚神社 重岩

別冊P.4,A4 搭乘西浦線巴士於「小瀨」站下車；土庄港開車約10分，下車徒步約20分 自由參觀

小豆島上最美的能量場所，就位在島上西端的「小瀨石鎚神社 重岩」，**最知名的是懸浮在天空的巨大岩塊，以奇特的平衡交疊一起**，其景象看過便令人難忘。想要抵達此處，必須先走過百層台階，經由陡峭的路途即迎來讓人屏息的超美瀨戶內海景色。

征服百階後就能親眼看到360度的瀨戶內海美景。

巨大岩石如此堆疊在最高處，形成奇異景象。

境內最顯目的三重塔就建在高地上，遠遠得就能看見。

西光寺

別冊P.5,C2 搭乘坂手線・南廻福田線巴士於「土渕海峡」站，下車徒步5分 0879-62-0327 香川縣小豆郡土庄町本町銀杏通 自由參拜

西光寺是小豆島八十八靈場的第58處，**本堂前的大銀杏樹高達24公尺，樹齡250年以上，已被指定為天然紀念物**。而俳句詩人尾崎放哉長眠於奧院，一旁的南鄉庵也設立尾崎放哉紀念館展示其晚年書信、作品。在西光寺周邊錯落的巷弄中，隔著石牆望向朱紅色三重塔，莊嚴的畫面使人心情沉澱。

迷路之町

迷路のまち

別冊P.5,C2 搭乘全線巴士於「土庄本町」站下車 自由參觀

小豆島在六百多年前為阻擋海盜的襲擊，將町內布局成如迷宮般的路徑，在僅有1.5公尺寬度的街道，滿是建於大正和昭和時期的建築物。**小巷裡也藏匿著不少特色店家、咖啡館或是裝置藝術**，花個半天時間來趟町內迷走之旅吧！

山陽地區➔ 瀨戶內海小島 小豆島 ➔香川縣➔愛媛縣➔高知縣➔德島縣

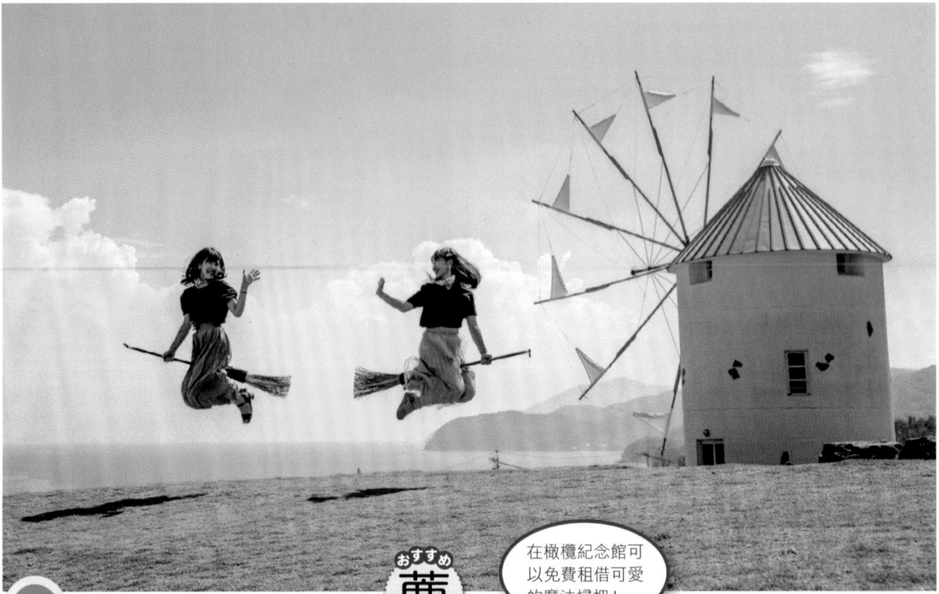

在橄欖紀念館可以免費租借可愛的魔法掃把！

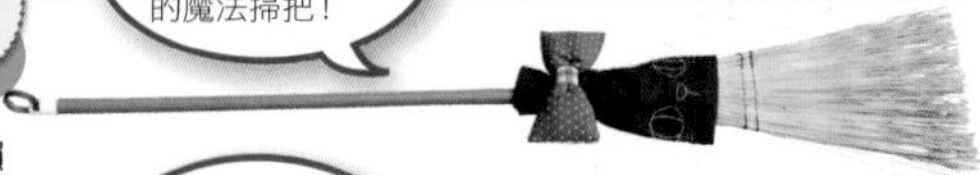

おすすめ 薦

小豆島橄欖公園

道の駅小豆島オリーブ公園

山坡上眺望瀨戶內海藍色的海平面。

別冊P.4,B4　搭乘坂手線・南廻り福田線巴士至「オリーブ公園口」站，下車徒步5分　0879-82-2200　香川縣小豆郡小豆島町西村甲1941-1　8:30~17:00　www.olive-pk.jp

小豆島橄欖公園位於山坡上，古希臘白色建築的ふれあい広場(交流廣場)是絕佳的取景地點；販賣各式橄欖製品的賣場，從食用橄欖油到美容養顏的的保養品，一應俱全，香草館可以預約製作乾燥花花圈等小飾品。展望良好的2樓還有咖啡廳，喝一杯芳香四溢的香草茶、配上沾著橄欖油的甜點，真是不虛此行。

使用橄欖葉的橄欖霜淇淋，淋上小豆島產的橄欖油超絕配！

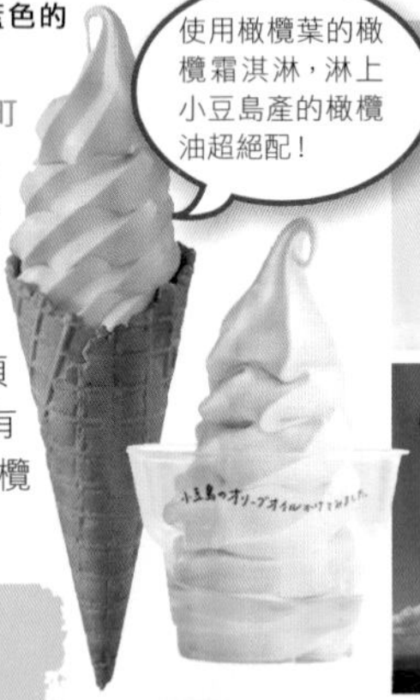

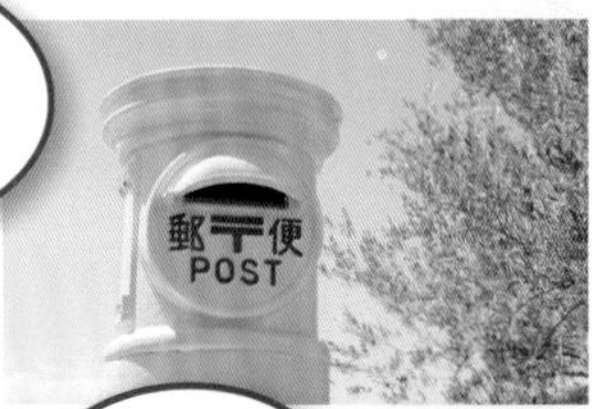

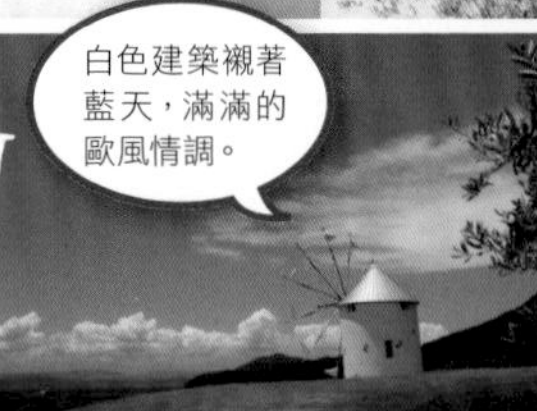

白色建築襯著藍天，滿滿的歐風情調。

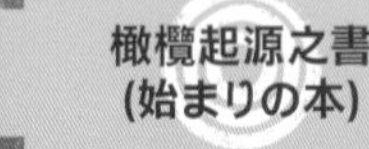

橄欖起源之書(始まりの本)

3公尺高的巨大書本裝置藝術，彷彿掉進童話世界般，是園內新人氣打卡點！

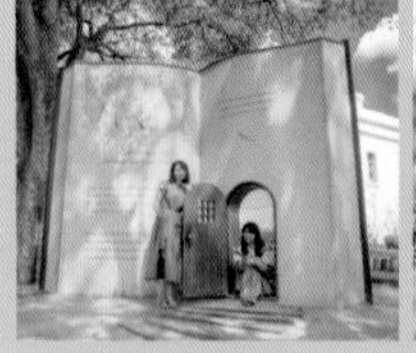

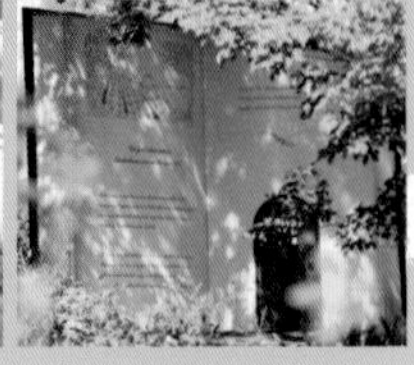

幸福橄欖葉

來到在小豆島橄欖公園，一定要試試最夯的「找愛心」活動，茂密枝葉中，耐心尋找便可找到兩片葉子連在一起的愛心樹葉，據說找到的話便會得到幸福。摘下的葉子可以夾在書中，也可到紀念館內請工作人員幫你護貝成書籤唷(收費)！

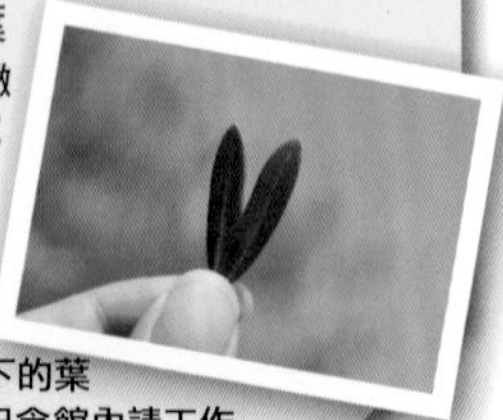

黃澄澄的油菜花田及12匹鯉魚旗是春天限定景色！

換上絣和服(¥500/人)在村內留張紀念照

瀨戶內國際藝術祭作品

渡舟單程大人¥500、小學生¥250

村內電影院松竹座

海洋堂藝廊

懷舊昭和學校午餐¥1,050

おすすめ 薦

二十四之瞳電影村

二十四の瞳映画村

位處極上方位，是旅行及良緣的必訪能量聖地！

別冊P.4,B4　庄港・池田港・草壁港・坂手港搭乘小豆島橄欖巴士田浦映画村線，於終點站「田浦映画村」站下車即達；或搭乘渡舟「Olive Navi棧橋~二十四之瞳電影村」，約10分可達，週三、四(旺季除外)、12月初~2月運休　0879-82-2455　香川縣小豆郡小豆島町田浦　9:00~17:00　大人¥890、小學生¥450，與岬の分教場套票大人¥1,000、小學生¥500，渡舟來回乘船券+二十四之瞳電影村優惠套票大人¥1,700、小學生¥850　www.24hitomi.or.jp

反戰名作《二十四之瞳》是日本影史上最偉大的作品之一，被視為日本教育的原點，編列於小學教科書內，為日本人民心中的經典，也使小豆島別名「電影島」，成為日本人心中必訪的離島之一。

於原著壺井榮故鄉小豆島搭建的**電影場景『二十四之瞳映畫村』，完整保留拍攝使用的木造校舍，原味重現昭和時期的懷舊風情**。村內有許多值得停留的小細節，季節花海（春季油菜花、夏季向日葵、秋季大波斯菊）、全年播映二十四之瞳原著電影的電影院「松竹座」及位在其2樓的文青咖啡書店「書肆海風堂」、日本公仔首席「海洋堂」共同策劃藝廊、瀨戶內國際藝術祭常設作品展示等。

穿梭在村內各處建築間可見復古的大型電影海報、可使用免費道具自導自演的戀愛舞會牆面藝等，推薦換上復古風絣和服體驗(付費)在村內拍照留念喔！

中山千枚田

別冊P.4,B4 搭乘大鐸線巴士於「中山」、「春日神社前」等站下車即達；池田港開車約15分、土庄港開車約20分、草壁港開車約20分 小豆島町商工観光課0879-82-7007 香川縣小豆郡小豆島町中山 自由參觀

千枚田位在小豆島的中央山區，因**特殊地形與源源不絕的湧泉，形成這獨特的稻作梯田**。引自湯船湧水的水稻田，剛插秧的天晴時節倒映著天空白雲，悠閒的田家生活讓人懷念起舊時風景。

中山千枚田擁有千變萬化的四季之美。

虫送り行事

在電影《第八日的蟬(原：八日目の蝉)》中，永作博美與孩子舉著火把在田間繞行的祭典場景，就是在千枚田拍攝。「虫送り」是300年前的傳統農村祭典，祭典的重頭戲，便是在每年7月(夏至後的第11天)傍晚時分，眾人點起火把從湯舟山・荒神社一路向下。

大家一同舉著火把巡視稻田，將蟲送走、祈求豐作。

新綠時期的藍天、綠葉明媚風光。

秋天滿山滿谷的火紅楓葉更是絕景，也是四國首屈一指賞楓勝地。

寒霞溪

おすすめ 薦

日本三大溪谷美景之一，秋季楓景更是令人難忘~

寒霞渓

別冊P.4,C3 草壁港搭乘寒霞 急行線(5/11~7/19、9/1~10/19僅週六日及例假日運行，12/11~3/15運休)，於終點站「紅雲亭」站下車，轉乘纜車上山 0879-82-2171 香川縣小豆郡小豆島町神懸通乙327-1 纜車單程約5分，每12分一班，8:36~17:00；10/21~11月8:00~17:00；12/21~3/20 8:36~16:30 纜車3/21~10月、12/1~12/10單程大人¥1,300、小學生¥650，來回大人¥2,340、小學生¥1,170；11月單程大人¥1,500、小學生¥750，來回大人¥2,700、小學生¥1,350；12/11~3/20單程大人¥1,200、小學生¥600，來回大人¥2,160、小學生¥1,080。一日券(11月不販售)大人¥3,000、小學生¥1,500；未滿6歲孩童大人隨行1人免費 www.kankakei.co.jp

寒霞溪經歷200萬年歲月的刻畫，**火山活動形成的安山岩歷經大自然鬼斧神工雕刻而成的奇岩絕景溪谷，入選為日本百大風景名所、三大絕美溪谷之一**。推薦搭乘纜車享受日本唯一飽覽空、海、溪谷之天空漫步，瀨戶內海美景盡收眼底。山頂站周邊絕景展望台、幸運的愛心松樹、消災祈求好運的丟瓦片體驗外，還可品嚐限定特色小食及伴手禮。

銚子溪 猴子之國

銚子渓 お猿の国

別冊P.4,B3 土庄港搭計程車約20分 0879-62-0768 香川縣小豆郡土庄町肥土山字蛙子3387-10 8:20~17:00(入園至16:30) 週三 大人¥450、小孩¥250 www.osaru-no-kuni.sakura.ne.jp

來到**銚子溪就是來到野生猴的地盤**，千萬小心食物零嘴可不要露白，也不要對著猴子裂嘴笑，露出牙齒對猴子來說是敵意的表現。威猛的猴子王高高坐在屋頂上不可侵犯，可愛的小猴子依偎在母猴懷裡惹人憐愛，管理人員餵食花生和穀麥時更會看到五百多隻的猴子猴孫一擁而上。

銚子溪都是野生猴子，要小心安全也不要觸摸逗弄。

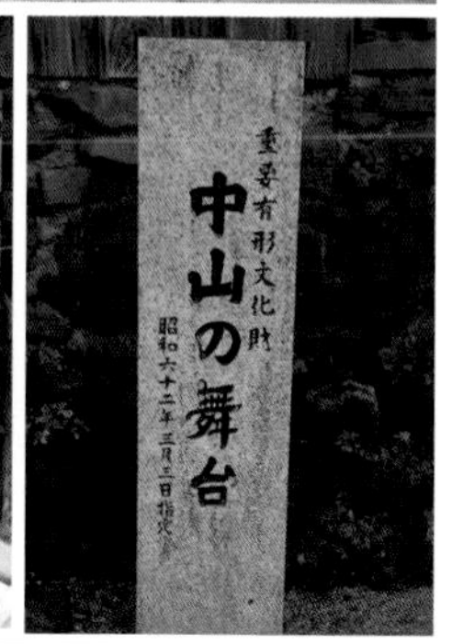

中山農村歌舞伎舞台

別冊P.4,B3 搭乘大鐸線巴士於「春日神社」站下車 香川縣小豆郡小豆島町中山1487(春日神社內) 10月第2個週日17:00開演，21:00結束

位在春日神社內的**「中山農村歌舞伎舞台」已列為日本重要有形民俗文化財**。農村歌舞伎是屬於小豆島上特有的民俗祭典，其發展自農業社會，並在每年季節替換時上演，而上台演出的皆為當地的居民，限定每年10月開演而吸引觀賞人潮。

肥土山農村歌舞伎舞台

別冊P.4,B3 搭乘大鐸線巴士於「肥土山農村歌舞伎前」站下車 香川縣小豆郡土庄町肥土山甲2303(離宮八幡神社) 5/3 15:30~20:00

肥土山歌舞伎舞台即位在離宮八幡宮境內，與中山農村歌舞伎舞台相同是舉辦農村歌舞伎的舞台小屋，唯一不同於，中山是在每年10月舉行，而肥土山則在每年5月3日，舞台前方的斜坡安置有約十層的棧敷席，觀眾能輕鬆自在的享受節目。

H 小豆島國際飯店

小豆島国際ホテル

別冊P.4,A4 於土庄港有免費接駁巴士(需預約) 0879-62-2111 香川縣小豆郡土庄町甲24-67 Check in 15:00，Check out 10:00 www.shodoshima-kh.jp

距離小豆島知名景點天使之路最近的住宿飯店即是「小豆島國際飯店」，除了接近景點，飯店內的**每間客房皆是能眺望大海的海景房型**，此外，館內還備有溫泉及露天風呂，花園游遊池、餐廳、及咖啡館，還有伴手禮店更是不能少。

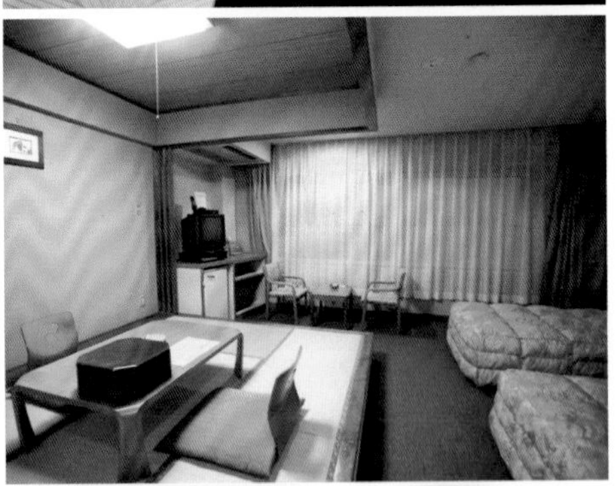

將瀨戶內海鮮、手工麵線入菜，最美味的宴席料理上桌。

檯台就能看到師傅使用當季食材變出美味料理。

女將的貼心桌邊服務，讓人感受小豆島的細緻與親切。

運用擺設及燈光營造出溫暖氛圍。

H 島宿真里

おすすめ 薦

入住小豆島古民家，享受一夜的溫暖睡眠～

別冊P.4,C4 於池田港、舊草壁港有免費接駁巴士(需住宿前3日前預約) 0879-82-0086 香川縣小豆郡小豆島町苗羽甲2011 Check in 14:00，Check out 10:00 www.mari.co.jp

改建自醬油工廠的「島宿真里」，其建築物已有超過八十年的歷史，並已指定為國家文化財產。入住在充滿歷史況味的古民宅中，處處是令人感受到人情溫暖，古色古香的大廳、暖和的床榻，還有使用當地食材入菜的手作料理，最後再以熱燙的私人風呂畫下夜晚的完美句點。

H Hotel Green Plaza

おすすめ 薦

ホテルグリーンプラザ小豆島

欣賞小豆島夕陽最佳度假點，全房型皆為面海房。

別冊P.4,A3 從「土庄港」可自行搭巴士前往，約14分。有飯店至「土庄港」的免費接送服務(須預約) 香川県小豆郡土庄町伊喜末2464 0879-62-8161 Check-in 15:00~、Check-out ~10:00 j-resort.co.jp/greenplaza/

小豆島除了藝術季期間熱鬧歡樂，非藝術期間一樣很受旅客喜愛，各式保留的藝術作品、精彩景點，唯有在島上多留一晚，才能以最悠閒的心情感受這座小島的迷人魅力。

Hotel Green Plaza就位在瀨戶內海小島群中最受歡迎的小豆島上，從高松搭船過來在土庄港下船後，度假飯店就位在港口對岸斜前方不遠的海岸邊。**擁有私人沙灘**的這家度假飯店，就緊鄰著海岸邊，**全房型皆設計為面海房**，因為**這裡擁有小豆島最棒的夕陽賞景角度**，可以在戶外區陽台或露天風呂輕鬆悠閒欣賞來往的船舶，讓您的度假時光得到最高享受。而且除此之外飯店也提供有免費飲品及咖啡，也有可濱海散策的步道與庭園。

飯店餐廳提供在地優質季節食材，像是與一流料亭合作推出的「瀨戶內箱膳」，將美食的至福讓您一次盡享。

面對廣闊瀨戶內海的露天風呂，也很推薦夕陽時分前來。

客室全部面海，有和室、洋室、和洋室三種房型可以選擇。

美麗的瀨戶內海夕陽舉目可及，可以拿杯啤酒慢慢欣賞。

小豆島の藝術迷走

物產豐饒的小豆島，自然美景與豐富美食是吸引遊客的最大誘因，在2010年開始、每三年一度的瀨戶內國際藝術祭展開之後，小豆島與瀨戶內海的小島們躍升為藝術聖地。島嶼藝術作品分置在土庄港與土庄本町、肥土山與中山、三都半島、醤の郷與坂手周邊等，規劃充裕的交通及鑑賞時間，以小島的緩慢步調來欣賞小豆島之美。

setouchi-artfest.jp

太陽的贈禮就位在土庄港旁。

太陽的贈禮

太陽の贈り物

別冊P.4,A3 土庄港徒步即達自由參觀 自由參觀

以小豆島盛產的橄欖葉為靈感，以葉片組裝成直徑5公尺的巨大桂冠，走近細看，可發現葉片上刻畫著島民留下的文字，除了近距離欣賞，你也可以退後幾步，從島上經由此作品向海面上眺望，葉子圍繞起的圓圈成為一個畫框，將藍天碧海與航行的船隻框架成一幅畫作，也是美麗萬分。

迷路之街～自由變幻的小巷空間～

迷路のまち～変幻自在の路地空間～

別冊P.5,C2 土庄港徒步約22分 9:30~17:00 休週一~四(依季節而異，冬季閉館) $¥300 !裡面禁止拍照，目前閉館中

土庄本町地區的小巷錯綜交織，因而被稱為迷路小道，而這項作品就將這「當地特色」融入其中，將**其元素凝縮在一個香菸店改建的小小的建物中**，富含創意與娛樂性，迷走在藝術作品中，在找尋出路的同時一邊驚嘆其獨特的表現手法，其中的趣味與奧妙就不在此說破，留待遊客親自前去體驗感受。

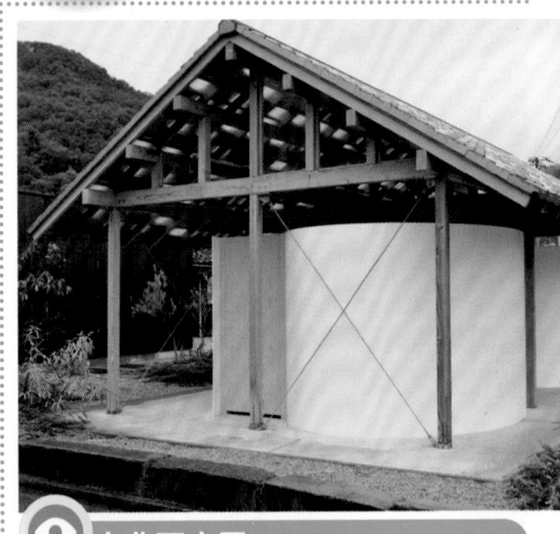

大曲面小屋

おおきな曲面のある小屋

別冊P.4,C4 坂手港搭乘開往土庄港的巴士，約8分於「安田」站下車徒步約10分 087-813-2244 香川縣小豆郡小豆島町馬木甲 自由參觀

位在醤の郷馬木散策路的這項作品是由建築師島田陽所設計，**是一處設計新穎的公共廁所，白色弧狀壁面外形柔和，與醬油香的黑木造建物呈現的感覺大相逕庭**。大曲面小屋優雅的曲面牆潔白純淨，陽光則穿透屋頂的玻璃瓦射入，將室內照得滿室光亮，讓人驚嘆原來生活也可以如此地藝術。

橄欖的飛機頭

オリーブのリーゼント

別冊P.4,C4 坂手港搭乘開往土庄港的巴士，約8分於「安田」站下車徒步約10分 087-813-2244 香川縣小豆郡小豆島町馬木甲 自由參觀

與大曲面小屋距離相當接近的《橄欖的飛機頭》，**由設計師清水久和所製作**，就設置在橄欖園中，立於地面上的白色橢圓雕塑，頭上頂著趣味橫生的黑色飛機頭，給人年輕、強壯的意象，綠意盎然中亂入了一個像是來自異次元的黑白巨型裝置藝術，相當值得玩味。

The Star ANGER

スター·アンガー

別冊P.4,C4 坂手港徒步即達 自由參觀

由大阪藝術家ヤノベケンジ(本名為矢延憲司)創作的裝置藝術，在退役的燈塔上出現了巨大的銀球，在不停轉動的同時也讓上頭映照的光影隨之幻化改變，盤踞於上的則是被視為水神的龍，神情生動彷彿隨時都會發出巨聲吶喊。值得一提的是，小豆島上的另一個作品《ANGER from the Bottom》是由他與知名演員北野武所共同創作，巨大的地靈從古井幽幽冒出，詭譎的氣氛讓人神經緊繃卻又無比讚嘆。

小豆島縁起

別冊P.4,C4 坂手港徒步即達 自由參觀

2013年完成的《小豆島縁起絵巻》由矢延憲司構圖設計，並請來當時就讀於京都造型藝術大學4年級的岡村美紀執行繪製，**高達5公尺，寬度達35公尺的巨幅壁畫繪製於坂手港候船室的外壁，宏大的規模相當有魄力**。以「希望之島」為題，裡頭由小豆島洞雲山之龍、《舊約聖經》挪亞方舟等故事組成，人類渡過了層層苦難來到了新天地小豆島，這幅畫就將這些神話與傳說記錄成 ，傳遞給後世。

岡山縣
男木島
女木島
香川縣

男木島・女木島

おぎしま・めぎしま
Ogijima・Megijima

並稱為雌雄島的男木島與女木島，彼此間只相隔約1公里，遊客只要從高松港搭乘「雌雄島海運」就可抵達，從高松港搭船北上20分鐘後即可抵達女木島，再往北乘船20分鐘則可至男木島，交通相當方便。以山地為主的男木島，交縱錯雜的坂道與錯落其中的民家，成為其特有的風景，在遊賞作品的途中，還不時可見可愛的貓咪在慵懶地曬太陽。而稱為「鬼島」的女木島，則以鬼之洞窟及海水浴場最受遊客青睞，夏天吸引許多年輕人及一家大小一同出遊。

交通路線＆出站資訊

渡輪

◎欲前往男木島・女木島唯一的出入港口即是男木港及女木港，從香川縣的高松港搭乘由雌雄島海運營運的渡輪前往男木港・女木港，一天有6班船班(見下方表格)，8/1~20的夏季時段會加開班次。

◎高松港⇄男木港・女木港來往票價及時間表

・票價

種別／區間	高松港~女木港	高松港~男木港	女木港~男木港
大人(單程／來回)	¥370／¥740	¥510／¥1,020	¥240／¥480
小學生(單程／來回)	¥190／¥380	¥260／¥520	¥120／¥240

備註：每位大人可免費同行1位1歲~學齡前小孩，0歲小孩則免費。

・時間表(非夏季時段)

高松港發	女木港抵/發	男木港抵	男木港發	女木港抵/發	高松港抵
8:00	8:20	8:40	7:00	7:20	7:40
10:00	10:20	10:40	9:00	9:20	9:40
12:00	12:20	12:40	11:00	11:20	11:40
14:00	14:20	14:40	13:00	13:20	13:40
16:00	16:20	16:40	15:00	15:20	15:40
18:10	18:30	18:50	17:00	17:20	17:40

※夏季時段會加開一天有12個班次，詳細時間可至雌雄島海運網站查詢。

雌雄島海運meon.co.jp

出站便利通

◎男木島

・抵達男木島後到港口旁的男木島交流館「男木島の魂」報到吧！這裡提供遊客諮詢、船班資訊及借腳踏車等服務。

・來到男木島請盡情的回歸及體驗大自然吧，島內不允許車輛進入且無提供巴士交通，可以利用徒步及腳踏車遊覽男木島，記得在行經坂道及階梯時要多加留意。

◎女木島

・女木島的面積雖不大卻是座山丘地型，如果對腳力有自信的旅人不妨徒步遊玩，或是可以搭乘巴士及租腳踏車等方式遊覽島上風光。

・採搭乘巴士的旅人可先至港口旁的「おにの館」購買島內巴士來回券(大人¥800，小孩¥400)，建議可將鬼ヶ島大洞窟作為第一站。

觀光旅遊攻略

◎男木島 — 男木島交流館「男木島の魂」

男木港徒步1分

087-873-0006

香川縣高松市男木町1986

6:30~17:00

setouchi-artfest.jp/artworks-artists/artworks/ogijima/36.html

館內9:00~17:00提供行李寄放服務，押金¥500，取回時退還押金

◎女木島 —「おにの館」

女木港徒步1分

087-873-0728

香川縣高松市女木町15-22

8:00~17:20

oninoyakata.mystrikingly.com

館內8:20~17:30提供付費置物櫃服務，¥100

男木島

位 在高松港北方約7.5公里處的男木島，島上多為山地，因此從海面上向島嶼望去，可見民宅在山坡上緊密相鄰，走入其中，坂道崎嶇蜿蜒，漫步於巷弄時偶爾可見貓咪在路上一奔而過，有時還能見推著「Onba」(オンバ)推車的老人家，一方面用於載運物品，一方面則利於爬坡，也成為男木島專屬的風情畫。

男木島之魂

おすすめ 薦

男木島最美地標，展現白色的鏤空藝術。

男木島の魂

別冊P.6,A2 男木港徒步1分 087-873-0006 香川縣高松市男木町1986 6:30~17:00 setouchi-artfest.jp/artworks-artists/artworks/ogijima/36.html

搭上渡輪登陸男木島馬上迎來一棟美麗的白色建築物，這裡即是男木島交流館「男木島之魂」。而這棟建築最大的特色即是請來西班牙藝術家Jaume Plensa所設計的鏤空屋頂，集合世界各國字母組合成波浪型外觀，在藍天大海的映照下更是絕景，**內部則作為交流館使用，多樣的旅遊資訊、紀念品販售等樣樣不少。**

大器的鏤空屋頂設計，隨著光線變化文字會倒影在地板上。

鏟屎官們來男木島盡情揉貓吧！

男木島還被稱作「貓島」，交錯的坂道在民家包夾的小巷從主道延伸而出相互交織，宛如一座小型的山之迷宮，各色貓咪慵懶的慢步其中，或是藏匿在石柱後方，抬頭往上看吧！還能看到小貓輕巧的遊走屋簷，形成男木島特有的景色。

從豐玉姬神社向海的方向望去的景色是男木島之最！

豐玉姬神社

豐玉姬神社

別冊P.5,G4 男木港徒步15分 高松市男木出張所087-873-0001 香川縣高松市男木町1903 自由參拜

豐玉姬神社可說是男木島上最重要的處所，在民宅密集的聚落中，順著坂道穿過鳥居拾級而上，就來到祭奉「安產之神」豐玉姬的神社。從豐玉姬神社向海的方向望去，鳥居、腳下聚集的民家與遠方海面，不同的景深與要素構築成美麗的景色，完整傳達出男木島的特色，**尤其在春分秋分的落日時分更是絕美，是來此必拍照的取景地。**

擁有超過百年的歷史，是許多燈塔迷必去朝聖的景點。

男木島燈塔・男木島燈塔資料館

男木島灯台・男木島灯台資料館

別冊P.5,G4 男木港徒步約40分 燈塔：高松海上保安部：087-821-7012；資料館：高松市男木出張所087-873-0001 香川縣高松市男木島1062-3 燈塔自由參觀；資料館週日、例假日7~8月及藝術季9:00~16:30 休資料館週一～六、12/29~1/3 $自由參觀

立於男木島北端的男木島燈塔，整體皆由花崗岩築造的燈塔本身樸實簡練，**沒有塗漆的塔身在日本相當難得一見，加上因其極高的歷史文化價值而入選「日本燈塔50選」**。過去曾在此拍攝電影《喜びも悲しみも幾年月》，故事講述燈塔守與其家人的生活點滴，燈塔旁的資料館就是以燈塔職員宿舍改建而成，裡頭展出日本燈塔的歷史與當地的生活樣貌。

水仙鄉

水仙郷

別冊P.5,G4 男木港徒步30分 高松市男木出張所087-873-0001 香川縣高松市男木町1062-1(男木島燈塔CAMP場) 自由參觀

在男木島燈塔周邊的遊步道到斜面山坡，**約12,000平方公尺的廣大範圍長滿美麗的水仙，約1,100萬株的驚人數量，在每年約在1~2月間一齊綻放**，放眼望去，只見滿山滿谷的水仙隨風搖曳，小巧的黃色白色花朵姿態可愛，散發淡淡清香，吸引遊客在花香中感受夢幻浪漫的氛圍。

©民宿さくら

©民宿さくら

©民宿さくら

©民宿さくら

©民宿さくら

漁師yado「民宿 さくら」

おすすめ 薦

遊玩男木島時來趟新鮮海產滿喫之旅～

別冊P.5,G4 男木港徒步5分 087-873-0515 香川縣高松市男木町1 takoyado.jimdo.com

由漁師開設的民宿兼餐廳，就位在男木港附近，親切的夫妻倆熱情歡迎前來的住客與饕客，這裡最有名的就是飽含誠意的手作料理，**食材使用男木島近海捕獲的新鮮魚貝，以及自家菜園種植的無農藥蔬菜，巧手調理下成為道道美味家常菜**。另外，在這裡下榻的話，還可事先請民宿主人準備全套的烤肉材料，享受難得的小島之夜。

女木島

曙稱為「鬼島」的女木島，因桃太郎傳說而得名，島上隨處可見鬼石像或是以鬼為名的景點，桃太郎的故事據傳是以吉備津彥命之弟稚武彥命為雛形，當他從吉備(岡山)來到讚岐(香川)時，發現當地的居民深受鬼(海賊)的騷擾而苦，因此率領犬、猿、雉雞前去討伐，這三位分別是來自備前的犬島(岡山)、陶的猿王(綾南町)以及雉ヶ谷(鬼無町)的勇士。1914年，鄉土史家橋本仙太郎在山上發現了洞窟，據說就是當時鬼的根據地，因此讓桃太郎的故事與女木島牽上了線，成了知名的「鬼島」。

女木海水浴場(弓ヶ浜)

別冊P.5,G6　女木港徒步約5分　鬼ヶ島観光協会 087-840-9055　香川縣高松市女木町　7月初~8月下旬開放　自由參觀，淋浴更衣室¥100

時序進入夏天，碧海藍天加上微風徐徐，讓人想奔向海灘盡情擁抱太陽的溫暖，或是躍入海水感受片刻的涼快消暑，**入選為「快水浴場百選」的弓ヶ浜就是這麼一處熱情的海灘**，白色無瑕的沙灘與晴空勾勒出夏日美景，上頭三五好友結伴戲水，或是攜家帶眷出來同遊，氣氛無比歡樂。

能一眼望盡瀨戶內海與屋島的觀看點，也有「戀人岬」之稱。

高松市鬼島鬼之館

おすすめ 薦

兼具餐飲、觀光、案內功能的女木島門面！

高松市鬼ヶ島おにの館

別冊P.5,G6　女木港徒步約1分　087-873-0728　香川縣高松市女木町15-22　8:00~17:20(8/1~8/20至18:10)　自由參觀　oninoyakata.mystrikingly.com

位在港口旁的鬼之館，外型就像張開雙手歡迎來客的鬼怪，裡頭區分為食堂兼候車處的「鬼の市」以及資料展示室「鬼の間」兩區。在**「鬼の市」除了可在食堂點個餐點飲料順便休息，同時也是巴士售票處**，若要搭乘巴士前往洞窟需在此購票，乘車處即位在館後；如要購買船票則要到館旁(從海面望去的左手邊)的小小售票亭購票。**在「鬼の間」則展示著日本各地鬼傳說的資料、女木島資料或鬼面具等**，也有收藏江戶到昭和時代的桃太郎繪本，相當有趣。

摩艾石像

おすすめ 薦

モアイ像

別冊P.6,D2　女木港徒步約4分　087-873-0101　香川縣高松市女木町15-22　自由參觀

這個設置在**鬼之館北側的摩艾石像，是1992年由高松市吊車公司「タダノ」(Tadano)所製作**，為了將1960年被海嘯沖倒的復活島石像毫髮無傷地重新立起，因此打造這個高3.9公尺、重10.8噸的凝灰岩石像模型。在工作完成後，Tadano將石像贈送給高松市，後來便選定女木島做為其落角處。

世界七大奇景之一的復活島摩艾石像，竟然出現在女木島？

以晴朗無垠的天空海洋為背景，摩艾石像就如同女木島的守護神般，守望著島上的人民。

鬼燈塔

鬼の灯台

別冊P.6,D2　女木港徒步約4分　香川縣高松市女木町　自由參觀

女木島上因桃太郎傳説而隨處可見鬼的石像，或是以鬼為名的商店餐廳，但其中最引人注意的就是這座鬼燈塔，同時**也是女木島的象徵性燈塔**，單手抱著燈塔的鬼翹首看望著往來女木島的船隻，底下的石座還有多隻小鬼石像鑲嵌其中，表情或哭或笑，相當可愛。

女木港周邊可見許多獨特石垣，是為保護民宅不受強風侵襲的保護牆。

石垣

オーテ

別冊P.6,C2　女木港徒步約4分　087-840-9055　香川縣高松市女木町　自由參觀

每年冬季約12~3月之間，從西面來季節風翻越中央的山嶺，到了東側的海面上又轉向變為南風，在女木島上形成強勁的「オトシ」，也因此這些**石垣牆高築得幾乎都將裡頭的民家完全覆蓋，既防風又防潮，成為島上獨特風情**，也吸引許多畫家、攝影師來此從懷舊的風景中汲取靈感。

鬼島大洞窟

おすすめ 薦

以桃太郎傳說聞名的女木島上最具人氣的景點！

鬼ヶ島大洞窟

別冊P.5,F5 鬼之館旁搭乘接駁巴士到洞窟約10分，車資單程大人¥500、5歲~小學生¥300、4歲以下免費；從女木港徒步約40分 鬼ヶ島観光協会087-840-9055 香川縣高松市女木町235 8:30~17:00 大人¥600、國中小學生¥300 www.onigasima.jp

大洞窟位在女木島中心位置的鷲ケ峰山腰處，在1914年(大正3年)高松市出身的鄉土史家橋本仙太郎發現這處洞窟，**確立了桃太郎傳說中眾鬼以此為根據地，也因此女木島有了「鬼島」的稱號。**

1931年正式對外開放的大洞窟據說建於西元前100年，構造近似中國要塞，深度400公尺、面積約4000平方公尺的洞窟內可見多處防禦結構，除此之外還有寶庫、佛堂、監禁室等空間。

從洞窟入口就見到各種長相的妖魔鬼怪！

從鬼之館旁就有巴士能搭乘到鬼島大洞窟。

住吉神社

別冊P.6,C1 女木港徒步約8分 087-840-9055 香川縣高松市女木町1385 自由參拜

位在通往鬼之洞窟的途中，住吉神社內供奉著表筒之男命、中筒之男命、下筒之男命3位神衹，**是掌管海事的神明，是當地從事漁業及航海相關人士的信仰中心**。住吉神社最熱鬧的時期為每兩年一度的夏日大祭，於西元奇數年的8月第一個週六日舉行，島上的青年背起沉重的太鼓台，奮勇地奔向海中，為祭典掀起高潮。

鷲ヶ峰展望台

別冊P.5,F5 鬼之館旁搭巴士到洞窟約10分，下車後再徒步約10分，車資單程大人¥300、小孩¥150；從女木港徒步約40分 087-840-9055 香川縣高松市女木町2633 自由參觀 每日的巴士班次不多，建議先看好回程時間，以防趕不上預計的班次或是在山上枯等太久

搭乘巴士到山上後，無論從巴士站或是洞窟出口徒步皆約10分鐘，**標高188公尺高的展望台可遠眺360度的雄偉景致**，天氣晴朗時，湛藍的瀨戶內海一望無際，東南方的屋島、南方高松港、西北方直島、北方男木島，四周的小島與城市點綴其中，能獨占瀨戶內海的美麗風景。

天然紀念物「柱狀節理」

出了洞窟回頭往上望可見500萬年前火山噴發形成的玄武岩柱狀節理，五角形、六角形的石柱緊密地排列，這是在日本難得一件的地質景觀，全國只有10餘處，因此被指定為高松市的天然紀念物。

男木島藝術坂道

男木港是男木島乘船出海的唯一港口，從港口緩步行走，往東南向步行約10餘分鐘則可來到岸邊停靠著諸多漁船的男木漁港，作品就聚集在男木島中心、男木漁港、男木島燈台及大井海水浴場一帶，徒步即可輕鬆將所有藝術作品一次看遍。在中心部有許多曲折蜿蜒的坂道，就隨著階梯的高低起伏，巷道的寬窄變換，感受一轉角一美景的男木島韻味。

男木島之魂

男木島の魂

別冊P.6,A2 男木港徒步即達 香川縣高松市男木町1986 6:30~17:00 自由參觀 setouchi-artfest.jp/artworks-artists/artworks/ogijima/36.html

男木交流館是由西班牙藝術家Jaume Plensa設計，以西班牙文、中文、日文、阿拉伯文等8種不同文字語言設計鏤空屋頂，下頭的建築五面以玻璃圍繞，潔白的顏色與玻璃的通透讓建築物充滿朝氣，陽光灑落之時將文字的影子拓印在地面上、桌面上抑或是遊客身上，當參觀者行走其間便能夠體驗與世界接軌。

走路的方舟

歩く方舟

別冊P.6,A2 男木港徒步約15~20分 自由參觀 setouchi-artfest.jp/artworks-artists/artworks/ogijima/46.html

位置稍稍遠離其他作品的《歩く方舟》，**出自以兵庫、東京為據點創作的山口啓介之手**，他以《舊約聖經·創世紀》為發想，將其中的挪亞方舟具象化，設置在突出於海岸的堤防上，只見4個「人」抬著倒置的船隻大步向前方的海洋邁進，藍白的顏色彷彿融入於天與海景色之中，而船隻本身的造型近看像駱駝的駝峰，從遠處眺望又與後方的島嶼山巒重疊，設計相當絕妙。

男木島路 地壁畫企畫 wallalley

男木島 路地壁画プロジェクト wallalley

別冊P.6,B2 作品散置各處，男木港徒步約5~10分 自由參觀 setouchi-artfest.jp/artworks-artists/artworks/ogijima/45.html

漫行於男木島的巷道之中，三不五時地便會撞上這五顏六色、色彩斑斕的外壁，不要以為自己迷失了方向在原地打轉，其實這個作品散置在村內多處，**藝術家眞壁陸二在島內收集廢棄的木材，在上頭畫上風景的剪影後拼裝於民家的外牆，現在已成為男木島代表性的小巷風景之一。**

女木島藝術漫步

以鬼島聞名的女木島，除了路上隨處可見的鬼石像之外，在其成為瀨戶內國際藝術祭的舉辦場地之後，也同時一躍為藝術聖地。島上的作品除了「鬼子瓦Project」設置在大洞窟周邊及洞內之外，其他都集中在港口附近，緩步慢行即可輕鬆遊覽。

上百隻的海鷗就像風向雞一樣，隨著風的吹拂改變方向。

海鷗的停車場

カモメの駐車場

別冊P.6,D2　女木港徒步1分　自由參觀　setouchi-artfest.jp/artworks-artists/artworks/megijima/28.html

對許多人來說，腦海中勾勒的海島圖畫中，晴朗無雲的藍天、湛藍清澈的海洋是不可或缺的要素，或許還會在那天空中多畫出兩隻翱翔的海鷗，**這項由木村崇人創作的室外作品，將那些海島必備的可愛海鷗整齊地排排站立於堤防上**，藝術家以趣味的方式將牠們成群行動與逐風的習性視覺化，看起來相當逗趣。

20世紀的回想

20世紀の回想

別冊P.6,D2　女木港徒步約3分　自由參觀　setouchi-artfest.jp/artworks-artists/artworks/megijima/29.html

由**中國藝術家禿鷹墳上所創作的作品就擺設在海岸邊**，搭乘渡輪的時候從海面上就可看到。平台鋼琴上的4枝船帆象徵開啟文明的大航海時間，而底下的西洋代表性樂器——鋼琴，暗指著深受歐美文化與歷史影響的亞洲現代文化，禿鷹墳上希望藉由這個奇妙的組合，引發觀者思考何謂20世紀後的亞洲現代，還有亞洲人們今後該航向何處。

雖然「20世紀の回想」的立意較為嚴肅，但接觸這項作品的民眾多半以輕鬆的心情來玩賞，青銅製的鋼琴不能實際彈奏但卻流洩出悠揚的樂聲，與浪聲共奏成和諧的音樂，讓人想隨節奏擺出專業音樂家的帥氣動作拍照留影。

女根／めこん

別冊P.6,D1　女木港徒步約6分　公益財団法人 福武財団087-892-3754　香川縣高松市女木町236-2(女木小學)　9:00~16:30　週一~五(依季節而異，冬季閉館)，藝術祭無休　¥510、15 以下免費　setouchi-artfest.jp/artworks-artists/artworks/megijima/349.html

以創作出《直島錢湯「I♥湯」》而聞名的大竹伸朗，將廢校的女木小學中庭作為創作空間，來到展場，所有的觀者都會對眼前這座與四周環境格格不入的紅色巨型浮標震懾住，大紅顏色與生意盎然的綠意成強烈對比，彷彿要衝破空間的超大尺寸則與顯得低矮的周遭相當衝突，而浮標內高聳直立的椰子樹也與旁邊枝葉交錯生長的熱帶植物與眾不同，空間整體就是一個巨大的作品，以女木島的「女」加上象徵生命力的「根」，大竹伸朗藉由這項作品傳達出女木島的強韌生命力。

不在的存在

不在の存在

別冊P.6,C1 女木港徒步約7分 香川縣高松市女木町185 9:00~16:30 休 週一~五(依季節而異,冬季閉館),藝術祭無休 入館¥300,在此用餐可免費入館 setouchi-artfest.jp/artworks-artists/artworks/ogijima/32.html

布宜諾斯艾利斯出身的裝置藝術家Leandro Erlich,擅於玩弄空間翻轉的手法,在日本最有名的作品就是常設在金澤21世紀美術館內的《泳游池》,打造的不可思議空間讓人印象深刻。其在女木島上創作的《不在の存在》,也同樣挑戰觀者對現實、空間與事物的掌握程度,和風茶室中的奇妙石庭,空無一人的中庭卻出現腳印,轉眼之間又消失無蹤,在「二重の茶室」中則有照不到人的鏡子,魔術般的手法相當有趣。

鬼子瓦Project

由在地學生與職人合手製作出多尊栩栩如生的小巧鬼瓦。

オニノコプロダクション

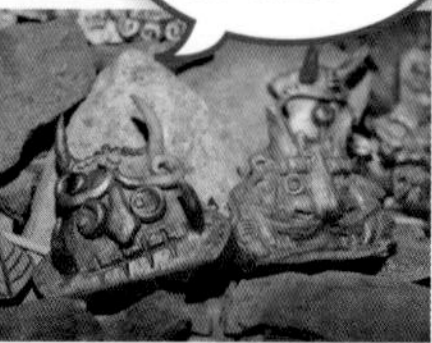

別冊P.5,F5 鬼之館旁搭乘接駁巴士到洞窟約10分,車資單程大人¥500、5歲~小學生¥300、4歲以下免費;從女木港徒步約40分 087-813-2244 香川縣高松市女木町2633 8:30~17:00 鬼の洞窟大人¥600、國中小學生¥300 setouchi-artfest.jp/artworks-artists/artworks/ogijima/35.html

鬼瓦(讃岐装飾瓦)為香川縣的傳統工藝之一,自古以來即裝飾於屋瓦之上,作為除厄、除魔之用,2013年香川縣內中學教職員發起這項以鬼瓦為題的藝術創作,**請來鬼瓦職人神內俊二協助指導,由縣內約3,000名中學生製作出總計3,000個表情生動的小巧鬼瓦**,擺置於洞窟內部及其周邊,迎接訪客的到來。

因放置在這塊過去為梯田狀的土地(段々畑)上,由此得名「段々の風」。

段々の風

別冊P.6,C1 女木港徒步約10分 自由參觀 setouchi-artfest.jp/artworks-artists/artworks/megijima/34.html

從**住吉大神宮旁的小徑向上走即可來到這處藝術作品,由陶藝大師杉浦康益創作的《段々の風》**,使用的媒材當然是其專精的陶土,以約400個富含豐富曲線的陶塊堆砌而成。而這裡同時也是登高遠望的絕佳賞景處,從上坡處往下遙望,前景的作品與遠景的女木島集落、海洋成為一體,加上陣陣徐風,感覺心情相當舒暢。

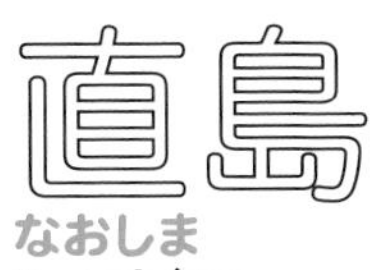

直島

なおしま
Naoshima

有鑒於年輕人口外移，島嶼人口減少及高齡化，Benesse集團從20年前就開始在島上打造露營場地、度假村，甚至找來大批當代藝術家以廢棄的舊居民宅作為基地創作，更延請了世界級的日本建築大師安藤忠雄操刀，完成讓一票建築迷憧憬且不遠千里前來的地中美術館，使直島成為瀨戶內海上知名度最高的島嶼。

交通路線&出站資訊

渡輪

◎宇野港－直島(宮浦港)

班次：一天13班渡輪來回、3班旅客船來回

售票時間：5:30~20:25，出發前30分鐘售票；出發前20分鐘售票僅13:30班次

船班時間：渡輪單程約20分，旅客船單程約15分

・宇野港出發→渡輪首班船6:10、末班船20:25；旅客船13:30、22:30、00:35

・直島(宮浦港)出發→渡輪首班船6:00、末班船20:25；旅客船13:55、21:15、00:15

$

種類／票價	大人(單程／來回)	小學生
渡輪	¥300／¥570	¥150
旅客船	¥300／¥570	¥150
旅客船末班船(深夜班次)	¥590	¥300

※旅客船無提供載送車輛及腳踏車。

◎宇野港－直島(本村港)

班次：一天5班旅客船來回

售票時間：5:30~20:25；出發前30分鐘售票；出發前20分鐘售票僅旅客船11:55班次

船班時間：旅客船單程20分

宇野港發	直島(本村港)抵	直島(本村港)發	宇野港抵
7:25	7:45	6:45	7:05
11:55	12:15	7:55	8:15
16:50	17:10	13:00	13:20
17:45	18:05	17:20	17:40
18:35	18:55	18:10	18:30

$

種類／票價	大人(單程／來回)	小學生
旅客船	¥300／¥570	¥150

※無提供深夜船班。

※無提供載送車輛及腳踏車。

◎高松港－直島(宮浦港)

四國進出前往瀨戶內海跳島之旅，從香川縣高松市的高松港搭乘渡輪往返直島(宮浦港)最為便利，出JR高松駅徒步5分即達高松港乘船處。

班次：一天5班渡輪、3班高速旅客船來回。

售票時間：渡輪出發前40分鐘售票，高速旅客船出發前30分鐘售票

船班時間：高松~直島(宮浦港)渡輪單程約50分，直島(宮浦港)~高松渡輪單程約60分；高松⇄直島(宮浦港)高速旅客船單程約30分。高松港渡輪首班船8:12、末班船18:05，高速旅客船首班船7:20、末班船20:30；宮浦港渡輪首班船7:00、末班船17:00，高速旅客船首班船6:45、末班船19:45

$單程大人¥520(來回¥990)、小學生¥260；高速旅客船單程大人¥1,220、小學生¥610

◎更詳細的船班資訊，建議行前至四國汽船網站查詢。

・四國汽船

087-821-5100

www.shikokukisen.com

出站便利通

◎在直島，町營巴士路線將主要景點都串連起來，所以要到任何一處知名藝術品都不是問題，唯一的缺點就是得將就於巴士的時間，所以為了能讓行程彈性自由，也有人會在島上租借單車、機車或是自駕，時間充裕的話還可選擇徒步遊覽景點。網址：www.naoshima.net/access/access_from

◎直島主要分成碼頭附近的宮ノ浦區、地中美術館所在的美術館區和本町區，三個區域都有藝術品可賞。

◎如想從直島前往豐島，在直島的宮浦港和豐島的家浦港間有高速旅客船相通，四國汽船一天3班9:20、12:10、14:50(週二運休，12~2月僅週五~一運行)，航程為20分，單程大人¥630、小學生¥320。

觀光旅遊攻略

◎直島觀光案內所

香川縣香川郡直島町2249-4 海の駅「なおしま」內

海の駅「なおしま」087-892-2299

8:30~18:00

www.naoshima.net

島上交通

www.naoshima.net/access/access_from

・町營巴士

串聯西邊宮浦港、東邊木村港的巴士，一直到東南側的「つつじ荘」巴士站，港口附近的景點從巴士站徒步即可抵達。町營巴士的班次雖然不少，但若是預計當天離開直島的話，強烈建議要先查詢好巴士與船班時刻，以防趕不上回程船班。

一天約24班 大人¥100、5歲~小學生¥50

・Benesse Art Site直島場內接駁巴士(ベネッセアートサイト直島場 シャトルバス)

町營巴士運行於宮浦港附近~木村港~つつじ 巴士站之間，如果要到島嶼南側的景點的話，則需要利用這個接駁巴士。從「つつじ 」發車，沿途停靠Benesse House Museum、李禹煥美術館及地中美術館。另外，這幾處景點間徒步也可到達，依序需要約6、10及10分。

つつじ 發車時間9:25~16:52；地中美術館發車時間9:45~17:10，一天13班。班次依季節而異，詳見官網 休地中美術館、李禹煥美術館休館日週一 免費

・單車

在宮浦港及本村港附近有許多可租借腳踏車的地方，價錢依各家業者提供的車種不同，一天從¥800~1,500不等。網站：www.naoshima.net/access/rental

・宮浦港周邊：おうぎやレンタサイクル(OUGIYA Rental Cycle)、T.V.C.直島レンタルサービス宮ノ浦店(T.V.C直島Rental service宮浦店)、ふうちゃん(FUUCHAN)

・木村港周邊：Cafe Garden、T.V.C.直島レンタルサービス本村店(T.V.C直島Rental service木村店)、島小屋BOOK CAFE & TENT STAY

南瓜上斑斑黑點是草間彌生作品最大特色。

おすすめ 薦

草間彌生的大南瓜

赤かぼちゃ・かぼちゃ

別冊P.7,B2 紅色南瓜宮浦港徒步即達；黃色南瓜巴士「つつじ荘」站徒步約2分 紅色南瓜宮ノ浦港口；黃色南瓜琴反地海邊 自由參觀

乘著航向直島的渡輪，壯麗的海島景觀讓人彷彿回到愛琴海岸，船隻還未停妥靠岸，船上人們就開始一陣騷動，通通靠到鄰近港口的一側，原來吸引目光的正是港邊上那一顆藝術感十足的紅色大南瓜。另一顆黃色南瓜是Benesse House Museum所藏，放置在戶外的作品。碧海藍天與藝術家草間彌生的南瓜裝置藝術相映成趣，**南瓜也已經成為直島的意象**，製成許可愛的商品。

直島你好！迎接旅人的藝術大南瓜。

直島錢湯「I♥湯」

おすすめ 薦

前進！直島才有的藝術澡堂～

直島銭湯「I♥湯」

別冊P.5,E5 宮浦港徒步3分 NPO法人直島町観光協会087-892-2626 香川縣香川郡直島町2252-2 13:00~21:00(入湯至20:30) 休週一(遇假日順延一天)、1/1 大人¥660，15歲以下¥310，3歲以下免費 benesse-artsite.jp/art/naoshimasento.html

這間外觀瘋狂隨性、浴場內甚至還有一隻等比例大象模型的錢湯(日式澡堂)，是**由藝術家大竹伸朗與來自大阪的藝術團隊graf一同完成**。推門入內，藝術家以無邊創意融合老錢湯的復古壁磚、木造櫃檯與各種神秘元素，這裡現在依然發揮日常功能，是附近居民和藝術朝聖者前來洗澡的好地方。

超有特色的直島錢湯「I♥湯」推出超吸睛的澡堂相關小物。

隨意拼貼而成的瓷磚營造出獨特的復古風華。

紀念商品I♥湯毛巾。

《南寺》安藤忠雄

《角屋》宮島達男

《護王神社》杉本博司

家Project

おすすめ 薦

七間廢棄民宅改裝而成的藝術空間。

家プロジェクト

別冊P.7,D1 家浦港搭乘町營巴士，約10分於「農協前」站下車即可徒步至各個景點 香川縣香川郡直島町本村地區 10:00~16:30；南寺至16:15；護王神社的本殿與拜殿可自由參觀；きんざ 10:30~13:00、14:30~16:30，10~2月10:00~13:00、14:30~16:00 休週一(遇假日順延翌日休)、1/1；きんざ週一~三(遇假日照常開館) きんざ¥520，其他單間¥420；共通券(共6間，不含「きんざ」)¥1,050，15歲以下免費 benesse-artsite.jp/art/arthouse.html 「きんざ」完全預約制，入館每日每15分一梯次，必須先行至官網預約

直島最早完成的藝術企劃之一。七棟廢棄民宅，分別由杉本博司、内藤礼、千住博等當代藝術家以藝術手法再生，分別是角屋、南寺、きんざ、護王神社、石橋、碁会所、舌上夢(はいしゃ)。在藝術家來此創作的過程中，也吸引了島上居民的好奇並產生交流。

ANDO MUSEUM

別冊P.7,C2 家浦港搭乘町營巴士，約10分於「農協前」站下車即可徒步抵達 福武財団087-892-3754 香川縣香川郡直島町736-2 10:30~13:00、14:30~16:30(入館至16:00) 週一(遇假日順延翌日休)、1/1 大人¥520，15歲以下免費 benesse-artsite.jp/art/ando-museum.html

逛完家project，也別錯過這裡的ANDO MUSEUM。以「安藤」為名的這間美術館**出自於多次前來直島的建築師安藤忠雄之手**，在充滿歷史感的古老民家裡隱藏著由木結構、清水模與光線構成的純粹空間。

李禹煥美術館

別冊P.7,B2 宮浦港搭乘町營巴士，約16分於「つつじ荘」站下車，轉乘場內接駁巴士約8分於「李禹煥美術館」站下車即達 福武財団087-892-3754 香川縣香川郡直島町字倉浦1390 10:00~18:00(入館至17:00)，10~2月至17:00(入館至16:30) 週一(遇假日順延翌日休)、1/1 ¥1,050，15歲以下免費 benesse-artsite.jp/art/lee-ufan.html

李禹煥美術館是由同樣享譽國際的藝術家李禹煥與建築師安藤忠雄所合作，地點挑選在山海圍繞的低窪地，安藤忠雄打造出半地下結構的建築，區分為5個空間的館內，展示李禹煥從70年代到近代創作的繪畫、雕刻作品，整體規劃營造出靜謐安逸的氛圍，叫喚著觀者跳脫出繁亂的生活中，靜心思考找出自己的原點。

自然與創作、建築呼應，安靜中蘊含著力量。

光與影是地中美術館最自豪的展示作品。

地中美術館中的作品與光線有了最吸引人的對話。

地中美術館

おすすめ 薦 直島著名的世界級美術館。

別冊P.7,B2 宮浦港搭乘町營巴士，約16分於「つつじ荘」站下車，轉乘場內接駁巴士約11分於「地中美術館」站下車即達 087-892-3755 香川縣香川郡直島町3449-1 10:00~18:00(入館至17:00)，10~2月至17:00(入館至16:00)，12/31至15:00 週一(遇假日順延翌日休)、1/1、定期維護期間 大人¥2,100，15歲以下免費 benesse-artsite.jp/art/chichu.html 採預約制，入館每日每15分一梯次，必須先行至官網購票

當初Benesse集團會長為了展示私人收藏的莫內名畫《睡蓮》，延請安藤忠雄設計，**在完全不破壞自然景觀的條件下，打造出這間幾乎沒入地下的美術館**。除了莫內，館內還收藏華特・德・馬莉亞、詹姆斯・特瑞爾的作品，建築本身也充滿可看性。

妮基·桑法勒充滿流動感的繽紛雕塑。

おすすめ 薦

Benesse House Museum

ベネッセハウスミュージアム

別冊P.7,B2 宮浦港搭乘町營巴士，約16分於「つつじ荘」站下車徒步15分；「つつじ荘」站轉乘場內接駁巴士，約5分於「Benesse House Museum」站下車即達 香川縣香川郡直島町琴弾地 8:00~21:00(入館至20:00)；ヴァレーギャラリー(Valley Gallery)9:30~16:00(入館至15:30) 大人¥1,300，15歲以下及入住者免費 benesse-artsite.jp/art/benessehouse-museum.html

自然、建築與藝術共生，在直島上解讀藝術與綠意的協奏曲。

兼具美術館與旅館功能的設施於1992年開幕，整體設計出自建築師安藤忠雄之手，建築使用大量清水模、並與當地自然相結合，展品並不侷限於展間之中，處處皆是風景。美術館本身共三層，收藏由Benesse集團兩代會長所收藏的當代藝術作品，館外另有二十餘件戶外作品，將藝術與在地結合到了極致。

Benesse House Museum四大看點！

Benesse House
(ベネッセハウス)
「自然、建築與藝術共生」是Benesse House的設計概念，從客房、公共空間到周邊的海灘、樹林之間都可看到藝術品。

料理部分以瀨戶內海所產的海鮮為主要食材。

一扇
位於美術館B1的日本料理一扇利用地勢、引進明亮天光，充滿現代感的餐廳內也大器展出杉本博司、安迪沃荷和葛哈・利希特的真跡作品。

印著藝術品或美術館建築的明信片是最好的紀念品。
A PUMPKIN
Kusama

南瓜小物&紀念品
草間彌生的點點南瓜大大出名，在直島上自然也少不了南瓜相關的紀念品，從鑰匙圈、托特包、甜點等等。

屋外作品區
在博物館外的草地散落著18件藝術品，自1994年開始收集至2006的作品，最知名的草間彌生的黃色南瓜就在這裡！

當地老伯伯推薦的美味咖哩。

Cin.na.mon

シナモン

別冊P.5,E4 宮浦港徒步10分 087-840-813 香川縣香川郡直島町宮浦2310-31 11:00~15:00，17:00~22:00(L.O.21:30) 休週一、不定休

店內餐點選用當地捕獲的新鮮海產和島上蔬菜，每天更換不同口味的直島咖哩、海鮮咖哩和蔬菜咖哩價格都相當合理，口味則是溫潤偏甜的日式口味。下午是咖啡店、晚上則變身為酒吧，樓上則是簡單的民宿。

豐島
てしま
Teshima

豐島(豐島)為瀨戶內海上繼小豆島之後的第二大島，面積約14.5平方公里，居住人口則只有近1000人，中央海拔340公尺高的壇山與丘陵則將小島區隔為西北的家浦、東北的唐櫃以及南側的甲生等3個地區，綠意滿溢的斜坡梯田，歷史古老街道，以及藍天碧海的自然美景讓人驚嘆。過去曾長期遭非法傾倒產業廢棄物的豐島，現在已擺脫令人憂慮的環境問題，搖身一變成為文化藝術小島，與自然對話的藝術作品，加上島上盛產的美味柑橘、草莓，讓旅人們從身心都獲取最大的滿足。

交通路線&出站資訊

渡輪

◎宇野港－小豆島(土庄港)(行經豐島：家浦港／唐櫃港)

出JR宇野駅後經過站前圓環向右前方走去便能看見宇野港，可搭船前往豐島的家浦港和唐櫃港，船隻從宇野出發後先停靠家浦港、再停靠唐櫃港，終點為小豆島的土庄港。

船公司：小豆島豐島Ferry

☎0879-62-1348

班次：一天4班渡輪、5班旅客船來回

船班時間：渡輪單程約90分，旅客船單程約60分。宇野港首班船6:45、末班船19:30(終點站：家浦港)；唐櫃港首班船7:40、末班船19:45(終點站：家浦港)；家浦港首班船6:00、末班船18:40

休 第1個週二一般旅客無法搭乘

$ 宇野港⇄豐島(家浦港)單程大人¥780、小學生¥390；宇野港⇄豐島(唐櫃港)單程大人¥1,050、小學生¥530

www.shodoshima-ferry.co.jp

◎高松港－直島(木村港)－豐島(家浦港)

四國進出前往瀨戶內海跳島之旅，從香川縣高松市的高松港搭乘渡輪往返豐島(家浦港)最為便利，出JR高松駅徒步5分即達高松港乘船處。

船公司：豐島Ferry

☎087-851-4491

班次：分有3/20~11/30、12/1~3/19時間表

船班時間：高松直行豐島單程約35分，高松~直島單程約30分，直島~豐島單程約20分。高松港首班船7:41、末班船18:03；家浦港首班船7:00、末班船17:20

$ 高松⇄豐島單程大人¥1,350，小學生¥680；高松⇄直島單程大人¥1,220、小學生¥610；直島⇄豐島單程大人¥630、小學生¥320

www.t-ferry.com

! 在高松港請至縣營第二棧橋高速船乘船處；12月~3/19與3/20~11月的班次會有所不同，詳見官網

◎高松港－豐島(唐櫃港)

高松港除了有前往家浦港的船班，另有提供到唐櫃港船班，但需注意船班較少，且只運行於週六及例假日。

船公司：豐島Ferry

☎087-851-4491

班次：2024年5/3、5/4、5/5、8/11、8/12

船班時間：高松港~唐櫃港單程約35分

高松港發	唐櫃港抵	唐櫃港發	高松港抵
12:20	12:55	尚未公告	尚未公告

$ 單程大人¥1,350，小學生¥680

出站便利通

◎豐島的藝術品大多集中在唐櫃一帶，其他則比較零散。

◎各區間以巴士串連，約1.5小時一班車，搭乘巴士加徒步的方式即可順利地遊逛大部分的景點，或是有許多人會選擇自由彈性的單車之旅，建議至少預留6~7小時左右才不會讓行程過於匆促。

巴士時刻表(バスダイヤ)teshima-navi.jp/access

◎如想從直島前往豐島，在直島的宮浦港和豐島的家浦港間有高速旅客船相通，四國汽船一天3班9:20、12:10、14:50，週二運休(遇假日照常營業)，12~2月僅週五~一及例假日運行，航程為20分，單程大人¥630、小學生¥320。

觀光旅遊攻略

◎豐島觀光案內所

☎0879-68-3135

香川縣小豆郡土庄町豐島家浦3841-21

9:00~17:00

休 週二(遇假日順延翌日休，週一遇假日週二照常營業，休日順延至週三)

$ 行李寄放大件¥500，小件¥300

teshima-navi.jp

唐櫃の清水

別冊P.8,C1 搭乘巴士於「清水前」站下車徒步約3分；搭乘巴士於「唐櫃岡集会所前」站下車徒步約7分 090-7895-6459 香川縣小豆郡土庄町豐島唐櫃岡 自由參觀

壇山山麓有著廣大的茂密樹林，為豐島涵養了豐沛的水源，**這處從唐櫃岡地區湧出的清澈泉水，濃密樹蔭為其遮蔽烈日，從視覺上或體感上都相當清涼**，據傳此泉水是弘法大師在此感到口渴時用手杖挖掘地面而來，後來居民們稱之為「清水」，自古以來就是當地居民的生活及交流場所，並一直悉心保存至今。

島上交通

teshima-navi.jp/access/

・豐島Shuttle Bus

遊客大多會選擇利用巴士搭到定點後，在徒步巡遊周邊主要景點，但因為班次不多，所以需先查詢好班次時刻，才不會浪費太多時間在等車上面。

家浦~唐櫃港(家浦港~硯集会所前~森万里子作品前~清水前~唐櫃岡集会所前~豊島美術館前~唐櫃港)；家浦~甲生集会所(家浦港~豐島公民間館前~甲生集会所前) 家浦~唐櫃港一天7班來回；家浦~甲生集会所一天4班來回 大人¥200、5歲~小學生¥100、未滿5歲免費 事先準備好零錢

・單車

在家浦港及唐櫃港附近有許多可租借腳踏車的地方，因豐島沿途有許多坡道，建議租借電動腳踏車會較為省力，各處的收費方式及預約條件不一，價錢依各家業者提供的車種不同，一天¥1,300起。

・汽車出租

島上也有提供汽車出租的安岐石油及緋田石油，就位在家浦港附近，價格依租借方案不同¥3,800~12,000不等(需事先電話預約)，一家人或三五好友一起分攤下來相當划算。

從島上取得的建材打造出獨特的自然空間。

島Kitchen

薦 需要預約的島上美食餐廳。

島キッチン

別冊P.8,C1 搭乘巴士於「唐櫃岡集会所」站下車徒步約3分；搭乘巴士於「清水前」站下車徒步約3分 0879-68-3771 香川縣小豆郡土庄町豊島唐櫃1061 週六日及例假日11:00~16:00(餐點L.O.14:00，飲料L.O.15:30)，每個月營業時間不一，詳見官網 週一~五 島キッチンセット(島Kitchen套餐)¥1,760 www.shimakitchen.com 用餐需2天前至官網或電話預約

豐島上最熱門的餐飲店絕對非這裡莫屬，其實島Kitchen原本是瀨戶內國際藝術祭2010年的藝術作品，

是廣島藝術家安部良利用舊民宅及倉庫所打造的餐廳。若說到島Kitchen的餐點，美味更是不在話下，由島上的媽媽們與專業主廚合作推出，使用地產海鮮及蔬菜製作而成，精緻美味中又充滿家庭的滿滿心意。

小豆島橄欖蘇打(Olive soda)

小豆島產的橄欖歷史悠久，口味清爽的特製橄欖蘇打水還會在藝術祭期間推出限定包裝，可愛極了。

オリーブサイダー(小豆島橄欖蘇打水)¥550

草莓家

いちご家

別冊P.8,B1 家浦港徒步約3分 0879-68-2681 香川縣小豆郡土庄町豊島家浦2133-2 12:00~17:00，週六日例假日11:00~17:00 週二(遇假日順延翌日休，週一遇假日週二照常營業，休日順延至週三)、12~2月週二~四、不定休 www.facebook.com/teshima158

©草莓家

由**豐島當地草莓農家「多田農園」直營的餐飲店**，菜單上清一色都是女性最愛的草莓，從最有人氣的刨冰，到霜淇淋、聖代、可麗餅、奶昔甚至是蘇打汽水，全都是草莓口味，另外也販售薯條、可樂餅等鹹食點心。甜點食材選用豐島栽種的草莓及自製果醬、糖漿，酸酸甜甜的滋味加上冰品的透心涼。

いちご氷(草莓刨冰)¥580

©草莓家

海之餐廳

海のレストラン

別冊P.8,B1 家浦港往唐櫃港方向徒步約10~15分；搭乘巴士於「硯集会所前」站，下車徒步約5分 0879-68-3677 香川縣小豆郡土庄町豐島家浦525-1 午餐、下午茶11:00~15:30(L.O.14:30)，晚餐18:00~21:00(入店至20:00，L.O.20:00)，晚餐需於當日11點前電話預約 休 週二(週一遇假日週二照常營業)、三，不定休(詳見官網) 厳選 牛肉のボロネーゼ(嚴選牛肉番茄肉醬義大利麵)¥2,300 www.chc-co.com/umi 週一(週一為例假日順延至週二)無提供晚餐

闢建於海岸旁的海之餐廳，在家浦港前往唐櫃港的途中便會經過，最吸引顧客的莫過於**視野開闊的無敵海景，豐盛套餐也相當受饕客青睞**，使用當地季節食材入菜，完美搭配蔬菜、鮮肉及海產的比例，在島上也能享用到如法式餐點的精緻美味，採預約制的晚餐同樣使用季節食材，更能品嚐島嶼鮮味。

看著眼前水天一色、風光旖旎，甚是浪漫。

食堂101号室

おすすめ 薦

古民宅裡吃家常料理、悠閒喝咖啡。

別冊P.8,C1 搭乘巴士於「唐櫃岡集会所」站下車徒步約4分 香川縣小豆郡土庄町豐島唐櫃1053 11:30~16:00(L.O.15:30)；18:00~21:00(L.O.20:30)，晚上採預約制 休 不定休 豊かな島のたっぷり旬野菜のヴィーガンプレート(時令野菜拼盤)¥1,320 shokudou101.life

外觀跟一般的民家無異，只有放置於門口的牌子「食堂一〇一号室」才可看出端倪。穿過前庭推開大門，店裡是視線無干擾的寬敞空間，大面玻璃拉門外綠意映入室內，氣氛無比舒暢，在這裡可選擇座在塌塌米上的和式氣氛，也可以到沙發區輕鬆地或坐或躺，享用著**自家料理的健康餐點，感受小島的悠閒時光**。

豐島藝術巡禮

以豐島美術館聞名的豐島上，多件作品及美術館散置在豐島各處，其中以家浦港以及巴士「唐櫃岡集会所」站周邊最為集中，無論是搭巴士、開車抑或是騎單車，在沿途都可以看到清楚的藝術作品標示，只要記得作品的編號，順著指示方向走就可找到作品。來到豐島，就卸下一切的煩憂，淨空心靈，以五感深度吸取藝術的能量。

豐島橫尾館

豐島横尾館

別冊P.8,B1 家浦港徒步約5分 豊島美術館0879-68-3555 香川縣小豆郡土庄町豊島家浦2359 10:00~17:00(入館至16:30)，11~2月至16:00(入館至15:30) 週週二、12~2月週二~四(遇假日順延翌日休；週一遇假日週二照常開館，休日順延至週三) 大人¥520、15歲以下免費 benesse-artsite.jp/art/teshima-yokoohouse.html

日式住宅空間中展出多件橫尾忠則的作品。

2013年開館，**由知名藝術家横尾忠則與建築師永山祐子共同設計，主題為橫尾畢生探索的生與死。**重新裝修民家而成的展示空間以既存的「母屋」、「倉」與「納屋」作為三大展覽室，紅、藍、黃等純色與強烈的個人風格從畫作中躍上石庭、圓塔之中，以大幅畫作《原始宇宙》為首，共展出11件珍貴平面作品。

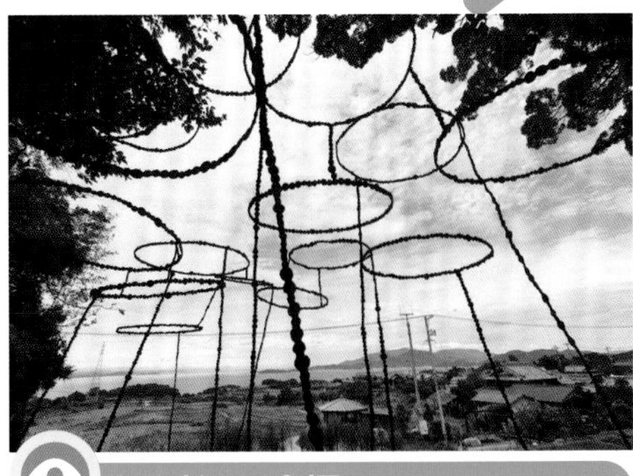

空の粒子/唐櫃

別冊P.8,C1 搭乘巴士「清水前」站下車徒步約3分；搭乘巴士於「唐櫃岡集会所前」站下車徒步約7分 香川縣小豆郡土庄町豊島唐櫃岡 自由參觀 setouchi-artfest.jp/artworks-artists/artworks/teshima/19.html

東京藝術家清木野枝的作品。擅長以「鐵」為創作媒介的她，選在島民們聚集取水的「唐櫃的清水」附近，**利用耐候鋼材組合出數個大小各異的圓柱狀造型**，仔細一看，表面還有著緻密的鏽層，傳達了在自然中循環變幻的水之造型。

No one wins - Multibasket

勝者はいない—マルチ バスケットボール

別冊P.8,C1 唐櫃港徒步約15分 自由參觀 setouchi-artfest.jp/artworks-artists/artworks/teshima/24.html

出自西班牙Llobet & Pons藝術團隊的創作，在2013年為了讓來場者能打場有趣的籃球而就此誕生。掛上了6個籃框的籃板，參觀者可以拿起一旁的籃球，要用幾顆就用幾顆，運用想像力自己訂下新的遊戲規則，或許可以**試著來場跳脱輸贏、比較壓力的遊戲，單純享受投籃的樂趣。**

別以為它只是藝術品，拿起一旁的籃球投籃吧！

Your First Colour (Solution In My Head-Solution In My Stomach)

あなたの最初の色(私の頭の中の解-私の胃の中の溶液)

別冊P.8,C1 搭乘巴士於「唐櫃岡集会所」站下車徒步約4分 瀬戸内国際芸術祭実行委員会事務局087-813-0853 香川縣小豆郡土庄町豊島唐櫃1062 9:30~16:30 週一~五，11/5~3/20、不定休 大人¥300，15歲以下免費 setouchi-artfest.jp/artworks-artists/artworks/teshima/21.html

在晦暗昏黑的空間進入奇幻的彩色世界。

位於島Kitchen後方的作品由瑞士影像裝置藝術家Pipilotti Rist所製作，拉開布簾走入舊倉庫空間，在伸手不見五指的室內，頂頭的橢圓形螢幕是唯一的光照來源，裡頭輪番撥放著鬱金香、風景等絢麗影像，籠罩在其粉紅色的光量之中，也陶醉於這從奇妙視角看到的如夢似幻的日常光景。

島Kitchen

島キッチン

別冊P.8,C1 搭乘巴士於「唐櫃岡集会所」站下車徒步約3分；搭乘巴士於「清水前」站下車徒步約3分 0879-68-3771 香川縣小豆郡土庄町豊島唐櫃1061 週六日及例假日11:00~16:00(餐點L.O.14:00，飲料L.O.15:30)，每個月營業時間不一，詳見官網 週一~五 島キッチンセット(島Kitchen套餐)¥1,760 www.shimakitchen.com 用餐需2天前至官網或電話預約

作為瀨戶內海藝術祭作品之一，利用**古宅及倉庫打造出自然餐廳**，庭園中的高大果樹也同樣被保存下來，而圍繞著這路樹而闢的圓弧形露天座席，以島上各處取得的建材構築而成，開放感十足的空間融入自然元素與職人的用心。藉由「食與藝術」的空間，不僅是味蕾的滿足，更牽起島與島、人與人之間的羈絆。

豐島美術館

豐島美術館

別冊P.8,C1 家浦港搭乘Shuttle Bus，約15分於「美術館前」站下車徒步即達 0879-68-3555 香川縣小豆郡土庄町豐島唐櫃607 10:00~17:00(入館至16:30)，10~2月至16:00(入館至15:30) 休週二、12~2月週二~四(遇假日順延翌日休；週一遇假日週二照常開館，休日順延至週三) 大人¥1,570、15歲以下免費 benesse-artsite.jp/art/teshima-artmuseum.html 預約制，需事先上網購票

自然、建築與藝術達到完美諧調的豐島美術館，由藝術家內藤礼與建築師西沢立衛共同打造。外型猶如巨大水滴的巨型建物，內部是一整片雪白，圓拱薄殼構造頂端有兩個巨大開口，引入陽光、風、聲等自然元素，地面上，無數水滴湧成泉，是為內藤礼創作的「母型」。隨著時間、季節更迭，呈現的面貌也截然不同。

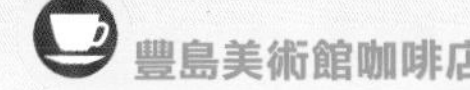

豐島美術館咖啡店

豐島美術館カフェ

10:00~17:00(L.O.16:30)，10~2月10:30~16:00(L.O.15:30)

在**豐島美術館隔鄰就是同樣建築風格的咖啡店兼美術館商店，**裡頭提供輕食和紀念品販售，有時間的話不妨來此稍坐，稍微平復一下方才的震撼與感動。

這裡錄製的不
是音樂，是每個
人心跳的聲音。

心跳聲的檔案室

心臓音のアーカイブ

別冊P.8,C1 家浦港搭乘Shuttle Bus，約17分於「唐櫃港」站下車徒步約15分 豊島美術館0879-68-3555 香川縣小豆郡土庄町豐島唐櫃2801-1 10:00~17:00(入館至16:30)，10~2月至16:00(入館至15:30) 休週二、12~2月週二~四(遇假日順延翌日休；週一遇假日週二照常開館，休日順延至週三) 大人¥510、15歲以下免費；心臓音 登録プログラム(錄製心跳聲)¥1,570 benesse-artsite.jp/art/boltanski.html

作品多為探討生死、記憶的法國藝術家Christian Boltanski，在2008年展開了收集心跳的計劃。來到「心跳的檔案室」，從售票員到展場規劃，都讓人聯想起醫院的健康檢查，除了聆聽別人的心跳，也可以在recording room錄下自己的心跳帶回家。

犬島

屬於岡山縣的犬島面積為0.54平方公里，是著名的花崗岩產地，大阪城、岡山城的石牆都來自這座小島。犬島因Benesse集團的進駐，以及瀨戶內國際藝術祭的展開，將原本閒置不用的建築重獲新生，也使得小島充滿藝術的熱情奔放。

可自寶傳港搭乘高速船「あけぼの丸」，單程約10分；或利用四國汽船運行於直島(宮浦港)～豐島(家浦港)～犬島的船班前往，單程約25分，週二運休(遇假日照常營業)，12~2月僅週五~一及例假日運行 $あけぼの丸單程大人¥400、小學生¥200；四國汽船直島(宮浦港)⇄犬島單程大人¥1,880、小學生¥940，豐島(家浦港)⇄犬島單程大人¥1,250、小學生¥630

犬島精鍊所美術館

犬島精鍊所美術館

犬島港徒步即達 086-947-1112 岡山縣岡山市東區犬島327-4 9:00~16:30(入館至16:00) 休週二~四(遇假日照常開館)、12~2月 $與犬島「家プロジェクト」共通券大人¥2,100、15歲以下免費 benesse-artsite.jp/art/seirensho.html 境內建築有倒塌傾圮的危險，行走時請小心

在最繁榮時期1909年建造的「精鍊所」是一座鑄銅工廠，才經營短短十年就遇上第一次世界大戰而關閉，所有的遺跡如同時光暫停般被留存著，直到2001年Benesse集團買下而展開規劃。空間分成戶外與室內，**主導著館內空間則有柳幸典以三島由紀夫舊居為題的裝置藝術**，在感受環境、光線與溫度之間，讓人不由得讚嘆現代藝術。

像是佇立於海上的煙囪是美術館的最大特色。

運用民家的屋瓦及古材，或是利用透明壓克力映照出周圍景色，每一個都有其獨特個性與魅力。

A邸。

C邸。

F邸。

石職人の家跡。

犬島「家Project」

犬島「家プロジェクト」

依各作品而異 086-947-1112 岡山縣岡山市東區犬島327-5 9:00~16:30(入館至16:00) 休週二~四(遇假日照常開館)、12~2月 $與犬島精鍊所美術館共通券大人¥2,100、15歲以下免費 benesse-artsite.jp/art/inujima-arthouse.html

由SANAA的女建築師妹島和世，及藝術指導長谷川祐子協力合作的犬島二期藝術工程，是由島嶼集落為概念建造的犬島「家Project」。2010年，公開「F邸」、「S邸」、「I邸」3樣作品，以及作為休憩處的「中の谷東屋」；隨著2013年「瀨戶內國際藝術祭2013」的舉行，又新建「A邸」與「C邸」2處。**作品與當地的風土與歷史緊密結合，利用展示空間將作品、島嶼景色與參訪者結合為一。**

香川縣

かがわ

香川縣怎麼玩

香川縣位於四國東北側，縣廳所在處的高松市是四國重要的玄關位置，由岡山或是關西地區的大阪、神戶前往皆十分便利。知名的瀨戶內海小島多隸屬於香川縣，以高松港做為主要聯繫港口，位在琴平的金刀比羅宮更是朝拜者一年間都絡繹不絕。暱稱為「うどん県」的香川縣最知名的就是烏龍麵(うどん)，來到香川肯定要品嚐一碗道地的噴香麵條。

❶高松市(P.3-4)

香川縣的高松市位處四國重要玄關，交通網路四通八達，船運、鐵道、巴士、市內電車一氣呵成。利用當地的琴平電車串連高松市區及郊外，遊遍高松城遺址「玉藻公園」或是超美公園「栗林公園」，想要購物的可別錯過日本最長的「高松中央商店街」。

❷佛生山(P.3-22)

離高松市不過20分路程的佛生山是在城市裡的一處安靜又悠閒的溫泉勝地，改建地方舊屋的建築一間一間興起，小成本經營的店家或咖啡廳等著你挖寶，來這裡找到自己的一方天地。

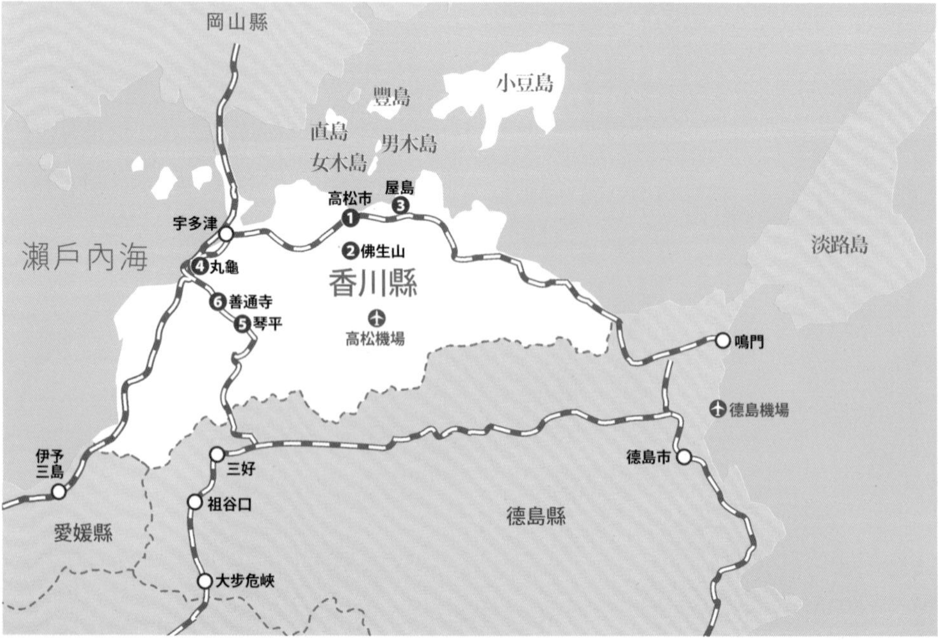

岡山縣
小豆島
豐島
直島
男木島
女木島
高松市
屋島
③
①
宇多津
瀨戶內海
②佛生山
④丸龜
香川縣
淡路島
⑥善通寺
⑤琴平
高松機場
鳴門
德島機場
伊予三島
三好
德島市
祖谷口
德島縣
愛媛縣
大步危峽

❸屋島(P.3-44)

位在高松市東北方的屋島其實不算是一座島嶼，而是一個半島形溶岩高地，同時也是瀨戶內海國立公園的中心，位在其中的「庵治町」更被稱為是世界的中心，因日劇來此拍攝而大紅。

❹丸龜(P.3-40)

一說到丸龜，應該會直接聯想到進駐台灣百貨美食街的「丸龜製麵」吧？其實在丸龜當地除了讚岐烏龍麵很有名，還有400年歷史的丸龜城、同時這裡也是香川必吃美食「骨付鳥」的發源地。

❺琴平(P.3-24)

琴平最有名的就是無人不知的「金刀比羅宮」。一出琴平駅就能開始一路遊逛到神社，參道上沿路匯集香川美食或是甜點，各式伴手禮更是目不暇給，如果要購物的記得參拜完神社後再買呀！

❻善通寺(P.3-37)

善通寺傳說中是弘法大師(空海和尚)的出生地，自然成為是日本真言宗三大聖地之一，也是四國八十八所靈場最有名的地方，寺內最顯目的兩處建物，便是西院的奧殿和東院裡挺拔的五重塔。

©四國觀光交流局

❼香川精彩景點(P.3-48)

除了幾處重點區域，香川近郊還有許多值得拜訪的景點，例如位在三豐市的父母濱海岸，因潟湖地形而成為絕美的天空之鏡，或有天空鳥居之稱的高屋神社、千年湯泉的鹽江溫泉等，都是值得走一回的好玩景點。

高松市

たかまつし

Takamatsu City

高松市是香川縣對外的門戶，交通網路四通八達，船運、鐵道、巴士、市內電車一氣呵成，也有與台灣直航對方，十分便利，讓人欣羨其都市計畫的周詳。

位於市內的栗林公園宏大典雅，綠茵如夢，玉藻公園的松樹鬱鬱蒼蒼，更是一絕，再加上特有風味的北浜alley以及的超長商店街，購物區連成一氣，從百元商店到百貨專櫃應有盡有，更是會讓錢包大失血，小心回程行李超重。

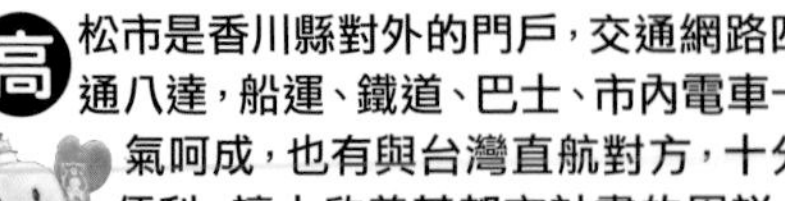

交通路線&出站資訊

電車

從四國各縣主要城市、岡山可搭JR特急、快速列車前往。從廣島則先搭新幹線至岡山後再轉搭JR快速列車。

JR四國高松駅◇予讃線、高徳線

高松琴平電氣鐵道高松築港駅◇琴平線、長尾線

高松琴平電氣鐵道栗林公園駅◇琴平線

巴士

從四國各縣主要城市或是關西前往高松市，可搭乘JR特急外，也可利用高速巴士前往。(詳細班次及票價請至P.A-20)

◎四國各縣主要城市

・德島(德島駅)出發◇德島巴士・大川巴士「高徳エクスプレス号」(高德Express號)，車程約1小時30分。

・愛媛(松山駅)出發◇JR四國巴士・伊予鐵巴士等「坊っちゃんエクスプレス号」(少爺Express號)，車程約2小時45分。

・高知(高知駅)出發◇JR四國巴士等「黒潮エクスプレス号」(黑潮Express號)，車程約2小時20分。

◎其他地區主要城市

・大阪出發◇JR四國巴士・JR西日本巴士・阪急觀光巴士・四國高速巴士「高松エクスプレス大阪号・さぬきエクスプレス大阪号」(高松Express大阪號・讃岐Express大阪號)，車程約3小時45分。

・京都出發◇JR四國巴士・JR西日本巴士・四國高速巴士・京阪巴士「高松エクスプレス京都号」(高松Express京都號)，車程約3小時45分。

・神戶出發◇JR四國巴士・JR西日本巴士・四國高速巴士・神姬巴士「高松エクスプレス神戸号」(高松Express神戶號)、Foot Bus「フットバス神戸線」(Foot Bus神戶線)，車程約2小時40分~3小時。

・廣島出發◇JR四國巴士・JR中國巴士「高松エクスプレス広島号」(高松Express廣島號)，車程約3小時50分。

渡輪

・神戶出發◇ジャンボフェリー(Jumbo Ferry)營運，神戶三宮フェリーターミナル(神戶三宮Ferry Terminal)→高松東港，航程約4小時15~45分。

出站便利通

◎來到高松坐上當地的琴平電鐵，在車站買張一日周遊券(1日フリーきっぷ)，串連鄰近的琴平地區達成一日旅遊行程。

◎香川縣的高松市位處四國重要玄關，除了是往來四國地區的交通樞紐，更是前往日本各城市最大的交通出入口，船運、鐵道、巴士、市內電車一氣呵成。

交通工具	交通	地址	目的地
高松駅高速巴士站(高松駅高速バスターミナル)	高松駅南口直結	高松市浜ノ町1	日本各地(關東及關西地區)、四國各縣來往的長途巴士及高松市區巴士、高松機場巴士
琴電高松築港	高松駅南口徒步4分	高松市寿町1-5-20	適用高松市區及近郊旅遊，前往栗林公園、琴平金刀比羅宮、屋島等景點
高松港	高松駅南口徒步8分	高松市サンポート8	前往直島、豐島、女木島、男木島、小豆島、岡山宇野港等

觀光旅遊攻略

◎香川・高松ツーリストインフォメーション(香川・高松Tourist Information)

☎087-826-0170

⌂高松市浜ノ町1-20(JR高松駅1F廣場)

⏲9:00~20:00

🌐www.art-takamatsu.com

高松琴平電氣鐵道

おすすめ 薦

高松琴平電気鉄道

遊玩高松市區與郊外最方便的在地電車。

6:00首班發車，平均約15分鐘一班車。高松築港到栗林公園、琴電琴平分別需7分、1小時2分；從瓦町到琴電屋島約17分 依行駛距離調整車資，高松築港到栗林公園、琴電琴平(靠近金刀比羅宮)分別是大人¥200、¥730；從高松築港到琴電屋島則需在瓦町轉志度線，車資為大人¥360；琴電一日券大人¥1,400、小學生¥700 www.kotoden.co.jp

暱稱為「琴電」、「ことでん」的琴平電氣鐵道，共有3條路線，分別是琴平線、長尾線及志度線。**其中最常利用的為琴平線**，以黃色為代表色，從高松築港駅開往琴電琴平駅，全長32.9公里、22站，中間行經片元町駅、瓦町駅、栗林公園駅等主要車站；欲前往屋島則可利用志度線，沿線的屋島、八栗山、志度寺等都是當地的名所。

午餐¥1,200起

Mikayla

ミケイラ

別冊P.10,B1 高松駅徒步約13分；琴電高松築港駅徒步約11分 087-811-5357 高松市サンポート8-40 11:00~16:00(L.O.午餐14:00，下午茶15:00)、17:00~22:00(L.O.21:00) www.mikayla.jp

Mikayla位於高松港邊，食材**只使用瀨戶內海捕獲的新鮮魚產**，份量驚人的海鮮義大利麵讓人食指大動，午餐也是很不錯的選擇。挑高的天花板讓空間十分寬闊，一望無際的海景當然還是最吸引人的，邊享用食物邊眺望遠方的海平線和來往往的船隻，食物會變得更加美味呢。

本日のシェフおすすめパスタ¥1,650起

騎單車遊高松

香川的天氣少雨乾爽，高松的都市綠地面積大，各主要景點相隔不遠，而且道路筆直，不易迷路，能騎著腳踏車悠遊而行，不需等公車或等電車，是一件十分愜意的事。但借車時須出示身份證明，外國旅客帶護照就夠了。總共有7個借還腳踏車的地點，都可以借還車。

高松駅前廣場地下1樓(有服務人員)、琴電瓦町駅地下1樓(有服務人員)、高松市役所停車場內、JR栗林駅前西側、栗林公園駅前西側(有服務人員)、琴電片原町駅前西側、丸亀町Green東館地下1樓 087-831-5383 7:00~22:00(有服務人員至23:00) 24小時內¥200，超過24小時追加¥200 takamatsu-parking.com 初次租借需到有服務人員的租借場辦理手續

高松港藝術作品

tk04 待つ人 / 內海さん

別冊P.10,B1 自由參觀；《內海さん》上映時間10:00~16:30 setouchi-artfest.jp/artworks-artists/artworks/takamatsu/88.html

這項作品出自藝術家本間純之手，其《待つ人》雕刻作品自然地融合在高松駅高速巴士候車處的壁面上，以島上的女性、時鐘等為雛形，各自以各異的姿態等待著什麼。候車處內上映著《內海さん》，影像中乘舟的人與其船隻同樣與背景的瀨戶內海融合為一，是以藝術家自己在本島福田划船的影像為基礎所設計。

tk01 Liminal Air-core-

別冊P.10,B1 自由參觀 setouchi-artfest.jp/artworks-artists/artworks/takamatsu/87.html

由岐阜縣出身的大卷伸嗣創作的藝術作品，就設置在高松港旁，兩座高約8公尺的彩色立柱相當顯眼，一層一層以白、藍、紅、黃等色彩水平堆砌，其中也有以鏡子為材質的水平分層，映照著周圍的光影變化，從不同的角度及時間點來看都會有不同的樣貌。

玉藻公園

おすすめ 薦

枯山水式代表庭園，一窺高松城遺址。

別冊P.10,B2 高松駅徒步約3分；琴電高松築港駅徒步約5分 087-851-1521 高松市玉藻町2-1 西門開門時間5:30~19:00(日出至日落，時間依季節而異)；東門開門時間7:00~18:00，10~3月8:30~17:00 12/29~31 大人¥200、6~15歲小孩¥100、5歲以下免費 www.takamatsujyo.com 1/1~1/3、5/5全區免費開放，3月下旬~4月上旬17:30~20:00東門至櫻之馬場免費開放

玉藻公園是高松城城跡的所在地，在江戶時期是代代讚岐藩藩主的居城，精心經營的枯水庭園極為優美，松樹蒼勁蔥翠，望之不俗。日本城堡具有守禦功能，登高遠望可以看到來犯的敵軍，護城河引入瀨戶內海的海水，每年還會進行水軍演習，武德不墜，是日本少數的水城，十分特別。

夜晚版本的高松城在燈光照射下更顯優美。

精彩必看POINT 4！

鞘橋

充滿江戶風情的這座有著屋頂的木造橋，初建於1640年，主要是連通天守閣與二之丸間的唯一通道，如今雖然兩座建築僅剩城跡，橋也從不同年代都有歷經整建，但站在這座橫跨內堀的橋上往天守閣方向望去，雖僅剩城垣可供憑弔，也讓人可以想像江戶年代的高松城雄霸四國之首的霸主地位，而引入海水做為內城河，也讓這座水城內堀道處處、透過橋串聯不同區域，更顯特別。

披雲閣&庭園

現在占據整個玉藻公園內最大面積的區域就是這裡，在大片造型優雅松樹的枯山水庭園內，包圍著披雲閣的數棟日式建築，在平松藩時代，這裡就曾經存在披雲閣之稱的大型建築群，目前所見雖為明治時代再建，依舊優雅不凡，昭和天皇與皇后都曾在此下榻，目前建築主要提供茶會、展覽等租借功能。

高松城陳列館

高松城雖然僅存艮櫓、月見櫓、水手御門、渡櫓等處遺跡，但想一見水城風貌，建議可以參觀位於公園內的陳列館，小小的陳列館內物件不多，但有整個城與周邊城下町模型，也有早期描繪的高松城面貌與明治年代的老照片等，都是欣賞重點。

城舟體驗

想要更加感受高松城的魄力，不如搭乘可以遊覽內濠的和船「玉藻丸」吧！每天運行9班船次，搭上復古船舟一遊高松水城。

單程約30分；10:00~11:30、13:30~15:30，每半小時一班 $ 高中生以上¥500、5歲以上¥300 ! 未滿5歲無法搭乘，小學生以下需由大人陪同乘船

琴電部分路線緊鄰護城河，讓搭電車也有歷史風景可賞。

かがわ物產館栗林庵

おすすめ 薦

嚴選的香川好物都在這裡了！

別冊P.10,A4 栗林駅徒步20分、栗林公園北口駅徒步3分，琴電栗林公園駅徒步10分 087-812-3155 高松市栗林町1-20-16 10:00~18:00，2、10月9:30~17:30，1、11、12月9:00~17:00 www.ritsurinan.jp

2013年開設的**香川物產店就位在栗林公園的東門旁**，因位在公園外所以不需門票即可自由進入，不僅是栗林公園遊客的必訪之地，也有不少人專程前來一逛。由香川縣政府嚴選的香川特產齊聚一室，400平方公尺的店舖空間內擺售著讚岐烏龍麵、各式銘菓、傳統工藝品、生活雜貨、橄欖製品等，從定番商品到栗林庵的限定商品都有，一次購齊親友的伴手禮。

結い手まりストラップ(手毬吊飾)¥3,300

さぬきうどん(讚岐烏龍麵)3份入¥564

讃岐うどん 上原屋本店

別冊P.10,A4 栗林駅徒步20分；栗林公園北口駅徒步18分；琴電栗林公園駅徒步12分 087-831-6779 高松市栗林町1-18-8 9:30~15:30 休週日 ueharayahonten.com

清湯烏龍麵(かけうどん)小¥350、大¥450

栗林公園斜對面的這間烏龍麵店，每到用餐時間總是大排長龍，上原屋本店美味的**秘訣不僅在它Q彈帶勁的麵條，湯底更是一絕**，烏龍涼麵(ざるうどん)的沾醬以釀造數年的醬油為基底，嚐來鹹香回甘，清湯烏龍麵(かけうどん)的高湯以昆布及鮪魚熬煮而成，味道清爽，風味香醇，還有提供天婦羅、關東煮、飯糰、壽司等配菜，就連食量大的人也能以便宜的價格飽餐一頓。

最後到一旁加湯跟蔥蒜就可到喜歡的座位享用。

店內採自助式取餐結帳。依序點選烏龍麵種類及大小後，選擇喜歡的配料結帳。如果選擇湯烏龍會先拿到麵條，要自己動手到一旁熱水加熱，老闆娘建議10秒就可以。

懂吃讚岐烏龍麵

別名烏龍麵縣(うどん県)的香川縣，最出名的美食無庸置疑就是烏龍麵，當地氣候少雨溫暖，出產上好的麥子，江戶時期的文獻即有記載，加上瀨戶內海的鹽巴、甘醇醬油，有這樣得天獨厚的條件，難怪無論烏龍麵的產量、消費量，都是全日本第一。當中烏龍麵吃法多樣，或冷或熱、或拌或沾、或炒或煮，或湯或乾，任君挑選，不變的是烏龍麵香韌有勁的口感。眼花撩亂的讚岐烏龍麵到底有哪些，看完下列對照表，讓你懂吃又懂點！

日文	中文
かけうどん(ka-ke u-don)	烏龍清湯麵。最基本的烏龍麵口味，會加上簡單的蔥花或薑末。
ぶっかけうどん (bu-kkake u-don)	烏龍乾麵。乾烏龍麵加上口味濃厚的醬汁與配料，攪拌後一起食用。
しょうゆうどん(syo-yu u-don)	醬油烏龍麵。在麵上淋上生醬油或醬油高湯食用。
釜あげうどん (ka-ma-a-ge u-don)	烏龍沾麵。起鍋後連熱湯一起用容器盛裝上桌，夾起麵後沾醬汁食用。
釜たまうどん (ka-ma-ta-ma u-don)	烏龍生蛋乾麵。烏龍沾麵內加上生蛋、蔥花、醬油與高湯攪拌後品嚐。
ざるうどん(za-ru u-don)	烏龍涼麵。起鍋後沖冷水，再盛於小竹篩之上；品嚐時，麵要夾著沾些醬汁，再送入口中。
焼きうどん(ya-ki u-don)	炒烏龍麵。像炒麵一樣加其他食材一起拌炒起鍋。

高松東急REI Hotel

高松東急REIホテル

別冊P.10,B2　高松駅徒步約10分；琴電高松築港駅徒步約10分　087-821-0109　高松市兵庫町9-9　Check in 15:00，Check out 10:00　www.tokyuhotels.co.jp/takamatsu-r

坐落在高松市最繁華的地帶，可以將8條商店街串連起的高松中央商店街從早到晚一次逛個過癮，購物飲食娛樂都無限滿足。高松東急REI Hotel**距離JR高松駅與高松港約10~15分鐘的腳程**，從機場搭乘利木津巴士可直抵飯店前的兵庫町，交通相當便利。共有191間客室，其中還有為女性量身打造的Lady Floor以及使用香川縣庵治石裝點的高雅客房，全客房內皆可免費無線上網，對於出差洽公或觀光旅遊的人來說都相當合適。

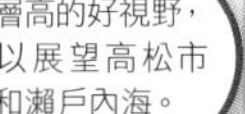

20層高的好視野，可以展望高松市景和瀨戶內海。

JR Hotel Clement高松

JRホテルクレメント高松

別冊P.10,B1　高松駅徒步約3分；琴電高松築港駅徒步約3分　087-811-1111　高松市浜ノ町1-1　Check in 14:00，Check out 12:00　www.jrclement.co.jp/takamatsu/

JR Hotel Clement高松就在港口、高松Symbol Tower和車站附近，無論從他縣前來或是前去瀨戶內海小島都相當便利，設備新穎，寬廣明亮，總共有300間房間，及7間餐廳及麵包坊，提供西式、和式、中華飲食，當然咖啡廳與酒吧也是少不了的。除了娛樂休閒設施之外，電腦和影印機一應俱全，對商務旅客來說真是不可多得。

北浜alley

北浜アリー

高松港貨船來來往往，自然需要可供堆存暫放貨物的倉庫，北浜alley就是由老倉庫所改建而成的購物區，擺飾雜貨店、嬉皮衣物店、古家具屋、酒吧、異國餐廳都改裝在一間間老倉庫裡，風味一家比一家獨特，每扇門好像有個性有脾氣，簡直酷的不像話，怪不得人氣聚集，想要找新鮮玩意，就到這裡來報到吧。

別冊P.10,C1 高松駅徒步約13分；琴電片原間駅徒步約4分 高松市北浜町3-2 www.kitahama-alley.com

由海港老倉庫變身為文青據點的北浜alley。

簡約風格服飾來「depot」找準沒錯！

「RAG-STYLE」販售各式可愛的生活雜貨及飾品。

齊聚生活雜貨、餐廳或特色咖啡廳。

店內能看見美麗的瀨戶內海景色。

店內的家具皆帶點歲月的痕跡，卻多些溫馨與人情味。

umie

北浜alley內 087-811-7455 11:00~19:00(L.O.18:00)，週六至21:00(L.O.20:00) 休週三 咖啡¥430起 www.umie.info

位在2樓深處的umie咖啡廳，**超過75年歷史的建物流露出歲月洗禮的痕跡**，紅鏽的鐵皮與大片窗外展現的瀨戶內海、海上點綴的船隻島嶼，雖是不同時空的產物卻又如此寧靜融洽。開放感的廣闊空間完全沒有任何隔間，幾張無規格擺放的桌椅就構築了一個用餐區，中間以幾個書櫃簡單隔開，就各自成了一個舒適的小天地，讓人在其間感到無比放鬆。這裡提供超過50種飲品、甜點及鹹食，在放鬆賞景的同時也能滿足。

Element

エレメント

北浜alley內 087-877-0944 11:00~20:00 休不定休 blog.livedoor.jp/naja_plus/

Element販售的商品相當多元化，**從室內雜貨、文具以至家具**，店內擺滿了數不清的可愛俏皮、稀奇古怪商品，像是最近流行的杯緣子與杯底子、造型筆筒、Wall Story壁紙等，大人小孩都可在此找到喜愛的趣味商品，感受挖寶的樂趣。

206 TSU MA MU

北浜alley內 087-811-5212 鹹派出爐時間(約11:00)~售完為止(約16:00) 不定休 www.206quiche.com

北浜alley裡必吃的法式鹹派專賣店，除了鹹派還備有烤餅乾及咖啡等選擇，店內常備的鹹派味約20種，使用的食材皆來自四國、瀨戶內，秉持著每天現作現賣的用心，隨季節推出的冬季限定的壽喜燒口味、206特製的咖哩鹹派，或是獨特的綠咖哩鹹派等口味都十分受歡迎。

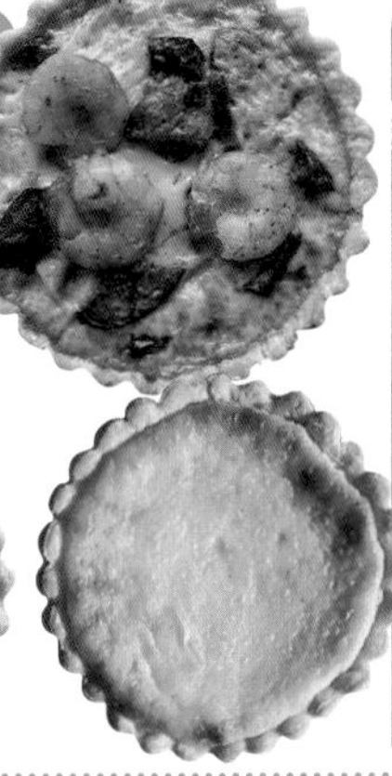

BOOK MARÜTE · MARÜTE GALLERY

090-1322-5834 北浜alley內 12:00~18:00，週六日10:00~18:00 不定休 book-marute.com/

已成為高松市喜歡文青風格的年輕人朝聖及IG打卡聖地的北浜alley，也有一家絕對文青風格的迷你書店，**有著書店&咖啡空間及兼營隔壁Gallery藝文空間，讓喜好藝文者都能在這裡找到很棒的心靈補給站**。書店以攝影及藝術書籍為主，僅容數人的小空間內，有不少有趣的選書，一旁靠窗的小咖啡店空間一樣小而舒適。如果來訪巧遇展覽期間絕對不可錯過，辦展的藝術家作品都很精采外，還是免費參觀。

書店裡也有一小區空間專賣插畫家Noritake的授權圖像商品。

高松中央商店街

高松中央商店街為高松市中心8條商店街的總稱，總計2.7公里長的商店街互相連貫，是為全日本第一長。最佳的敗金場所是丸龜町商店街、南新町商店街、田町商店街所相連的購物大道，從主幹延伸出來的購物街也不可漏掉，一次掃街掃個夠。和丸龜町商店街成垂直的兵庫町商店街和片原町商店街，以及平行的ライオン通商店街有很多風味獨具的店，瓦町附近的常磐町商店街也頗為可觀，一路紅男綠女讓人目眩神迷。

請見右方地圖 高松站徒步約15分，琴電高松築港駅、片原町駅約徒步5~10分

近3公里長的高松中央商店街是日本第一長商店街。

加上屋頂的商店街不管外頭颳風烈日，都可以享受購物的樂趣。

有屋頂加蓋的街區形式，雨天、熱天都不用擔心。

Lion通商店街

ライオン通商店街

P.3-12,B2 琴電片原駅徒步4分 高松市御坊町2-25

從讚岐產業工藝館旁的巷子鑽進去，這裡就是以美食為大本營的Lion通商店街，從質感葡萄酒吧、居酒屋、Bistro餐酒館到甜點、中華料理、炸串店等，**與丸龜町商店街平行的長長街道裡，聚集至少超過60家餐飲店**，當逛街逛到餓肚皮時，隨時轉進來祭祭五臟廟。

喫茶室 了見

P.3-12,B1 琴電片原駅徒歩4分 087-880-2373 高松市片原町9-2 2F 11:00~16:00、週六日12:00~17:00 咖啡¥550 www.instagram.com/sanukinoryouken/?hl=hu

隔著商店街與新光三越對望的設計服飾店pain，往一旁旋轉階梯而上，2樓是**一家以骨董老件家具展示兼咖啡屋的「カリモク60 ショールーム&喫茶室 了見」**，店內可居高看著商店街的人潮流動景象，度過悠閒愜意的午茶時光。

骨付鳥 寄鳥味鳥

P.3-12,A1 高松駅徒歩約10分；琴電高松築港駅徒歩約12分 087-822-8247 高松市兵庫町1-24 2F 17:00~22:00(L.O.21:30、骨付鳥L.O.21:15) 休 週六、第1個週日 www.instagram.com/yoridorimidori1986/

骨付鳥¥1,000

這間骨付鳥專門店位在兵庫町商店街上，店前方為商店街吉祥物的石像「ひょこたん」，雖位在2樓但依然可輕鬆找到。**招牌骨付鳥將早上新鮮現宰的雞腿肉，經私房調味後現點現烤**，約需等待20分鐘，炭烤得恰到好處的雞腿香氣濃郁，若雞肉質鮮嫩多汁，親雞則有嚼勁，隨餐會附上一盤生高麗菜，稍微平衡口中的鹹味與油分，絕美滋味讓人吮指回香。

丸龜町商店街

丸亀町商店街

P.3-12,B2 高松駅、琴電高松築港駅徒步至高松丸龜町壹番街約15分；琴電片原町駅約徒步8分 高松丸亀町商店街振興組合087-821-1651 高松市丸亀町 www.kame3.jp

全長470公尺、進駐約200間商店的丸龜町商店街，假日一天可吸引近3萬人次前來，無疑是**高松中央商店街中最熱鬧的街道**。近年來持續再開發的丸龜町商店街，新購物商場丸龜町壹番街、二番街、三番街與Marugamemachi Green陸續開張，高挑寬敞而現代感十足的街道設計，白天日光從透明拱頂灑落，夜間點上燈光多了些浪漫氣氛，逛來閒適而優雅。

街道上雜貨、書店、藥妝、名牌、餐飲一應俱全，絕對能滿載而歸。

Machino Schule 963

おすすめ 薦

結合咖啡與質感生活選物店。

まちのシューレ963

P.3-12,B2 高松駅徒步約18分；琴電高松築港駅徒步約16分；琴電片原町駅徒步約6分 087-800-7888 高松市丸亀町13-3 高松丸亀町三番街東館2F 購物11:00~19:00；Café11:30~18:00(L.O.17:30)、週五~週日至20:30(L.O. 19:30) 休第3個週一(遇假日另行放假) www.schule.jp

まちのシューレ963以德語的學習、學校「Schule」作為店名，來到店外，綠意如森中坐落著一間窗明几淨的風格小舖，推開大門走進，空間寬敞潔淨，空間從門口向內依序為食品、咖啡廳、生活雜貨、藝廊等區塊，讓第一次來的人也能輕鬆閒逛。來到這裡，不妨在咖啡廳小憩一下，店內及露台桌椅由香川職人手工製作，溫潤而質樸的質感讓人相當放鬆，能在**沉穩的氣氛中盡情品嚐以讚岐當季食材製作的餐點及甜點**。

悠閒的咖啡空間，吸引許多女性來此用餐、喝下午茶。
商品區分成多個區塊，有食品、陶瓷、生活商品、衣物服飾等，是間質感選物店。

Schule午餐(附飲料)¥1,800

高松市美術館

P.3-12,A2 琴電片原駅徒步10分 美術館087-823-1711，Café 087-822-0355 高松市紺屋町10-4 美術館、Café 9:30~17:00(入館至16:30) 週一(遇假日順延翌日休)、換展期間、12/29~1/3 常設展大人¥200、大學生¥150，高中生以下及65歲以上免費；特別展依特展內容而定，高中生以下免費 www.city.takamatsu.kagawa.jp/museum/takamatsu/index.html

2016年春天重新整裝開幕的美術館，就位在最熱鬧的丸龜町商店街鄰近街口，在商店街上若看到橫貫的美術館通り，轉過去徒步2分鐘即達。以瀨戶內國際藝術祭而打造出藝術旅遊風潮的高松市，也將**這裡打造成傳達現代藝術的轉運點，以現代美術的特展規劃為主**，1樓的寬廣大廳除了能提供體驗式展出外，也有美術館商店及舒適優雅的咖啡餐廳。

附設的咖啡館相當舒適，是當地許多上班族午餐及下午茶去處。

精緻的碗盤瓷器也不少。

牆上的掛鐘也融入成店內風格一部分。

即使家具不買回家，也能提供居家裝飾與色彩運用的靈感。

中村谷

おすすめ 薦

品牌設計家飾家具選物店。

P.3-12,A2 琴電片原駅徒步10分 087-851-2232 高松市鍛冶屋町1-10 10:00~18:00、週日例假日11:00~18:00 週一(遇假日順延翌日休) www.nakamuraya-co.jp

如果坐在美術館咖啡廳向街道望去，會看到一個像是獨立又充滿個性風貌的店面，吸引人忍不住想一探究竟。這家看似一層樓的商店，一入內其實還有**多達三層樓的內部空間，結合家具製造、室內裝潢設計、居家生活雜貨選物、設計品牌家具等**，1樓以販售來自世界的質感居家生活小物，其他空間多為家具家飾，一層一層的逛，搭配不同風格的空間配置巧思。

丸龜町Green

丸亀町グリーン

P.3-12,A2　高松駅徒步約20分；琴電瓦町駅徒步約8分　087-811-6600　高松市丸亀町7-16　餐廳11:00~22:00、購物11:00~20:00　mgreen.jp

以綠意結合購物商圈，將在地生活融入商店街。

2012年4月開幕的複合商業設施，就位在丸龜町商店街上，由東館和西館所組成，1~3樓都有通道可相通，三五人坐在樹下的座椅上看書、閒聊。Marugamemachi Green的**1樓到屋頂各以有機生活、嗜好與飲食、享受與放鬆、公園社區為題**，店舖種類相當多元化，餐廳、雜貨、服飾、進口食品、屋頂上的啤酒花園等一應俱全，值得一逛。

廣場上綠意襯著透明拱頂灑下的陽光，好不愜意。

瓦町FLAG與琴電瓦町駅直結。

以生活取向為主的商場內，廣納各式商品品項，賣場主要集中B1~5F及9F。

廣闊的空間好買又好逛。

瓦町FLAG

P.3-12,B3　琴電瓦町駅直結　087-812-7000　高松市常磐町1-3-1　購物10:00~20:00，餐廳11:00~22:00　www.k-flag.jp

瓦町駅可說是高松市鬧區及購物街區的中心點，本身就是琴電琴平線、志度線、長尾線三條路線的轉運點之外，也是超長的高松中央商店街的中央位置，因此這個車站站體也特別大，而且是直接與一棟高達10層樓的瓦町FLAG商場直結。**集結年輕服飾、咖啡、餐廳、藥妝、遊具場、大型書店、百元店、DIY用品、生活家飾等**，讓這個車站商場交通便捷外，氣氛年輕、也好逛好買。

骨付鳥 一鶴 高松店

おすすめ 薦

香川美食「骨付鳥」創始店。

P.3-12,A2 高松駅徒步約20分；琴電瓦町駅徒步約8分 087-823-3711 高松市鍛冶屋町4-11 17:00~23:00(L.O.22:30)，週六日及例假日11:00~23:00(L.O.22:30) 休週二(遇假日照常營業) www.ikkaku.co.jp

創業六十載的「骨付鳥 一鶴」，以**香川名產骨付鳥的創始店**。骨付鳥即是指帶骨雞肉，一鶴將雞肉使用香港先醃製再用炭火燒烤，與啤酒一塊下肚是最絕配。店內提供おやどり及ひなどり兩種骨付鳥料理，兩者是口感上的不同，前者是選用過熟的雞肉(親鳥)，味道較濃郁及有彈性；後者為未成年的雞肉(若鳥)，口感較鮮甜且鮮嫩。

むすび(飯糰)附湯¥357

おやどり¥1,129

ひなどり¥1,001

とりめし(雞肉飯)附湯¥534

えいひれ(烤魚乾)¥650

北島商店

さかな屋さんの居酒屋 北島商店

P.3-12,A1 高松駅徒步約9分；琴電高松築港站徒步約8分 050-5486-6258 高松市兵庫町4-9 17:30~23:30(L.O.22:00，飲料L.O.23:00) 休週日、例假日、12/31~1/3、連休的最終日 お刺身盛合せ(綜合生魚片)梅¥1,500 kitajimasyoutensakaba.gorp.jp

開幕於2013年4月的海鮮居酒屋，就位在兵庫町商店街上，**店主每天早上親自到高松中央批發市場採購新鮮海產與蔬菜**，除了招牌的生魚片、烤魚等魚料理，也提供沙拉、炸物、烤雞串、茶泡飯、明太子披薩、骨付雞等豐富菜單，再搭配一杯沁涼生啤酒，無比暢快。

舒適的明亮空間，可以坐在裡面慢慢享用，也有飲料單可以選擇。

瀨戸内ジェラート MARE

瀨戸内ジェラートMARE

P.3-12,A3 琴電瓦町駅徒步6分 087-835-3828 高松市南新町3-2 11:00~19:00(週日至18:00) 休週二(遇假日照常營業)、10月週一、二、11~2月週二、三 マルコおじさんのアップルパイ(蘋果派)¥400 setouchigelatomare.com

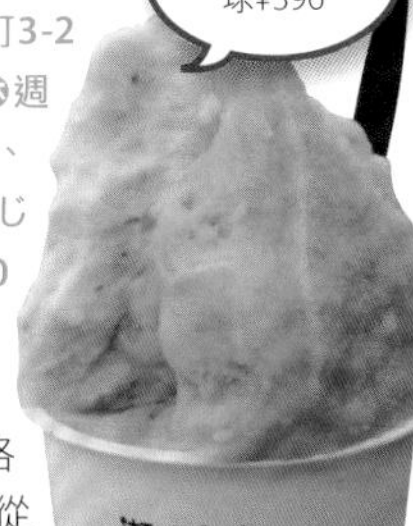

義式冰淇淋一球¥396

位在新南町商店街區的這家義式冰淇淋店，年輕的風格在這條街區裡顯得格外亮眼，從店名就可以知道這裡的義式冰淇淋是**採用瀨戸內海四季豐富的水果與特產來製作**，像是檸檬、橘子等，也有和三盆糖等，不但口味多樣，連風味也在世界大賽中綻放光芒，最受歡迎的堅果風味冰淇淋及烤派都很值得一嚐。

銀白色系的設計在香川少雨晴朗的天氣裡，顯得十分清爽亮麗。

高松SymbolTower

おすすめ 薦

高松市區裡的顯眼地標！

高松シンボルタワー

別冊P.10,B1 高松駅徒歩約3分；琴電高松築港駅徒歩約5分 087-822-1707 高松市サンポート2-1 10:00~22:00(依店鋪而異) www.symboltower.com

高松Symbol Tower落成於2004年3月，**和港口、火車站連成一氣**，內部分為三十層樓的Tower棟、橄欖塔(Olive Tower)以及八層樓的Hall棟。Tower棟的29樓，展望台可以免費參觀，登高遠望高松夜景，無限暢快。3樓陳列與香川相關媒體互動或展覽品，讓旅客可以更接近這塊土地。4、5樓則是觀光客絕對要來的樓層，有多媒體教室，還可以免費使用電腦和網

MariTime Plaza

マリタイムプラザ高松

087-811-2111 高松Symbol Tower Hall棟1~3F、Tower棟1~2F、29~30F 10:00~22:00(依店鋪而異) www.maripla.jp

Symbol Tower總共有兩棟建築，連結其一旁較低矮的八層樓建築則是以多功能會議廳及商場為主的Hall棟，MariTime Plaza就位在Hall棟的其中一側。MariTime Plaza的商場僅三層樓，**且集中以美食居多，也有1樓的四國SHOP 88集結四國的各式代表性伴手禮**，對觀光客來說，這處面對高松駅、並與高松港航運大樓連通的商場，可說是旅人相當便利的飲食購物處。

動線簡單的商場內，3樓主要是美食店家，集結7家餐廳。
HAPiNS
SALE

不僅商品種類多，連遍路需要的配備與衣物，也有一處專區販售。
四國各種代表性公仔商品通通在這裡，而且品項相當多。
GREEN
OLIVE
LEAF TEA
オリーブ茶
LuLuLun

四國SHOP 88

おすすめ 薦

四國物產伴手禮一次到位。

四国ショップ88

0878-220-459 MariTime Plaza 1F(Symbol Tower Hall棟) 10:00~21:00、12~2月10:00~20:00 shikokushop88.com

物產豐饒的四國，各自都有個性顯著的特色伴手禮，像是德島的藍染、香川縣的烏龍麵、和三盆糖、小豆島的橄欖商品等，還有愛媛、高知的各式柑橘類商品、今治毛巾等，太多好好買，當時間不容許一次四國走透透，但仍想入手各地好物時，這裡就是最佳採買好去處，**囊括四國各地你想得到的、想不到的通通在這裡，由於店內頗大，多達2400種以上齊全品項也讓人選得很盡興。**

園內大量松樹也是觀賞重點，尤其是300年來庭園師一點一滴打造的箱松枝條，令人驚豔。
借景紫雲山的巧思為這座池泉回遊式庭園增添壯麗之美。
春天時櫻花滿開，更是最棒的賞櫻地點！

整山遍野的翠綠，山明水秀的景色令人深陷。

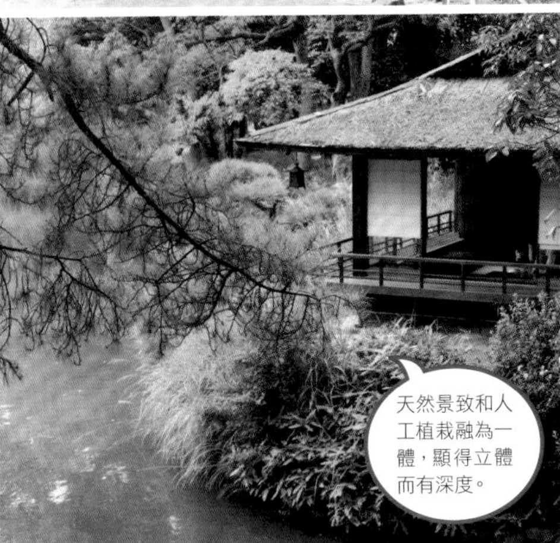

天然景致和人工植栽融為一體，顯得立體而有深度。

おすすめ 薦

栗林公園

來高松怎能不來這座絕美公園！

別冊P.12　栗林駅徒步20分；栗林公園北口駅徒步3分；琴電栗林公園駅徒步10分　栗林公園観光事務所087-833-7411　高松市栗林町1-20-16　5:30~18:30(日出至日落，時間依季節而異)　入園大人¥410、國中小學生¥170，學齡前小孩免費；南湖周遊和船遊船約30分，大人¥620、國中小學生¥310，未滿3歲無法搭乘，小學生以下需由大人陪同乘坐　www.my-kagawa.jp/ritsuringarden

如果說玉藻公園是藩主處理公務的辦公室，那栗林公園就是供藩主遊憩賞玩的私人庭園。代代讚岐藩(香川縣舊名)藩主苦心經營，**歷經百年打磨潤飾，栗林公園自然是高松人最自豪的珍珠**。一走入栗林公園，整個人就被綠色所迷惑，四季美景更是美不勝收，春天繁花似錦，夏天蓮花亭亭，秋天楓紅成片，冬天銀雪遍布，在栗林公園裡，可以聽到季節的腳步聲。

栗林公園好大啊，這樣遊逛精彩景點不漏溝！

總面積23萬坪的公園，光想像就讓人倒抽一口氣，但其實進入園區前記得先拿份地圖，大致研究一下園區分布圖。一般如果有個2~3小時就可以相當充裕的整個園區好好的欣賞一番，但如果時間不是這麼多，可以以入口後的工商獎勵館為中心，分為「南庭園路線」與「北庭園路線」，最經典當然是選擇南庭園路線，約需至少1小時，幾乎重要不能錯過的景致都在南庭；而北庭相對較小約40分鐘，季節是重點，這裡以冬梅、春鳶尾、夏荷花為主要風景。另外園內分布有2間茶屋、4間食亭及1間咖啡館，讓人在廣大的園區也能逛不累。

栗林公園看點總整理！

公園面積有23萬坪的公園有哪些必看的景點，跟我們的腳步一起探索栗林公園的好看景點！

飛來峰

飛来峰

從飛來峰向下望就是**全公園中最美的景色**，以紫雲山為背景，掬月亭、南湖與偃月橋展現腳下，絕美的景色常用於明信片及觀光手冊之中，絕對要在此拍照留念。

穿過偃月橋來到吹上亭及小松亭還有烤糰子可以享用。

偃月橋

園內最大的木造橋，橫跨於南湖上，優雅的弧形橋身映照於湖面上如同新月的形狀，因此取名為偃月橋。走上橋身向東面的湖面望去，是為一座心型的小島，春天杜鵑盛開甚是嬌豔動人。

掬月亭

9:00~16:30(入場至16:00) www.ritsurinkouen.com/

掬月亭的名字取自唐朝詩人于良史「掬水月在手，弄花香滿衣」詩句，此等意境，讓人一窺當時的藩主有多麼怡然自得了。坐在古典雅致的掬月亭裡，對著碧綠的南湖，開闊清朗，涼風徐徐，綠水悠悠，讓人的眼睛都明亮了起來，還可以在此享用和菓子，景美、味也美，整個人像一球棉花，輕盈舒適，隨時都可能隨風飄走。回遊式的大名庭園自然曲徑通幽、彎彎繞繞，數個池塘和人工湖泊更是讓栗林公園生意盎然。

抹茶附和菓子大人¥700、小孩¥500

日暮亭

週六日及例假日10:00~16:00(入場至15:30) 休週一~五

栗林公園內最知名的茶亭便是掬月亭，而另一個小巧隱身林中的茶屋便是日暮亭，不同於掬月亭大張旗鼓的闊氣，這裡僅容數人的茶屋內，內另有2間不同風格小茶室，也可**點份茶食坐在可賞小庭園的緣廊上享受片刻靜謐**。用完茶食，會拿到一張收據，憑收據就可以免費進入掬月亭參觀。

抹茶+和菓子¥500

和南湖周遊和船遊湖

9:00~16:30，航程30分 大人¥620、國中小學生¥310 未滿3歲無法搭乘，小學生以下需由大人陪同乘坐

戴上斗笠在船夫的撐篙行進的小船上，慢慢緩緩地在南湖上行進，**園內最美的湖就屬南湖，掬月亭、偃月橋、杜鵑嶼都在這裡**，周邊群峰環繞，在如畫景緻中撐篙前進，宛如進入畫中，而和船本身也成為這幅畫中充滿風情的視覺焦點。

松花堂弁当(松花堂便當)¥1,100

花園亭

8:00~18:00，晚上至21:00(需預約)；朝粥(需預約)7:00~10:00(L.O.9:30) hanazonotei.web.fc2.com/

如果想要感受栗林公園早上的清靜氛圍，不如預約7點的花園亭，可以邊品嚐朝粥邊享受眼前美景，**雲霧環繞著庭園，將紫雲山做為背景的北湖，讓身心靈都晉升到最棒的境界**。依季節供應的餐點，如松花堂便當、烏龍麵定食，或是甜點類的蕨餅及抹茶、梅子刨冰等都值得一嚐。

讚岐民藝館&商工獎勵館

讃岐民芸館&商工奨励館

讚岐民藝館同栗林公園開園時間，商工獎勵館8:30~17:00 自由參觀

從大門一進到公園內首先看到的建築群便是讚岐民藝館、商工獎勵館等數棟建築，**這裡可以欣賞到各式文物，宛如一處讚岐民俗文物館**；而最大棟的2層樓建築本館便是商工獎勵館，一旁還以室內廊道串聯另三棟建築，可見職人現場工作外，本館2樓可居高賞景。

高松市區走遠一點：佛生山

是否嚮往在城市邊界找一處可以窩藏自己的天地呢？從高松市區坐上琴電車程約20分鐘，來到這處隱密的在地景點「佛生山」。昔日是城下町的這裡，是江戶時期高松藩的法然寺所在地，現今除了是溫泉地區，在周邊進駐許多小店及咖啡館，輕易的就能找到自己夢想中的園地。

高松築港駅搭乘琴電，至仏生山駅下車

下車後在月台上立即看到收藏許多二手書的「琴電電車圖書室」，都可以自由翻閱。

在佛生山有許多老屋新生的建築，一起來探險吧！

如果沒有在佛生山溫泉泡湯，也可以一嘗食堂提供的烏龍麵。

佛生山周邊街道充滿著生活況味。

絲瓜文庫

へちま文庫

琴電仏生山駅徒步10分　080-4035-3657　高松市出作町158-1　週四~六11:30~16:00　休 週日~三　www.instagram.com/hetimabunko1/

利用舊屋改造而成的へちま文庫(絲瓜文庫)，直接使用可愛的絲瓜形狀做為招牌，走近一看才發現原來是**販售古書的書店**，除此之外還有器皿、服飾等生活雜貨。如果想要休息一下，店內也有提供紅茶、咖啡等簡單飲品，而週三的限定咖哩餐更為書店帶來小小驚喜。

へちま文庫沒有大肆整修店內，保持原來的樣貌讓人窺探這裡過去的痕跡。

おすすめ 薦

大口吃份量滿點、超自然派三明治！

天滿屋三明治

天満屋サンド

琴電仏生山駅徒步10分 087-889-1630 高松市仏生山町甲542 11:00~18:00(L.O.17:00) 休週二、三 午餐¥700起 www.facebook.com/tenmayasand

充滿町家風情外觀的「天滿屋」，從高高掛上的招牌「天満屋呉服店」馬上能知道是由吳服(和服)店改裝的麵包坊。改建自江戶時代後期、滿是歷史蹤跡的吳服店，內裝以白色現代風格為基調，擺進胡桃色的桌椅並透過窗戶引進陽光及綠意，打造了摩登的氣氛。店內最受歡迎的即是**份量充足的A、B、C套餐三明治，及各式手作麵包**。

高松市移動圖書館「LALA號」

高松市移動図書館「ララ号」
為偏遠地區設置的行動小巴圖書館，每個月不定期出動的小巴「LALA號(ララ号)」，將滿載書籍深入高松市的各個地區，每月只限定一次的活動，可以至高松市圖書館官網查詢出勤時間。不知道下次造訪佛生山時是否能幸運碰到呢？

佛生山Community Center(仏生山コミュニティセンター)、佛生山溫泉(仏生山温泉) 每個月一次，日期不定；佛生山Community Center(仏生山コミュニティセンター)約9:30~10:50、佛生山溫泉(仏生山温泉)約13:40~14:40 library.city.takamatsu.kagawa.jp/facility/rara.html

©仏生山温泉 天平湯

©仏生山温泉 天平湯

©仏生山温泉 天平湯

佛生山溫泉 天平湯

仏生山温泉 天平湯

琴電仏生山駅徒步約10分 087-889-7750 高松市仏生山町乙114-5 11:00~0:00，週六日及例假日9:00~0:00 休第4個週二 入浴¥700 busshozan.comn

天平湯環境幽靜，離佛生山車站不遠。浴場內設有多種溫泉，包括室內湯和戶外風呂(分別為檜木風呂和檜木風呂)，所有溫泉均為源源不斷的湧泉。溫泉**泉質為富含納、鹽等礦物質，古稱美人之湯的小蘇打泉**，質地滑爽，給予肌膚極致的呵護。**適用於神經痛、肌肉痛、關節痛等各種疾病**，同時能促進健康、提升體力。館內還設有休憩室和食堂，供應美味佳餚。無論是想紓解疲勞，還是增進健康，佛生山溫泉天平湯都能滿足需求。

琴平

ことひら
Kotohira

位於琴平的金刀比羅宮是日本全國信仰深厚的神社，起源可以追溯到上古時代，本宮的本殿三千年來經過無數次的重建，但在庶民之間廣受歡迎則是源於江戶時代，被暱稱為「金比羅桑」(こんぴらさん)的金刀比羅宮，香火之盛甚至和京都的東寺分庭抗禮，朝拜人潮加上琴平本來即是著名的溫泉鄉，因此琴平成為來香川必到的觀光勝地。

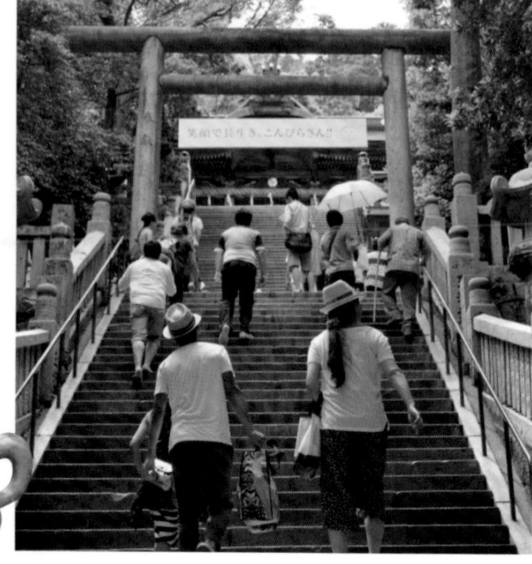

交通路線&出站資訊

電車

從高松可選擇搭乘JR或琴電電車前往，從兩個車站徒步到金刀比羅宮表參道口約需15~20分鐘。

JR四國琴平駅➪土讃線

琴平電氣鐵道琴平駅➪琴平線

巴士

如是從高松機場出發的旅人可利用機場巴士做交通連結，運行公司有琴空巴士(琴空バス)及KOTO巴士(琴平バス/コトバス)。

◎琴空巴士(琴空バス)

從高松機場出發，行經うどん街道(Udon街道)、JR琴平駅、紅梅亭，終點站大麻町。

9:45~19:00(發車時間每月不一，詳見官網)

高松機場~JR琴平駅前大人¥2,000、小孩¥1,000

kinkuubus.com/

出站便利通

◎從各車站搭車電車到JR琴平駅或琴電琴平駅後，從兩個車站步行至金刀比羅宮表參道口約15~20分。

◎金刀比羅宮表參道占地廣大，從琴平駅周邊就已算參道區域，範圍涵蓋神明北、北界隈、南界隈、神明筋、表參道筋、石段筋等，沿路遊逛店家後會連接到金刀比羅宮最有名的琴平の石段。

觀光旅遊攻略

◎かがわ・こんぴら観光案内所

0877-75-3493

仲多度郡琴平町811

10:00~17:00 休 不定休

www.kotohirakankou.jp

高燈籠

高灯籠

別冊P.11,B1 琴電琴平駅出站徒步即達，JR琴平駅徒步3分 金刀比羅宮社務所0877-75-2121 仲多度郡琴平町361

全日本第一高的木造高燈籠高達27.6公尺，就位在琴電琴平駅的前方，建立於1865年，在沒有高樓大廈的古代，瀨戶內海航行的船隻都可以看到燈光，指引漁船商船正確的方向，遠行千里前來參拜的旅客也可以藉由燈光得到溫暖。

鞘橋

別冊P.11,C2 琴電琴駅徒步約10分；JR琴平駅徒步約13分 0877 75 3500 仲多度郡琴平町743-1

鞘橋是一座看起來像劍鞘的橋，在江戶時代前已經建立，歷經數次翻修，現在的**鞘橋建於1905年，擁有100年以上的歷史**。原本鞘橋是架在他處，可直接通往石段參道，古時參拜金刀比羅宮前總要先通過鞘橋，但因軍隊砲車無法通行，所以才移到今日的位置。有屋頂的鞘橋造型特殊，橋下沒有任何柱子，全靠拱型的原理支撐。現在兩端封閉，不能行走，只在金刀比羅宮舉行祭典時神輿可以通行。

鞘橋於江戶時代前已建造，已有百年歷史。

露天溫泉還會在浴池中放入柚皮或花瓣，香氣撩人。

紅梅亭

湯元こんぴら温泉華の湯 紅梅亭

別冊P.11,B1 琴電琴平駅徒步約5分；JR琴平駅徒步約10分 0877-75-1111、預約0877-75-1588 仲多度郡琴平町556-1 Check in 15:00，Check out 10:00 www.koubaitei.jp

紅梅亭木香芬芳的和室旅館，以及日本古典庭園讓人印象深刻，紅梅亭擁有自己的溫泉源，以源源不絕的溫泉水自豪。如果你是愛湯客，來這裡泡泡溫泉絕對是一種享受，洗個香噴噴的澡，安然入夢，就算不下塌只來泡湯也十分值得。晚餐則是瀨戶內海捕獲的新鮮海產，懷石料理精緻的讓人不忍下箸。

金刀比羅宮表參道筋

金刀比羅宮表参道筋

廣義的表參道大約指從琴電前及新町商店街的兩座鳥居開始一直到金刀比羅宮大門的街區，而其中最主要也最熱鬧的便是表參道筋(約從金陵の郷開始到大門)，表參道筋上聚集了各式商店、飲食賣店、伴手禮店外，也有溫泉旅館，可說是前往比羅宮最主要的通道。

別冊P.11 琴電琴平駅徒步約10分 10:00~18:00(依店鋪而異) www.kotohirakankou.jp/map/ho

冰淇淋、布丁等甜食樣樣不少！

各式與香川或金刀比羅宮相關的周邊商品。

沿途商店林立，讓人目不暇給，想購物的話，最好還是回程時再開始逛吧。

熱鬧參道這樣逛！

整個參道約分成三段，第一段是平面道路，這裡有不少江戶時代木造屋宅。

第二段開始有階梯及平面道路交錯，一樣沿途商店不斷。

第三段更接近大門，綿延階梯開始大量出現，雖然也有商家，但陡峭度已經讓人氣喘吁吁。

最後抵達狛犬神社後，就是單純階梯道的琴平の石段(113階)，抬頭上望，比羅宮大門就在階梯盡頭。

AKABOSHI COFFEE

アカボシ珈琲店

別冊P.11,B3 0877-89-1830 仲多度郡琴平町820-1 10:00~17:00 休週三(遇假日照常營業)、不定休 twitter.com/1Mp29sjdkVVlCSW

從參道要開始步上階梯前，就位在轉角邊稍稍離開人潮洶湧參道的這家**風格年輕的咖啡館，有著面向參道方向的戶外座位區及室內的大片落地玻璃**，在參道上是少數的咖啡賣店之一。以提供各式飲料為主，以及自製的美味數款甜點，解小飢的話也有炸薯條、雞塊等簡單輕食，主要是個提供輕鬆喝咖啡小憩的悠閒空間。

可麗露外脆內軟，非常美味！

蔵元直營的店鋪內除了大吟釀，獲2次首獎、內含45%果汁的金陵 ゆず酒(柚子酒)也很推薦。

金陵の郷

別冊P.11,B3 0877-73-4133 仲多度郡琴平町623 9:00~16:30，週六日及例假日至17:30 自由參觀 www.nishino-kinryo.co.jp/museum

おすすめ 薦

買一瓶在地御神酒，感受名酒氣息。

金陵の郷創立於1789年，是一家**由造酒倉庫改裝的酒博物館**，就位於石段參道旁，前往金刀比羅宮時，可順路參觀。地近之便，金刀比羅宮祭祀用的御神酒也在這裡生產。來到這裡可以了解名滿天下的「金陵酒」的製造過程和歷史，穿著古代工作服的人偶重現當時人工製酒的時代，並且展示著不同酒器和相關資料，甚至還可以試喝生酒，中意的話還可以直接購買。

金陵 文旦酒(柚子酒)500ml¥1,711

灸饅頭本舖石段屋

灸まん本舗石段や 本店

別冊P.11,B3 0877-75-3220 仲多度郡琴平町798 7:30~19:00 kyuman.co.jp

灸饅頭是什麼呢？金刀比羅宮自古香火鼎盛，來來往往的朝拜人潮不斷，周遭自然有不少旅社，灸饅頭本舖石段屋原來是一家旅社，提供**長途跋涉的旅客針灸服務，久而久之衍生出艾草灸狀的點心**，呈小三角錐狀，鵝黃色的非常可愛，不甜不膩，內餡以地雞的蛋黃製作，配上抹茶更是美味。

灸まん(灸饅頭) 9入¥895

烏龍麵製作課程 2~14人¥1,760/人，15人以上¥1,650/人

中野烏龍麵學校

中野うどん学校 琴平校

別冊P.11,B3 0877-75-0001 仲多度郡琴平町796 8:30~17:30，A館9:00~17:00，B館9:00~15:00；うどん打ち体験(烏龍麵製作)預約制，3天前網路或電話預約，體驗約50分 www.nakanoya.net

製作**香川最縣引以為傲的烏龍麵**，想來是件必須正襟危坐的事，免得砸了招牌。但一來到中野烏龍麵學校，老師又唱又跳又捏又揉，滿屋子的學生跟著載歌載舞，輕鬆愉快的簡直不像話，不禁令人莞爾失笑。雖然氣氛輕鬆，但揉麵可不含糊，照著比例將麵粉加水，用手刀邊攪拌邊將空氣劏入，用手腕的力氣揉麵，之後用塑膠袋裝起來，放在地下踩，先配一段恰恰，再來一首童歌帶動唱。最後還可以受頒結業證書、食譜和桿麵棍一支，以資鼓勵。因為麵需要時間發，所以親手揉的麵自己帶回享用，接著就吃店裡準備的麵條吧。

小小的店面就與旅遊中心結合在一起。

かまたまソフト(烏龍麵冰淇淋)¥350

しょうゆ豆本舗 参道店

おすすめ 薦

打卡聖品烏龍麵冰淇淋！

別冊P.11,B3かがわ・こんぴら観光案内所 仲多度郡琴平町811(かがわ・こんぴら観光案内所) 10:00~17:00 www.kotohira-nishikiya.com

都說是烏龍麵縣了，大吃烏龍麵當然絕對不可少，但連**「烏龍麵」都要做成冰淇淋？這也太走火入魔了吧！別擔心，這家參道上超人氣店賣的「烏龍麵冰淇淋」只是把冰淇淋做的像是烏龍麵條罷了**，但是上面擺上的蔥花及最後淋上的醬油，可都是貨真價實的「真品」呢，超衝突的味覺感受，挑戰視覺也挑戰味覺。當然如果沒有挑戰的勇氣，這裡還有以金箔包覆整枝金光閃閃的金箔冰淇淋、三盆糖冰淇淋、水果風味剉冰等選擇。

YOHAKu26

別冊P.11,B3 0877-73-0377 仲多度郡琴平町948-22 週六日13:00~17:00 休週二~週五 www.yohaku26.com

由紀の国屋的第四代所開設、鄰近紀の国屋的這家充滿年輕創意風格的手創店，**集結來自日本各地的創意好物外，也邀請創作者以金刀比羅宮、意象所創作的商品**，種類琳瑯滿目，從刺繡和片、T恤、飾品、手札、背包、襪子、飾品等，充滿原創風格，是發掘好物的地方。另外也可以選擇自己喜歡的烏龍麵圖案，DIY印製成獨特的T恤或背包喔。

門口的人偶就是江戶時代前來金刀比羅宮代參的森の石松。

必買名物石松まんじゅう(石松饅頭)。

舟々せんべい(舟仙貝)象徵人生旅途一帆風順。

紀の国屋 本店

別冊P.11,B3 0877-75-2474 仲多度郡琴平町983 10:00~17:00 休不定休 www.kinokuniya52.com/

當參拜結束回程，已經體力耗盡大半，這時來點茶點甜食最適合，因此參道上也有不少販售和菓子甜點的老舖。創立於明治15年的紀の国屋，**是家位在第52個階梯位置的百年老鋪，這裡最知名的伴手禮便是現場製作、香噴噴的舟仙貝與石松饅頭**，每天現場製作販售，可以買整盒帶回家外，也能現場零買當場嚐鮮。除了這兩款名物外，店內也販售不少各式伴手禮。

七十七(なずな)堂 金毘羅店

別冊P.11,B3 0877-35-8700 仲多度郡琴平町931 10:00~17:00 kyoto-souvenir.co.jp

2019年7月於參道上開店的這家可愛的雜貨生活用品店，結合了外帶飲料與甜點吧檯鋪，成為一片老舖街區中的新焦點。這裡**以金刀比羅宮代表性的圖案，轉化成各式可愛口金包、背包、手帕、帽子、扇子等用品**，對於實用取向、又想買點代表性伴手禮當紀念的人就很適合，而七十七堂的店名就來自位在參道階梯上第77階位置，讓人一下子就記住這家店了。

烏龍麵變成可愛口金包的裝飾圖案了，是這裡的限定商品。

口金包 ¥1,000起

來到金刀比羅宮就是不斷的拾級而上。

眼前的開闊景色，令人忘卻剛剛踩著石階的痛苦。

因為知名的金刀比羅犬，神社有著許多與狗有關的籤詩或護身符。

金刀比羅宮

おすすめ 薦

挑戰腳力的極限，踏上千層石階只為一訪大神。

別冊P.11,A2 琴電琴平駅徒步約15分；JR琴平駅徒步約18分即達參道入口 社務所0877-75-2121 仲多度郡琴平町892-1 大門6:00~18:00；御本宮7:00~17:00；奧社9:00~16:30(奧社道至17:00，7/15~9月至19:00) 自由參拜 www.konpira.or.jp

金刀比羅宮供奉大物主神，掌管五穀豐收、海上交通安全等，參拜金刀比羅宮的狂潮甚至直追三重的伊勢神宮。金刀比羅宮位於象頭山山腰，要到本宮必須走上785階，而一直到最裡面的奧社則總共是1,368階，長長的石階參道走來頗為費力，沿途有多間商家提供木杖租借服務，循著沿路下來時在原租借處歸還即可。

金刀比羅犬

在交通極不方便的古代，無數平民千里迢迢、翻山越嶺，只為一圓畢生的願望。託人代為參拜的「代參」時有所聞，因種種原因而無法踏上參拜之路的人，將家裡的狗託付給前往參拜的親朋好友，讓狗代替自己參拜金刀比羅宮，至今仍可看見大名鼎鼎的「金刀比羅犬」。

因千層石階而被稱為「最難參拜的神社」的金刀比羅宮，依舊吸引來眾多人潮。

爬上金刀比羅宮的行前準備

想參拜金刀比羅宮，階梯多是一大特色，完整參拜完成抵達奧社約需爬1368階，即使只到達御本宮就折返，單程也有785階，其中有數段相當陡峭，簡直考驗著參拜者的意志力。還好現代階梯平整好走、部分階梯參道上也有不少商店，多少轉移掉爬階梯的辛苦，當然沿途也有不少提供手杖租借的地方，一把¥100。另外輕裝簡便絕對必須，萬一隨身行李太多，車站或是沿途店家有不少地方可以寄放行李。

人力扛的石段駕籠是參道上的特殊景象，因抬轎人手逐漸高齡化而減少，從2020年1月底已暫停服務。

參道起始點處的遊客中心，也有提供手杖租借。

金刀比羅宮精選景點

來到金刀比羅宮除了需要大練腳力，行前先瞭解有哪些必看點，邊走邊看更有樂趣！

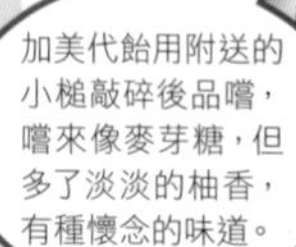

加美代飴用附送的小槌敲碎後品嚐，嚐來像麥芽糖，但多了淡淡的柚香，有種懷念的味道。

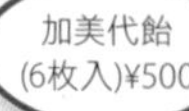

加美代飴
(6枚入)¥500

五人百姓

6:00~18:00 (冬天7:00~17:00)

穿過大門後會看到**著名的五人百姓，撐著白色的傘販賣加美代飴**，這五戶人家的先祖對金刀比羅宮的祭祀有貢獻，所以特許其在境內營業，至今已成為金比羅著名的一景，可不是普通的攤販呢。

大門(365階處)

6:00~18:00

從參道一路爬到這裡，穿過大門就是金刀比羅宮的境內了，**由松平賴重公奉納的兩層式木造瓦砌門樓，可見鼓樓及與清少納言有關的「清塚」**。這裡也是最多人停下來拍照的好地方，眼下就是層層階梯往下的參道商店街，宛如喧鬧人間與肅靜神界的交界處，也能居高眺望遠端街區。

寶物館

9:00~17:00(入館至16:30) 常設展大人¥800、高中大學生¥400、國中生以下免費

歷史悠久的名山大剎或神社自然有代代相傳的寶物，一般來說，到了今日，這些無價之寶不是收藏在自己的寶物館裡，就是為了安全和管理的考量，收藏在地方博物館中。**金刀比羅宮鎮宮之寶是一尊十一面觀音立像**，莊嚴慈悲，能拜覽是莫大的緣分，其他的寶物也是難得一見。

高橋由一館外觀是摩登的鮮橘色，十分搶眼。
高橋由一
常設展

高橋由一館

9:00~17:00(入館至16:30) 大人¥800、高中大學生¥400、國中生以下免費

位在寺院境內有著鮮橘外牆的摩登美術館，隸屬於金刀比羅宮資產。這裡**典藏**有著「日本洋畫的開拓者」「幕末明治的巨人」稱呼的畫家‧**高橋由一27幅油畫作品**，由於比羅宮自明治開始資助高橋由一，因而購入，其中也包含畫家對象頭山(琴平山)的描繪作品。

表書院

9:00~17:00(入館至16:30) 大人¥800、高中大學生¥400、國中生以下免費

從高橋由一館繼續往上爬，就會看到表書院，這處有著獨立幽靜院落的建築，是江戶時代作為接待的客殿之用，除了**建築本身是重要文化財，裡面的各式精彩障壁畫也是必看**，其中5間房間的障壁畫同樣也並列文化財之列，是由圓山派始祖的京都畫壇大師圓山應舉所描繪。

在繪馬堂有馬匹，這可是供奉神明的神馬，禁止隨便餵食，不可失敬唷。

繪馬堂

金刀比羅宮的**大物主神掌管海洋**，所以在巍峨高聳的繪馬殿可以看到象徵水的波浪紋，還有鱷魚、烏龜的雕刻，日本四面環海，**祈求漁獲豐收以及避免海難發生的願望**，都可以寫在一片繪馬上，並且懸掛於堂前。

好不容易終於爬到御本宮，可在此入手代表幸運除厄的黃色御守+こんぴら犬的人氣組合喔。

御本宮

7:00~17:00

本宮宏大典雅，幽靜中帶著莊嚴，改建於1878年，祭祀大物主神和崇德天皇。大物主神掌管農業、醫藥、海上守護，所以有不少航運業和漁業定期奉納，祈求豐收和航運平安。來到本宮當然不可錯過**金光燦爛的御守，由華麗的娟絲製成**，十分亮眼，**只在本宮販賣**，錯過可惜。

觀景台

御本宮旁的觀景台，可以遠眺整個琴平外，**連遠端的丸龜市、讚岐富士都能一覽**。

骨付鳥 一鶴 丸亀本店

おすすめ 薦

美味骨付鳥代表的名店！

別冊P.13,B5 丸亀駅北口徒步1分 0877-22-9111 丸亀市浜町317 11:00~14:00、17:00~22:00 週二 若鳥(ひなどり)¥1,001 www.ikkaku.co.jp

噴香的烤雞腿，都會事先幫顧客剪開再端上，烤雞腿也會付上數片清爽的生高麗菜。(骨付鳥親鳥おやどり¥1,129)

以大蒜、鹽、胡椒等香料醃製，外皮烤的焦香、內部肉汁又充滿的帶骨烤雞腿(骨付鳥)，噴香氣味幾乎走在香川縣的美食街道上，很難不被吸引。**名店一鶴雖然分店不少，其本店就位在骨付鳥的發源地「丸龜」，因此來到這裡當然一定要再來一腿！**一鶴就位在丸龜駅鄰近，是品嚐名店最便利的所在，寬敞的店內重新設計後相當舒適，沒有一般老店的緊促感，飄散淡淡優雅和風的氣氛，一個人用餐也很自在。

骨付鳥發源地在丸龜，你想吃「親鳥」還是「若鳥」？

香川縣兩大美食，除了讚岐烏龍麵外就是骨付鳥(帶骨烤雞腿)了。骨付鳥的美食起源地就是來自丸龜，在生雞腿上以各式香料醃製再烤，風味濃厚又肉汁充滿，簡直是香川縣的國民美食，配飯、配麵或配酒都超搭，很多食堂、餐廳、居酒屋都能點到這道菜。骨付鳥都是單點，會附上一盤生高麗菜，另外點餐時要選擇「親鳥(おやどり)」還是「若鳥(ひなどり)」，前者肉味豐厚但較硬也咬勁十足，女生或小孩一般還是推薦點「若鳥」，比較軟嫩好入口。

豬熊弦一郎現代美術館

おすすめ 薦

最親民的國際級大師美術館！

豬熊弦一郎現代美術館

別冊P.13,B5 丸亀駅南口徒步1分 0877-24-7755 丸亀市浜町80-1 10:00~18:00(入館至17:30) 週一(遇假日順延翌日休)、12/25~12/31、換展期間 常設展大人¥300、大學生¥200、18歲以下及65歲以上免費，特展需另付費 www.mimoca.org/ja

來到丸龜市絕對不能錯過的國際級美術館便是豬熊弦一郎現代美術館，他曾設計出至今仍使用中的三越手提袋。曾師事於野獸派大師亨利・馬諦斯，雖然大半生都在國外度過，卻將其2萬多件作品都捐給故鄉丸龜。美術館就**位在站前的超便利位置，讓這裡成為可以親炙大師作品及各式現代美術特展的地方，而且連建築都找來被評為打造出全世界最美美術館的建築師「谷口吉生」所負責**，不論館內空間、作品精采度，都讓這個安靜的城市吸引來不少藝術朝聖者。

入口大門戶外就有豬熊弦一郎的超大型畫作與立體藝術裝置作品。

四國村(四國

四国村ミウゼアム

別冊P.9,B4 琴電屋島
分；搭乘屋島山上行シャトル
國村」站下車即達 087-8
9:30~17:00(入村至16:30
二(遇假日順延翌日休)、維
¥1,600、大學生¥1,000、國高
www.shikokumura.or.jp

四國村是一個非常獨特
萬平方公尺的廣闊腹地上
築過來的老房子，可不是單
了集中妥善管理而移築的
家文化財，就連村內植栽的
示的家具農具一應俱全，隱
色，且實用性高，可以窺見

在村落一角有處安藤忠雄
Gallery」(四国村ギャラリー)
各地的藝術作品，入口處的坂
坂」，以庵治的花崗岩鋪設而
的染が滝、茶堂の地蔵菩薩，

飽覽一望無際的瀨戶內海，連前方跨海的瀨戶大橋也清晰可見。

丸龜港

丸亀港

別冊P.13,B5 丸亀駅徒步10分 丸亀市福島町

來到丸龜品嚐完有名的讚岐烏龍麵、骨付鳥，走過十二大名城之一的丸龜城，趁著夕陽西下之際來**丸龜港欣賞美麗的港邊景色**。從丸亀駅步行約10分鐘即能抵達的港口，有著前往探索塩飽水軍基地的船隻，如果想到本島、牛島、広島、手島、小手島等塩飽諸島，丸龜港口是最方便的出入口。

おすすめ 薦

最新鮮的瀨戶內海鮮就在這裡了！

魚料理 かぼちゃ

別冊P.13,C1 丸亀駅徒步10分 0877-24-3324 丸亀市富士見町5-12-5 17:00~22:00，週六日11:30~14:00 休 週四

位在大倉飯店丸龜旁的「かぼちゃ」是間**當地的人氣居酒屋，餐點所使用的海鮮漁獲皆取自瀨戶內海**，道道親手製作的地元料理，每天總能吸引滿滿的來客。品嚐料理時，再點上一杯店家推薦的日本清酒搭配，品嚐最在地的居酒屋氣氛以及當季限定旬味。

店內的櫃台是最熱鬧的區域。

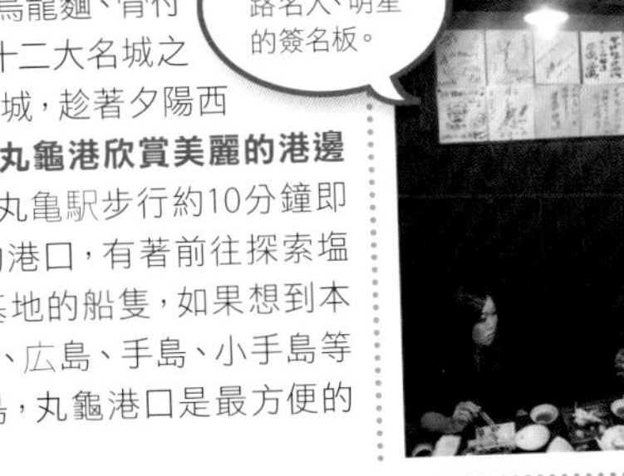

牆上貼著各路名人、明星的簽名板。

道道當季海鮮送上桌，不過度調製品嚐原始鮮味。

飯店早餐多樣，或是來一碗烏龍麵也很可以！

大倉飯店丸龜

オークラホテル丸亀

別冊P.13,C1 丸亀駅徒步10分 0877-23-2222 丸亀市富士見町3-3-50 Check in 14:00，Check out 11:00 www.okurahotel.co.jp

坐落於丸龜港邊的「大倉飯店丸龜」，館內供應285間和、洋室客房，在3樓還有一處**能展望瀨戶內海及瀨戶大橋的大型風呂場**。餐飲方面提供各國料理的選擇，像是能品嚐日本料理的「四季亭」、自助餐及咖啡廳「Green Lounge」、酒吧「Sunset」，以及位在12樓的高空酒吧「VEGA」。

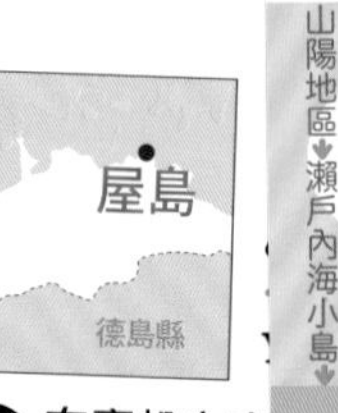

位在高松市東
一個島，而是
於瀨戶內海國立公
合戰的古戰場。屋
備，還有數個展望
底，更可以一覽瀨
「花彩島中的花彩
景象，說起著名的
瀨戶內海自然不是
夜景更是美麗絕倫
鑽石，日文中的「百
應該就是如此璀璨

交通路線＆出站資訊

電車
JR四國屋島駅◇高德線
高松琴平電氣鐵道琴電屋

出站便利通
◎從高松市可選擇搭乘JR
距離屋島景點較遠，需比琴
◎抵達屋島駅後可以在觀
運)先借台腳踏車，或是使用
士)的循環巴士，雖然班次較
通工具。

屋島山上行Shuttle Bus(
◎JR屋島駅8:17~16:17(
行)，一天7班車次；琴電屋
20:25僅週五六及例假日前
運休)，一天11班車次 ◎單
路線：JR屋島駅→琴電屋島
國村琴電屋島駅→JR屋島駅
www.kotoden.co.jp/
yashima/index.html

觀光旅遊攻略
◎JR屋島駅観光案内スペー
090-2893-8712 松市高
週六、日及例假日10:00~1
www.yashima-navi.jp

庵治町

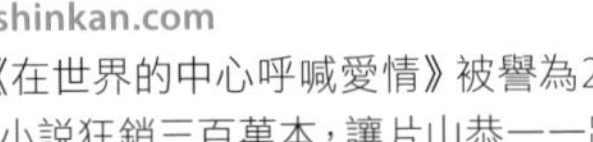

おすすめ 薦

日劇拍攝場景，讓小町變成人氣景點。

別冊P.9,B3 從高松駅7號乘車處或琴電八栗駅前搭乘73號琴電巴士，至庵治農協前站下車 高松市庵治町5824-4(純愛の聖地庵治・観光交流館) www.aji-shashinkan.com

《在世界的中心呼喊愛情》被譽為21世紀愛情經典，小說狂銷三百萬本，讓片山恭一一躍為超人氣作家。**庵治町是世界的中心**，電影中刻骨銘心的初戀，就是發生在這個小漁港裡。電影裡男主角望著湛藍的大海和金色的陽光，青春的苦澀和甜蜜，愛情的失落和昇華，生和死的交界，過去和現在的重疊，就這樣交織在金色和藍色的漁村小鎮裡，電影中大多取景自庵治，慕名而來的情侶可是絡繹不絕。

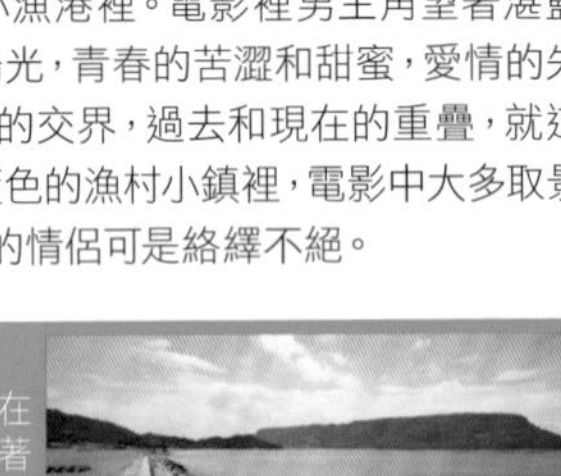

王の下沖防波堤
男主角松本朔太郎在防坡堤上奔跑，對著大海叫喊著，以及朔太郎與廣瀨亞紀兩人在夕陽下對談，是電影中最知名的場景。

皇子神社
爬上皇子神社的石階，可以來到松本朔太郎與廣瀨亞紀坐在盪鞦韆上談論著重藏初戀的拍攝地。

觀光交流館作為休憩地點，也是展覽中心。

遊鶴亭

別冊P.9,A3 屋島山上停車場徒步約30分 087-841-9443 高松市屋島西町

沿著步道上山依序可前往並稱為**屋島三大展望台的獅子の霊巌、談古嶺與遊鶴亭**，其中位在屋島北端的遊鶴亭，由良子女王殿下(香淳皇后)於1923年造訪時為其取名，320度的遼闊海景令人讚嘆，可遠眺到小豆島、女木島、大槌島與小槌島等島嶼，感受備讚瀨戶景致散發的沉穩氣息。

站上制高點可看到瀨戶內海島嶼。

屋島寺

別冊P.9,A4 JR屋島駅搭乘琴電巴士，約18分至「屋島山上」站，下車徒步3分 087-841-9418 高松市屋島東町1808 自由參拜，寶物館9:30~16:30 寶物館大人¥500、國中生以下¥300 www.88shikokuhenro.jp/84yashimaji

屋島寺開創於754年，建於鎌倉時期的**本堂和藤源時期初期的千手觀音，是國家重要文化財**，千手觀音絲毫未損保存至今，更是彌足珍貴。寶物館還收藏著源平合戰的遺品。兩旁最引人注目的是兩隻大狸，保佑家庭和樂、多子多孫，胖嘟嘟煞是可愛。

屋島寺是四國靈場八十八所其中之一的第84番札所。

ざいごうどん本家 わら家

別冊P.9,B4 琴電屋島駅徒步約5分；JR屋島駅徒步約15分 087-843-3115 高松市屋島中町91 9:30~18:00(L.O.17:30) www.wara-ya.co.jp

讚岐烏龍麵老舖「わら家」就在四國村入口對面，屋頂由茅草搭成，從屋內可看到用竹竿撐起的扇狀結構，編排出竹子特有的清涼潔淨，流水淙淙襯著水車「咚咚」的聲音，暑意全消。烏龍麵味道厚實，富有嚼勁，熱湯烏龍麵(釜あげうどん)為其招牌，也有供應2~5人份的特大烏龍麵或家族烏龍麵。

烏龍本陣 山田家

うどん本陣 山田家 讃岐本店

別冊P.9,B4 八栗駅徒步約25分 087-845-6522 高松市牟礼町牟礼3186 10:00~20:00 釜ぶっかけ(熱湯烏龍麵)¥650 www.yamada-ya.com

烏龍本陣山田家由地方宅邸改裝而成，被列為國家重要文化財，占地800坪的用地氣派豪華，天氣好時在庭園用餐別有一番趣味。麵條用井裡打出的天然水和上好的麵粉製成，Q彈有韌性，一不小心就會超過平常的食量。這裡的價錢比起一般烏龍麵稍高，但是空間美感和食物口感的雙重享受，絕對物超所值。

香川精彩景點

香川縣除了前面列出的必去景點，在近郊還有好多非去不可的絕美景點，跟著我們一起造訪香川更多獨特風光吧！

夕陽西下的魔幻時刻是最美的拍照瞬間，此景也入選「日本夕陽百選」之一。
©四國觀光交流局

三豐市

父母之濱

おすすめ 薦

日本夕陽百選景點，最美的天空之鏡。

父母ヶ浜

別冊P.9,A2　JR詫間駅搭乘計程車約15分，或搭乘週六日及例假日運行的三豐中央觀光巴士Hearts Shuttle(ハーツシャトル)，於「父母ヶ浜」站下車；或搭乘週一～六運行的三豐市Community Bus(三豊市コミュニティバス)仁尾線，約25分於「父母ヶ浜」站下車　三豐市観光交流局0875-56-5880　三豐市仁尾町仁尾乙203-3父母ヶ浜海水浴場　自由參觀(可先至網站查詢潮汐時間)　www.mitoyo-kanko.com

想看天空之鏡不用大老遠的跑到南美洲玻利維亞，原來在四國的香川縣就有可以媲美此景的絕佳拍照地點！位在香川三豐市的「父母之濱」是處海水浴場，長約一公里是夏天戲水的最佳場所，近來因**水上像是鏡面般能反射對稱世界而成為超人氣的打卡景點**，此外這裡也成為2020年東京奧林匹克傳遞聖火的活動行經地點，想必又將帶起一波觀光熱潮。

位在岡山的鷲羽山瞭望台是瞭望瀨戶大橋的好地點。

坂出市

瀨戶大橋

瀬戸大橋

別冊P.9,A1　JR坂出駅搭乘計程車約15分；或搭乘琴參巴士(琴参バス)，於「東山魁夷せとうち美術館(瀬戸大橋記念公園)」站下車　瀬戸大橋記念公園管理協会0877-45-2344　坂出市番の州緑町6-13 瀬戸大橋記念公園　瀬戸大橋記念公園www.setoohhashi.com

連接日本本州岡山縣倉敷市及四國香川縣坂出市的**「瀨戶大橋」是世界最長的鐵、公路共用橋樑**，大橋總長13.1公里，最高高度194公尺，由下津井瀨戶大橋、櫃石島橋、岩黑島橋、與橋、北備讚瀨戶大橋及南備讚瀨戶大橋6座大橋組成,也因橋梁的落成大大縮短原本需要花費長時間的海運，而促進本州及四國間的經濟成長與便利。

八栗登山電車

おすすめ 薦

輕鬆搭乘登山電車參拜，並感受大自然的四季之美。

八栗ケーブル

別冊P.9,B1 琴電志度線「八栗駅」下車，轉搭計程車約5分到電車口 高松市牟礼町牟礼3378-3 087-845-2218 7:30～17:15、每月1日5:00～17:15 全年無休 大人¥1,000，小孩¥500 www.shikoku-cable.co.jp/yakuri/

搭乘可愛的登山電車大約4分鐘，就能輕鬆抵達八栗寺，這裡是四國唯一的登山電車，全長有660公尺，高低差約167公尺，到山上後有尊祭拜對結緣、生意興隆很靈驗的「八栗聖天」的八栗寺，在四國遍路編號中為四國靈場85番札所，不妨來此掛上繪馬，祈求心願的達成。寺院內可見「白蘿蔔」與「巾著束口袋(巾着)」的裝飾圖騰，分別象徵著身心健康、良緣、夫婦圓滿，以及生意興隆與財源廣進的意涵，是個人氣很旺的能量熱點！**尤其推薦當春天櫻花綻放及秋天的嫣紅紅葉滿布時來訪，美景令人心醉。**

搭上登山電車邊欣賞春櫻或秋楓，更能一覽高松市區景致。
YAKURI

每15分鐘就一班次，每月1號更在清晨就發車，方便信眾參拜。

雲邊寺纜車

觀音寺市

おすすめ 薦

雲辺寺ロープウェイ

日本最大規模纜車，可從高處一覽360度美景。

別冊P.9,A2 JR預讚線在豊浜駅下車，搭乘計程車約15分至纜車口 観音寺市大野原町丸井1974-57 0875-54-4968 8:00~17:20(依季節變動) 全年無休 大人¥2,200，高中生國中生¥1,650，小孩¥1,100 www.shikoku-cable.co.jp/unpenji/

全長達2594公尺、高低差657公尺，約7分鐘就能達山頂站，沿途壯闊風景美不勝收。

在SNS社群媒體上造成話題的絕景賞景地「雲邊寺山頂公園」，尤其極受歡迎的**「天空盪鞦韆」，更是不可錯過的特殊體驗。**位在海拔920公尺高的山頂公園，設有戶外桌椅及咖啡區，可悠閒一覽瀨戶內海，天氣好時，連岡山縣、廣島縣都能看到，而且輕鬆搭乘纜車就能抵達，從纜車上望出去景致美不勝收，彷彿空中散步般！除了山頂公園，這裡更以**四國靈場第66番札所「雲邊寺」而聞名，在88個四國靈場中名列海拔最高**，讓遍路參拜之旅，更添美景與天寬地闊的舒壓感受，另外雲邊寺最著名是一個茄子座椅，聽說坐在上面就會夢想成真，也有各種茄子的御守。

位在海拔920公尺高的山頂公園，可一覽瀨戶內海及市街景致。

觀音寺市 高屋神社

おすすめ 薦

眺望瀨戶內海絕景的天空神社。

別冊P.9,A2 JR観音寺駅搭乘計程車約13分抵達高屋神社下宮；或搭乘週六日及例假日運行的三豐中央觀光巴士Hearts Shuttle(ハーツシャトル)，於「高屋神社下宮」站下車，徒步約50分至高屋神社本宮；或於「有明グラウンド前駐車場(琴弾公園)」站搭乘週六日及例假日運行的Shuttle Bus(シャトルバス)，約25分於「高屋神社本宮」站下車即達 0875-24-3957 観音寺市高屋町2800 自由參拜 www.city.kanonji.kagawa.jp/soshiki/21/13387.html

曾**入選為四國八十八景之一的「高屋神社」**為讚岐國內24處延喜式內社的其中一處，神社擁有相當悠久的歷史，社內供俸護佑稻作豐收的稻積大神。神社位在407公尺的稻積山山頂，因位居高處的鳥居也被稱作「天空鳥居」而知名，從本宮能一覽觀音寺市內及瀨戶內海的美景。

越過鳥居看到觀音寺市及瀨戶內海絕景。

展望台是可以眺望錢形砂繪「寬永通寶」的絕佳地點。

觀音寺市 琴彈公園 錢形砂繪

琴弾公園 銭形砂絵

別冊P.9,A2 JR観音寺駅搭乘計程車約3分；或搭乘週六日及例假日運行的三豐中央觀光巴士Hearts Shuttle(ハーツシャトル)，於「銭形砂絵展望台」站下車即達 観音市観光協会0875-23-3933 観音寺市有明町14 自由參觀

位在四國瀨戶內海國立公園內的「琴彈公園」占地面積達48公頃，在廣大的園區內可以看到山海景色、神社佛閣或是歷史遺跡等豐富景色，更入選「日本歷史公園100選」之一。**其中園內必看的是名為「寬永通寶」的大型錢形砂繪**，其他像是被選為「日本白砂青松百選」的黑松原群、有明濱海岸、春天櫻花景色，或是創建已百年的琴彈八幡宮等都是公園內必訪之處。

「寬永通寶」傳說

「寬永通寶」錢形砂繪是座寬122公尺、長90公尺、周圍345公尺的巨大砂繪，是在1633年間，因當時的藩主為了讓德川家光將軍到四國巡視時能留下好印象，而命村民一夜砌出「寬永通寶」，爾後傳說看過這座砂繪之人即能擁有好運人生。

大窪寺

おすすめ 薦

四國遍路88靈場的最後一所寺廟。

別冊P.9,B2 JR高松駅搭乘大川巴士引田線，40分鐘後在長尾駅下車，從「大川バス本社前」站轉乘讚岐市Community Bus(さぬき市コミュニティバス)志度~多和線，約30分至「大窪寺前」站下車 0879-56-2278 さぬき市多和兼割96 自由參拜(大師堂地下內拜8:00~16:00) 休大師堂地下內拜1~3月休 $大師堂地下內拜¥500 88shikokuhenro.jp/88ookuboji/

旅行總會有終點，**大窪寺是四國八十八間廟宇的最後一所**，為一所結願的寺廟。來到這裡可以將遍路的裝束卸下，寺前擺放的佛珠每一串都代表一曲梵唱，成山的金剛杖每一根都代表一段修行。大窪寺本堂收藏空海大師從恩師惠果手上接過的錫杖，而這根錫杖卻又來自印度，道盡了佛法東傳的歷史。

多度津駅

おすすめ 薦

鐵道旅行中途下車的小驚喜。

別冊P.9,A1 JR予讚線、土讚線多度津駅 0877-33-2201 仲多度郡多度津町栄町3 5:00~23:00

因貫通高知(土佐國)與香川(讚岐國)，所以取名為「土讚線」，路線起於香川縣多度津駅，向西南延伸至高知縣高知駅，最後抵達四萬十町的窪川駅。位在土讚線起站的多度津駅附近有一處多度津工場，可以**參觀四國鐵道的發展史以及展示眾多過往的蒸汽火車**，這裡也是搭乘觀光列車「四國正中千年物語」車站之一。

夢幻的觀光列車「四國正中千年物語」(四国まんなか千年ものがたり)從多度津出發。

車站旁展示著復古火車。

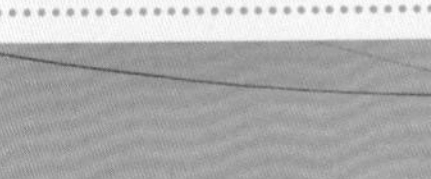

JR四國多度津工場

從多度津駅步行約10分抵達 仲多度郡多度津町大通り4-5 JR四国 多度津工場管理0877-32-3201 9:00~16:00 休週六日及例假日 場內參觀需預約

JR多度津工場是為紀念四國鐵道發展100週年而設，在工場內展示著從昭和時期開始與鐵道相關的蒸汽火車(蒸気機関車)以及其他建造歷史等，此處也是JR四國唯一一個檢修工廠。

鹽江溫泉

おすすめ 薦

走一趟香川近郊的千年溫泉！

塩江温泉

別冊P.9,B2 JR高松駅搭乘往塩江方向的琴電巴士(ことでんバス)，約75分至「塩江」站下車；JR高松駅自駕走國道193號，車程約50分 塩江温泉観光協会087-893-0148 高松市塩江町安原上東 www.shionoe.jp

位在道の駅しおのえ有一處免費足湯「行基の湯」。

從高松駅往徳島縣的邊境出發，沿著溪谷前往**山林間的千年湯泉「鹽江溫泉」**。鹽江溫泉傳說在1,300年前由一位名僧行基時發現，爾後經由來此修行的真言宗始祖「空海」將此湯泉能治百病而傳播開來，成為現在知名的溫泉區。其泉質為硫磺泉及放射泉，泡後肌膚滑順，加上周邊山林包圍下讓人的身心更加放鬆，四季變幻的如畫景色更是不能錯過的看點。

Hotel Second Stage

おすすめ 薦

在山間的春櫻秋楓中盡享泡湯樂趣！

ホテルセカンドステージ

別冊P.9,B2 高松機場開車約20分 087-893-1100 香川縣高松市塩江町上西乙1118-8 Check in 15:00，Check out 10:00 hotel-secondstage.com/

鹽江溫泉地區有高松奥座敷之稱，為1300年前由行基僧侶發現，其後為弘法大師空海湯治之地，是香川縣歷史最悠久的溫泉，為日本名水百選，也是賞螢火蟲聖地。**飯店提供一年四季多種體驗活動，手打烏龍麵、捉溪魚**等，亦可提供高爾夫球住宿套裝行程。

擁有自家泉源「美肌之泉」，全室面湖美麗風景。

館內設有四季皆能享受自然美景的檜木露天浴池。

湖畔度假村 Villa鹽江

ハイパーリゾート ヴィラ塩江

別冊P.9,B2 高松機場車程25分；高松駅車程45分 087-893-1111 香川縣高松市塩江町上西乙688-1 Check in 15:00，Check out 11:00 www.hyper-inn.net

鹽江溫泉正宗的度假酒店**「湖畔度假村 Villa鹽江」隨著四季變換不同風情，環繞在豐富大自然裡的湯之鄉**。餐點提供當地既新鮮又充滿季節感的食材，如「特選法式套餐」、「特選和洋會席套餐」等。館內的大浴場是能讓身心舒暢的鹽江名湯，及檜木露天浴池、按摩浴缸溫泉、桑拿浴等設施，讓你緩慢享受四國名湯。

愛媛縣

えひめ

搭上少爺列車造訪古湯名泉，重返輕煙裊裊的道後溫泉鄉。

市內電車「伊予鐵道」

おすすめ 薦

市內電車「いよてつ」

搭上市內電車悠閒逛遍市區景點！

⏰市內電車松山駅發車約6:30~22:27，郊外電車高浜駅發車6:44~21:52。少爺列車(坊っちゃん列車)僅週六日及例假日運行；道後温泉駅—松山市駅發車9:19、13:19、14:59，松山市駅—道後温泉駅發車10:04、14:04、15:44；道後温泉駅—JR松山駅前駅・古町發車10:48，古町—道後温泉駅發車11:47 💲市內電車大人¥200、小孩¥100，郊外電車大人¥200~740、小孩¥100~370；下車投現金，能使用伊予鐵交通IC卡(ICい~カード)，2024年3月13日起市內電車範圍亦可使用ICOCA、Suica、PASMO等交通系IC卡；少爺列車(坊っちゃん列車)大人¥1,300、小孩¥650 🌐www.iyotetsu.co.jp

松山伊予鐵道設立於1887年，是中國四國、九州一帶最先設置的鐵道。其路線可概略分為郊外線與市內線，郊外線運行的為普通大型電車，而**市內線又稱為市電，主要範圍環繞著松山城，並連接松山站與道後溫泉**，除了一般可愛的市內電車之外，最受觀光客歡迎的便是曾躍上文學小説情景的「少爺列車」。

利用市內電車1日券玩景點

如果想要一天跑多個景點，不妨可以利用伊予鐵發行的「市內電車1日券」，可以無限次搭乘市內電車環狀線、3、5、6號線，如果想在松山市多玩幾天，也有2~4日的票券類型，如果是持有JR四國鐵路周遊券(SHIKOKU Rail Pass)可免費使用市內及郊外電車。

購買地點：

僅發售電子票券，下載みきゃんアプリ(Mican APP)或ジョルダン乗換案内アプリ 伊予鉄MaaS(Jorudan乘換案內APP伊予鐵MaaS)購入

💲1日券大人¥800、小孩¥400，2日券大人¥1,100、小孩¥550，3日券大人¥1,400、小孩¥700，4日券大人¥1,700、小孩¥850 ❗可利用票券免費搭乘一次伊鐵高島屋摩天輪「くるりん」。

愛媛縣吉祥物：みきゃん(Mican)

在九州有憨憨的熊本熊，在愛媛有超療癒的可愛柑橘犬！愛媛縣將特產的柑橘與小狗結合出傳遞愛與笑容的汪汪特派員「みきゃん」(蜜柑狗狗/Mican)，另外還有他的好友こみきゃん(Komican)及總愛搞破壞的ダークみきゃん(Darkmican)。想要知道更多的みきゃん，或是他的出場日程表可以上專屬網站追蹤他的動態，一起與みきゃん發掘更多好吃、好玩的愛媛縣！

🌐www.pref.ehime.jp/h12200/mican-kanzume/index.html

みきゃん
こみきゃん
ダークみきゃん

服飾店、鞋店都有了，買完還可以退稅。
多樣壽司價格便宜又新鮮！
ABC-MART

FUJI GRAND 松山店

フジグラン松山店

📍別冊P.15,A1 🚶JR松山駅徒步10分；伊予鐵道環狀線宮田町駅徒步1分 ☎089-922-8111 🏠松山市宮西1-2-1 ⏰超市9:00~23:00，其他店舖9:00~21:00 ❗有退稅服務

位在**市內電車環狀線宮田町駅旁的「FUJI GRAND 松山店」，是距離JR松山駅最近的百貨公司**，內部共有六層樓，1樓有生鮮超市及美食餐廳，2樓為服飾店家，3樓有美食街、運動用品店及GU，4樓為兒童用品及家電。其中最推薦的是位在1樓的生鮮超市，水果、熟食樣樣有，價格平實、份量大，是宵夜覓食的好去處。

松山市駅

別冊P.15,B2 089-948-3329 松山市湊町6-2-2 6:00~23:00

位在松山市中心的「松山市駅」是隸屬伊予鐵道的車站，**鄰近松山城、銀天街商店街等景點，是搭乘市內電車到道後溫泉的起始站**，也可從松山市駅乘坐往郊區方向的電車，與伊鐵高島屋共構的空間，出站後能直結入口到百貨公司門口。電車乘車券、少爺列車乘車券、高速巴士券等都可在此購入。

伊予鐵高速巴士站

從**松山市駅出站後可直結高速巴士站**，散落在市內電車軌道周邊有2個站牌，可前往東京、關西(大阪、京都、神戶)、岡山、廣島(福山・新尾道)、高松、德島、高知及九州的福岡等長途高速巴士，前往松山機場的巴士也可在此搭乘。

JR松山駅V.S.松山市駅

單純看「松山駅」和「松山市駅」會不會覺得應該就在隔壁吧？那就可就錯估他們囉！JR松山駅與伊鐵松山市駅其實相隔有1.5公里，步行的話也近20分鐘，如果想離松山市景點近一點，可以選擇「松山市駅」附近的住宿；如果是要利用JR四國鐵路的旅人可以住JR松山駅附近，再利用市內電車旅遊，可以省去搬運行李的力氣與時間。

市內電車「松山市駅」

位在伊予鐵道松山市駅**前方即是市內電車乘車處**，除了是市內電車的發車地，也可在此搭乘少爺列車。

伊予鐵高島屋

いよてつ高島屋 本店

別冊P.15,B2 伊予鐵道松山市駅直結 089-948-2111 松山市湊町5-1-1 10:00~17:00， 8~9F餐廳11:00~21:00，9F摩天輪「くるりん」10:00~21:00(搭乘至20:45) 摩天輪「くるりん」小學生以上¥800，透明車廂(シースルーゴンドラ)小學生以上¥1,300，學齡前小孩有大人陪同免費 www.iyotetsu-takashimaya.co.jp

與松山市駅共構的伊予鐵高島屋分為南館四個樓層，與本館的九個樓層，**位在本館九樓的摩天輪「くるりん」是松山市最明顯的地標**。本館的B1樓層與松山市駅直結，可以直通至美食街及伴手禮販售處，7樓則有生活雜貨品牌HANDS，餐廳則多集結於8~9樓。

找伴手禮就來B1吧！當地必買的一六本舖、六時屋等都找得到。

松山知名的勞研饅頭也有販售。
手扶梯下來後，右手邊即有置物櫃。
從松山市駅出站，一旁就有自動手扶梯可下樓至商店街。
「滋潤之泉廣場」(うるおいの泉広場)與高島屋B1直結。
まっちかTOWN
089-913-7878

MATSUCHIKA TOWN

まつちかタウン

別冊P.15,B2 伊予鐵道松山市駅直結 松山市湊町5-1-1 B1F 11:00~19:00 休第3個週三、1/1 matsuchika-town.com

自1971年開業自今的「**MATSUCHIKA TOWN」是四國地區唯一一條地下商店街**，與伊予鐵道松山市駅、高島屋銀天街商店街共連的地下商店街，無論天氣好壞都能盡情逛街。約100公尺的地下商店街進駐約30間店鋪，食堂、咖啡廳和當地名產店都有。

少爺列車博物館

おすすめ 薦

星巴克裡隱藏著少爺列車?!

坊っちゃん列車ミュージアム

別冊P.15,B2 伊予鐵道松山市駅徒步5分 089-948-3290 松山市湊町4-4-1(星巴克內) 7:00~21:00 自由參觀 www.iyotetsu.co.jp/museum

從明治21年(1889年)運行至今的少爺列車乘載松山市的歷史變遷，將曾在愛媛任過教職的文豪夏目漱石小説《少爺》作為靈感，而發展出少爺列車，推廣了松山的觀光人潮，時至今日，伊予鐵道為了讓旅客瞭解其發展史，而**建立了一處少爺列車博物館，與星巴克咖啡館做結合**的空間更顯其特殊性與質感。

伊豫鉄電
除了引進列車，歷史資料更是齊全。

展覽區也設有座位，是鐵道迷的必坐席。

子規堂

別冊P.15,B2 伊予鐵道松山市駅徒步5分 松山市末広町16-3(正宗寺內) 9:00~17:00(入館至16:40) 大人¥50、高中大學生¥40、國中小學生¥30、學齡前小孩免費 shikido.ehime.jp/

在少爺列車博物館周邊還有一處為**紀念出身自松山的徘人「正岡子規」，所創立的紀念堂「子規堂」**。正岡子規為現代徘句的創始人，位在菩提寺「正宗禪寺」內的子規堂正是他居住至17歲的住家，在這裡展示他所使用過的書房、文具、照片及遺物。

おすすめ
薦

城山Café

城山カフェ

隱居城市的老旅館咖啡館。

別冊P.15,C2 伊予鐵道松山市駅徒步10分 089-931-2025 松山市湊町2-3-5 週二~六11:30~16:00(L.O.15:00) 週日、一 www.instagram.com/joyama_cafe/

城山café的前身為有50年歷史的「旅館城山」，在**2019年10月將建築翻修成為現在的老宅咖啡新空間「城山café」**。隱藏在住宅區的城山café沒有明顯的入口處，轉進小巷內、推開拉門，店內是兩層樓的空間，在入口處還能隱約聽見1樓廚房傳來的聊天聲，進入後直接往2樓走去吧，抓住扶手小心的走在略傾斜的木製樓梯，空氣中飄散著榻榻米的香氣，座位區分為和式座位、高腳椅座位及沙發區三個空間，桌上及書架擺滿雜誌與繪本，點上一份使用當地食材製作的城山午餐，或來杯甜點咖啡凍，就能度過悠閒的半天。

看到招牌後再沿著小徑走入，就能看到入口。
在玄關脫好鞋子後進入店內，滿滿的日式風情。
繪本與雜誌都是可以自由閱讀。

ジャム(果醬)¥550
クリームソーダ(蘇打汽水)是店內招牌。
可以自在的使用放置桌邊的紙膠帶。

おすすめ
薦

MIIKIHO

お菓子と雑貨　みいきほ

文具迷必訪的溫暖咖啡館～

別冊P.15,B2 伊予鐵道松山市駅徒步5分 080-3163-2192 松山市三番町5-3-8 フレッシュリーブ(Fresh Leaves)501 週三~六11:00~17:00 週日~二 咖啡¥480 www.miikiho.com/

藏身在建築大廈內的「MIIKIHO」，就像是文具迷在城市裡隱密的小小天地，店主人在有限的空間內放置幾張桌椅，架子上放滿五顏六色的文具、稿紙，木櫃裡塞進好幾本小說，擺放在門口附近的木架上放著用**當地水果製成的手工果醬，小小一瓶用來送禮好看又有質感**，每日限定的手工甜點充滿驚喜，讓人不禁期待著下次的來訪。

店內販件的配件小物都相當精緻、有質感。

bonmarket

ボンマーケット 松山店

別冊P.15,C2 伊予鐵道松山市駅徒步5分 089-907-4677 松山市千舟町4-2-9 10:30~19:00 www.bonmarket.jp/

以販售雜貨為主的「bonmarket」，**店名取自法語中「好」(bon)的意思，將生活中美好的事物放進店內**，目前在愛媛的松山、來住及今治三地皆有店鋪。松山店是間擁有兩層樓空間的建築，1樓販售女性配件、服飾及香氛用品，2樓則以文具、廚房雜貨、家用品及園藝用品為主，無論是商品擺設或是品質都具有質感。

大街道 · 銀天街

おすすめ 薦

松山市區最繁華的商店街！

別冊P.15,C2 伊予鐵道大街道駅徒步5分 松山市大街道1-1(千舟町通) 大街道：www.okaido.jp，銀天街：gintengai.or.jp

大街道與銀天街是**松山市最繁華的區域**，呈L字型街接的寬闊商店街上，從流行精品、雜貨、藥妝應有盡有，來這裡買準沒錯，周邊的商店餐廳更是熱鬧非凡，越夜越美麗。在**有遮雨棚的商店街**購物非常舒適，若想在此用餐，不妨走到大街道的東側，一些較隱密的小酒店才是當地人開懷暢飲的地方。

銀天街入口就在松山市駅旁，可以從這裡開始遊逛商店街。

藥妝店

從鄰近松山市駅的銀天街進入就能看到燈光明亮的松本清，在商店街內更**齊聚大小間藥妝店**，讓你買得超盡興！

松本清

POWER DRUG ONE'S (パワードラッグワンズ)

cocokara fine(ココカラファイン)

橫田鈕扣店

橫田ボタン店

別冊P.15,C2 089-943-1500 松山市湊町3-6-2(銀天街內) 10:00~20:00 shop.yokota-button.com/

喜歡手工藝的人不要錯過位在銀天街裡的「橫田ボタン店」，已是**超過70年的老牌手工藝品店**，店裡販售毛線、鈕扣及手工藝小物，質感佳且價格平實。

店內按色系分類的造型鈕扣，復古或華麗風格皆有。

勞研饅頭

勞研饅頭 大街道支店

別冊P.15,C2 089-921-6997 松山市大街道2-3-15 9:30~19:00(售完為止) home.e-catv.ne.jp/takeuchi

勞研饅頭為改良過的日本風中國饅頭，直徑約10公分的小小饅頭共有黑大豆、艾草(よもぎ)、紅豆餡(つぶあん)等14種口味，以**天然酵母製作的饅頭嚐來口感紮實，口味樸素**，越咀嚼口中越散發出麵團與餡料的香氣與甜味，逛大街道時不妨買一個來嚐嚐。

松山三越

別冊P.15,C1 089-945-3111 松山市一番町3-1-1 10:00~19:00 www.mitsukoshi.mistore.jp/matsuyama.html

位在大街道入口處的松山三越，內部分為B1樓層至8樓，於**B1樓層進駐日本各地的伴手禮品**，松山的在地銘菓六時屋、うつぼ屋、一六本舗等都可在此購買。

冰櫃內放了滿滿的新鮮當季水果。
いちごチョコパフェ(草莓聖代)¥950

FRUITS PARLOR MISHIMA

フルーツパーラーみしま

別冊P.15,C1 089-921-8598 松山市大街道2-5-5 10:00~19:00 水果吐司、飲料、甜點¥550起 f-mishima.com

創業於昭和二年的水果行「FRUITS PARLOR MISHIMA」，店內復古的氛圍與大街道新潮氣息形成對比。店內最**有人氣的即是使用當季水果製成的水果三明治、聖代及飲品**，另外也有提供當地食材入菜的咖哩、義大利麵等鹹食選擇。

點餐後店員才會開始現榨果汁，保證每一滴都新鮮無比。

noma-noma

別冊P.15,C2　089-945-6111　松山市大街道1-4-20　10:00~19:00　休1/1　柑橘果汁¥300起　kajuen.co.jp

noma-noma店舖外觀貼滿像是超市生鮮大特價的海報，原來是一間果汁與水果專賣店，每一張海報都是一種果汁的介紹，**菜單隨季節水果而更換**，有葡萄、西瓜、蜜柑汁、無花果牛奶，還有多款綜合果汁及水果聖代。

日本料理壽司丸

すし丸 本店

別冊P.15,C2　0120-41-0447　松山市二番町2-3-2　11:00~14:00、16:30~22:00(L.O.)　にぎり寿司一人前(握壽司一人份)¥1,100起　www.sushimaru.co.jp

壽司丸本店位於大街道的一條小巷子口，**運用新鮮的瀨戶內海、宇和海海鮮食材，製作出多樣當地料理**，是一家可以嚐遍各種愛媛鄉土口味的老店，回籠客極多，女中和客人多彼此熟識。喜歡吃壽司的可以點旬彩握壽司(旬彩にぎり)，松山鮓、鯛魚飯也是不錯的選擇。

午餐套餐¥1,210起(菜品每月更換)

松山纜車商店街

おすすめ 薦

松山ロープウェー商店街

走路去松山城徒中也有好多店家可以逛！

別冊P.15,C1　伊予鐵道大街道駅徒步1分　松山ロープウェー商店街事務所089-941-7088　松山市大街道3丁目　www.sakakumo.net

位在松山城山麓及大街道間的松山纜車商店街，**全長500公尺的街道集結老牌店家及入駐新潮商店**，無論是想享用宇和島的代表菜色「鯛魚飯」、或是嚴選愛媛當地產出製成的柑橘汁、超人氣的霧之森大福，或是愛媛最知名的今治毛巾，在商店街裡都能一次滿足。

坂上之雲博物館

坂の上の雲ミュージアム

別冊P.15,C1 089-915-2600 松山市一番町3-20 9:00~18:30(入館至18:00) 休週一(週假日照常開館)、換展期間 大人¥400、高中生及65歲以上¥200、國中生以下免費，語音導覽(有中文)¥100 www.sakanouenokumomuseum.jp

以司馬遼太郎的小説《坂上之雲》為主題的博物館，地上4樓、地下1樓共計五層樓的館內，展出書中主角秋山好古、秋山真知以及正岡子規的相關資料，還有一整面牆展出共計1,296回的報紙刊登連載。由安藤忠雄設計的建築本身也相當有看頭，三角形設計鋼筋水泥建築自然地融入於松山城山腳，2樓的咖啡廳可免費進入，點一杯咖啡一面靜賞眼前自然風光一面咀嚼文學之美。

霧之森菓子工房

霧の森菓子工房 松山店

別冊P.15,C1 089-934-5567 松山市大街道3-3-1 9:30~17:30 休第4個週一(遇假日照常營業)、12/31~1/3 www.kirinomori.co.jp/shop/

愛吃甜食的注意了，鎮重推薦「霧の森」這一家可愛的點心店，店家的**招牌霧の森大福可說是松山市的名物**，從早上開店前就可見到長長人龍，為的就是這一顆顆小巧的精緻美味，包著奶油和紅豆的大福口感類似台灣有包餡的麻糬，外頭沾附滿滿的抹茶粉，口感綿密柔軟、甜而不膩，讓人回味無窮。因每日販售的數量有限，通常下午前就會售罄，建議早點前往以免向隅。

霧之森也開發出許茶類商品，像是巧力克、布丁等甜點。
新宮茶のソフトクリーム(新宮茶霜淇淋)¥389

蛇口みかんジュース(水龍頭柑橘汁)一杯¥100

愛媛県観光情報

愛媛縣觀光最強情報所就在這裡！

愛媛愛顏觀光物產館

えひめ愛顔の観光物産館

別冊P.15,C1 089-943-0501 松山市大街道3-6-1岡崎産業ビル1F 9:00~18:00 休12/31~1/2

原來愛媛的水龍頭一打開就是柑橘汁？！沒有啦，其實是位在纜車商店街上為宣傳愛媛觀光魅力的**「愛媛愛顏觀光物產館」，專門設置一個柑橘汁專用水龍頭**，讓來訪的民眾可以體驗香甜柑橘所想出的創意方法，在物產館內還有更多愛媛當地必買的伴手禮。

伊織 松山お城下店

別冊P.15,C1 089-993-7557 松山市大街道3-2-45 9:00~19:00 i-ori.jp

來到**愛媛除了柑橘商品，還有一樣不能錯過的就是「今治毛巾」**，其中最知名的莫過於是「伊織」。位在纜車商店街上的「伊織 松山お城下店」，店面空間廣闊，商品十分齊全，除了日常使用的毛巾或手帕，另有兒童專用毛巾區，像是披巾、圍兜等應有盡有。在店的一角還闢有一處愛媛特產品專賣區，當地和菓子、砥部燒等都能一次買齊。

店內限定 めで鯛ハンカチ(鯛手帕)

伊織的每間分店都有該店限定販售的商品。

愛媛必買的伴手禮，這裡也一併收集！

みかんジュースお試し3種セットスタンダード(三種柑橘汁組合standard)¥500

10 FACTORY 松山本店

別冊P.15,C1 089-968-2031 松山市大街道3-2-25 10:00~19:00 10-mikan.com

2013年開幕的**「10 FACTORY」為柑橘產品的專賣店**，商品講究美味、安心安全、自然種植、全程了解產品製作過程等十大要求，給顧客全方位的安心美味。狹長型的店內規畫相當俐落大方，一側為內用的長型吧檯，可點份現榨果汁或冰淇淋在此享用，另一側則擺售果汁、果醬、水果乾等商品。

櫻Café

かふぇ

別冊P.15,C1 089-904-2444 松山市大街道3-8-7 11:00~19:00(L.O.18:30)，週一至18:00 週二 パンケーキ(鬆餅)¥1,080 www.instagram.com/sakura.cafe0628/

原本位在溝邊町的人氣餐廳「櫻Café」，在2019年10月遷移至松山纜車商店街，且就位在纜車入口處的對面，人潮更是絡繹不絕。**櫻Café最具人氣的是鬆餅及自家製的麵包**，其中以鬆軟的吐司是外帶的第一名；午餐時段的定食料理堅持使用愛媛當地的食材入菜，新鮮的蔬菜及鮮嫩的豬排是人氣餐點，另外還不定變換主餐菜色。

媛カツ定食(愛媛豬排定食)¥1,580

丸水

元祖 宇和島鯛めし 丸水 本店

別冊P.15,C1 089-909-8167 松山市大街道3-7-8 11:00~15:00(L.O.14:30)，17:00~20:30(L.O.20:00) 不定休 鯛めし(鯛魚飯)¥1,650起 gansui.jp

在松山市也能吃到道地的宇和島鯛魚飯(鯛めし)！位在纜車商店街上的「丸水」，即是將**傳統的鯛魚飯鮮味保留至今的老舖**，歷經第一代到第三代唯一不變的即是它的美味，也讓丸水在用餐時段成為排隊名店，店內的鯛魚飯分有天然與養殖的鯛魚，在價格及口感上都有差異。

店外有提供現切的柑橘試吃。

柑橘×柑橘

みかん×みかん

別冊P.15,C1 080-1386-0036 松山市大街道3-2-39 9:00~17:00 不定休 生絞りジュース(生搾果汁)¥500 iyokan-mirai.stores.jp

2019年12年進駐於纜車商店街進的**「みかん×みかん」，是來自愛媛當地種植柑橘農家「石丸農園」的直營店**。店舖擺滿著當季盛產的柑橘，例如冬季即是放上「紅まどんな」及「あいか」，可以當場試吃後購買。店內還有適合送人的伴手禮，或是現場可點生搾果汁及柑橘霜淇淋。

松山城

おすすめ 薦

站上四國地區最大平山城，飽覽360度松山市美景。

別冊P.15,B1 伊予鐵道大街道駅徒步約10分至纜車站，再搭纜車或吊椅上山，纜車約3分、吊椅約6分 松山城総合事務所089-921-4873 松山市丸之內(城山公園內) 天守、二之丸史跡庭園9:00~17:00(8月至17:30、12~1月至16:30)，入園至閉園前30分；本丸廣場5:00~21:00，11~3月5:30~21:00 休天守、二之丸史跡庭園12月第3個週三不開放 $天守大人¥520、小學生¥160；二之丸史跡庭園大人¥200、小學生¥100；每位大人最多可陪同2位學齡前小孩免費入園 www.matsuyamajo.jp

松山城佇立於標高132公尺的勝山山頂，城內的大天守、小天守、城門、隅櫓等21處珍貴建築已被指定為國家重要文化財，可謂是**松山的象徵性景點**。築於慶長8年(1603年)的松山城，和姬路城、和歌山城並列為日本三大連立式平山城。

登上松山城的天守閣，猶能飽覽松山市全景，從陽光灑進的光影間，彷彿看見四百年前的嘉明公憑欄俯視著領土的變遷，豐臣、德川今俱往矣，布武天下已成雲煙，所幸在這雄偉堅固的城堡裡，仍存留住幾許人們對於昨日英雄的懷念。

穿過戶無門即迎來廣闊視野，能一覽松山城下町風景。

除了搭纜車或吊椅上山城，也可選擇徒上山。

由花崗石打造而成的松山城石垣可說是日本最大規模。

松山城由來

建城者加藤嘉明是戰國時代赫赫有名的武將，名列「賤岳七本槍」之一，他在關原合戰時加入東軍，並為德川家立下戰功，因而受封伊予國20萬石，並在松山開築居城。據説加藤最初建造的本丸天守閣高達五重，松山城又建於勝山山頂，頗有睥睨天下之勢，不知是否為了這個原因，加藤沒等到松山城完工，便被轉封到東北的會津。之後幾經波折，松山城才由松平定行入主，為了消除幕府疑慮，便以地基不穩為由，將天守閣改建為三重。

松山城纜車・吊椅(松山城ロープウェー・リフト)

山麓駅「東雲口」~山頂駅「長者ヶ平」 纜車8:30~17:30(8月至18:00、12~1月至17:00)；吊椅8:30~17:00；搭乘至天守閉園前50分 $單程大人¥270、小學生¥140，來回大人¥520、小學生¥260；每位大人最多可陪同2位學齡前小孩免費入園 !學齡前小孩不可搭乘吊椅

想要上到位在勝山山頂的松山城，有**步行、搭乘纜車或吊椅的方式**；徒步上山的路途較為傾斜，需要花費15~20分鐘，最省力的方式即是利用纜車及吊椅。

如需寄放行李，可利用1樓購票處旁的置物櫃。

2樓的售票處旁有前往松山城步道的出入口。

松山城外廣場

松山城外有一大片廣場，**除了是春季賞花的好景點，還闢有一處賣店，愛媛名產或是飲料、冰淇淋樣樣不少**，另還有不定期舉辦免費的武士裝穿戴體驗。

賣店外有柑橘果汁水龍頭。

免費武士裝體驗

購票&搭乘STEP BY STEP

1 從纜車門口進入

2 1樓大廳即可看到詢問處及旁的自動售票機

【PLUS!】1樓人很多嗎?別急,2樓搭乘處前也有一台售票機!

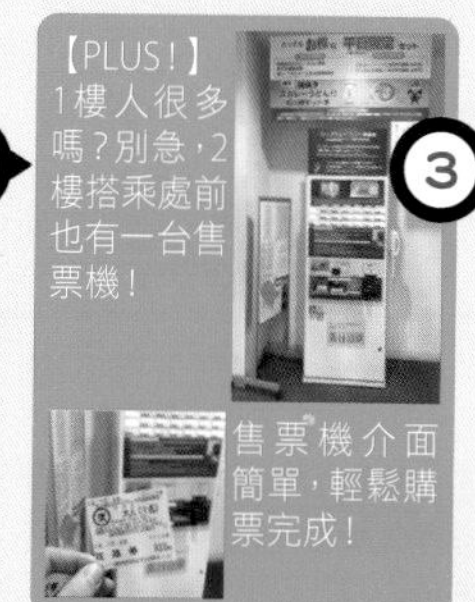
3 售票機介面簡單,輕鬆購票完成!

4 旁邊就是搭乘處,分為纜車入口及吊椅入口。

5 進入後跟著指示前進。

6 在工作人員輔助下小心坐上吊椅。

【PLUS!】上山坐吊椅,下山坐纜車!

7 抵達山上囉,回程也在一樣的地方搭乘。

松山城纜車廣場

一出纜車・吊椅搭乘處出口,馬上能看到一片廣場,接下來還需要往上徒步約10~15分才能到松山城,不如在這裡的賣店買點東西吃吧!這裡有進**駐一間茶坊,小賣店內也有冰淇淋、伴手禮**等。

東雲神社

松山市丸之内73-1

除了搭乘纜車上到**松山城也可選擇步行,沿途會經過東雲神社**,其建於文政6年(1823年),是第11代松平定通公為供奉神靈,請求京都吉田家授予藩祖松平定勝公神號,為了請神入社而建造了東雲神社。

東雲口登城道上方就是纜車、吊椅行走路線。

松山祭り

松山祭り名列四國四大祭典之一,其傳統始於1966年,至今已延續約50年,每年8/10~8/12三天期間於松山市內的大街道 千舟町、堀之內等會場熱力上演,演出熱情輕快的野球Samba(棒球森巴),以及團體連與企業連大跳野球拳おどり(棒球拳舞),音樂中加入一段許多台灣人也相當熟悉的野球拳音樂,讓人忍不住想一起大唱「Out! Safe! Yo-yo-i-no-yo-i!」(アウト!セーフ!ヨヨイノヨイ!)。

www.m-festa.jp

MYSTAYS HOTEL 松山

ホテルマイステイズ松山

別冊P.15,B2 伊予鐵道西堀端駅徒步1分;大手町駅徒步4分 089-913-2580 松山市大手町1-10-10 Check in 14:00,Check in 11:00 www.mystays.com/

電車站徒步1分即達的絕佳地理位置,無論是前往JR松山駅、松山城或道後溫泉都相當方便。客房設於4~12樓,共計有161間房間、11種房型,**多數房間可遠眺松山城**,路面電車在腳下往來穿梭,綠意盈窗,讓人感到安心舒適。餐點方面,La TERRAZA提供瀨戶內食材結合地中海風味的料理,是不容錯過的好味道。

早餐有和式及洋式定食。

Terminal Hotel松山

ターミナルホテル松山

別冊P.15,A1 JR松山駅徒步1分 089-947-5388 松山市宮田町9-1 Check in 16:00,Check out 10:00 www.th-matsuyama.jp

Terminal Hotel是鄰近JR松山駅的最佳住宿地,不管是搭乘長途巴士或是利用市內電車都十分方便。飯店是八層樓建築,備有64間客房(分吸煙層及禁煙層),於飯店前方還有一間室內溫泉「伊予の湯治場　喜助の湯」,入住時可於櫃台用特別價格購買。飯店附屬的餐廳「松風」,可以享用洋、和式兩種定食。

道後溫泉

どうごおんせん

Dogo Onsen

位於愛媛松山市的道後溫泉天下馳名，相傳開池時間為三千年前，號稱日本第一古湯，《日本書記》即有記載。另有一說是古時候有一隻受傷的白鷺，天天飛到道後溫泉來泡湯，傷口快速癒合，人們於是相信道後溫泉有療傷的功效，至今道後溫泉本館的振鷺閣上仍裝飾著一隻白鷺。

交通路線&出站資訊

電車

伊予鐵道道後溫泉駅◇市內電車(3號線松山市駅線、5號線JR松山駅前線)

巴士

基本上前往道後溫泉最快的方式是先抵達松山市的JR松山駅或伊予鐵道松山市駅，再轉往道後溫泉的松山市內電車。如果是從台灣坐直飛班機至松山機場的旅客，可以在機場搭乘伊予鐵巴士營運的リムジンバス(利木津巴士)直達道後溫泉。

www.iyotetsu.co.jp/bus/limousine/airport/

出發地	交通方式	停靠站	時間	價格
松山機場	リムジンバス(利木津巴士)	松山空港→JR松山駅前→愛媛新聞社前→松山市駅→大街道→南町県民文化会館前→道後溫泉駅前	至JR松山駅前15分，至道後溫泉駅前40分	JR松山駅前大人¥700、小學生¥350，道後溫泉駅前大人¥950、小學生¥480

渡輪

從廣島出發的人可以選擇搭乘高速船，或從九州小倉出發可搭乘渡輪到松山觀光港，抵港後搭乘伊予鐵巴士營運的リムジンバス(利木津巴士)直達道後溫泉或搭乘伊予鐵巴士營運的接駁巴士及伊予鐵道到道後溫泉。

出發地	交通方式	停靠站	時間	價格
松山觀光港	リムジンバス(利木津巴士)	松山観光港→JR松山駅前→愛媛新聞社前→松山市駅→大街道→南町県民文化会館前→道後溫泉駅前	至JR松山駅前20分，至道後溫泉駅前45分	JR松山駅前大人¥890、小學生¥450，道後溫泉駅前大人¥1,170、小學生¥590
松山觀光港	伊予鐵巴士、伊予鐵道	松山観光港→高浜駅→大手町→大街道→道後溫泉駅前	至高浜駅2分，至大手町19分，至道後溫泉駅前24分	松山観光港－高浜駅大人¥220、小學生¥110，高浜駅－大手町大人¥400、小學生¥200，大手町－道後溫泉駅前大人¥200、小學生¥100

出站便利通

◎道後溫泉可說是距離市區最近的溫泉區了，從市區只要搭上市內電車約20分鐘就能抵達道後溫泉。

◎道後溫泉駅下車後先到位在道後HAIKARA通(道後ハイカラ通)入口的道後觀光諮詢處索取資訊，或是直接到一旁的放生園泡泡足湯、欣賞少爺音樂鐘的定時表演。

◎如果想搭乘少爺列車，不妨下車後先到出口旁的諮詢中心看好發車時間及買車票。

觀光旅遊攻略

◎道後觀光案內所

089-921-3708　松山市道後湯之町6-8　8:30~17:00

人力車

道後溫泉本館前聚集許多人力車的小哥招攬客人，乘著人力車觀光是一種新的體驗，來張美美的紀念照，讓你絕對不會忘了道後溫泉。依遊覽時間10分~1小時分為4個路線，從本館出發、經過商店街、飛鳥乃湯泉、カラクリ時計(音樂鐘)、道後公園等景點。

10:00~20:00　休 雨天、天候不佳時　$ マドンナコース(瑪丹娜路線)10分¥1,500/1人、坊っちゃんコース(少爺路線)20分¥3,000/1人、子規さんコース(子規路線)30分¥4,000/1人、弘法ちゃんコース(弘法路線)1小時¥8,000/1人　www.rikisha.net

夏目漱石與道後溫泉

夏目漱石曾在松山擔任中學教師，《少爺》就是取自當時的經驗所寫的小說，內容講述一名東京的熱血青年來到松山擔任教職，毛孩子們當然不會錯過捉弄這一位文學青年的機會，初出茅廬的少爺也常為自己惹來不少麻煩。

雖然《少爺》諷刺了當時松山假道學的社會風氣，卻重新塑造出道後溫泉的獨特樣貌，優秀的文學作品永遠不乏讀者，因此道後溫泉永遠都有慕名而來的遊客。漫步在文學風景裡，書香和地方風味相得益彰。

道後 白鷺珈琲

おすすめ 薦

道後溫泉駅旁的低調復古咖啡廳。

別冊P.16,A2 伊予鐵道道後溫泉駅徒步1分 090-9550-1388 松山市道後湯之町12-1 LAWSON 2F 9:00~18:00(L.O.17:30) 餐點¥980起 shirasagicoffee.com

位在道後溫泉駅旁的「道後 白鷺珈琲」，將精美的壁畫融入空間設計引起一波打卡風潮。**店內的壁畫是請來插畫家黑木仁史所繪製**，用色大膽、線條優雅的勾勒出女性的撫媚，搭配上復古家俱呈現出獨特的美感。餐點方面是使用愛媛當地食材製成早餐、午餐及晚餐組合，下午茶的蛋糕及百匯等更是令人驚豔的美味。

メロンクリームソーダ(哈蜜瓜蘇打)¥750

壁畫上的女性正是《少爺》書中的人物之一瑪丹娜(マドンナ)。

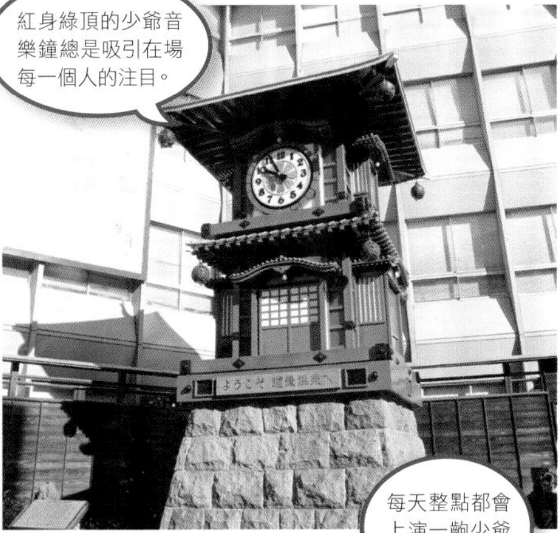

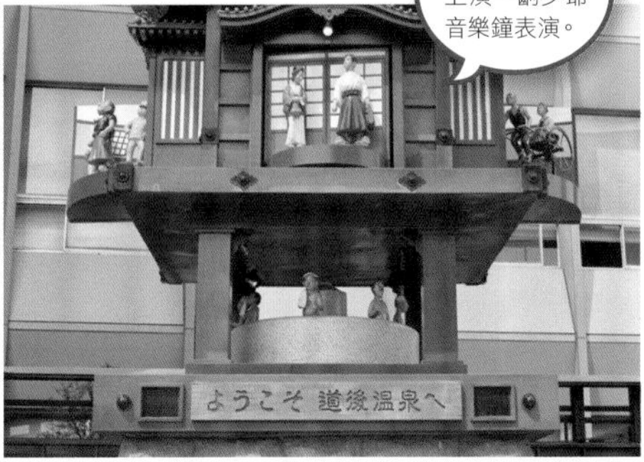

紅身綠頂的少爺音樂鐘總是吸引在場每一個人的注目。

每天整點都會上演一齣少爺音樂鐘表演。

ようこそ 道後温泉へ

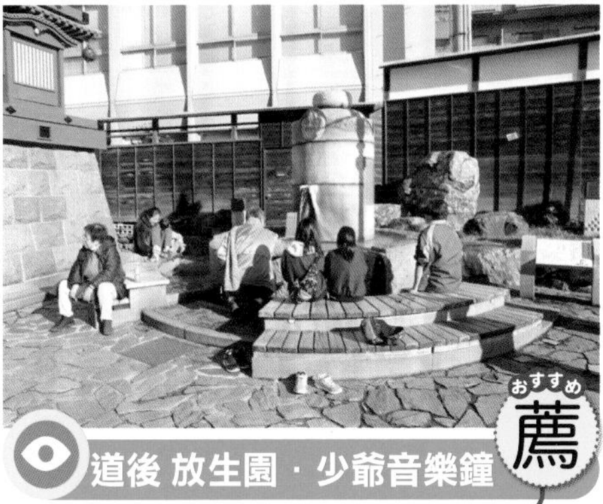

道後 放生園・少爺音樂鐘

薦

道後放生園・坊っちゃんカラクリ時計

一起泡足湯，讓溫暖水流過腳踝消除疲憊～

別冊P.16,B6　伊予鐵道道後温泉駅徒步即達　松山市道後後湯之町6-7　足湯6:00~23:00；音樂鐘8:00~22:00每小時1次，週六日及例假日、3~4、8、11月、黃金週、年末年始每30分鐘1次

在少爺音樂鐘旁邊的**放生園，是一池讓人脱下鞋襪、泡泡腳的足湯**，溫暖滑膩的溫泉水流過腳踝，促進新陳代謝，消除旅行的疲憊，整點時還可欣賞少爺音樂鐘叮叮噹噹的音樂和人偶。

免費足湯&手湯

在道後溫泉內的旅館還設有足湯及手湯，不收取任何費用，喜歡這種悠閒的人，路過時不妨邊泡邊看看行人。

旅館分別：道後プリンスホテル(道後Prince Hotel)、ふなや、道後放生園、大和屋本店 足湯カフェ「ふとほと」、道後館、道後グランドホテル(道後Grand Hotel) 手湯、道後温泉 空の散步道(空之散步道)本館南側 冠山、第4分湯場 手湯、足湯カフェ坊っちゃん

❗現場無提供毛巾，請自備

道後Prince Hotel(6:00~22:00)

想要享受在綠意裡泡足湯嗎，來ふなや就對了！

ふなや(12:00~20:30)

大和屋本足湯カフェ「ふとほと」(9:00~21:00，週二休)

雖是免費足湯，環境卻十分乾淨，最推薦！

道後舘(6:00~22:00)

道後Grand Hotel(7:00~10:00、15:00~21:00)

道後HAIKARA商店街

おすすめ 薦

道後溫泉的吃喝買玩都在這條商店街了！

道後ハイカラ通り

別冊P.16,A-3~D-6 伊予鐵道道後溫泉駅徒步即達 松山市道後湯之町6 8:00~23:30 dogo-shoutengai.jp

想要一次買齊道後溫泉伴手禮，逛一趟「道後HAIKARA商店街」準沒錯！商店街主要連接道後溫泉本館至道後溫泉駅的通路，在**呈L型、全長約250公尺的圓頂拱廊商店街裡齊聚近40間商店**，愛媛名產、甜食伴手禮、餐廳等樣樣不缺。

在商店街的入口及巷底各有一間LAWSON便利商店。

筷子¥1,000起

店內有提供筷子刻字的服務。

與龍貓、史努比合作的周邊商品也超可愛！

手作り箸工房 きっちん遊膳

別冊P.16,B5 089-993-8988 松山市道後湯之町6-14 10:00~18:00

想要找一雙專屬自己的筷子嗎？專門販售筷子的「手作り箸工房 きっちん遊膳」，**店內陳列出從材質、顏色、花樣等超過百雙樣式的筷子**，店家有提供免費刻字的服務，當成紀念品或禮物都很適合。

10 FACTORY 道後店

別冊P.16,B6 089-997-7810 松山市道後湯之町12-34 9:30~19:30 10-mikan.com

「10 FACTORY」是愛媛相當知道的柑橘產品專賣店，除了道後店在松山纜車街上也有分店，店內販售的柑橘商品皆是使用愛媛當地產的柑橘品種。最推薦的即是現點現榨的柑橘果汁，另有販售柑橘果乾、玻璃裝果汁或義式冰淇淋等商品。

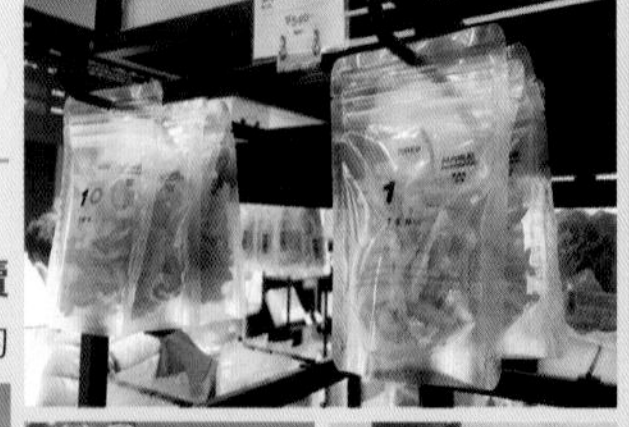

生絞りみかん(生榨果汁)¥700

寺子屋本舖

寺子屋本舖 道後店

別冊P.16,C4 089-921-0019 松山市道後湯之町13-17 10:00~18:00 www.terakoyahonpo.jp

一走近寺子屋本舖，烤仙貝的香氣陣陣撲鼻，鹹香的芳香引人垂涎，讓人難以抵擋其誘惑。常去日本的人或許曾看過它，這是發源自京都的仙貝店，店內擺售多種口味、造型的仙貝，並設有內用區，**外頭則販售現烤仙貝，大力推薦現烤的軟仙貝**，溫熱的Q軟口感顛覆你對仙貝的脆口既定印象，嚐來香氣濃郁，風味絕佳。

咖啡廳完整保存住數十年前町家沉穩而懷舊的氛圍。
依季節推出不同甜品，夏季時有刨冰。
季節ロールケーキ(季節蛋糕捲)
DOUGONOMACHIYA

道後の町屋

別冊P.16,B4 089-986-8886 松山市道後湯之町14-26 10:00~21:00(餐點L.O.20:00、飲料L.O.20:30) 休 週二、第3個週三 咖啡¥490起 www.dogonomachiya.com

改建自大正時代道後郵局及局長宅邸的咖啡廳，狹長型的店舖從店門往內走依序可經過麵包工坊、咖啡庵、通道及庭園，最後來到最內側的和風奧座敷，優雅的氣息深受女性青睞，幾乎是座無虛席。無論是在此享用正餐或是下午茶，這裡都有豐富的菜單可通挑選，午餐可點份手工現做麵包製做的三明治及各式漢堡，喜歡甜食的話，自家製蛋糕與刨冰也相當受到女性歡迎，在古色古香的絕美氣氛中，靜享用餐時光。

母惠夢 道後湯之町店

母恵夢(ポエム)

別冊P.16,B4 089-921-3778 松山市道後湯之町14-27 9:00~21:00 www.poeme.co.jp

來愛媛玩除了到處都可以看到柑橘的商品外，還有另一樣四國銘菓「母恵夢」，品牌打出帶著瀨戶內的溫風情及母愛所孕育而出的甜點，**同名甜點「母恵夢(ポエム)」是店內人氣商品之一**，外皮鬆軟、內餡是加入蛋黃的白豆沙，帶著奶油及香草甜氣，口感極為綿密，因應季節推出不同口味商品也很受歡迎。

母恵夢
愛媛のみかん
推出愛媛限定的「ベビー母恵夢(愛媛のみかん)」
冬のショコラ
あまおう苺
冬季推出巧克力、草莓等口味，春天則有櫻花口味。

愛媛果實俱樂部 柑橘之木

えひめ果実倶楽部 みかんの木

別冊P.16,B3 089-941-6037 松山市道後湯之町13-15 9:30~18:30(週六至20:00) dogo.co.jp/mikan/

愛媛的柑橘產業源自江戶時代末期，因為這裡一年間溫暖少雨，加上土壤排水良好並富含養分，所以相當適合柑橘生長，也因此在愛媛可見相當多柑橘產品與專賣店，柑橘之木正是其一。店內販售的商品種類相當多樣，包含**冰品、果凍、果汁，還有數不清的調味品及包裝可愛的水果酒**，熱愛柑橘的酸甜滋味的話一定不能錯過。

六時屋 道後店

別冊P.16,B4 089-943-6060 松山市道後湯之町14-22 9:00~21:00 www.rokujiya.co.jp

開設於1933年的六時屋，店名的緣由來自指向6點的時鐘，期許自己能像呈直線的時針與分針般，經營誠信而正直的買賣。**六時屋以手作蛋糕捲、伊予柑霜淇淋及最中冰淇淋最具人氣**，其中蛋糕捲還曾是松山舉辦國民體育大會時，由昭和天皇夫婦指定使用的菓子，而冰得透心涼的最中裡夾著香草冰淇淋，嚐來清爽冰涼，適合作為逛街時的小點心。

十五万石

別冊P.16,B3 089-946-1844 松山市道後湯之町20-23 9:30~20:00 dogo.co.jp/jyugo/

道後商店街裡**占地最大、商品種類最齊全的商店「十五万石」**，説它是集結所有愛媛名物之地也不為過，仔細逛的話還可以找到其他四國地區的特殊名產呢！食品、生活用品、酒類等等，在這裡一次買齊。

十五万石
JYUGOMANGOKU
這裡也有出身德島的脫力系「喜相逢貓咪(ししゃもねこ)」周邊！
ししゃもねこ
六時屋名物蛋糕捲(タルト)有散買包裝。
コバヤ
愛媛県産鯛
炊き込み
鯛めしの素
2合
闢有一區四國銘菓母惠夢專櫃。
瀬戸内銘菓 生母恵夢
新発売
放在門口的公仔即是之前放置於少爺廣場的《少爺》書中的主角們。

道後 魚武
鯛釜めし(鯛魚釜飯)¥1,518
午餐菜單有炸物天丼、烏龍麵等多種選擇。

魚武

別冊P.16,C3 089-913-1414 松山市道後湯之町13-19 11:00~22:00(L.O.21:30)，週五六至23:00(L.O.22:00) 道後天丼¥1,210 www.dogo-uotake.com

位在道後溫泉本館的「魚武」，是間提供**伊予鄉土料理的日式定食餐廳**，餐點裡使用的食材皆取自愛媛，像是來自瀨戶內的海鮮、伊予野菜等，除了定食餐點，也有供有會席料理。午餐推薦有魚武名物「道後天丼」、松山必吃「鍋焼きうどん」(鍋燒烏龍麵)，想一嚐鯛魚飯的鮮美的話，推薦點「鯛釜めし」(鯛魚釜飯)。

道後少爺廣場

道後坊ちゃん広場

別冊P.16,D3 松山市道後湯之町20

道後溫泉本館斜對角是一處小型廣場，**周邊開設了谷本蒲鉾店、愛媛果実倶楽部みかんの木與ドルチェ道後3間店舖**，可在此品嚐伊予柑霜淇淋、じゃこ天(炸魚板)、太刀魚捲等愛媛名物，原先擺放於廣場上的小説《少爺》中的要角人像，已移至「十五万石」店前。

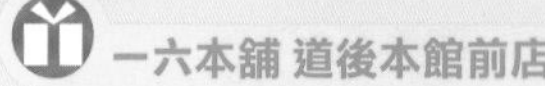

一六本舗道後本館前店

六タルト 柚子(一六蛋糕捲 柚子)一條¥972

別冊P.16,C3 089-921-2116 松山市道後湯之町20-17 9:00~19:00(週五六至20:00) www.itm-gr.co.jp/ichiroku

在愛媛縣內有超過60間分店的一六本舗，名稱取自其因創立年份的明治16年(1883年)，**是松山市具代表性的菓子老舗，主力商品為一六蛋糕捲**，帶著淡淡柚子香的紅豆餡散發高雅甜味，海綿蛋糕口感濕潤細緻，是店家自豪的招牌，其他還有販售醬油餅、少爺糰子等日式菓子以及蛋糕捲吊飾，可以挑選幾樣菓子在店內直接享用。

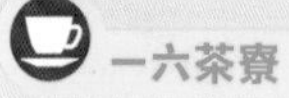

一六茶寮

一六本舗 道後本館前店2F 11:00~19:00(L.O.18:30) SHIRASAGI¥1,080 週四

設置於2樓的「一六茶寮」，**供應多樣甜點、輕食、冷飲及刨冰**，可一邊眺望道後溫泉本館一邊輕鬆小憩一番。一六茶寮限定販售的「SHIRASAGI」由2018年法國巧克力大師賽得獎的垣本晃宏所監修，玻璃杯內以庭院為發想結合抹茶甜點及「道後夢菓子噺」(白鷺)，呈現出道後的白鷺傳説，成為茶寮必點之一。

道後ビール(道後啤酒)小杯250ml¥700、大杯500ml¥1,200
道後温泉別館「飛鳥乃溫泉」前方設有立飲店「道後酒館 別館」。

道後麥酒館

道後麦酒館

別冊P.16,D3 050-5494-3794 松山市道後湯之町20-13 11:00~14:30(L.O.14:00)、17:00~22:00(L.O.21:00)；14:30~17:00僅提供外帶 www.dogobeer.co.jp

道後商店街附近有一間令人再三回味的麥酒館，與にきたつ庵同為水口酒造的直營店，泡完溫泉後來一杯啤酒，暢快無比。**道後麥酒館有道地的道後啤酒，一杯(250ml)¥700起，仁喜多津清酒更是本店名物**，甘醇潤喉，配上各式的下酒菜，伊予地雞的烤雞皮、宇和島的じゃこ天(炸魚板)和來自瀬戶內海的生魚片，樣樣都讓人口齒生津。

道後溫泉本館

薦 おすすめ

松山必泡的三千年古湯～

道後温泉本館

別冊P.16,D3 伊予鐵道道後温泉駅徒步約5分 089-921-5141 松山市道後湯之町5-6 霊の湯(靈之湯)6:00~23:00(入場至22:30) 1F神の湯(神之湯)大人¥460(2024/7/11起¥700)、2~11歲¥160,泡湯1小時為限;參觀又新殿大人¥270、6~11歲¥130 dogo.jp/onsen/honkan 2~3樓因維修工事暫停營業,於2024/7/11起開始全館營業(2024/6/18~7/10為全館開放準備臨時休館)。另館內無提供沐浴乳、潤髮乳、香皂

西元1894年建成的道後溫泉本館,是**動畫《神隱少女》裡那個冒著蒸騰氤氳、滿天鬼神齊聚泡湯的溫泉館「油屋」原型之一**。三層樓木造建築,北廂三層南棟兩層,後方是青銅板屋簷的三層又新殿,四方不對稱的設計、參差錯落的屋簷、山牆與鼓樓「振鷺閣」,讓整座建築就像動畫裡那樣,蠢蠢欲動。道後溫泉本館另外還有日本唯一的皇室專用浴室「又新殿」,昭和天皇亦曾下榻,擁有完整的居間與浴場。

1樓「神の湯」(神之湯)

道後溫泉屬於弱鹼性,柔滑泉質適合大眾膚質。

木造的本館外觀讓人彷彿置身《神隱少女》的世界。

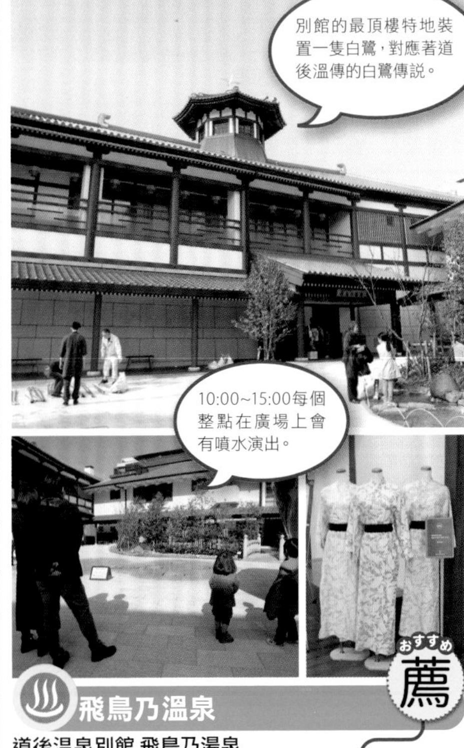

別館的最頂樓特地裝置一隻白鷺,對應著道後溫傳的白鷺傳說。

10:00~15:00每個整點在廣場上會有噴水演出。

飛鳥乃溫泉

薦 おすすめ

內行人才知道的道後溫泉別館。

道後温泉別館 飛鳥乃湯泉

別冊P.16,A2 伊予鐵道道後温泉駅徒步約5分 089-932-1126 松山市道後湯之町19-22 1F大浴場6:00~23:00(入場至22:30);2F大広間、2F個室、2F特別浴室(家族風呂)6:00~22:00(2F大廣間、2F個室入場至21:00,2F特別浴室入場至20:40;泡湯90分為限 1F浴室方案:1F大浴場大人¥610、小孩¥300;2F大広間方案:1F大浴場+2F大廣間休息室(附茶及菓子,可租借浴衣)大人¥1,280、小孩¥630;2F個室方案:1F大浴場+2F個室休息室(附茶及菓子,可租借浴衣、毛巾)大人¥1,690、小孩¥830;2F特別浴室(家族風呂)方案:1F大浴場+2F特別浴室及休息室(附茶及菓子,可租借浴衣、毛巾、浴巾、湯帳)大人¥1,690、小孩¥830,另1組加收¥2,040 dogo.jp/onsen/asuka 2F特別浴室(家族風呂)方案需3個月前E-mail或電話預約,若當日未客滿,可於當日2小時前預約

在道後溫泉別館整修期間,**鄰近還有開一間道後溫別館「飛鳥乃溫泉」**,外觀取自飛鳥時代的建築樣式,內部為兩層樓空間,分作1樓大浴場,2樓為大坪數的休息室、五間個人休息室及特別浴室。最特別的是在內部集合愛媛各地的傳統工藝,像是個人休息室可以看到西条市的だんじり雕刻、今治市的櫻井漆器或毛巾等做為裝置藝術。

道後金剛石玻璃美術館

道後ぎやまんガラス美術館

別冊P.16,B1 伊予鐵道道後温駅徒步9分 089-933-3637 松山市道後鷺谷町459-1 山の手ガーデン 9:00~18:00(入館至17:00) 大人¥800、國中生¥550、小學生以下免費 www.dogo-yamanote.com/gardenplace/museum

「道後ぎやまんガラス美術館」坐落在綠意及水景庭園中的美術館，以紅、黑色彩為基調的館內設計相當有現代感，展示著明治到大正時代的玻璃工藝品，共計約有300件珍貴展物，**其中尤以振鷺閣紅板玻璃、直徑30公分的切子霰文大鉢最具知名度**。美術館內附設可欣賞亭園的咖啡廳，夜間點上燈光氣氛夢幻醉人。

館內展示著明治到大正時期的珍貴展品。

踩完135層石階就能抵達最上方的伊佐爾波神社。

伊佐爾波神社在1967年列為國家重要文化資產。

伊佐爾波神社

おすすめ 薦

最接近天神的空中神社～

別冊P.16,B2 伊予鐵道道後温泉駅徒步10分 089-947-7447 松山市桜谷町173 9:00~18:00(朱印至17:00) 自由參拜 isaniwa.official.jp

從道後温泉駅往ふなや方向前進，往上看即能看到位在上方的**「伊佐爾波神社」，這座朱紅色的建築是日本三大幡造代表之一**，也是日本國家重要文化資產其中一員。在華麗門樓後可以看到神殿的精美設計，迴廊內保有眾多供奉的日本數學史料，在神社外的廣場更由上往下一覽道後溫泉的城町風光。

湯神社

別冊P.16,B2 伊予鐵道道後温泉駅徒步5分 社務所089-921-0480 松山市道後湯之町4-4-10 自由參拜 yu-jinja.official.jp/

位在道後溫泉山坡上的**「湯神社」，可說是道後溫泉的守護神**，此處是奉第12代的景行天皇之命而建立，爾後因地震之故隱沒原本的溫泉泉源，而搬移至此處。據說後期也時常遇到溫泉泉源停止的情況，經由湯神社的祈禱後才再次湧現，因此演變成3月舉行的「湯祈祷祭」，1月時也會舉辦大型祭典「初子祭」。

旁邊是一處小型的「中嵋嶋神社」。

道後公園

別冊P.16,B2 伊予鐵道道後公園駅徒步1分 愛媛縣立道後公園指定管理者089-941-1480 松山市道後公園1

位在車站旁的道後公園，占地約8.6公頃，中央部分有突起一部分約高度30公尺的丘陵地。公園內有一處保**存約250年的湯築城遺址，以及當時留下的溝渠及土城**，在入口處旁有一處「湯築城跡資料館」復原當時的歷史資料及建築，另一邊則有「子規記念博物館」。

沿著山路到位在高處的湯築城山頂，登上山頂展望台一覽風景。

公園內有座最古老的湯釜，此處是縣指定重要文化財。

館內有「杜の湯」與「花藻の湯」兩處溫泉。

懷石料理出身的梅乃屋，餐點也令人期待。

梅乃屋

うめ乃や

別冊P.16,B2 伊予鐵道道後溫泉駅徒步約6分 089-941-2570 松山市上市2-8-9 Check in 15:00，Check out 10:00 www.dogo-umenoya.jp

和風旅館的日式庭院，有一種古典恬適的感覺，梅乃屋的庭園直接借景道後公園的綠蔭，樸素中帶有秀麗，生意盎然。共有**6間純和室的房間，砌在檜木小屋裡的溫泉堪稱絕品**，庭園裡的露天溫泉讓人泡了就不想起身。梅乃屋的前身是提供懷石料理的料亭，料理絕對無可挑剔，風味絕佳，集視覺味覺享受之大成。

手づくり工房 道後製陶社

別冊P.16,A2 伊予鐵道道後溫泉駅徒步1分 089-941-8345 松山市道後湯之町3-10 10:00~22:00

位在放生園對面的道後製陶社，**販售由店家精選的砥部燒、玻璃製品及陶偶**，以厚實白瓷繪上青藍色「吳須」顏料為主要特色的砥部燒，素淨典雅，深受收藏家喜愛，除了基本的藍色彩繪外，也可見紅、黃、綠等多彩顏色，每個手繪紋樣都流露著不同的個性，可慢慢挑選一番。

H 大和屋本店

おすすめ 薦

入住百年歷史的和風溫泉旅館。

別冊P.16,B1 伊予鐵道道後溫泉駅徒步7分 089-935-8880 松山市道後湯之町20-8 Check in 15:00~19:30，Check out 10:00 www.yamatoyahonten.com

大和屋本店是百年歷史的純和風旅館，裝潢古典雅致、寧靜安詳，隔絕了外面的繁雜喧囂。**大和屋本店最令人記憶深刻的，莫過於能舞台千壽殿**，可以參觀日本古典能劇的舞台，有專人解說能舞台的構造，還可以學著擊鼓、試戴能面，是很難得可貴的經驗。溫泉自然也是重點之一，邊享受溫泉可邊欣賞日式庭園造景，乃人生一大樂事。料理種類繁多，日式、西式甚至中華料理任君挑選。

女郎花由一大塊岩石所刻鑿而成，十分大器。
戶外有處免費足湯「伊予の湯桁」。

大浴場遙之湯的落地窗設計將美景盡收眼底。

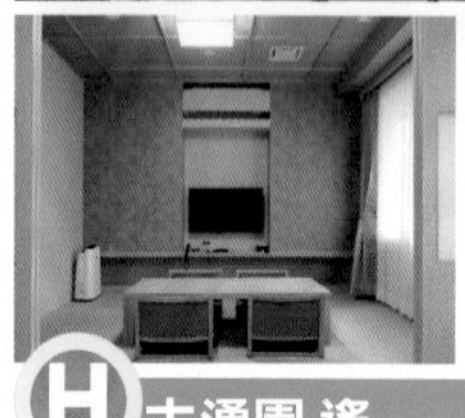

H 古湧園 遙

おすすめ 薦

泡百年古湯也能欣賞絕美的風景。

ホテル古湧園 遥

別冊P.16,A1 伊予鐵道道後溫泉駅徒步10分 089-945-5911 松山市道後鷺谷町1-1 Check in 15:00，Check out 11:00 www.kowakuen.com/

古湧園 遙是老牌的溫泉飯店，有女性專用的露天溫泉，室內的大浴場更是舒暢寬廣，料理採用來自瀨戶內海的食材，新鮮美味，館內也能在「MASARU」選購各式土產，滿足吃喝玩樂之心。除了大浴場「遙之湯」，另附設有別邸「刻乃音」，提供私人的露天風呂空間，更能享受溫泉的美好。

H 道後山之手飯店

道後山ノ手ホテル

別冊P.16,A1 伊予鐵道道後溫泉駅徒步5分 089-998-2111 松山市道後鷺谷町1-13 Check in 13:00，Check out 12:00 www.dogo-yamanote.com/

山之手飯店設備相當新穎現代，但仍帶著一派悠閒古典，房間的裝潢每間都不同，饒富趣味，絕對可以找到合己意的房間。山之手飯店雖是西式旅館，道後畢竟是溫泉鄉，泡在石浴池和露天檜木浴池裡，享受不折不扣的溫泉水，真是難以筆墨形容。餐廳提供的法國料理尤其美味，細膩濃郁，很受好評，酒藏也相當豐富。

ふなや

おすすめ 薦

入住皇族指定的老舖旅館，盡享周到服務～

別冊P.16,B2 伊予鐵道道後温泉駅徒步5分 089-947-0278 松山市道後湯之町1-33 Check in 15:00~20:00(含晚餐方案者)、0:00(未含晚餐方案者)，Check out 10:00 www.dogo-funaya.co.jp

創立於1627年的ふなや(鮒屋)擁有近400年的悠久歷史，1500坪的寬闊空間，隨四季更迭變換風貌，流水潺潺劃過其中，天氣晴好時，在川邊的座席還會擺起川席料理，風聲水聲伴美妙餐點，別有一番情趣。這番沐浴於自然中的恬靜安逸，不僅吸引夏目漱石、正岡子規、松山ゆかり等文人雅士前來造訪，也是**皇族每次到道後溫泉指定的下榻處**。ふなや客房無多餘的擺飾讓人心情沉靜，提供的會席料講究地產地消，嚴選瀨戶內海的新鮮海產及當地種植的蔬果，每一道都反映出松山受大自然恩惠的豐富物產，每一口也都能嚐到料理長的用心。

飯店後方的庭園「詠風亭」為免費開放空間。
精緻的會席料理嚴選瀨戶內海的新鮮海產及當地種植的蔬果。
住客也能免使用庭園內足湯。

大廳旁就是柑橘水龍頭(みかん蛇口)，三種口味喝到飽！
進入住宿層先在一旁鞋櫃換室內鞋，外出可以換穿下方的木屐。
於電梯口旁會提供不同飲品，或是放上飯糰當宵夜。

道後やや

おすすめ 薦

經濟實惠的商務型飯店，早餐超推薦！

別冊P.16,A1 伊予鐵道道後温泉駅徒步5分 089-907-1181 松山市道後多幸町6-1 Check in 15:00，Check out 11:00 www.yayahotel.jp

位在道後溫泉別館飛鳥乃湯泉附近的「道後やや」，是間商務型飯店，館內並無溫泉設施，但位處飛鳥乃湯泉、椿之湯及道後溫泉本館，反而有時間前去體驗當地真正的古湯。**曾入選愛媛縣最受歡迎早餐服務**的道後やや，只使用縣內野菜及戶內海鮮的菜色極為豐富，讓人難以決擇。

飯店內有提供今治毛巾免費出租服務。

道後王子飯店

道後プリンスホテル

別冊P.16,B2 伊予鐵道道後温泉駅徒步7分，或可在道後溫泉駅搭乘接駁車 089-947-5111 松山市道後姫塚100 Check in 15:00，Check out 10:00 www.dogoprince.co.jp

開業超過40年的「道後王子飯店」以精心服務聞名，飯店空間可分為湯之館、一號館及三號館，溫泉浴池集中於湯之館，一及三號館為住房樓層。房間類型分為特別室及標準房型，特別室中有附有露天風呂的清月亭，可以擁有自己的泡湯私人空間；位於2樓有處免費飲料區，可以自由享用當地名產和飲料；用餐部份則有「六界」、「美膳庵内子」等選擇。

除了在飯店餐廳內用餐，也可以選擇在房間享用料理。
館內提供四處私人露天風呂，圖為檜の湯。

內子

うちこ

Uchiko

愛媛舊名伊予，除了令人心曠神怡的瀨戶內海海景，以及溫馨古典的道後溫泉，離開繁華的松山市區往南邊走，在愛媛縣南方的南予地區，會看到時光永遠駐足的小鎮風光，那是愛媛人心中永遠的故鄉，老建築群像慈愛溫暖的祖母，永遠歡迎著歸鄉的遊子。內子、大洲、宇和、宇和島都在JR內子線鐵路上，其中內子是個曾以木蠟與和紙繁盛一時的小鎮，從歌舞伎劇場「內子座」可以看到昔日的輝煌，被選為國家重要傳統建造物群保存地區的八日市護國町街道，更是內子最美麗的一條街道，乘著火車來趟懷舊之旅，好好品味一下老街風情吧。

交通路線&出站資訊

電車

JR四國內子駅◇內子線、予讚線

出站便利通

◎從日本各地前往內子，無論是使用鐵道或是高速巴士，基本上都需先抵達JR松山駅，再轉乘JR特急列車宇和海號，車程約25分，指定席¥2,140、自由席¥1,610。

◎從松山機場出發可利用肱南トラベル直行巴士，車程約55分鐘。大人單程¥1,500，往返¥2,700；上、下車地點：松山機場3號巴士站牌(往JR八幡浜駅方向)~內子インターロバス停。

◎想遊玩內子可以採用腳踏車或是搭乘町營路線巴士移動。於內子駅旁的旅里庵、內子町Visitor Center A runze及町並駐車場，有提供腳踏車或是電動腳踏車的租借服務。

◎如使用町營路線巴士小田園線，路線：內子町役場(本庁)~JR內子駅~小田支所。發車時間：內子町役場7:30~18:20，小田支所7:15~19:30。

觀光旅遊攻略

◎內子町Visitor Center A・runze

☎0893-44-3790 ⌂喜多郡內子町內子2020

⏰9:00~17:30(10~3月至16:30) 休週四、12/29~1/3

🌐www.we-love-uchiko.jp

❗租借一般腳踏車3小時內¥500、一天¥700，電動腳踏車3小時內¥1,500、一天¥2,000

◎旅里庵

☎0893-43-1450

⌂喜多郡內子町內子324(JR內子駅旁)

⏰9:00~17:00 休12/29~1/2

🌐www.we-love-uchiko.jp

❗9:00~17:00提供行李寄放服務，1件¥200；租借一般腳踏車3小時內¥500、一天¥700，電動腳踏車3小時內¥1,500、一天¥2,000

內子座

內子座

薦 內子文藝巡禮的第一站～

別冊P.16,C2　JR內子駅徒步約10分　0893-44-2840　喜多郡內子町內子2102　9:00~16:30　休12/29~1/2　入館大人¥400、國中小學生¥200，與木蠟資料館上芳我邸、商業與生活博物館(商いと暮らし博物館)共通券大人¥900、國中小學生¥450　www.we-love-uchiko.jp/spot_center/spot_c2/

內子座建於大正年間，距今已經約百年，**內子座是歌舞伎的劇場**，請歌舞伎來表演需有一定的觀眾群，通常只有在富裕的城市才有此等財力，因此說內子座是見證內子町輝煌過去的古蹟，一點都不為過。

內子座內有花道和旋轉舞台等設備，舞台上和舞台下都可以參觀，初次造訪者常會驚訝於歌舞伎的舞台設計，簡直不遜於現代百老匯的精巧靈活。內子座曾因應時代被改建為電影院，經過家鄉父老的努力，重新翻修復原，重現大正時期的原貌。

可以坐在2樓的座位區過過乾癮。

內子座有定期藝文表演，也多用途的公眾空間和歷史資料館。

內子まちの駅Nanze

別冊P.16,D1　JR內子駅徒步約11分　0893-44-6440　喜多郡內子町內子2023　10:00~17:00(10~3月至16:30)　休週四　www.facebook.com/uchikonanze/

2013年4月開設的商店兼咖啡廳，**以「Made In Uchiko」為主旨，販售的都是內子當地製造、耕作的精選商品及物產**，就連推出的餐飲與點心同樣也是以內子町產的食材製作，尤其推薦一年四季都可享用到的刨冰，淋上當季水果製作的果醬，嚐來沁涼甜美。

因應季節推出的水果刨冰。

商業與生活博物館

薦

商いと暮らし博物館

深刻了解內子昔日生活的博物館。

別冊P.16,D2　JR內子駅徒步15分　0893-44-5220　喜多郡內子町內子1938　9:00~16:30　休12/29~1/2　大人¥200、國中小學生¥100，與木蠟資料館上芳我邸、內子座共通券大人¥900、國中小學生¥450　www.we-love-uchiko.jp/spot_center/spot_c5/

商業與生活博物館是座可以了解內子過去生活的博物館，藏有不少珍貴的民俗歷史資料。以木蠟和紙買賣起家的內子，是南來北往的商業重地，在階級嚴明的江戶時代，商人身份雖然低，但富裕的商人比起苦哈哈的武士們，過得殷實舒適，甚至貴為藩主也常常得向商家借貸，好支撐左支右絀的財政。

商業與生活博物館改建自曾是藥店的佐野藥局屋舍。
重現大正10年(1921年)藥屋的生活情況，人物都栩栩如生。
館內珍藏許多內子的民俗歷史資料。

蕎麦 つみ草料理 下芳我邸

薦

在百年歷史老屋裡品嚐蕎麥好滋味。

別冊P.16,D2　JR內子駅徒步約15分　0893-44-6171　喜多郡內子町內子1946　11:00~15:00　休週三(遇假日順延翌日休)　www.shimohagatei.com

下芳我邸是棟擁有140年歷史的老建築，想當然爾是芳我一族的住宅，寬敞氣派卻不透奢華，有一種簡單的美感。現在成為販賣人氣料理的餐廳，**蕎麥麵和季節野菜料理都是招牌菜**，蕎麥粉還是特地用石臼磨的，有一股說不出的芳香，在幽雅恬靜的氣氛中慢慢品味。

和蠟燭的燭身是以野漆樹果實為原料。
赤手將高溫融化後的蠟來回塗上竹串，成就根根蠟燭。
和蠟燭¥297起

大森和蠟燭屋

大森和蝋燭屋

別冊P.16,D2　JR內子駅徒步約15分　0893-43-0385　喜多郡內子町內子2214　0893-43-0385　9:00~17:00　休週二、五　omoriwarosoku.jp/

經營超過200年的和蠟蠋老舖，至今仍然延續著傳承百年的傳統技法，目前由六代目與七代目傳人繼承，由職人們傾注全神製作的和蠟燭，燭身以野漆樹果實為原料，燭心則以竹串纏繞上和紙與燈心草，之後赤手將高溫融化後的蠟來回塗上竹串，再經數道手續才成就出一根根蠟燭。手工和蠟蠋的火光明亮且燭油不太會流出，就像傳統工藝一般，素樸中卻更見力量。

町家資料館

別冊P.16,D2　JR內子駅徒步約18分　八日市・護国町並保存センター0893-44-5212　喜多郡內子町內子3023　9:00~16:30　休12/29~1/2　自由參觀

町家資料館將1793年的舊宅復原重建，**保留了蔀戶、大戶與蟲籠窗等江戶時代典型商家建築特色**，土間則展示農具及生活用具，讓訪客可一探當時町家半商半農的生活樣貌。因這裡為免費開放空間，旅途中可在此小憩片刻，資料館後方還設有公眾洗手間供民眾使用。

町家資料館為免費開放空間。

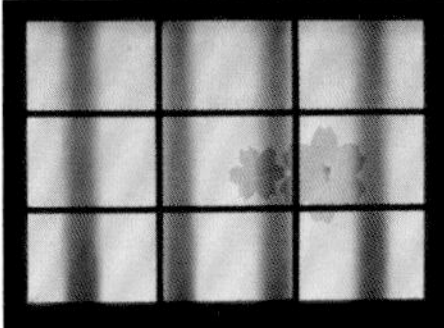

護國町街道融合著江戶與明治時期的町家建築。

八日市護國町街道

八日市・護国の町並み

別冊P.16,D1　JR內子駅徒步約20分　八日市・護国町並保存センター0893-44-5212　喜多郡內子町內子　www.we-love-uchiko.jp

內子的八日市護國町街道被選為「國家重要傳統建造物群保存地區」，從江戶到明治數百年間，因為製作販賣和紙和木蠟而興盛一時，豪商的宅邸和民家老舖連成**長達六百公尺、古色古香的街道景致，內子座更是見證了大正時代的繁華**。黃昏時走在巷子裡常有種錯覺，彷彿一轉身就會看到穿著和服的古代女子，拉開紙門踏出家門。

3樓可以近距離欣賞主屋的傳統日式屋頂架構。

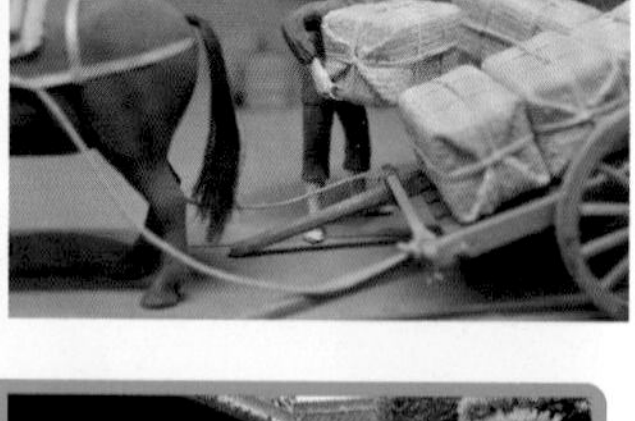

木蠟資料館 上芳我邸

おすすめ 薦

見識全盛時期的內子。

別冊P.16,D1　JR內子駅徒步約22分　0893-44-2771　喜多郡內子町內子2696　9:00~16:30　休12/29~1/2　大人¥500、國中小學生¥250，與內子座、商業與生活博物館共通券大人¥900、國中小學生¥450

上芳我家是內子富豪本芳我家的分家，上方我邸建於1894年，**廣闊的腹地上建有住宅、釜場、等榨蠟小屋等建物，目前已被列為國家重要文化財**，也是內子最知名的景點。芳我家以木蠟製作的技術獨步商場，富甲一方，在這可以參觀蠟商的生活情況，更可以體驗木蠟生產的過程，模型、影像都活潑生動，把遊客帶入十九世紀末殷實的商家去作客，可別小看這些製蠟用具，這些可是國家重要有形民俗文化財呢。

中庭與迴廊

主屋、炊事場、洗手間、浴室等建築圍繞著中庭而建，經由迴廊可互通，這也是當時富商常選用的建築配置方式。

主屋2樓

主屋的2樓原訂要建造6間房間，卻因為不明原因而停止動工，只留下當時預定用於隔間的梁柱。

炊事場

寬闊的炊事場占地約30坪，中可見完備的井水、爐灶、煙囪等設備，在木蠟產業最盛期之時，上方我家約雇用20~30為木蠟職人，可想像當時喧鬧的情景。

木蠟資料展示棟

上方我邸的後方即為木蠟資料展示棟，裡頭展出製作木蠟的所需道具、相關文獻以及關聯產品等資訊，共計有1,444件展示品。

大洲
おおず
Oozu

大洲號稱伊予小京都，是以藩主居城為中心發展起來的城下町，保存不少具有傳統風味的建築，風情迷人，肱川蜿蜒流過，漁夫駕著小船用鵜鳥捕魚，是極富特色的景致。從JR予讚線伊予大洲駅步行到主要的景點，約15到20分鐘。也可以從伊予大洲駅，坐往新大洲病院方向的宇和島巴士約5分鐘，在大洲本町下車，就可以按圖索驥，悠閒散步，來一趟小京都之旅吧。

交通路線&出站資訊

電車
JR四國伊予大洲駅➜予讚線

出站便利通
◎從日本各地前往大洲，無論是使用鐵道或是高速巴士，基本上都需先抵達JR松山駅，再轉乘JR特急列車宇和海號，車程約40分，指定席¥2,370、自由席¥1,840。
◎若選擇高速巴士可至松山市駅，搭乘由宇和島巴士松山線運行往伊予大洲駅的「宇和島-道後・松山」急行巴士，車程約1小時，費用¥1,250。

觀光旅遊攻略
◎大洲観光総合案内所
0893-57-6655
大洲市大洲649-1 大洲まちの駅「あさもや」
9:00~18:00 休12/29~12/31
www.facebook.com/oozukankou/

循環巴士「ぐるりんおおず」

大洲老街位於JR伊予大洲駅南方約2公里處，一般建議搭乘巴士來回，臥龍山莊等景點搭到「大洲本町」站下車徒步即達，欲前往大洲城則可搭到較近的「枡形」站下車。但因巴士班次較少，若2~3人以上一起前往的話，推薦可搭乘計程車前往大洲城，一路慢慢往回逛，最後到大洲まちの駅「あさもや」請工作人員幫忙叫計程車回車站。
$國中生以上¥150、小學生以下¥100
www.city.ozu.ehime.jp/soshiki/fukkou/31044.html

經由市民的請命，大洲城天守閣在消失百年後重現於此。
全木建築的天守閣在日本極為罕見，連木材也全使用日本國產。

大洲城

おすすめ 薦

歷經平成大修後重新復甦的大洲地標！

別冊P.15,A3 搭乘巴士至「大洲本町」站，下車徒步約13分；枡形站徒步約6分 0893-24-1146 大洲市大洲903 9:00~17:00(入城至16:30) $大人¥550、國中生以下¥220；與臥龍山莊共通券大人¥880、國中生以下¥330；與臥龍山莊・盤泉莊共通券大人¥1,100、國中生以下¥440 www.ozucastle.jp

沿著肱川走可以看到大洲城天守閣，有四層樓高，威勢赫赫，大洲城建於鎌倉時代末年，歷經刀光劍影的戰國時代，是實實在在防衛用的城郭。但因年久失修，市民和當地企業捐獻五億日元，**參考文獻古籍依照原樣費時10年修復，於2004年初秋完工**，等著訪客大駕光臨，一展昔日風姿。

外面仰望臥龍山莊，儼然和山水融成一體。
山莊可以看到四季變化出的不同美麗景色。

從山莊望出去，古典庭園造景借景的雅趣，一覽無遺。
おすすめ 薦

臥龍山莊

別名為大洲的桂離宮，極盡奢華的日本傳統建築。

臥龍山莊

別冊P.15,C4 搭乘巴士至「大洲本町」站，下車徒步約10分 0893-24-3759 大洲市大洲411-2 9:00~17:00(入場至16:30) 大人¥550、國中生以下¥220，與大洲城共通券大人¥880、國中生以下¥330 www.garyusanso.jp/

臥龍山莊是明治時期的商人構思4年、費時10年所建，走入這小巧的莊園可以輕易察覺當初主人的巧思。臥龍山莊主要由臥龍院、知止庵、不老庵三個部分組成，臥龍院是參考京都的桂離宮所建，十分典雅，而原是浴室的茶室知止庵小巧幽靜，不老庵則臨著臥龍淵，傍著富士山，建在懸崖上，居高臨下，當風歇涼，不亦快哉。

霞月廂房

三段式的棚架就如彩霞般立於壁上的富士山壁畫前，一旁的圓窗透出後方佛壇的燭光，如同明月般懸掛夜空。右手邊的灰色紙拉門、蝙蝠型把手以及緣廊下綠色仙台松木板等，在在可見設計者的用心。

清吹廂房

以夏用房間為概念，挑高而通風的空間帶來視覺與心理上的涼意，房間四面的橫梁間可發現代表四季的圖樣，春天的櫻花與竹筏透雕、夏季的水紋、秋日的菊水圖樣、隆冬的雪圓窗，透露出無比的玩心與匠心獨具。

壹是廂房

格調高雅的書院式廂房，從圓窗、紙拉門與天花板等可見濃厚的桂離宮樣式風格。橫梁間仔細看可見鳳凰與野菊透雕，為壹是廂房增添風雅趣味。

庭園

歷時10年打造的庭園借景自四周自然山水，百年樹木、珍貴名石都值得一賞，就連鋪設的飛石(踏腳石)、生長於石上的罕見青苔也別有趣味。

NIPPONIA HOTEL 大洲 城下町

別冊P.15,C4 從伊予大洲駅可預約接送巴士，約5分即達 0120-210-289 大洲市大洲378 Chick in 15:00~20:00，Check out ~12:00 一泊二食，2人1室每人42,680起 www.ozucastle.com/

NIPPONIA別具魅力，引領旅客穿越百年時空，在各式各樣韻味獨具的古風建築裡，找尋到靈魂休憩的淨土。而NIPPONIA HOTEL大洲城下町擁有獨特的歷史價值，**將大洲城下町的26間歷史古宅進行保留與復原，讓它保留了當地當時的風情，成就了這個獨特的旅館**。想從客房步行至前台和餐廳，就直接漫步在大洲的街道上，融入當地文化，感受悠久的風俗和傳統。此外，還有許多活動讓人可以深度體驗整個大洲市；例如，夜晚參加大洲城的導覽之旅，探索平時不對外開放的城堡，或者在肱川的船上欣賞寧靜的河川風光，享受肱川遊覧朝食，這都是難得一見的活動。除了讓人親身感受古老而獨特的歷史與文化，更能打開五感，愉悦地體驗令人難以忘懷的時刻。

能扮演城主進入大洲城的「1617 加藤貞泰の入城」體驗，是此住宿的一大亮點。

©NIPPONIA HOTEL 大洲 城下町

美味的餐食與華美餐具，讓人用五感體驗大洲的山海美味。

©NIPPONIA HOTEL 大洲 城下町

和洋並容的MITI棟，是舊大洲藩末裔的宅邸，已被登錄為國家文化財。

©NIPPONIA HOTEL 大洲 城下町

SADA棟兼容餐廳與宿泊設施，就位在大洲城二之丸的敷地內。

©NIPPONIA HOTEL 大洲 城下町

©NIPPONIA HOTEL 大洲 城下町

©NIPPONIA HOTEL 大洲 城下町

©NIPPONIA HOTEL 大洲 城下町

大洲城城泊體驗 Castle Stay

一泊二食，2人起每人¥660,000 form.run/@vmc-B93kTvGkLNBFHfZSOaaG

建於14世紀的大洲城帶來了**全日本第一的 Castle Stay，地點就在城堡制高點的天守閣**，使用樹齡超過300年木材整修復原，組成了散發著檜木清香的旅宿空間，一夜城主可以獨佔這樣的空間不受任何人打擾，甚至在進城時選擇「1617 加藤貞泰の入城」體驗，感受重回百年前江戶時代的獨一無二氛圍。NIPPONIA 為城主規劃出**專屬 Castle Lounge，可以在一邊泡湯的同時，以最佳角度欣賞大洲城天守之美**，夜間點燈以後的景致更具別樣魔性美，而且為了讓城主對大洲一地有更多深入認識，有以現代手法演繹的大洲藩美食，搭配在地伊予職人精心製作的砥部燒等食器，選用以大洲繭為原料的 SILMORE 衛浴備品。

明治舊街

明治の家並み

別冊P.15,C4 搭乘巴士至「大洲本町」站，下車徒步約7分 大洲市大洲

明治舊街存留著明治和大正時期的武士宅邸和商家，一展養蠶及蠶絲業極盛期的風貌，走在街上彷彿到了京都，街道的南端點著大型的常夜燈，一派古色古香，彷彿走在電影布景裡。

阿花小姐街道

おはなはん通り

別冊P.15,C4 搭乘巴士至「大洲本町」站，下車徒步約5分 大洲市大洲

約50年前，NHK在此拍攝晨間日劇《阿花小姐》(おはなはん)，締造了平均45.8的高收視率紀錄，**這條雅致的街道自此便以這部戲劇為名，成為「阿花小姐街道」**。街道兩旁都是江戶中期到明治時代的武士宅邸和商家，牆壁都上了黃色的漆，鋪著深色的屋瓦，據說有防火的功能。夏天每戶人家都掛有竹製的風鈴，隨著微風送來一陣清脆，暑意盡消。

家家戶戶都植了盆栽，花草扶疏，老街充滿著繽紛的生命力。

據說房子的黃漆與深色屋瓦有防火功能。

空間充滿昭和風格，喜歡復古風華的人別錯過。

©愛媛県

©愛媛県

©愛媛県

思ひ出倉庫

別冊P.15,C3 搭乘巴士至「大洲本町」站，下車徒步約6分 大洲市観光協会0893-24-2664 大洲市大洲103ポコペン横丁奥 9:30~16:30(入館至16:00)；ポコペン横丁4~11月週日、12~3月第3個週日10:00~15:30 休12/29~12/31 大人¥200、國中生以下¥100 pokopen.yokochou.com

思ひ出倉庫的時光停留在昭和30年代，**髮廊、駄菓子屋、警局、藥局等建築羅列街道上，從招牌到擺飾每一處都濃縮著舊日風景**，無論大人小孩都能沉浸在懷舊的魅力之中。此外，ポコペン横丁每逢週日便會舉辦懷舊市集，昔日風情的骨董店、飲食店等約20間店鋪熱鬧開張，彷彿走入了舊日時光。

川久保珈琲店

別冊P.15,C4 搭乘巴士至「大洲本町」站，下車徒步約5分 大洲市大洲282 10:00~15:00 休不定休 $咖啡¥400起，咖啡布丁¥350 www.instagram.com/ozu.kawakubocoffee/

川久保珈琲店是高知縣「川久保咖啡」的姐妹店。首次進軍愛媛縣便進駐大洲城下町，店內灰色的吧檯與古民居的內部完美融合，顯得格外時尚，營造出的沉穩成熟氛圍讓人心動不已。**非常受歡迎的「咖啡布丁」和「布朗尼」是人氣必點**，在散步途中休息一下，來一杯滋味豐富的咖啡，讓人身心都感到舒適。

茶寮 平野屋

別冊P.15,C4 搭乘巴士至「大洲本町」站，下車徒步約5分 090-3788-4508 大洲市大洲394-1 10:30~16:30 休週二~五 $本蕨餅¥1,320，咖啡¥480

茶寮平野屋是大洲名菓「志ぐれ」老舖「ひらのや製造本舗」的第二家店舗，以茶寮方式提供親近日式點心的和風空間，讓人感到溫暖舒適。**招牌本蕨餅是人氣必點，點餐後才由職人製作，所以能品嚐到新鮮的Q彈口感，要在20分鐘快點吃掉，不然會變硬。**本蕨餅裝在方盒中呈上，配上黑糖蜜和黃豆粉，再來杯溫暖的日本茶，就像是在寶盒中閃閃發光般讓人感到感動。還提供可以吃到名菓「志ぐれ」的套餐與各季節的茶點，選擇多樣。

必點招牌本蕨餅¥1,320

想喝多少買多少，由老闆量給你，充滿舊時風情。

酒乃澤田 小倉邸

酒乃さわだ 小倉邸

別冊P.15,C4 搭乘巴士至「大洲本町」站，下車徒步約5分 0893-25-3838 大洲市大洲446 10:00~18:30 休週一 sakenosawada.com/

在150年前日本，酒的量販是非常普遍的風景，但隨著裝瓶技術與販售型態的轉變，這種情景也漸漸消失。**酒乃澤田小倉邸以「古老而新穎」為概念，改建了百年前的古民家**，打造出一家既具有故鄉般的懷舊氛圍，又融合現代風格的店鋪。來到這裡**可以一邊想像當時的文化，一邊品嚐著葡萄酒的量販**，不喝葡萄酒的人也有日本清酒、果汁等選擇。

大洲限定刺繡毛巾手帕¥935

OZU+

別冊P.15,C4 搭乘巴士至「大洲本町」站，下車徒步約5分 0893-24-6710 大洲市大洲393 10:00~17:00 休週二、三 $大洲蠶繭肥皂¥2,200 www.instagram.com/ozu.plus/

OZU+是將一座放置了15年以上的空置古民家翻修後開業的商店。這裡不僅販售毛巾品牌IKEUCHI ORGANIC的商品，還致力於開發、銷售使用大洲產原材料的商品。**除了愛媛的高品質毛巾外，大洲產的檜木製家具、大洲和紙明信片、蠶繭肥皂等，充分利用在大洲經營商店的機會推廣大洲的特色商品**，希望能將大洲的魅力推廣至全世界。

和服NAZUNA

アンティークなずな

別冊P.15,B3 搭乘巴士至「大洲本町」站，下車徒步約5分 0893-50-8030 大洲市大洲46 10:00~17:00，和服體驗為預約制 週二 和服租借（7、8月除外）¥6,000，浴衣租借（7、8月限定）¥4,000 nazuna.hp.peraichi.com/antiquekimono

NAZUNA**針對當地居名提供七五三、入學典禮等活動所需的和服**，而觀光客來到這裡，也能夠穿上美麗的和服漫步於大洲城下町。**不只有女性，也有男性、兒童等多樣選擇**，就在這裡感受傳統美與情懷，度過一段悠閒愉快的時光。

肱川鵜飼(うかい)

漁夫駕著小船捕魚，稀鬆平常，但在肱川上驅使鵜鳥捕魚，又是另一番風情了。晚上大洲的漁夫們燃起篝火，手上牽引著數隻訓練有素的鵜鳥，驅使鵜鳥下水捕魚，鵜鳥脖子上套著繩子，補到的魚可不能自顧自地吞下肚，主人會把大魚收起，賞小魚給鵜鳥享用，人鳥雙方默契十足，非常有趣。遊客可以乘屋形舟遊河並在舟上用餐，佐以月光和河水，十分浪漫。

搭乘巴士至「大洲本町」站，下車徒步約3分，即達大洲まちの駅「あさもや」 大洲観光総合案内所0893-57-6655 大洲観光総合案内所(大洲まちの駅「あさもや」)18:00集合 6/1~9/20 18:30~20:30 大雨 國中生以上¥4,000、4歲以上¥3,000；附餐點國中生以上¥8,000、4歲以上¥5,000 ozuukai.com/

©愛媛縣

改建自銀行的赤煉瓦館，現今內部已改建成咖啡廳及展覽中心。

大洲赤煉瓦館

おおず赤煉瓦館

別冊P.15,C3 搭乘巴士至「大洲本町」站，下車徒步約5分 0893-24-1281 大洲市大洲60 9:00~17:00 12/29~12/31 自由參觀 www.city.ozu.ehime.jp/site/kanko/1176.html

大洲赤煉瓦館建於1901年，**原是大洲商業銀行的營業所，是一棟讓人眼睛一亮的紅磚建築**。雖然外觀是洋式，但仍鋪著和瓦，可以感受到西方遇到東方時蹦出來的創意。大洲赤煉瓦館2樓內部已改裝成咖啡廳，展示角落還有歷史資料可供參觀。別館有常設的古董家具和燈具展。

愛媛精彩景點

愛媛縣裡除了書中列出的松山市、內子、大洲等必去景點，在近郊也有幾處非去不可的特色景點，跟著我們一起探索愛媛好玩的精彩景點吧！

毛巾美術館

今治市 おすすめ 薦

タオル美術館

來今治買條最可愛的毛巾吧！

別冊P.14,B1 搭乘巴士至「大洲本町」站，下車徒步約10分 0898-56-1515 今治市朝倉上甲2930 9:30~18:00(見學至17:30) 大人¥800、國高中生¥600、小學生¥400、65歲以上¥500 www.towelmuseum.com

位在愛媛縣的今治市是全日本毛巾生產量第一名，**這間特地以毛巾為主題的「毛巾美術館」更是世界第一間**。在館內可以參觀毛巾製造過程，還可以欣賞由毛巾創作出的各式藝術品，商店內更能找到種類豐富、色彩鮮豔的毛巾商品及四國土產。佔地廣大的美術館有著歐風庭園、美術館咖啡廳及中國料理餐廳。

用毛巾打造出可愛的嚕嚕米的世界。

花樣多變的毛巾商品是必帶的伴手禮。

由キャシー中島(Kathy Nakajima)設計出拼貼風藝術作品，是館內常設展之一。

經過波止濱灣會看到多家造船廠。

觀潮船會穿越島海峽大橋下。

來島海峽遊覧船體驗

今治市 おすすめ 薦

しまなみ来島海峽遊覧船

挑戰在日本三大急流上體驗奔騰的刺激感！

別冊P.14,B1 搭乘巴士至「大洲本町」站，下車徒步約10分 道の駅 よしうみいきいき館0897-84-3710 道の駅 よしうみいきいき館：今治市吉海町名4520-2 9:00~17:00(同道の駅 よしうみいきいき館，依日期及季節不同，詳見官網) 休 1/1、1/9~3/15週三(同道の駅 よしうみいきいき館) 大人¥1,800、小學生¥900 imabari-shimanami.jp/kyuuryuu/

想要近距離**感受日本三大急流之一的「來島海峽」，不如乘坐一次觀潮船出海出，真正體驗一次其刺激性**。坐上航程時間約45分鐘的遊覧船，沿途行經世界首座三連式吊橋「來島海峽大橋」、參觀日本第一個海事城市「今治」的最代表象徵造船廠群，以及行經與村上水軍有關的島嶼等。

石鎚山

西条市

別冊P.14,B1 搭乘巴士至「大洲本町」站，下車徒步約10分 久万高原町観光協会0892-21-1192 石鎚登山纜車處：西条市西之川下谷甲81 石鎚登山纜車：8:00~18:00(依季節及假日調整時間，詳見官網)每20分一班；吊椅(光リフト) 4月下旬~11月下旬9:00~16:30 休設備檢修日、天候不佳 纜車來回大人¥2,200、小學生¥1,100；吊椅(観光リフト)來回¥600 www.ishizuchi.com

石鎚山標高1,982公尺，是日本西部最高峰，想要登上有第一靈峰之稱的石鎚山，可以選擇從石鎚登山口搭乘纜車上山，登上山頂後遠眺瀨戶內海和土佐灣，讓人不禁讚嘆四國屋脊之美。從春到秋季是登山時節，**其最美的登頂時刻是10月初秋**，此時楓紅已將山稜染色，更為這座聖山增添幾許魔幻氣息。

標高1,450公尺處有座石鎚神社中宮成就社。
標高1,982公尺的石鎚山天狗岳山頂。

室外無邊際泳池THE BLUE接壤湛藍海色。
以地產的柚子或柑橘為SPA療癒元素。
地產當季食材創作瀨戶內海旅懷石。
清水混凝土的簡素起居空間。

Setouchi Aonagi

柳谷町 おすすめ 薦

瀬戸内リトリート青

入住安藤忠雄操刀最美飯店，瀨戶內海景色盡收眼底～

別冊P.14,B1 搭乘巴士至「大洲本町」站，下車徒步約10分 089-977-9500 松山市柳谷町794-1 Check in 15:00，Check out11:00 www.setouchi-aonagi.com

日本瀨戶內海堪稱是遊賞建築大師安藤忠雄作品的最佳地點，坐落松山市郊區、展望瀨戶內海絕景的**安藤忠雄旅宿「瀬戸内リトリート青」更是建築迷必定朝聖之地**。館內擁有7座套房、露天無邊際泳池「THE BLUE」、室內溫水泳池「THE CAVE」、水療中心「ALL THAT SPA」，讓人寄身於瀨戶內的青空與海，找回在忙碌日常中遺落的真正自我。

島波海道

しまなみかいど

位於本州和四國之間的瀨戶內海，風平浪靜、島嶼眾多，昔日海軍、強盜經常以這些小島為據點，自古就是水路的交通要衝；目前，多座橋梁從南到北串起大島、伯方島、大三島、生口島、因島、向島等6座島嶼，稱為島波海道(正式名稱為西瀨戶自動車道)，在全長約75公里的路途設置自行車和行人專用的慢車道，成為日本第一條完整跨越海峽的自行車道。

交通資訊

一般都從起始的廣島縣的尾道市或愛媛縣今治市展開行程，或是也可以從中間的島嶼開始行程，如果想從大三島等處開始的話，可以再搭乘渡輪或巴士前往。

◎從尾道駅或今治駅出發

・從尾道通往向島的新尾道大橋無法騎單車，所以需牽車搭乘渡輪前往。

・到達今治駅可選擇位在東口的「今治駅前サイクリングターミナル(i.i.imabari!Cycle Station)」租借單車，或是搭乘せとうちバス(瀨戶內巴士)小浦線開往小浦的巴士，一日3班車(週日例假日5班車)，車程約22分至「展望台入口」站下車，徒步1分即達サンライズ糸山(Sunrise糸山)旁的租車處「中央レンタサイクルターミナル」，單程大人¥350、小孩¥180。

◎觀光旅遊攻略

・今治地方觀光協會

☎0898-22-0909

⌂愛媛縣今治市片原町1丁目100-3(みなと交流センター3F)

◷8:30~17:15 休週六、日

www.oideya.gr.jp/shimanami_cycling

・JR尾道駅觀光案內所

☎0848-20-0005

⌂廣島縣尾道市東御所町1-1

◷9:00~18:00

休12/29~12/31

www.ononavi.jp/

Tourist Information 觀光案內所

島波海道單車路線圖

西瀨戶尾道IC
山陽高速公路
山陽新幹線
尾道大橋IC
三原駅
尾道駅
JR山陽本線
尾道港(單車出租)
西瀨戶高速公路
尾道大橋
廣島縣
岩子島
向島IC
向島
因島大橋
竹原駅
JR吳線
佐木島
因島北IC
因島
大久野島
因島南IC
平山郁夫美術館
耕三寺 . 耕三寺博物館
Dolce
生口島北IC
生口橋
Guest House
Michi-shio
生口島
島ごと美術館
大三島
多多羅大橋
生口島南IC
生名島
弓削島
岩城島
夢島海道
大山祇神社
大三島IC
道の駅多々羅
しまなみ公園
佐島
赤穗根島
大崎上島
愛媛縣
島波海道(しまなみ海道)
伯方島
今治市伊東豐雄
建築博物館
大三島橋
伯方大島大橋
大島北IC
能島水軍
吉海玫瑰公園
大島
大島南IC
來島海峽大橋
來島海峽展望館
龜老山展望公園
中央レンタサイクルターミナル
(Sunrise糸山單車出租)
今治北IC
今治駅
JR予讃線
愛媛縣
タオル美術館
ICHIHIRO

玩家建議

由於北邊屬於廣島縣的向島、因島和生口島地勢較平坦，而南側屬於愛媛縣的大三島、伯方島和大島部分路段的高度落差比較大，所以想輕鬆遨遊的人，建議從今治出發，比較不會累；想挑戰上坡下坡過程征服感的人，則儘管從尾道一路向南。當然，若只想體驗一下的人，不妨挑選其中一小段騎乘，而從今治穿越來島海峽大橋這一段，沿途景觀變化多端，騎起來賞心悅目，是頗理想的選擇。

單車租借中心

レンタサイクル ターミナル

尾道港：JR尾道駅徒步約5分；今治駅前サイクリングターミナル(i.i.imabari!Cycle Station)：JR今治駅徒步約5分　尾道港：0848-22-5332；今治駅前サイクリングターミナル(i.i.imabari!Cycle Station)：0898-34-3190　尾道港：廣島縣尾道市東御所町地先；今治駅前サイクリングターミナル(i.i.imabari!Cycle Station)：愛媛縣今治市北宝来町二丁目甲773-8　尾道港：7:00~19:00，12~2月8:00~18:00；今治駅前サイクリングターミナル(i.i.imabari!Cycle Station)：8:00~20:00(12~2月至18:00)　shimanami-cycle.or.jp/rental/

南北貫穿瀨戶內海的島波海道，在沿途尾道、向島、因島、生島、生口島、大三島、伯方島、大島及今治設有**10處單車租借中心**，並包括停放、住宿設施的相關設備、沿途的指示標誌、周邊的交通聯繫等，都讓騎自行車的人備感方便、安心，加上沿途島嶼點綴在碧海藍天之間的優美風景，是條非常迷人的單車之旅。

玩家提醒：其他注意事項

◎騎車時間

完整騎完全程的時間，從專業騎車士約3~4小時，到一般人約8~10小時不等，不過還需要另外加上景點的停留時間，對一般遊客來說，在途中停留1~2個晚上最能輕鬆遊覽島波海道的秀麗風光。

當然，許多人行程匆匆，無法在此停留如此長的時間，所以也可以選擇騎其中一段就折返，同樣可選在尾道、今治展開行程，順遊騎個3~4小時後再牽車搭渡輪折返，或是還車後搭巴士折回原處或直接到下個景點，建議事前查好船班或車次時間以保行程順暢。

◎搭巴士也OK

騎單車、租車自駕之外，也可以利用巴士來近距離欣賞島波海道之美，除了有運行於廣島縣尾道~愛媛縣今治之間的巴士，也有「尾道~向島~因島」、「松山 今治~大島~伯方島~大三島」路線巴士，當然在各島嶼上也有路線巴士可搭乘，交通相當方便。

shimanami-cycle.or.jp/shimap

◎關於行李

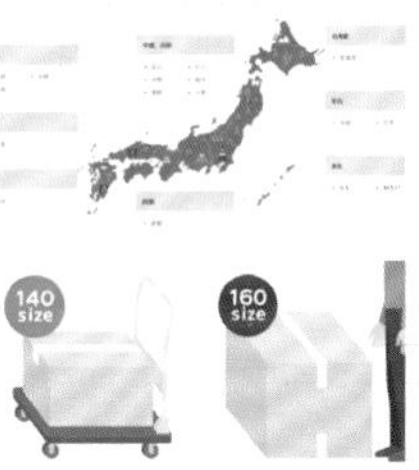

若不打算折回出發處而打算直接到下個地點的話，行李就會是個問題，其實在各大飯店的櫃台都可寄送寄宅急便，日文漢字即為宅急便(たっきゅうびん)，先向飯店取單填資料後，再將預計送的行李請櫃台收送，並在此時結帳付款，價格會因行李尺寸大小及寄送距離遠近而異。如以四國地區送往中國地區為例，長+寬+加高為140公分內且為20公斤以下則收¥2,190，若長+寬+加高為160公分內且為25公斤以下則收¥2,510。一般跨中國、四國地區寄送最少需要1~2天的時間，建議提早寄送。

www.kuronekoyamato.co.jp/ytc/customer/

◎關於住宿

其實在島波海道上沿途有許多店家可以帶著單車投宿，若在中間停留一晚的話，一般會較推薦為在中央位置的生口島或大三島，住宿資訊請見下列網站：

SHIMANAMI JAPAN：area-gate.biz/shimanami/hotel

單車租借價格一覽表

單車類型	電動腳踏車(電動アシスト自転車)	雙人協力車(タンデム自転車)	其他(クロスバイク、シティサイクル)
價格	1天¥4,000	1天¥4,000	大人1天¥3,000，小學生以下1天¥1,000
歸還方式	所有單車租借地點都可異地還車	只可在原租車處歸還	所有單車租借地點都可異地還車
限制條件	・限大人使用。 ・只限於尾道港、瀨戶田サンセットビーチ(瀨戶田Sunset Beach)、瀨戶田観光案內所、道の駅「多々羅しまなみ公園」的上浦レンタサイクル、サンライズ糸山(Sunrise糸山)的中央レンタサイクル租借。 ・不可租借2天以上。	・只有今治市的中央レンタサイクル(Sunrise糸山)、尾道市的瀨戶田サンセットビーチ(瀨戶田Sunset Beach)有提供。 ・不可租借2天以上。 ・在瀨戶田Sunset Beach租借的話只能在生口島內使用。	無

島波海道沿途景點推薦

橫跨瀨戶內海諸島的有七座大橋，分別是來島海峽大橋、伯方大島大橋、大三島橋、多多羅大橋、生口橋、因島大橋、新尾道大橋。前面三座屬於愛媛，後三座則是廣島。這條串起珍珠的海上公路 ── 島波海道，兩旁有供行人行走的步道和腳踏車道，讓遊客可以照自己的速度和步伐，漫遊在海面上，享受動人心弦的美景。

來島海峽大橋是世界首座三連式吊橋，全長4.1公里。

來島海峽展望館

おすすめ 薦

眺望來島海峽大橋的最佳方向。

来島海峡展望館

P.4-48 從JR今治駅搭乘せとうちバス(瀨戶內巴士)小浦線開往小浦的巴士，約22分至「展望台入口」站，下車徒步10分 0898-41-5002 愛媛縣今治市小浦町2-5-2 9:00~18:00(11~2月至17:00) 休12/29~12/31 自由參觀

位在糸山公園的來島海峽展望館，**可以眺望到絕佳的海景和這座世界最初的三連式吊橋**，位置之好連整座大橋都入鏡，留下美美的倩影。館內展示著大橋的模型和照片，還有專人講解。徒步5分鐘可以來到將來島海峽的海潮一覽無遺的展望台。

位在公園的高處可以遠眺三大急流之一「來島海峽」。

龜老山展望公園

亀老山展望公園

P.4-48 從最近的自行車道出入口騎車約2小時 今治市役所吉海支所　住民サービス課0897-84-2111 愛媛縣今治市吉海町南浦487-4 自由參觀

龜老山展望公園標高307.8公尺，**是島波海道最高的瞭望台**，可俯瞰來島大橋全景，天氣好的時候還可遠眺西日本最高峰的石鎚山。不過，在享受美景前，可得先騎一段3.6公里的上坡道。在展望公園內，常有情人在鎖上寫上名字，並鎖在瞭望台的欄杆上，以示永不分離。

吉海玫瑰公園

よしうみバラ公園

P.4-48 從最近的自行車道出入口騎車約1小時 0897-84-2111 愛媛縣今治市吉海町福田1292 自由參觀

吉海町玫瑰公園**栽培來自世界各地400種、總共6,500株的玫瑰，5月到10月下旬的花季，公園裡都飄著香甜的花香**，一片繁花似錦。其中慶祝英女皇及為的「依莉莎白女王」和紀念東京奧運的「聖火」最為著名，甚至還有拿破崙的妻子約瑟芬所收集的名貴品種。玫瑰館1樓為販賣玫瑰製品的小舖，玫瑰茶到玫瑰水一應俱全，2樓餐廳販售玫瑰冰淇淋，粉紅色的香甜吃在嘴裡，讓人想哼一首歌。

玫瑰開花時期為5月中旬至12月底，以5月中旬~6月上旬及10月中旬~11月上旬為全盛時期。

玫瑰館販賣的玫瑰冰淇淋。

館內收藏許多平山郁夫珍貴畫作。

平山郁夫美術館

P.4-48 島內東迴路線巴士「耕三寺」站，下車徒步1分；從最近的自行車道出入口騎車約45分 0845-27-3800 廣島縣尾道市瀨戶田町沢200-2 9:00~17:00(入館至16:30) 休換展期間 大人¥1,000、高中大學生¥500、國中小學生¥300 hirayama-museum.or.jp/

平山郁夫是日本有名的當代畫家，在廣島原爆後深受後遺症所苦，後來他潛心佛學，在絲路等地尋找心靈上的依歸，而這份寧靜，也如實展現在他的畫作裡。這裡展示著平山郁夫生涯的創作，除了故鄉風景畫之外，也有許多以佛教為主題的畫作，另外也收藏了其年少時期的珍貴創作。

拜殿前的楠木樹齡已有2,600年，是境內有名的能量景點。

寶物館內收藏全日本八成以上被列為文化財的古代武器，源義經和源賴朝的盔甲也陳列於此，被列為國寶級文物。

大山祇神社

P.4-48 巴士「大山祇神社前」站，下車徒步1分；從最近的自行車道出入口騎車約30分 0897-82-0032 愛媛縣今治市大三島町宮浦3327 日出~17:00；寶物館·海事博物館8:30~17:00(入館至16:30) 寶物館·海事博物館大人¥1,000、高中大學生¥800、國中小學生¥400 oomishimagu.jp/

位於**大三島上的大山祇神社是日本神社建築史上的代表作**，雄壯莊嚴，透雕裝飾華而不豔，簡單是最經得起時間考驗的美感。神社的祭神是天照大神的哥哥吾田國主事勝國勝長狹命，因為神明的名字有「勝」字，久而久之就從海神演變成祈禱戰爭勝利的戰神，改朝換代的紛擾之時，自有朝臣或大名獻上供奉，以求百戰百勝，戰後勝利當然也不忘還願感恩。

多多羅海道公園

おすすめ 薦

收藏絕美的跨海大橋，也是日劇的拍攝場景之一。

道の駅 多々羅しまなみ公園

P.4-48 巴士「大三島BS」站，下車徒步1分；從最近的自行車道出入口騎車約1分 0897-87-3866 愛媛縣今治市上浦町井口9180-2 賣店9:00~17:00，餐廳11:00~15:00(L.O)；依日期及季節不同，詳見官網 休 1/9~3/15週四 imabari-shimanami.jp/tatara/

多多羅大橋的造型特殊，像一隻白鳥展開雙翼，是長達1,480公尺的斜張橋。多多羅海道公園就在多多羅大橋旁，美景盡收眼底，**內有販賣物產、特產品等設施，可以一覽海景的餐廳更是舒適**。內設有觀光情報處、也是借、還腳踏車的好地方。

水軍公園裡來自法國的幸福鐘更是引人不得不去敲幾下。
不遠處還有多多羅溫泉可以消除疲勞。

不同於日本寺廟，耕三寺絢麗的色彩與臺灣的寺廟似乎更相似。
位於五重塔之後的孝養門，據說是仿效日光東照宮的陽明門所建。

這裡也是登高俯瞰瀨戶內海的好地方。

從義大利搬運來的潔白大理石，化成一件件性格分明的雕塑品。

卍 耕三寺

P.4-48 島內東迴路線巴士「耕三寺」站，下車徒步1分；或從最近的自行車道出入口騎車約45分 廣島縣豐田郡瀨戶田町553-2 0845-27-0800 9:00~17:00(入寺至16:30)，潮聲閣10:00~16:00，千佛洞地獄峽9:00~16:45，Café Cuore 10:00~16:30 $耕三寺・未來心之丘・金剛館大人¥1,400、大學高中生¥1,000、國中小學生免費；潮聲閣¥200 www.kousanji.or.jp

位於**生口島上的耕三寺是由出身島上的企業家耕三所創**，因感念母親的養育與教導之恩，在母親過世之後出家為僧，並請建築師參考日本各地一些具代表性的佛教建築，花30年的時間才完成。腹地達5萬平方公尺的耕三寺，建築群分上、中、下配置，象徵天堂、人間與地獄3個不同世界，其中位於裡側高處的未來心之丘，就是藝術家杭谷一東以12年的時間戮力打造的理想中的天堂，果然十足吸睛。

Guest House Michi-shio

おすすめ 薦

ゲストハウスみちしお

騎上單車來去幽靜小島住一晚吧！

見P.4-48 家老渡港(因島)⇔上弓削港(弓削島)船程5分。大人¥100、單車¥180 愛媛県越智郡上島町弓削引野424-2 080-1453-0360 Check-in 15:00~、Check-out ~10:00 (每晚，無餐)雙人房¥8,000、單人房¥5,000 r.goope.jp/michishio/

網址

瀨戶內海跳島單車之旅如果中途想住宿，那麼很適合來**弓削島**住一晚。緊鄰因島，**可說是夢島海道所串連的4座島中最熱鬧、景點也最多的一個**。甫於2023年4月開幕的這家民宿，以**民宅改建並針對單車住宿客貼心設計**，並提供免費洗烘衣機，讓今日的汗臭味不用留到隔天，有共用客廳、衛浴及廚房讓住客使用，獨立客房則有單人跟雙人房，且**收費合理、在Booking.com就能訂房**，舒適乾淨的空間，讓人一夜好眠後，隔日精神滿滿再出發。民宿老闆很歡迎台灣客，也熱心提供行程建議與資訊，有任何問題，都別客氣。

不但有單車特別置放庫，即使想放在屋子裡也有單車架提供。

沒租單車就來？沒關係，民宿也有3台單車免費出借，可在島上繞繞。

3條跨海橋串起的各島環島車道規劃完善，廁所、休憩所隨處可見。
漁村小鎮風情幽靜，單車之旅就該如此舒適放鬆。
從岩城島 積善山登高遠眺諸島，春櫻時節更是爛漫。

夢島海道

おすすめ 薦

ゆめしま海道

探尋純樸島風的夢幻新單車路線。

見P.4-48 須搭船，從因島的港口最近，不論到弓削島、生名島、岩城島只需3~5分鐘船程 愛媛県越智郡上島町 0897-77-2252 www.kamijima.info/cycling/ 渡船6:30~21:00、每小時2~3班次。從外島帶單車前往的旅客，可在搭船處拿單車優惠券填寫，就可免收單車乘船費

島波單車道被CNN列為世界7大最值得探訪的夢幻單車道之一，其實除了島波單車道外，在因島下方的上島町，**2022年全新開通三條跨海大橋，串聯起岩城島、生名島、佐島及弓削島**這4個島，這個**自成一圈的「夢島海道(ゆめしま海道)」單車道**，風情與壯闊的島波單車道又是截然不同，對於喜歡探訪更幽靜小島風貌、人情味滿滿聚落、隨時可以在漁村小鎮中停駐觀海潮的人，**這裡更像是隱士獨享的秘密單車道**。從最大最熱鬧的弓削島一周約20公里，有沙灘、歷史景致、咖啡店，悠閒放鬆的跳島之旅，規劃半天~1天，各隨所好。

網址

向島被日本名導大林宣彥選為電影「明日」的拍攝地。

向島

P.4-48 JR尾道駅步行到尾道駅前栈橋搭乘向島運航的駅前渡船前往，航程約5分 大人¥100、小孩50，帶腳踏車加¥10 www.go-shimanami.jp/index.html 船內購買船票，無需事先購票

與尾道隔海相對的向島是個風光明媚的小海島，居民多以種植果樹維生，島上寧靜安祥，空氣中散發著濃厚的海島氣息。由於受到海風調節，向島氣候溫暖潮濕，適合種植洋蘭。向島洋蘭中心展示多種色彩艷麗的蘭花，還有2千坪的大草原可以休憩。**島內最高的高見山標高283公尺，是瀨戶內海唯一的國立公園。**

因島

P.4-48 可騎腳踏車走跨海大橋；或從JR尾道駅步行到尾道駅前栈橋搭乘瀨戶內Cruising(瀨戶内クルージング)，約20分至因島北方的重井東港 尾道駅前—因島重井東單程大人¥650、小孩¥330，帶腳踏車加¥500 kanko-innoshima.jp

因島為水果之島，島上盛產八朔柑橘，八朔柑橘果實大而肉厚實，有清淡的甜味。初冬時島上柑橘樹掛滿黃澄澄的大橘子，農村風情滿點。**因島南部有座日本唯一的水軍城**，14世紀中期村上水軍成為勢力最強大的水軍，稱霸瀨戶內海將近300年之久。從海盜到城主，村上水軍以傲人的軍事力與財力，不依靠陸地的政治力量獨自生存，從水軍城高聳的天守閣中，依稀可見到過往的氣概。

因島大橋公園內的はっさく屋，以水果大福廣受歡迎。

店內的冰淇淋以融入當地水果製成。

Dolce

おすすめ 薦

ドルチェ 瀬戸田本店

吃一口瀨戶內海最清爽的義式冰淇淋。

P.4-48 島內東迴路線巴士「林公民館」站，下車徒步5分 084-526-4046 廣島縣尾道市瀨戶田町林20-8 10:00~17:00 www.setoda-dolce.com

生口島瀨戶田的ドルチェ(Dolce)義式冰淇淋店，正位於島波海道旁，**店家使用本地水果作為原料**，天然好吃，曾創下連續6年日本宅配銷售冠軍的紀錄，是騎車中途補充熱量的重要據點。

高知縣

こうち

高知縣怎麼玩

高知縣位居四國的西南側，北為險峻山嶺，南臨太平洋，擁有豐富優美的海岸線景觀。在溫和的氣候下孕育出高知人的熱情開朗、四萬十川的清淨河川，再往東部走臨海城市安藝帶來最宜人的魅力，西南面的黑潮町海邊有著製鹽場，美好的天日鹽為生活增添許多簡單的滋味，高湯的靈魂「鰹節」或是必吃的「稻草燒鰹魚」是來自大海給予高知的恩惠。

©四万十市観光協会

❶四萬十川(P.5-26)

遊玩這道號稱「日本最後的溪流」的四萬十川，最佳的方式是從中村駅借台電動腳踏車走遍河川周邊精華景點，迎著風騎在沈下橋、或是閑靜祥寧的安並水車之里，感受最在地的土佐風情。

©四万十市観光協会

©四万十市観光協会

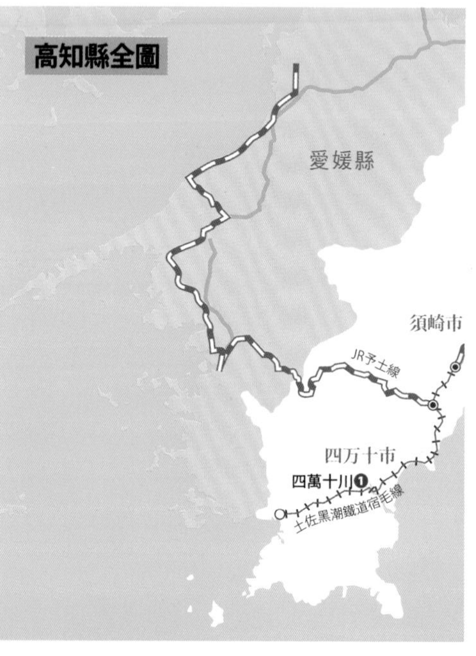

❷高知市(P.5-4)

在群山與太平洋環繞下的高知市，坐擁絕佳的氣候條件，城市裡總是瀰漫著開朗、歡樂的氣息，這股氛圍從高知城、弘人市場、日曜市，沿途釋放到YOKOSAI祭會館，每年夏季祭典時更吸引上萬人次前來參與。

❺高知精彩景點(P.5-37)

造訪了高知市及周邊景點，散落在高知縣其他地區的景點也很好看。像是以麵包超人一角成為家喻戶曉作者的「柳瀨嵩」，在香美市就有棟以他為名的紀念館，裡頭滿滿的麵包超人公仔與周邊，叫人直呼可愛！動手做和紙體驗，深訪神秘的龍河洞、仁淀川或檮原町，去過這些連日本人都不知道的秘境，保證值回票價。

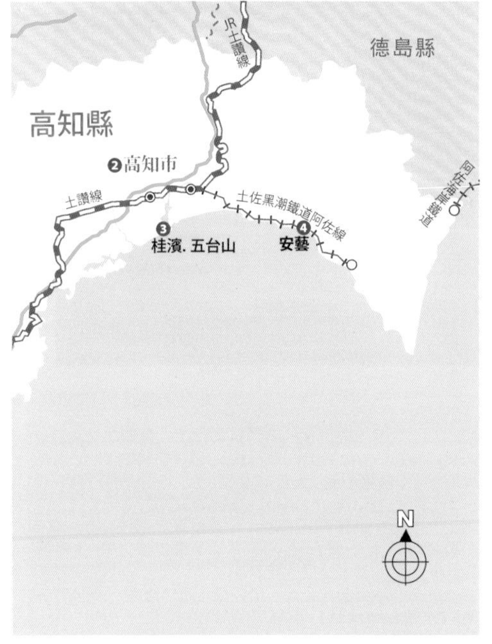

❹安藝(P.5-33)

坐上後免・奈半利線的列車往安藝方向前進，走在等人高的翠綠竹籬間，行經棟棟古樸情調的土居廓中找尋著古代武家屋敷，或是拜訪安藝地標「野良時計」，再找間茶房、點份甜食及咖啡度過一下午。

❸桂濱・五台山(P.5-23)

從高知市可利用My遊巴士走訪桂濱及五台山周邊景點，跟隨高知代表人物「坂本龍馬」一遊高知南部桂濱海岸，或是走訪四國八十八靈場之一的31番札所「五台山竹林寺」，登頂望遠將高知市景盡收眼底。

高知市

こうちし
Kochi City

高知地型狹長，南臨太平洋，北依四國山地，氣候溫暖多雨、豐富的自然資源反映在飲食文化上。位在全縣中心的高知市，以土佐電鐵、JR鐵路和公路向外延伸，市內的土佐電鐵已運行百多年，成十字交叉的路線相當便利，位於交叉點的播磨屋橋一帶是高知市最繁華的地方。高知市幾百年來都是土佐藩主腳下的城下町，享有24萬石家業，高知城前的追手筋大道上的日曜市，已經熱鬧了好幾個世代，同時也是每年YOSAKOI祭典的主要場地。

交通路線&出站資訊

電車

JR四國高知駅➔土讃線
土佐電氣鐵道蓮池町通駅➔栈橋線
土佐電氣鐵道高知城前駅➔伊野線
土佐電氣鐵道はりまや橋駅➔栈橋線、後免線、伊野線
土佐電氣鐵道大橋通駅➔伊野線
土佐電氣鐵道堀詰駅➔伊野線
土佐電氣鐵道菜園町駅➔後免線
土佐電氣鐵道上町一丁目駅➔伊野線

巴士

從四國各縣主要城市、岡山前往高知可搭乘JR特急外，若欲從廣島前往，從福山駅搭乘高速巴士約3小時10分可抵達。(詳細班次及票價請至P.A-21)

◎四國各縣主要城市

香川(高松駅)出發➔JR四國巴士・四國高速巴士・土佐電交通(とさでん交通)「黒潮エクスプレス号」(黑潮Express號)，車程約2小時5分。

德島(德島駅)出發➔JR四國巴士・德島巴士・土佐電交通(とさでん交通)「高知徳島エクスプレス号」(高知德島Express號)，車程約2小時45分。

愛媛(松山駅)出發➔JR四國巴士「なんごくエクスプレス号」(南國Express號)、伊予鐵巴士・土佐電交通(とさでん交通)「ホエールエクスプレス」(Whale Express)，車程約2小時40分。

◎其他地區主要城市

大阪出發➔JR四國巴士・JR西日本巴士「高知エクスプレス号」(高知Express號)・夜行巴士「京阪神ドリーム高知号」(京阪神Dream高知號)、阪急觀光巴士・土佐電交通(とさでん交通)「よさこい号」(YOSAKOI號)，車程約4~5小時。

京都出發➔JR四國巴士・JR西日本巴士「高知エクスプレス号」(高知Express號)，車程約5小時10~40分。

神戶出發➔神姬巴士・土佐電交通(とさでん交通)「ハーバーライナー」(Harbor Liner)，車程約3小時50分。

岡山出發➔下津井電鐵巴士(下電バス)・兩備巴士・JR四國巴士・土佐鐵巴士「龍馬エクスプレス号」(龍馬Express號)，車程約2小時26分。

廣島出發➔廣交觀光巴士・土佐鐵巴士「土佐エクスプレス」(土佐Express)，車程約4小時30分。

出站便利通

◎如果不打算自駕的旅人，想要玩遍四國除了利用鐵道，高速巴士也是很好的交通手段，雖然乘車時間略長，但價格便宜且沿途能欣賞到四國風光，高知市的高速巴士站與高知駅直結，提供旅人不同的交通選擇。

◎旅遊高知市最便利的方式即是使用當地的「土佐電氣鐵道」(土佐電)，從高知駅出站後前方就能轉搭土佐電前往高知市內各景點。

◎出站後先到車站右手邊的觀光詢問處「こうち旅広場」報到，高知縣內各地旅遊情報都在這裡，還有集結高知各式伴手禮超好買！

觀光旅遊攻略

◎高知観光情報発信館「こうち旅広場 - とさてらす」
088-879-6400
高知市北本町2-10-17(JR高知駅南口旁)
8:30~18:00
www.attaka.or.jp

高知駅

おすすめ 薦

高知縣與其他城往來的大門。

別冊P.17,C3 案內所088-822-8229 高知市栄田町 綠色窗口服務(みどりの窓口・5489サービス)4:30~23:00

高知駅是高知市對外城市最大的交通要站，**可利用JR四國鐵道外，在車站後方直結高知高速巴士站**。大廳提供各式當地旅遊宣傳手冊，另附設有Kiosk高知銘品館、7-11 Kiosk高知駅店、麵包店「LITTLE MERMAID 高知駅店」、COCOCHI咖啡廳、土佐料理「エキマエノ駱駝」、居酒屋「庄や」等賣店。

車站前方就有租車公司可以馬上租借車子。

站前廣場的三尊巨大人像是土佐「三志士像」中岡慎太郎、坂本龍馬、武市半平太。

土佐電鐵「高知駅前」

從高知駅**南口出站就能馬上看到土佐電鐵「高知駅前」搭車處**，月台上有詳細的路線圖及票價資訊，就從這裡出發到市區旅行吧！

到處都「高知家」?！

來到高知相信一路上都會看到「高知家」的標誌，無論是旗幟、店家或是商品上就印著高知家，這個「高知家」到底是誰呢？其實它是高知縣政府在2014年推出的宣傳文宣，是為了傳達生活在高知縣的住民們都如同家人般親密，就像個大家庭，而打上高知家文字感覺就是像是被認證過。事實上去過一趟弘人市場就知道，高知人真的很自然熟，很活潑且愛聊天，馬上就讓人融入環境呢。

高知駅高速巴士站(高知駅バスターミナル)

8:00~18:00，自動售票機5:15~23:30，等待處5:15~23:40 www.tosaden.co.jp

來往高知周邊城市最省錢的方式就是搭高速巴士，像是往東京、名古屋的長途巴士、關西京阪神地區，或是四國其他縣市的高速巴士都可在此搭乘，可以至人工窗口或是自動售票機購買車票。MY遊巴士乘車券(MY遊バス乗車券)、土佐電車一日乘車券皆可在此購買。

伴手禮店

Kiosk高知銘品館8:00~19:30，便利商店5:30~22:00，咖啡廳7:30~17:30，庄や11:00~22:00

高知駅附設有伴手禮店家及餐廳等，多樣化的土特產商品一次買足，肚子若餓了，亦能在此品嘗到在地鄉土料理。

土佐電氣鐵道

土佐電気鉄道

別冊P.17,C3 後免町~はりまや橋(播磨屋橋)6:00~21:25；高知駅前~はりまや橋(播磨屋橋)~桟橋通五丁目6:19~21:22 依區間定價，市內區間均一價大人¥200，其他區間大人¥130~480不等 www.tosaden.co.jp

簡稱為「土佐電鐵」、「土佐電」的土佐電氣鐵道，**共有南北向和東西向2條線**，在「はりまや橋」(播磨屋橋)站成十字交叉，南北向的棧橋線，東西向的伊野線、後免線在介良通~曙町東町區間，車資均為¥200。

遇到重要節日，會有異國電車在街上運行，煞是有趣。

電車是採「後門上車，前面下車、投錢」，有一日乘車券的下車時記得出示給司機看。

下車前要記得按鈴。

如果要換轉乘怎麼辦？

「はりまや橋」(播磨屋橋)站是轉乘站，如要換線搭乘記得跟司機拿取轉乘券，這樣換線就不用再付一次車票錢，如果是使用一日券的旅人直接出示乘車券即可。

電車一日乘車券(市內均一・全線)

一日之內可在適用區間內無限次搭乘，軌道全線可利用的區間為後免町~伊野、高知駅前~桟橋通五丁目，市內均一區間為介良通~曙町東町、高知駅前~桟橋通五丁目間。

可在路面電車內、播磨屋橋服務中心、後免町服務中心、高知駅巴士案內所(高知駅高速巴士站)、土佐電交通桟橋窗口、高知觀光情報發信館TOSATERASU(とさてらす)、城西館、The Crown Palais新阪急高知、三翠園、Orient Hotel Kochi 軌道全線大人¥1,000、小學生¥500；市內均一區間大人¥500、小學生¥250。

乘車券是像刮刮樂一樣，購買完畢售票人員會將使用日期刮開。

高知旅遊廣場

おすすめ 薦

最齊全的高知縣觀光資訊都在這裡了！

こうち旅広場

別冊P.17,C3 高知駅南口出站即達 高知観光情報発信館とさてらす 088-879-6400 高知市北本町2-10-17 8:30~18:00 www.attaka.or.jp

緊鄰著高知駅南口的高知旅遊廣場(こうち旅広場)，**集合高知縣內各個地區的旅遊資訊，是抵達高知必訪的首選地**。館內有高知觀光情報發信館「TOSATERASU(とさてらす)」，還可在「土佐屋(とさ屋)」買高知伴手禮。

廣場一旁的停車場就是前往桂濱的「My遊巴士」搭車處。

TOSATERASU(とさてらす)

088-879-6400 8:30~18:00

裝飾成町屋造型的「TOSATERASU(とさてらす)」**提供最齊全的高知縣觀光資訊**，以及住宿、行李運送或交通票券等服務皆有包含，除了旅遊手冊，介紹各地的觀光影片、VR體驗更是樣樣不少。

五顏六色的宣傳紙或手冊都超可愛！

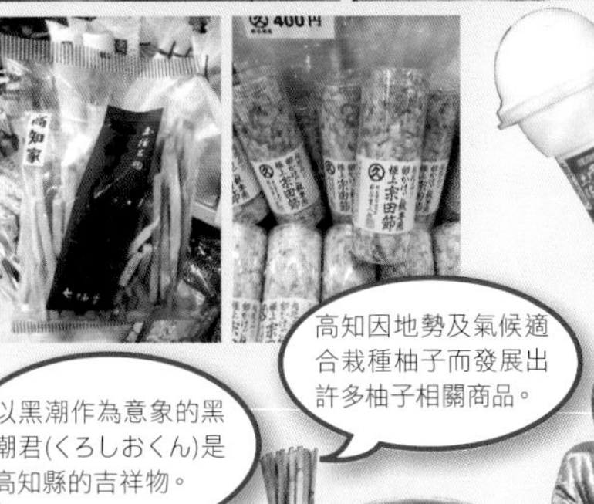

高知因地勢及氣候適合栽種柚子而發展出許多柚子相關商品。

以黑潮作為意象的黑潮君(くろしおくん)是高知縣的吉祥物。

坂本龍馬相關的商品。

土佐屋

とさ屋

088-879-0185 8:30~18:00，茶屋至17:30(L.O.17:00)

土佐屋**陳列出百樣高知伴手禮**，從食品、生活用品到工藝品等，其中最多的就是坂本龍馬及柚子相關的周邊商品。

RINGBELL

おすすめ 薦

リンベル

高知限定的「帽子麵包」！

別冊P.17,B3　高知駅徒步約17分　088-822-0678　高知市永国寺町1-43ハイツ永国寺1F　7:00~18:00　休週日、例假日

リンベル為永野旭堂本店直營的麵包店，外觀看來不甚起眼，但其實**它是高知代表性美食「帽子麵包」(ぼうしパン)的發源店**。造型如同草帽的可愛麵包出現於1955年左右，底層圓盤狀的麵包嚐來口感綿密且帶著微微香氣與甜味，上頭則相當鬆軟，深受當地民眾喜愛。也推出縮小版、但裡頭包著紅豆餡的小草帽，推薦結帳時可以點杯飲料，在店內附設的內用區慢慢享用。

除了招牌草帽，這裡還有販售近80種麵包。

弘人市場也有分店，每到用餐時間總是大排長龍。
営餃中

屋台安兵衛

別冊P.17,C3　高知駅徒步約11分　088-873-2773　高知市廿代町4-19　19:00~翌3:00(翌2:30)　休週日　mfc-group.jp/yasube

屋台餃子(煎餃)7個¥600

創業於1970年的安兵衛，在高知市內共有5處店面，**其名物煎餃在高知幾乎是無人不知**，超薄的外皮包裹著飽滿餡料，為了確保口感，點餐後職人才會現場包餃子，需要稍微耐心等待。甫上桌的煎餃散發誘人氣味，輕咬一口，鮮甜肉汁從煎得香酥的外皮中迸出，香氣溢滿口腔，因安兵衛的煎餃體型較小，一兩口就可以把一整個吃完，讓人吮指回香的美味即使多點個一兩盤也能輕鬆下肚。

有無印良品、UNIQLO、Right-on等商店進駐。
TOHO CINEMAS
5倍

AEON 高知

イオンモール高知

別冊P.17,C3　高知駅北口徒步約10分；北口高速巴士站2號月台搭乘接駁巴士，路程約10分，車票大人¥200、小學生¥100　088-826-1358　高知市秦南町1-4-8　10:00~21:00，食品賣場7:00~23:00，餐廳11:00~22:00　kochi-aeonmall.com

2000年開業的AEON，據點稍遠離市區，開幕前受到中心商店街的大規模抗議，現在已成為當地人最愛逛的地點之一。**占地遼闊的AEON共有三層樓，1~2樓一側為主婦們撿便宜的大型賣場**，另一側則是從年輕人到熟齡者都愛逛的百貨，並規劃有美食區，3樓則為電影院，可以逛上好幾個小時。

超市土佐選物

到日本每個城市一定要逛逛當地的超市才過癮，高知市的當然也要逛一波超市，看看是否有當地才有的土佐特產！離高知駅最近的一間超市就是Ace ONE(エースワン高知駅前店)，像是餅乾、冰淇淋等食品，或當地產的新鮮水果等等都值得一試！

Ace ONE

(エースワン高知駅前店)

088-871-1228 高知市北本町1-8-1 7:30~23:00 ace1.co.jp

加入土佐地雞蛋黃製成的「土佐ジローアイスクリン」。

高知在地種植的草莓「紅ほっぺ」。

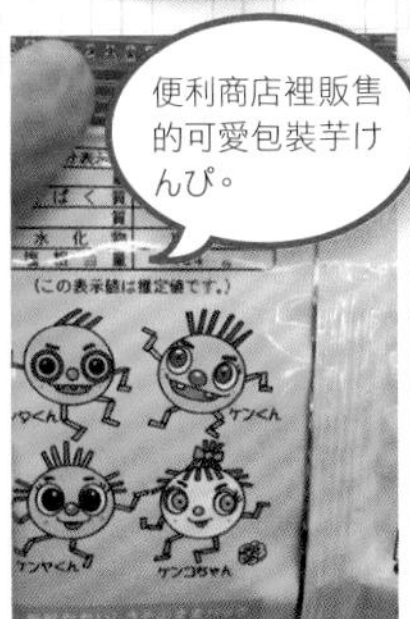

便利商店裡販售的可愛包裝芋けんぴ。

播磨屋橋

はりまや橋

別冊P.17,C4 高知駅徒歩約15分，土佐電鐵はりまや橋駅徒歩約1分 高知市観光振興課088-823-9457 高知市はりまや町1

播磨屋橋由江戶時期的豪商播磨屋出資搭建，歷經數次搭建，**現在所看到的建於1998年，朱紅的橋身相當引人注目**，流傳著和尚純信和馬的悲戀，至今仍膾炙人口。播磨屋橋是兩條成十字狀垂直的土佐電車線交錯的地方，電車來來往往，對面的機關時計報時，更是有趣。

地雞肉經天然鹽簡單調味火烤後，肉質清香柔嫩。

店家使用備長炭親手烤製美味串燒。

おすすめ 薦

こっこ亭

高知必嚐美味地雞料理！

別冊P.17,C3 土佐電鐵蓮池町通駅徒歩約1分，はりまや橋駅徒歩約5分 088-873-8008 高知市はりまや町2-1-17 17:30~22:00 週日(遇假日順延一天)

居酒屋「こっこ亭」除了常見的串燒、酒類、沙拉、炸雞，還可見到菜單上「地鶏土佐ジロー」不斷出現，這是高知相當美味的雞種，由當地的土佐地雞公雞與美國羅德島紅雞的母雞配種而成，**雞肉脂肪少、甜味佳且營養豐富**，製作成串燒，以黑潮町天然鹽簡單調味後經備長炭燒烤，引出其最大的甜味，濃縮了雞肉養分的雞湯清淡順口，每一道料理都讓人齒頰留香。

高知公園在春天時也是極棒的賞櫻地點。

高知公園

別冊P.17,B4 高知駅徒步約30分；土佐電鐵高知城前駅徒步約7分 高知城管理事務所088-824-5701 高知市丸ノ内1-2-1 自由參觀

在高知市中心的高知公園，境內的高知城天守、御殿還留存著當時的歷史風情，**登上天守閣還可一望高知市街，被選為日本100名城**。每年春天240株櫻花綻放，與高知城相映成趣，別具情調。

高知城

おすすめ 薦

入選日本100名城之一，登高一覽無遺高知市街。

高知城管理事務所088-824-5701 高知公園內 9:00~17:00(入館至16:30) 休12/26 ~1/1 高知城天守・懷德館・東多門・廊下門¥420，18歲以下免費(需出示證件) kochipark.jp/kochijyo/

高知城位於高知市中心，高知城前的追手筋是日曜市的場地，升斗小民數百年來就在高知城腳下生活呼吸。**高知城建於1601年，其後兩年間本丸、二之丸才陸續建立，已有數百年歷史**，天守閣共有三層六樓，高約18公尺，外圍鑲有擬寶珠的欄杆，當初可是經過幕府的許可，才得以裝飾的。高知城是唯一一座可以將追手門和天守閣一起入鏡的城堡。

山內一豐夫人的雕像

城內有初代藩主山內一豐的夫人千代的雕像，女性的雕像相當少見，一問之下才知當時山內一豐相當中意一匹名馬，但因所費不貲而沒買下，千代夫人得知後，用自己的私房錢買下這匹馬，並贈與丈夫，託這匹名馬之福，山內一豐在戰場上屢獲奇功，將軍青睞有加，此後仕途自然扶搖直上，因此這位賢內助自然必須好好記上一筆。此外以「板垣雖死，自由不死」之言撼動人心的自由民權家板垣退助，他的雕像也立在高知城裡，供人緬懷。

宏偉的追手門、黑鐵門等都被列為國家重要文化財。

穿過黑鐵門後能看見美麗的景色。

日曜市

おすすめ 薦

限定週日的在地小市集～

別冊P.17,C3 高知駅徒歩約15分；土佐電鐵蓮池前通駅徒步約3分 高知市産業政策課(街路市係)088-823-9456 高知市追手筋 每週日6:00~17:00 休1/1~1/2、8/10~8/12YOSAKOI祭典(よさこい祭り)在追手筋舉辦期間 tosagairoiti.ojyako.com

日曜市(週日市集)當然只有週日看得到，**從高知城往東綿延1,300公尺的露天市集，是全日本歷史最悠久的市集**，至今已有300多年。在追手筋大道上，有各式各樣的貨物，在高知市近郊耕種的農人擔來自家蔬菜水果，價格比起店裡買的更實惠，章魚丸子、炸雞香氣撲鼻，蒼翠繽紛的花花草草是幽香陣陣，傳統工藝品的魅力更是無法抵擋，喜歡挖寶的絕對別忘了來這裡。

超過400間攤子集結於此，吃的、用的一次買齊！

分別在週二有火曜日市集、週四有木曜日市集及週五的金曜日市集。

小自土佐和紙卡片大到精心打造的刀、古董、陶瓷器，這裡都有。

アイスクリンコーン(土佐冰淇淋)

ゆずづくしポテトチップス(期間限定柚子醋洋芋片)

用土佐犬做為可愛的糖果包裝。

高知產的地酒也相當有名！

土佐黑潮水産 黒潮ひろば

おすすめ 薦

高知物產應有盡有，伴手禮就在這裡買吧！

別冊P.17,B4 土佐電鐵大橋通駅徒步2分 088-872-9640 高知市帯屋町2-2-23 10:00~20:00 tosa9640suisan.myshopify.com/

位在弘人市場旁的「土佐黑潮ひろば」是棟兩層樓建築，**1樓部分為高知各地名產販售中心，2樓為餐廳**。這裡找得高知相關的各式伴手禮，食品、手工藝或是酒類等皆能滿足你，二樓則可以品嚐到新鮮的海產料理，高知必吃的鰹魚料理、鮪魚或是伊勢龍蝦等，還能體驗傳統的鰹魚稻草燒(藁焼き)。

高知大丸百貨就在新京橋商店街旁。

新京橋商店街

別冊P.17,C4 土佐電鐵はりまや橋駅徒步約3分 高知市はりまや町1

高知市區裡有近10多條商店街，每條都相互交接一起，時常逛一逛就接到另一條商店街。而位在**高知大丸百貨公司西側的「新京橋商店街」**，即在播磨屋橋一側，與自江戶時代就有的京町商店街交錯，街上分佈約50間店鋪，餐廳、服飾店或土產店皆有。

帶屋町筋商店街

おすすめ 薦

高知市區裡最熱鬧的商店街！

帶屋町筋商店街

別冊P.17,C4　土佐電鐵堀詰駅或大橋通駅車徒步約3分　高知市帶屋町2丁目　yosakoi-town.net

位在高知市中心的帶屋町筋，可說是**高知市最長、最熱鬧的商店街**也不為過，超過一公里的拱廊型商店街，一個入口位在近路面電車端，另一入口則是靠近高知城及弘人市場那方，商店街上齊聚最新的商店，這裡也是每年夏天高知YOSAKOI祭的會場之一。

商店街內有提供免費wifi連線服務。

藥妝店也好買！

商店街裡除了餐廳、服飾店、鞋店等各式店家，最少不了的就是藥妝店了！在帶屋町商店街裡也有多間藥妝店，像是松本清(マツモトキヨシ)、TSURUHA Drug(ツルハドラッグ)及Cocokarafine(ココカラファイン)等，每間占地廣大又好買！

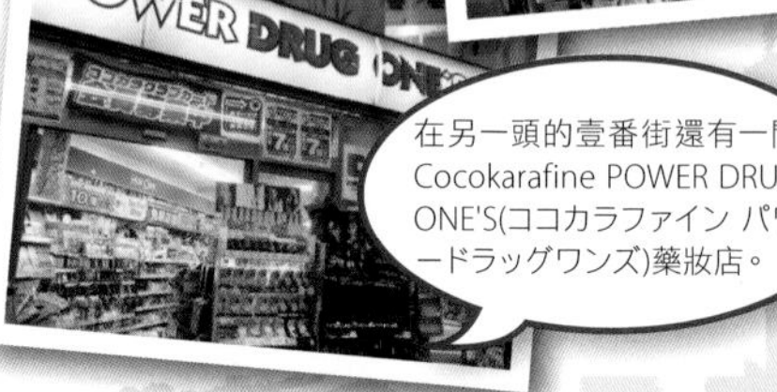

在另一頭的壹番街還有一間Cocokarafine POWER DRUG ONE'S(ココカラファイン パワードラッグワンズ)藥妝店。

MAMAIKUKO

ママイクコ高知

088-823-4111　高知市帯屋町1-14-1 アベニューII 2F
10:00~20:00　休不定休　mamaikuko.jp

雜貨迷決不能錯過的「MAMAIKUKO」在帶屋町商店街裡也有！以販售生活雜貨為主的MAMAIKUKO，在日本各地都有分店，品牌主打「為家人及自己著想」，店內販售的選物皆有好質感。高知分店也秉持相同理念，從商品感受到其中的細緻生活，**店內不免俗的放上高知限定的柚子商品專區。**

可愛的貓咪商品。

日本製的襪子，品質好又柔軟。

Hanako はりまや橋店

088-823-8406 高知市帯屋町1-5-1 10:00~19:00

位在帶屋町商店街內的「**Hanako」是毛織品專賣店，其中以襪子商品為最大宗**，其次是像毛衣、內搭褲等。襪子的產地有分為中國製及日本製的商品，價格上也會不一樣，挑選時可以多加留意。

ecocca

イコッカ

088-826-2239 高知市帯屋町2-1-29 午餐11:00~15:00，下午茶15:00~17:30，晚餐18:00~23:00

www.instagram.com/ecocca_obiyamachi/

在帶屋町商店街進駐越來越多新穎的店家，這間位在商店街中央的「ecocca」，簡單白色建築在商店街裡特別顯眼，老闆是以烹煮和食出身，在**ecocca則推出和食及洋食的創意料理**，每日午餐定食內容不固定，讓人每次來都有新的味覺享受。

1樓有桌席及櫃台座位，在2樓還有設置一間和室包廂。
每日午餐(いつものごはん) ¥850

土佐茶衍生出的聖代、冰沙、蘇打汽水等各式甜點及飲品。

挑選高知當地的茶葉泡出濃郁的現泡茶。

ひだまり小路土佐茶カフェ

088-855-7753 高知市帯屋町2-1-31 11:00~17:00(L.O.16:30) 休 週三(週假日順延翌日休) 午餐定食¥780起

高知縣為土佐茶的產地，栽種於仁淀川、四萬十川流域的山間地區，產出的茶葉濃郁且不苦澀，高品質在日本相當受到喜愛，而**這間咖啡廳就是以土佐茶為中心所開設**。一派和風優雅的土佐茶カフェ，感覺彷彿來到了京都，想純粹品味現泡茶的話，店內提供約10種茶供挑選，喜歡的話可以購買茶葉帶回家慢慢品茗。

HONIYA

ほにや本店

088-872-0072 高知市帯屋町2-2-4 11:00~18:00(週六至19:00) 休週二、三 honiya.co.jp

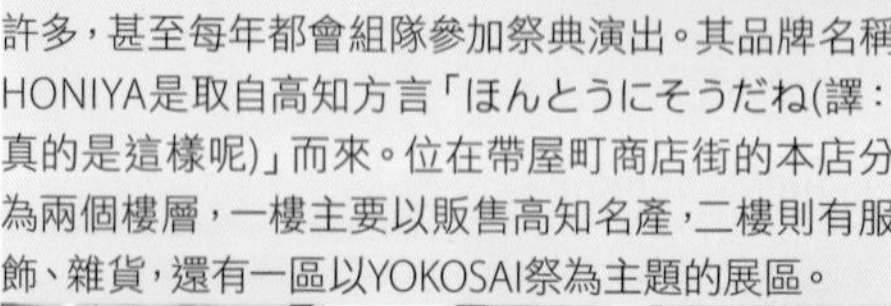

已在高知深耕許久的「**HONIYA**」**以製作制服及YOKOSAI祭穿著的服飾為主**，是間在地老店，對於YOKOSAI祭貢獻許多，甚至每年都會組隊參加祭典演出。其品牌名稱HONIYA是取自高知方言「ほんとうにそうだね(譯：真的是這樣呢)」而來。位在帯屋町商店街的本店分為兩個樓層，一樓主要以販售高知名產，二樓則有服飾、雜貨，還有一區以YOKOSAI祭為主題的展區。

繡上花朵紋樣的手拿包精緻又可愛。

OKOSAI祭特展區。

1樓販售高知特產。

金高堂 本店

088-822-0161 高知市帯屋町2-2 帯屋町チェントロ1F 10:00~20:45 www.kinkohdo.co.jp

位在帯屋町CENTRO旁的「金高堂」書店，是高知縣內最大的連鎖書店，因位在帯屋町商店街裡來訪的書客相當多。店內詳細的將書籍做分類，其中**兒童繪本區藏書量豐富**，手帳、文具類也是樣樣不少。

高知觀光服務中心

こうち観光ナビ・ツーリストセンター
Kochi Tourist Information Center

088-856-8670 高知市帯屋町2-1-25 新生ビル1F西 10:00~18:30 休1/1 navi.kochi.jp/

位在帯屋町商店街內的「高知觀光服務中心」是處**專門服務外國遊客而成立的觀光資訊中心**。2019年成立的高知觀光服務中心內常駐有英文對應的工作人員，高知縣內多語言版本的旅遊資訊，此外還有免費wifi、寄放行李或是免費手機充電服務等。

5019 PremiumFactory 高知本店

☎088-872-5019 ⌂高知市帯屋町1-10-21(帶屋町中央公園旁) ⌚午餐11:00~15:00(L.O.14:30)，週日例假日至17:00；晚餐21:00~翌4:00(L.O.翌3:00)，週日18:00~0:00 休週四、不定休 5019.jp/

中午是咖啡廳、晚上則成為酒吧的5019 Premium Factory，最具話題性的就是那**高達20公分的龍馬漢堡**，鰹魚、地產蔬菜、煎蛋、起司片、牛肉漢堡排層層堆疊，氣勢十足，可選擇使用刀叉切小塊送入口，或是稍微壓扁後直接豪邁地大口咬下，滿點的份量連大食量的男性都會感到飽足。

龍馬バーガー(龍馬漢堡)¥1,200

Illumination Festa (イルミネーションフェスタ)

約2萬5千顆閃閃發亮的LED燈將夜幕低垂後的高知市點亮，地點就為在最熱鬧的帶屋街筋商店街旁的中央公園，還有高達17公尺的白色光之聖誕樹，閃耀動人的光芒讓人沉醉。

⌂高知市中央公園
⌚11月下旬~1月中旬

©高知縣

商品會依主題、季節而不定期更換。

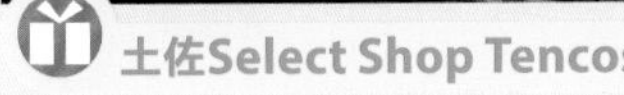

土佐Select Shop Tencos

土佐せれくとしょっぷ てんこす

☎088-855-5411 ⌂高知市帯屋町1-11-40 ⌚商店9:00~21:00，咖啡廳11:00~16:00 tencosu.com

這裡聚集**高知縣內全34市町村所生產的當地名物與物產**，近1,000件品項種類可說是包羅萬象，區分為精選區及34市町村區，提供許多特色商品供顧客選購，包含四萬十川的海苔、零嘴芋けんぴ、以各地盛產蔬菜水果製作的各式調味料及果醬、坂本龍馬造型商品、木工品等。附設的咖啡廳可享用新鮮高知食材製作的餐點及甜食，健康滿點的每日午餐相當受到好評。

市場角落進駐幾間新潮的立食店和甜點店。
油炸過的番薯籤「芋けんぴ」(kenpi)，裹著白糖霜外衣，甜蜜滋味令人一口接一口。
芋ケンピ 305g ¥380.-
ひろめ市場
四周小販吆喝叫賣著自家的自豪料理。

黃澄澄剛起鍋的炸雞，香氣誘人

おすすめ 薦

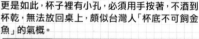

弘人市場

ひろめ市場

庶民美食集散地，一起來和高知人乾杯！

別冊P.17,B4 土佐電鐵大橋通駅徒步約3分 088-822-5287 高知市帯屋町2-3-1 10:00~23:00，週日9:00~23:00 休1/1 hirome.co.jp/

ひろめ市場像是高知市的傳統市場，大約有60間居酒屋和名產店聚集在此，空間可分為龍馬通、城下廣場、いごっそう横丁、乙女小路、自由廣場、はいから横丁、ひろめばる以及ぎっちり日曜市。這裡就如同夜市一般喧鬧，餐桌上三五好友成群，熱烈交談，高知名物鰹のタタキ(炙烤鰹魚生魚片)風味絕妙，更是不可錯過。

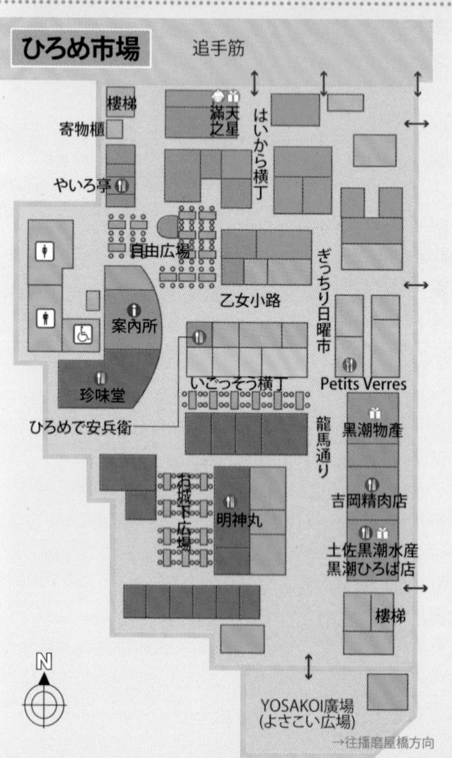

杯底不可飼金魚

高知舊名土佐，不同於鄰縣愛媛一派風花雪月的文人性格，高知人具有太平洋的狂放開闊，善評論，好議政，幕府末年人才輩出，連土佐歌謠都唱著：「太平洋是我家的小池塘……」，豪放可想而知。高知縣海岸線極長，是坂本龍馬的故鄉，鄉親自然對阪本龍馬推崇備至，哪裡都可瞻仰到龍馬像，甚至可以買到以龍馬為名的點心和酒。高知人以豪爽聞名，喝酒更是如此，杯子裡有小孔，必須用手按著，不酒到杯乾，無法放回桌上，頗似台灣人「杯底不可飼金魚」的氣概。

店內也有販售招牌滿天之星大福(ほうじ茶大福)。
焙茶愛好者決不能錯過的專賣店!
滿天の星
ほうじ茶専門店

滿天之星

スイーツ食堂 マンテンノホシ

088-821-6621 弘人市場內 はいから横丁 攤位45號 12:00~23:00 休週一 www.manten-hoshi.jp

來自津野町的「滿天之星」，**以選用高知四萬十川源流種育而成的茶葉製作的「滿天之星大福(ほうじ茶大福)」為人氣商品**，彈性的外皮包入濃厚的生奶油及紅豆，因為外皮上的焙茶粉讓大福的茶香更為濃郁。位在弘人市場內的分店除了買得到大福還有販售茶葉及霜淇淋，另附有一處餐廳可享用來自四萬十食材製作的美味餐點。

吉岡精肉店

088-820-5866 弘人市場內 龍馬通り 攤位2號 10:00~21:00(週一至19:00)，週日9:00~21:00 休週二

想要大口吃土佐和牛就來弘人市場內的「吉岡精肉店」！店內採用新鮮肉品當天現炸現賣，店內有可樂餅、炸雞或是串燒等，其中**必點的是山賊炸雞(山賊から揚げ)**，使用洋蔥、蒜頭醃漬過的雞肉再油炸，吃起來鹹香夠味超下酒！店內有提供外帶服務。

包裝好的海鮮丼飯、生魚片，外帶吃也超方便!

土佐黑潮水產

088-872-9640 弘人市場內 龍馬通り 攤位1號 10:00~22:00，週日9:00~22:00

位在弘人市場正門口的「土佐黑潮水產」**以鰹魚為店內招牌商品**，其他新鮮海產也種類繁多，讓來客目不暇給。店內在週末假日時更會上演鰹魚稻草燒(わら焼タタキ)，讓你見識高知最有名的人氣美味！

やいろ亭

☎088-871-3434 ⌂弘人市場內 自由広場 攤位40號 ⏰10:00~21:00，週日9:00~21:00

やいろ亭專門提供各色海鮮料理，臨近太平洋的高知市擁有豐富漁貨，所以這裡的海產也相當新鮮，招牌菜色為烤鰹魚生魚片，在當地民眾之中相當具有人氣，是許多人心中排名第一的美味，小菜炸四萬十川天婦羅嚐來爽口，輕易地就能將一整盤完食，另外還有提供螃蟹奶油可樂餅、炸鯨魚肉等料理，喜歡嚐鮮的人也可以點來嚐嚐。

塩タタキ(鹽味炙烤鰹魚生魚片)5片¥1,300

青さのり(炸四萬十川青海苔)¥550

Petits Verres

土佐あかうしとワイン プティ・ヴェール

☎088-822-2520 ⌂弘人市場內 ぎっちり日曜市 攤位59號 ⏰午餐11:00~15:00(L.O.14:00)，晚餐17:00~22:00(L.O.21:00) 休週一、二 $開胃菜¥500起、餐點¥800起 🌐tosaakaushi.com/petitsverres/

在庶民氣氛十足的市場內，竟然會有如此優雅的洋食館隱身其中？Petits Verres開幕於2012年，對主打海鮮、小吃的ひろめ市場來說可是相當新奇，這裡提供的菜色相當豐富，從**沙拉、披薩、義大利麵、飯類、魚肉料理、甜點，甚至還有數十種紅白酒供顧客點選**。Petits Verres最自豪的當屬國外直接進口的法國葡萄酒，還有多款啤酒、燒酎等，以平實的價格就能享用到一杯美酒，坐在吧台旁，讓人完全忘記自己原來是身在市場中。

珍味堂

☎088-872-0266 ⌂弘人市場內 お城下広場 攤位21號 ⏰10:00~22:30，週日9:00~22:30

珍味堂運用直送市場的新鮮魚類及蔬菜，製作出架上滿滿的**各式生魚片、小菜、關東煮、星鰻苗(のれそれ)等豐富菜色**，午間還有現點現煮的烏龍麵、拉麵等熱食，種類之多樣讓人驚訝，而一道約¥250起跳的價格更是令人驚喜，可以用少少的錢一次品嚐多樣小菜。

大橋通商店街

大橋通り商店街

別冊P.17,B4 土佐電鐵大橋通駅下車即達 高知市本町2-1 www.kochikc.co.jp/ohashidori

大橋通為高知市內商店街其中一，鄰近高知城及弘人市場，因入口就在土佐電鐵大橋通駅，也是來客最多的商店街。每年7月舉辦的「土曜夜市」也是發源自大橋通，每到YOKOSAI祭典也將這裡擠得水洩不通。

街上會看到無人看顧的「良心市」，如有看中意的再將錢投入料金箱裡即可。

在各大商店街上總會看到「明神丸」的蹤影，其最知名的是鰹魚稻草燒料理。

菜園場商店街

おすすめ 薦

充滿在地人情味的迷你商店街。

別冊P.17,C4 土佐電鐵菜園町駅下車即達 高知市菜園場町

菜園場商店街位在播磨屋橋往東徒步約5分鐘距離，商店街上有水果店、鮮魚店、精肉店、雜貨店及生活用品店，比起帶屋町商店街一帶這裡**更帶著在地的質樸生活氣氛**，緩緩的走過小小的店面，再逛進後方的住宅區也能發現巷弄裡的小趣味。

菜園場的名字由來是此地在江戶時代曾是種菜給土佐藩主食用的蔬菜田。

ぜにや菓子店

088-883-0413 高知市菜園場町4-15 10:00~15:00 (依季節而異，詳見官網) 休週六、日、例假日 www.instagram.com/zeniya_kashiten/

只營業平日的ぜにや，復古的店面還以為是雜貨店，沒想到裡面賣的是各式口味的瑪芬、餅乾及咖啡，在夏季時會推出美味的刨冰。

橫堀公園(武市半平太邸跡碑)

橫堀公園

高知市桜井町1-2-32 自由參觀

在商店街往西邊的方向有座「橫堀公園」，此處仍保有幕末志士「武市半平太」的道場跡碑。

魚の棚商店街

別冊P.17,C4 土佐電鐵はりまや橋駅徒步5分 高知市はりまや町6 uonotana-kochi.com/

從播磨屋橋商店街往北步行約5分鐘，即能抵達「魚の棚商店街」。魚の棚商店街全長僅有80公尺，其歷史典故可追朔至江戶時代初期，由土佐藩第3代藩主山內忠豊所開設，如商名街名稱是**多家鮮魚店齊聚的街道**。

YOSAKOI祭會場

8/9~8/12

從8月9 日開始為期4天的時間，舉城陷入瘋狂的祭典氣氛之中，市內9處競演場、7處演舞場同時展開，約200組隊伍、共計19,000人的超大規模，就這樣從早到晚熱情勁舞，未曾停歇。詳細舉辦時間及地點可上交流館網站查詢：高知よさこい情報交流館www.honke-yosakoi.jp

播磨屋橋商店街

おすすめ 薦

想體驗YOKOSAI祭典的熱鬧非凡，必到訪情報交流館！

はりまや橋商店街

別冊P.17,C4 土佐電鐵はりまや橋駅徒步5分 はりまや橋商店街振興組合088-882-4174 高知市はりまや町1-5-17 高知よさこい情報交流館10:00~18:30(入館至18:00) 休 高知よさこい情報交流館週三、12/29~1/1 www.kochi-shotengai.net/

全長約120公尺的「播磨屋橋商店街」，商店街內約有40間店家構成，其最特別的是街道上方利用大量高知縣的木材，打造出美麗的拱廊型商店街，這裡也是YOKOSAI的競演場之一。在街道盡頭還有一間**收藏著YOKOSAI祭珍貴紀錄的「高知よさこい情報交流館」**，讓來客可以盡情感受祭典的熱鬧氛圍。

龍馬誕生町紀念館

おすすめ 薦

龍馬の生まれたまち記念館

一窺這名令高知人自豪不已的幕末英雄的童年和青少年時期。

別冊P.17,A4 土佐電鐵上町一丁目駅徒步約3分 088-820-1115 高知市上町2-6-33 展示館8:00~19:00(入館至18:30)，商店8:00~18:30，交流中心9:00~22:00 大人¥300、高中生以下免費 ryoma-hometown.com

坂本龍馬出生於高知市的上町，自幼在此練習游泳和劍道，上京之前這裡就是他的全世界，為了紀念這位英才，高知市在2004年3月設立了龍馬誕生町紀念館。**紀念館以龍馬童年時期的人格塑造為主軸**，介紹19世紀中葉高知市的庶民生活，以及他的家庭背景。訪客可以透過紀念館裡的多媒體設備與童年時期的龍馬互動，館方更用活潑生動的多媒體動畫描繪龍馬的家庭生活，連成人也看得津津有味。

©龍馬の生まれたまち記念館

館內重現坂本龍馬孩童時期的生活場景。

©龍馬の生まれたまち記念館

龍馬和胞姐的情誼讓人印象深刻，被龍馬稱為「姊姊大王」的乙女，為了讓弟弟學會游泳，用竹竿勾著龍馬的內褲、硬逼他下水的故事幾乎是每位日本人都知道的。

©龍馬の生まれたまち記念館

坂本龍馬誕生地

別冊P.17,A4 土佐電鐵上町一丁目駅徒步即達 高知市観光振興課088-823-9457 高知市上町1-7 自由參觀

這裡曾為坂本龍馬誕生、成長的地方，在百餘年後的今日，雖一切早就物換星移，坂本龍馬的舊居也改建成了上町醫院，但在一旁仍建起了石碑，供觀光客感受龍馬曾在此處奔馳的氣息。碑上碑文由高知出身的前首相吉田茂所題字，現在每逢龍馬的生日與忌日11月15日，這裡便會舉行龍馬誕生祭，相當熱鬧盛大。

純信和馬的悲戀

五台山竹林寺的和尚純信和妙齡少女馬之間的禁忌之戀，不見容於世，只能秘密幽會。有天純信為馬買了一支髮簪被人看見，於是傳揚開來，成為當時最大的醜聞，純信被逐出竹林寺，馬也被家人帶離高知，悲戀寫下句點，兩人從此海天一方。地方歌謠的歌詞唱著「看到了和尚買髮簪……」，是高知最有名的夜來祭的主旋律，苦澀的悲戀被融合在歡樂的祭典中，或許可以平撫這對苦命鴛鴦的心靈吧。

能眺望高知市景及鏡川的男性露天風呂「いごっそうの湯」。
2樓設有「わら焼きたたきタタキ工房」，可以現場觀看鰹魚稻草燒的過程。
湯上がり茶屋「城見櫓」
©城西館
©城西館
©城西館
©城西館
おすすめ 薦

城西館

入住高知百年老旅館。

別冊P.17,A4 土佐電鐵上町一丁目駅徒步即達 088-875-0111 高知市上町2-5-34 Check in 15:00，Check out 10:00 www.jyoseikan.co.jp

城西館是歷史悠久的百年老店，創立於1874年，**寬廣豪華，連皇室政要、商界巨擘也常常蒞臨下塌**，從頂樓的露天溫泉池可以欣賞夜間打上燈光的高知城，瀰漫著華麗的氣息。

高知HOTEL

高知ホテル

離高知駅最近的商務型飯店。

別冊P.17,C3 高知駅南口徒步1分 088-822-8008 高知市駅前町4-10 Check in 15:00，Check out 10:00 www.kochihotel.co.jp

高知HOTEL鄰近JR高知駅，只要穿越站前廣場過馬路後即抵達，飯店一旁就是土佐電鐵軌道，從房間即能看到路面電車運行在路上的畫面。飯店內提供79間客房，分別有單人房、雙人房及雙床房型，乾淨簡單的設備住起來舒適又安心。飯店另有提供租借腳踏車服務，如需要可與詢問櫃台服務人員。

The Crown Palais新阪急高知

ザ クラウンパレス新阪急高知

別冊P.17,B4 土佐電鐵高知城前駅徒步約1分 088-873-1111 高知市本町4-2-50 Check in 14:00，Check out 11:00 www.crownpalais.jp/kochi

The Crown Palais新阪急高知市一家大型的現代化飯店，總共有242間房間、和洋式房型，飯店內的餐廳，提供鐵板燒、中華料理、日式料理等菜色，房間舒適寬廣，裝潢簡單而舒適。**離必到的高知城不遠，交通很方便。**

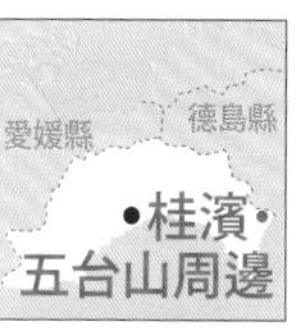

桂濱・五台山周邊

かつらはま・ごだいさん

Katsurahama·Godaisan

位於高知市南邊的五台山，是市民親近大自然的好去處，竹林寺和牧野植物園更是必到的景點。桂濱(桂浜)是一處位於龍頭岬和龍王岬之間的彎弓狀沙灘，襯著蒼翠蓊鬱的松林，更是遠近馳名的賞月名所，一輪滿月映照著白浪滔滔，或一彎新月掛在平面如鏡的海面上，都是扣人心弦的美景。現在利用My遊巴士就能將這兩處景點一次走遍。

交通路線&出站資訊

電車

JR四國高知駅◇土讃線

土佐電氣鐵道はりまや橋駅◇栈橋線、後免線、伊野線

巴士

◎可從高知駅或播磨屋橋駅(はりまや橋駅)轉乘高知縣交通巴士桂濱行方向，車程約30分鐘抵達。

🌐とさでん交通(土佐鐵交通)www.tosaden.co.jp/

出站便利通

◎去桂濱及五台山最方便的遊玩方式，即是利用高知駅站前的「MY周遊巴士」(MY遊バス)。下車後先至高知旅遊廣場(こうち旅広場)(詳見P.5-7，在服務中心可以看到高知許多地的旅遊資訊，可以在TOSATERASU(とさてらす)櫃台買周遊巴士票券。

◎往桂濱方向車程約50分鐘，於桂濱巴士站下車。

◎往五台山方向車程約20分鐘，於五台山展望台、牧野植物園正門前、竹林寺前下車。

觀光旅遊攻略

◎高知旅遊廣場(こうち旅広場)

☎高知観光情報発信館とさてらす 088-879-6400

⌂高知市北本町2-10-17(高知駅南口出站即達)

🕒8:30~18:00

🌐www.attaka.or.jp

MY遊巴士乗車券(MY遊バス乗車券)

五台山和桂濱離高知市區約有30分鐘的車程，推出的「MY遊巴士乘車券」是為外來觀光客量身訂作，可以搭乘平日一天9班，週六日例假日及春假、暑假一天9班經過五台山往返桂濱及高知市的My遊巴士。

⌂MY遊巴士車上、高知旅遊廣場(こうち旅広場)內的高知觀光情報發信館「TOSATERASU」(とさてらす)、合作飯店、高知駅高速巴士站、播磨屋橋Service Center(はりまや橋サービスセンター等處皆可購買

🕒JR高知駅發車40分~1小時一班，首班車8:00、末班車15:45；桂浜(桂濱)發車1小時一班，首班車9:30、末班車17:00

💲

價格 \ 票券	桂浜券 JR高知駅~竹林寺前~桂浜	五台山券 JR高知駅~竹林寺前
國中生以上	¥1,300	¥900
小學生	¥650	¥450

※1名大人可陪同1名學齡前小孩搭乘免費。

優惠內容：

①優惠價格參觀五台山竹林寺寶物館及庭園、龍馬誕生町紀念館、牧野植物園、桂濱水族館等設施。

②憑券可免費搭乘高知路面電車土佐電鐵「市內區間」路線。

③免費乘坐「單程」土佐鐵交通「桂濱~高知駅高速巴士站」路線。(※五台山券不適用於此優惠。)

🌐www.attaka.or.jp/kanko/kotsu_mybus.php

路線行經：(回程停靠站有不同)

JR高知駅→桂浜：JR高知駅ーはりまや橋ー五台山展望台ー牧野植物園正門前ー竹林寺ー住吉池前ー池通技術学校前ー龍馬記念館前ー桂浜

桂浜→JR高知駅：桂浜ー龍馬記念館前ー池通技術学校前ー住吉池前ー五台山展望台ー牧野植物園正門前ー竹林寺前ーはりまや橋観光バスターミナルー北はりまや橋ーJR高知駅

五台山竹林寺

別冊P.18,B2 高知駅搭乘MY遊巴士約29分至「竹林寺前」站;高知駅搭計程車約20分 088-882-3085 高知市五台山3577 8:00~17:00,寶物館·庭園8:30~17:00 大人¥400、高中生¥200、國中生¥150、小學生¥100、未就學小孩免費 www.chikurinji.com

竹林寺為四國八十八靈場第31番札所,建於西元724年,傳説聖武天皇夢見中國五台山的文殊菩薩後,下令行基和尚行腳全日本,找尋類似五台山的山岳以修建寺廟,終於尋到高知市附近的這塊寶地。**竹林寺是高知縣屈指可數的古寺**,被尊稱為「南海第一道場」。寺中供奉掌管智慧的文殊菩薩,所以每到考季,無數的考生蜂擁而至,以祈求佳績。

寺中的本堂、大師堂、五重塔都頗為可觀,寶物館裡的阿彌陀如來立像和千手觀音被列為國家重要文化財。

誰是坂本龍馬?

坂本龍馬(1835~1867年)留給後世的形象是徹徹底底的綜合體,身著和服,卻腳踏西式長靴,他使用髮油和古龍水,仍然佩帶傳統家紋。他左手總插在衣襟裡,有人説他隨身攜帶萬國公法,有人説是西式手槍,他和新婚妻子牽手而行,在當時是異類中的異類。

坂本龍馬為下級武士之子,身分地位不高,因此更能體察庶民飽受社會階級不公之苦,家族卻又是當地的商賈大戶,因此對互通有無的買賣耳濡目染,思想靈活。在日本仍實行海禁時,他就體悟海運的重要;在列強環伺時,就懂得研究萬國公法和國際社會對話,而一手締造薩長同盟,擬定的「船中八策」影響政局深遠。卻在31歲的英年遭刺殺,留給後世的是永遠為國家奔走擘畫的英傑形象,在新舊交替、洋和相雜的關鍵年代,其遺志感動日本近代史。

離坂本龍馬逝去已逾140年的今天,仍名列全日本最受尊崇的歷史人物榜首,後世為其著書立傳者不斷,其開創性的人格影響後世至今。

五台山展望台

薦

別冊P.18,B2 從高知駅搭乘MY遊巴士約24分至「五台山展望台」站,下車徒步5分 高知県公園下水道課 088-823-9853 高知市吸江210-1 自由參觀

站上制高點,一覽高知市街風景。

五台山位在高知市區的東南方,**春天為櫻花及杜鵑的賞花名所,同時也是知名的賞夜景景點**。來到服務中心屋頂的五台山展望台,高知平原在腳下無限延伸,250度的廣角視野將流淌其中的河川、翠綠山岳以及山水環抱的高知市區一覽無遺。到了夜晚,這裡則成為情侶的約會聖地,浪漫的氣氛讓所有人都沉醉其中。

展望台上能看見高知市街景、浦戶灣及高知平野的風景。

銅像屹立在桂濱公園內，面向著廣闊的太平洋，好像永遠在為日本找尋方向。

坂本龍馬銅像

別冊P.18,B3 高知駅搭乘MY遊巴士約52分至終點「桂浜」站，下車徒步5分；或搭乘高知縣交通巴士桂濱線，從高知高速巴士站約38分可達終點「桂浜」站，下車徒步5分，單程大人¥700 088-823-1434 高知市浦戸(桂浜公園內) 自由參觀

龍馬雕像立於1928年，由高知地方人士募捐而建，雕像所費不貲，折合約今日日幣7、8千萬日元。**雕像昂然而立，高達5.3公尺，加上立座為13.5公尺**，英姿雄發，所有人只能將頭高抬仰望才能將銅像收入眼底，而現在每年到10月中旬至11月下旬會舉行龍馬大接近的活動，在銅像旁會蓋起臨時展望台，日幣100元即可攀登至與龍馬同高度的地方，以同樣的角度俯瞰太平洋。

高知縣立坂本龍馬紀念館

高知県立坂本龍馬記念館

別冊P.18,B3 高知駅搭乘MY遊巴士約50分至「龍馬記念館前」站；或搭乘高知縣交通巴士桂濱線，從高知高速巴士站約37分可達「龍馬記念館前」站，下車徒步2分，單程大人¥700 088-841-0001 高知市浦戸城山830 9:00~17:00(入館至16:30) 企畫展18歲以上¥700，常設展18歲以上¥500，高中生以下免費 www.ryoma-kinenkan.jp

坂本龍馬紀念館的外觀設計成一艘面向著太平洋的船，好似隨時都可以乘風破浪，揚帆而去，和龍馬的遺志相應和。館內分為新館及本館，**收藏坂本龍馬寫給家人的親筆信和暗殺現場的沾血屏風，其他還有不少互動式的展覽品**，讓人一窺幕末日本人的世界觀，並接觸這位大英雄身處的世界，其他相關的書面資料也十分可貴。

館內珍藏許多與坂本龍馬相關的歷史資料。

坂本龍馬親手寫的書信。

從記念館可以看見太平洋。

牧野富太郎曾來台灣考察，一進大門映入眼簾的竹子就是來自台灣。

植物園內流轉著四季的美麗風景。

高知縣立牧野植物園

おすすめ 薦

植物園裡輕鬆森呼吸～

高知県立牧野植物園

別冊P.18,B1 高知駅搭乘MY遊巴士約27分至「牧野植物園正門前」站 088-882-2601 高知市五台山4200-6 9:00~17:00(入園至16:30) 休 12/27~1/1、維護日(2024年：6/24、9/30、11/25，2025年：1/27) 大人¥730，高中生以下免費 www.makino.or.jp

牧野富太郎博士被尊為日本植物學之父，日本的植物大多為他所命名，畢生獻身於學術，孜孜不倦，堪為學者表率，他用自製的老鼠毛筆將植物四季的模樣畫下來，看著用來夾植物標本的泛黃報紙堆積成山。紀念館就位於植物園內，圓形迴廊的中庭種滿植物，滿山遍野種植了3,000多種植物，綠意盎然，建築風格低調又不失高雅，是一種最沈穩的大方實用，據説設計靈感來自葉脈。

四萬十川

しまんとがわ
Shimanto River

從高知市往西南向走，會來到被稱為「日本最後的清流」的四萬十川流域。四萬十川(四万十川)是四國最長、流域面積第二大的河川，發源自四國山地的不入山，全長196公里，共匯集了318條支流，流經中村市，最後再緩緩注入太平洋。因為四萬十川不若其他河流湍急，而且上游沒建水壩，所以水質清澈見底，棲息了約150種魚類，堪稱日本第一。河面上架有47座沒有欄杆的沈下橋，當水位升高時會將橋面淹沒，沒有欄杆的設計可以減少水流的阻力，是獨特的景致。四萬十川保有河川未受污染的自然風貌，當地住民的生活和這條河流緊緊相連。

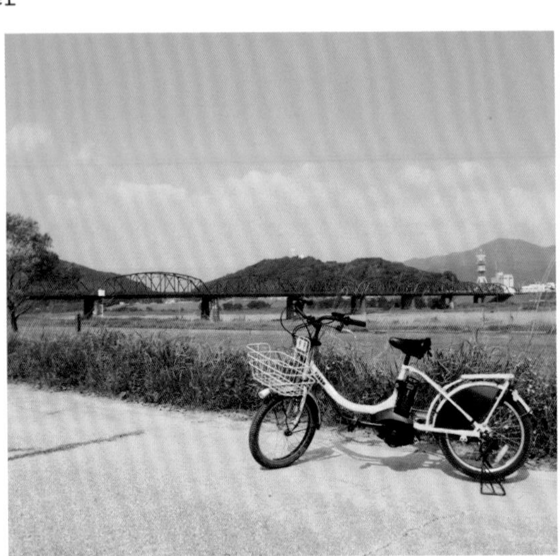

交通路線&出站資訊

電車

土佐黑潮鐵道(土佐くろしお鉄道)中村駅◇中村線

出站便利通

◎欲前往四萬十川各景點，先前往JR中村駅後再利用喜歡的交通工具巡遊，因巴士的班次較少，推薦抵達後到車站附近租車或租借單車，以自駕或騎單車的方式更為自在愜意。

◎四萬十市在假日期間有推出循環周遊巴士四萬十AKAME號(四万十ぐるっと観光バスあかめ号)，路線巡迴四萬十市街~佐田沈下橋。

上車時向司機購買一日券

黃金週(4月底~5月上旬)、暑假(7月下旬~8月底)、寒假(12月底~1月上旬)及春假(3月週六日)

大人¥500、小學生以下¥250、學齡前小孩免費

中村駅→アピアさつき(apia SATSUKI)→市役所前→新ロイヤルホテル四万十(新Royal Hotel四萬十)→佐田沈下橋駐車場→郷土博物館→一條神社→中村プリンスホテル(中村Prince Hotel)→トンボ自然公園(蜻蜓自然公園)→中村プリンスホテル(中村Prince Hotel)→市役所前→中村駅

www.shimanto-kankou.com/kanko/shimanto-river/bus.html

觀光旅遊攻略

◎四万十市観光協会

0880-35-4171

四万十市駅前町8-3

8:30~17:30

www.shimanto-kankou.com

周遊券名稱	四萬十·足摺巴士周遊券(四万十·足摺バスパス)
電話	0880-31-0233
販售地點	四萬十市觀光協會(中村駅)、四萬十Travel(中村駅)、高知西南交通本社、高知觀光情報發信館TOSATERASU(とさてらす)
價格	3日券大人¥3,000，5日券大人¥3,500
交通	土佐黑潮鐵道中村駅或宿毛駅下車
使用路線	·高知西南交通路線巴士全線(高速巴士除外) 路線：中村·清水·足摺·宿毛線(幹線)、江川崎線·下田線、大月町各地、黒潮町各地 ·周遊觀光巴士「四萬十·足摺號」(周遊観光バス しまんと·あしずり号) 運行日：週六日及例假日，3、4、7、8月的特定期間每天(詳見巴士周遊券官網) ·四萬十川巴士(四万十バス) 運行日：同周遊觀光巴士「四萬十·足摺號」
網站	巴士周遊券：hata-kochi.jp/buspass.html；四萬十·足摺觀光資訊：hata-kochi.jp/en
備註	限短期停留的訪日外國人使用

中村駅

別冊P.18,D3 土佐黑潮鐵道(土佐くろしお鉄道)中村駅 0880-35-4961 四万十市駅前町7-1 車站窗口、綠色窗口5:40~19:35 www.tosakuro.com/nakamura

位在四萬十市的中村駅，可說是**遊覽四萬十川最重要的窗口與轉運點**，從這裡可以搭上土佐黑潮鐵道的中村・宿毛線，奔馳在壯闊大海、蒼綠山巒以及潺潺不息溪流間，其中22座不時交錯的大小城鎮及無人車站，也很迷人。另外中村駅也是各式遊賞四萬十川遊程的出發點，周邊像是租車、單車、行程相當多選擇外，2010年以在地的檜木為材料重新設計的車站，舒適新穎又溫馨，囊括了國內外大大小小的設計獎，也相當值得一探。

在宛如被溫暖木頭包覆下的候車室，成了旅人最舒適的短暫休憩點。

四萬十川限定戶外活動

・獨木舟(カヌー)

最貼近四萬十川的遊玩方式就是獨木舟，推出獨木舟體驗的公司相當多，可以選擇1日或半日的行程，在講習過後才會開始下水體驗，裝備齊全加上四萬十川水流和緩，不會有安全的疑慮，初學者也可以輕鬆上手。

半日4km體驗：4/1~9/30早上與下午各一梯次，約1.5小時。(需預約) 半日4km體驗¥6,000(附裝備) 四万十 川の駅 カヌー館www.canoekan.com

・帆船體驗(舟母船)

想感受日本最後的清流四萬十川的美麗，可體驗當地俗稱舟母的帆船，早期運送火柴以及外來物資的舟母船至今僅剩無幾，簡單的木造船無屋頂揚帆風吹前進，更可以近距離感受四萬十川的美景。

3/1~12/20 9:15~16:15，每小時一班，船程45~50分 大人¥2,500、小學生¥1,200 舟母浪漫 松廣屋hata-kochi.jp/experience.cgi?id=1475662294

・腳踏車(サイクリング)

在大眾交通不甚方便的四萬十市，腳踏車旅行是最推薦的交通方式，中村駅旁的四萬十市觀光協會、カヌー館、新Royal Hotel四萬十等7處能租借腳踏車，如只是要短暫停留，一般會選擇4~5小時的方案，不過因橋與橋之間距離遙遠，至多只能看1~2座沈下橋即得回返，但短短的時間內所獲取的感動卻長烙於心。

カヌー館8:30~17:00，四万十市観光協会8:30~17:30 休カヌー館12/25~1/3 カヌー館：可異地返還變速腳踏車(乗り捨てマウンテンバイク)1日(8:30~17:00)¥1,500，24小時¥2,000；四万十市観光協会：一般腳踏車(シティサイクル)、變速腳踏車(マウンテンバイク)5小時¥1,000、24小時¥1,500，兩人座腳踏車(タンデム二人乗り自転車)¥2,500，電動腳踏車(電動アシスト自転車)¥2,000，可異地返還變速腳踏車(乗り捨てマウンテンバイク)5小時¥1,200、24小時¥1,700 四万十 川の駅 カヌー館www.canoekan.com/rinrin.html、四万十市観光協会www.shimanto-kankou.com/route_cycle 兩人座腳踏車及電動腳踏車需在17:30前歸回

四萬十川裡處處可見溪魚、昆蟲和水鳥的蹤跡。

四萬十川

おすすめ 薦

四万十川

別冊P.18,C2

日本最後的清流，一起追尋日劇場景的感動！

被稱為**「日本最後的清流」的四萬十川**，是處生意盎然的水域，租輛腳踏車兜兜風是個好主意，划獨木舟徜徉河上，更是偷得浮生半日閒。四萬十川流域有不少親水設施，著名景點有安並水車之里公園、蜻蜓自然公園等等。為了長保四萬十川的生機，使用草、木、石、土來代替鋼筋水泥，稱為「近自然河川工法」，政府舉辦無數座談會、研討會，落實自然教育，完善的社區網路讓保護河川成為每個人的責任，委實令人又敬又佩。

日劇《遲開的向日葵》

日本富士電視台於2012年10~12月間播放由生田斗真、真木陽子等人領銜主演的《遲開的向日葵》，劇中講述在東京工作的小平文太郎(生田斗真飾)，原本生活渾渾噩噩，經裁員、失戀雙重打擊後，決定加入四萬十市的地域振興隊後發生的故事。劇中四萬十川的絕美景色令人驚豔，吸引許多劇迷前去朝聖。

安並水車の里

別冊P.18,D3 中村駅開車約10分 四万十市観光協会0880-35-4171 四万十市安並2367 自由參觀

過去土佐藩山內家的家老野中兼山，為了灌溉周邊4個村落的農田，不僅挖水道引水，更設置了數十座水車汲水，數量最多時還多達近50座。現在10幾座在運轉的水車則是純粹供觀光欣賞用，沒有實際的功用。每到**5月下旬~6月中旬，周邊約450株紫陽花大肆綻放**，田園景色令人心曠神怡。

食醉亭 元屋

おすすめ 薦

深受當地人及觀光客喜愛的居酒屋。

別冊P.18,D3 從中村駅徒步約20分鐘，或搭乘巴士至「四万十市役所前」站，下車徒步2分 0880-35-0358 四万十市中村栄町22-1-6 18:00~23:00(L.O.22:30) 週日 syokusuitei-motoya.com/

臨海又臨川的四萬十市不可錯過的就是美味的魚鮮，**「食醉亭元屋」由在關西學習會席料理的老闆親自掌廚**，每日嚴選在地新鮮魚產外，舒適的店空間連價格都很合理。而來高知必吃代表性美食「半烤鰹魚」，食醉亭元屋則變化出鹽味及酸桔醬兩種調料，讓半生熟的鰹魚肉在味蕾上發揮得更動人，其他諸如青海苔天婦羅、現撈鯖魚刺身、海鮮可樂餅等等都是讓人咀嚼再三、捨不得呑落肚的美味。

佐田沉下橋

佐田沈下橋

別冊P.18,C3 中村駅開車約20分 四万十市観光協会0880-35-4171 中村市佐田 自由參觀

出現在日劇《遲開的向日葵》片頭曲的佐田沉下橋，一開始鏡頭從河面上向橋身拉近，以及主角群們站在橋上一起唱歌的畫面都讓人記憶深刻，**這座橋是離中村站最近的沉下橋**，全長291.6公尺，長度為四萬十川沉下橋中之最，年間吸引眾多觀光客造訪，尤其是春天一旁盛開的油菜花黃澄耀眼，與河流、沉下橋構築成一幅優美圖畫。

中村駅藍色的
橋墩是其最顯
眼的特徵。

勝間沉下橋

勝間沈下橋

別冊P.18,C2 中村駅開車約35分 四万十市観光協会0880-35-4171 四万十市勝間 自由參觀

別名「鵜ノ江沈下橋」的勝間沉下橋，鋼管材質的橋墩相當獨特，**與其他沉下橋不同，這座橋的橋墩為三腳而非兩腳，是其獨有的特色**。綿延不絕青山與澄澈見底的河水，讓這裡成為戲水、划獨木舟的水上活動天國，壯闊絕美的景色，也曾為電影《釣魚狂日記13》的取景地。

遊覽船

おすすめ 薦

體驗四萬十才有的河川風情。

別冊P.18,D3 中村駅開車約11分至四萬十川觀光開發;或中村駅搭乘高知西南交通巴士約8分至「中村」站,下車徒步即達 0880-36-2227 屋形船 四万十の碧 三里乗船場:四万十市三里1446 屋形船 ふらっと堪能コース9:00~16:00每小時一班 屋形船 ふらっと堪能コース大人¥2,000、小學生以下¥1,000 www.shimanto-ao.com

四萬十川上的遊覽船有數家不同的公司在經營,**屋型船的造型都相當典雅可愛,一趟遊河約費時60分鐘**,在螢火蟲的季節時,還可以出航欣賞自然奇景。搭乘觀光遊覽船還可參觀日本傳統的捕魚方法,若事先預約餐食,配著山光水色享用河裡捕來的烤鰻魚或香魚,味美景更美。

搭著屋型船更能體驗四萬十川的萬種風情。

不破八幡宮

別冊P.18,D3 中村駅開車約10分 0880-35-2839 四万十市不破1374-1 自由參拜

已**評選為日本國家重要文化財的「不破八幡宮」**,為文明年間(1469~1487年)一條公為了從京都的清水八幡宮將神祇迎至幡多作為當地守護神,而興建現在的不破八幡宮。其正殿採用三殿開列結構,使用木質板材舖設成屋頂,建築樣式充滿室町時代的風貌。每年九月舉行的不破八幡神社大祭,更是當地最熱鬧祭典。

たたら製鉄・古式鍛造工房くろがね

別冊P.18,C2 四萬十市市區開車約30分(約25公里);或中村站搭乘往江川崎的巴士,至「口屋內」站下車,徒步約15分 0880-54-1811 四万十市西土佐口屋 天王山944 1日鍛冶體驗(需事先預約)週五~日9:00~17:00 ¥20,000 ww8.tiki.ne.jp/~kurogane

距離四萬十市車程約30分鐘的「たたら製鉄・古式鍛造工房くろがね」,是全四國唯一一處手工打造菜刀的工坊,近中年才轉行的打鐵職人林信哉師傅,原本抱著想在自然中生活的想法開始跟著前一代工坊師傅學習,卻就此一頭栽進這個單調又能依照自己速度的打鐵世界裡,再經過千錘百鍊磨出想要的刀器。**看似不容易的打鐵技術,師傅簡單的英語跟肢體動作就足以溝通,因此也吸引不少千里迢迢前來體驗的外國人。**

くろがね
在四萬十川的大自然中,你也可以跟著師傅一起打造一把專屬自己的刀具。
職人細心地教導學員如何將砂鐵熔成鐵塊。

新Royal Hotel四萬十

新ロイヤルホテル四万十

別冊P.18,D3 中村駅徒步約20分 0880-35-1000 四万十市中村小姓町26 Check in 15:00,Check out 11:00 www.nrh-shimanto.co.jp

從四萬十川市中心徒步約5分鐘腳程的「新Royal Hotel四萬十」,全館擁有100間以上的房間,和室與洋室客房皆有,各客房可免費無線上網且設施相當齊全,4樓還設有**大浴場及三溫暖室供住客利用,洗去一日旅途的疲勞**。附設餐廳「ふじ」提供多元而豐盛的餐食,可同時享用到懷石料理、鰻魚飯、牛排、義大利麵等日式與法式料理。

四萬十川走遠一點：足摺

高知西南角的足摺，波瀾壯闊，驚濤裂岸，大海將海岸線織成了沒有盡頭的奇岩怪石，足摺位於足摺宇和海國立公園的中心，北上黑潮的長期洗禮形成了足摺獨特的自然景觀，周邊的魚類也相當豐富，彩色珊瑚遍布，是不可多得的潛水聖地。從地下1,000公尺湧出的溫泉，更讓足摺成為四國最南端的溫泉鄉。

足摺岬繡著白花花的海浪，形成絕美的景色。

足摺岬

おすすめ 薦

別冊P.17,B2 中村駅搭乘開往足摺岬センター(足摺岬中心)的高知西南交通巴士，約1小時40分至「足摺」站下車，徒步5分 土佐清水市足摺岬 自由參觀

大自然是最好的藝術家，欣賞千百年來海蝕作用形成的天然美景。

足摺岬是四國最南端，花崗岩台地經過沈降隆起的地理作用，高達80公尺的斷岩絕壁襯著深淺不一的湛藍，海景之美，盡在不言中。若從「白皇神社前」站下車，徒步5分即可來到因黑潮海蝕而成的白山洞門，這一帶有許多海蝕洞，其中以高16公尺、寬17公尺的白山洞門最具規模，震耳的浪潮聲響更添其壯闊氣勢。

足摺岬燈塔

足摺岬灯台

別冊P.17,B2 中村駅搭乘往足摺岬センター(足摺岬中心)的高知西南交通巴士，約1小時40分至「足摺」站，下車徒步5分 土佐清水市足摺岬 外觀自由參觀

和**景色合而為一的白色足摺岬燈塔高達18公尺**，佇立於80公尺高的斷崖之上，是日本最大的燈塔之一，並入選為日本燈塔50選之一。足摺岬燈塔從1914年點燈到今日，以220萬燭光的光力、38公里的照射距離，百年來持續守望著船隻，四周的亞熱帶植物也頗為可觀。

足摺岬燈塔入選為日本燈塔50選之一。

龍串海域公園

竜串海域公園

別冊P.17,A1 中村駅搭乘高知西南交通巴士，約55分至「プラザパル前」站下車，轉乘開往宿毛駅的巴士，約20分至「竜串」站，下車徒步5分 土佐清水市役觀光商工課観光係0880-82-1212 土佐清水市三崎4124-1 自由參觀

龍串海岸就在足摺岬西邊，是**日本第一個海中公園**。奇岩怪石綿延不絕，像台灣的野柳，可說是最好的地質教室。走一趟龍串海岸的遊步道，費時約30~40分鐘，沿路欣賞鬼斧神工的景觀，可發揮想像力，好好琢磨這些到底石頭像什麼呢。

安藝

あき
Aki

位 在高知市東部被山臨海的安藝市(安芸市)，其名稱來源就是大約在日本中世〈鎌倉時代1185-1333年〉在此建城的安藝氏，雖然戰國時代被滅城、後來進入藩政統治，但也因此留下古老的城跡與後來的武士屋敷建築群保存區等史蹟。現在這裡則是個安靜的鄉間風格市町，有日本第一的柚子盛產美味，也有融合文化歷史內涵的鄉村景致，另外三菱集團最初的創始者岩崎彌太郎也是出生在這裡，其老家也成為重要觀光景點。

安芸駅ぢばさん市場借單車

位在安芸駅內的「ぢばさん市場」備有20台成人用腳踏車及5台小孩用腳踏車，用來遊覽安藝市區是最方便的交通方式。到場時再進行租借手續，原地借車與還車。

租借腳踏車7:00~18:00(10~3月至17:00) 免費 www.akikanko.or.jp/jibasan/cycling.html 雨天無法租借

交通路線&出站資訊

電車

土佐黑潮鐵道(土佐くろしお鉄道)安芸駅⇨ごめん・なはり線(後免・奈半利線)

出站便利通

◎安藝市的市中心範圍不算太大，市中心主要景點大約都是徒步可達，景點大都集中在徒步半小時距離的地方，一趟就能看到很多個地方。

◎若不想走路、或是想多欣賞一些市區與鄉間交融的景致，租借腳踏車就是最推薦的選擇，可以在安藝觀光情報中心免費借到腳踏車代步。

◎安芸駅可搭乘巴士「元氣巴士」(元気バス)，路線分為一ノ宮線、宮田岡線，班次較少，搭乘一次¥200。詳細路線可至網站查詢 www.city.aki.kochi.jp/life/dtl.php?hdnKey=9

觀光旅遊攻略

◎安芸観光情報センター(安藝觀光情報中心)

安芸駅徒步4分
0887-34-8344
安芸市矢ノ丸1-4-32
8:30~17:30
www.akikanko.or.jp/kokorozashi.html

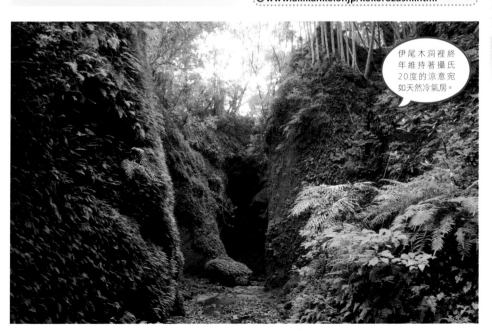

伊尾木洞裡終年維持著攝氏20度的涼意宛如天然冷氣房。

以矮竹圍籬構成的
土居廓中・武家屋敷
街區，讓人宛如走在
數百年前的街道上。
野村家是目前唯
一一棟公開提供
大眾參觀的住宅。

土居廓中・武家屋敷(野村家)

おすすめ 薦

追溯藩政時期武士聚集的住宅區的樣貌。

別冊P.19,A1　安芸駅徒步約30分，單車約10分　安芸観光情報センター0887-34-8344　安芸市土居　約8:00~17:00　自由參觀　www.akikanko.or.jp/kanko/doikatyu.html

藩政時期的安藝一帶，至今仍可見不少區域仍殘存的土居廓中傳統建造物群保存地區。來到這裡，只見左右兩側是一人高的翠綠竹籬，從上探出頭來的灰泥白牆瓦片屋簷映襯著斑駁木柱，瀰漫著古樸情調，而目前唯一一棟公開提供大眾參觀的就是野村家住宅，讓人從玄關、起居間、廚房到庭院得以一窺將近兩百年前的生活景象。

想像著百年前，農民
們就是邊看著這鐘
邊工作著的風景。

野良時計

おすすめ 薦

安藝市的代表性景致！

別冊P.19,A1　安芸駅徒步約25分，單車約10分　0887-34-8344　安芸市土居638-4　外觀自由參觀

這座鐘可説是安藝最具代表性的景致，但從明治時代打造至今，它一直都屬於私人所有。一開始由地主畠中源馬氏靠著自己學習到的知識親手打造出鐘塔，單純地嘉惠當時在四周圍耕種的廣大農戶們，成了百年來田園間最美的風景。如今時鐘依舊轉動，夏季時當地人也會特別栽植上向日葵花田，讓這座田野間的時鐘顯得更加優美。

廓中ふるさと館

おすすめ 薦

魩仔魚美味非嚐不可！

別冊P.19,A1　安芸駅徒步約30分，單車約10分　0887-34-0701　安芸市土居1017-1　9:00~17:00，午餐11:00~16:00(L.O.15:30)　週一(遇假日照常營業)

安藝最為出名美食就是堆成小山一般的魩仔魚丼飯，花兩小時日曬濃縮鮮味的魩仔魚搭配蘿蔔泥、薑末、紫蘇葉及海苔、芝麻最後淋上兩圈酸桔醬，這道人間極品才能正式開動，發明出這道鄉土料理的廓中ふるさと館還推出進階版的炸蔬菜魩仔魚丼飯，讓更多山珍海味在嘴巴裡碰撞，難怪可以在高知縣民總選舉中連續兩年奪下東部美食冠軍。

仔細看電車上的每個圖案都是代表著每個車站的專屬人物。

後免・奈半利線電車

おすすめ 薦

沿著太平洋海景的每站下車之旅！

ごめん・なはり線

後免・奈半利線電車的後免駅至奈半利駅　0887-34-8800　後免駅發車6:20~22:56　大人¥210起；1日券大人¥1,670、小孩¥840　www.tosakuro.com，gomen-nahari.com/sp

平成14年7月1日才開通營運的後免・奈半利線電車，號稱是日本最後才成立的一條地方電車線，沿著土佐彎、全長約42.7公里僅有一人服務的電車，搖擺著身體沿著海岸線經過20座車站，從一開始的民宅聚落漸漸變化為綠地田園最終是廣闊太平洋，**沿途每站也都各有景致與特色，麵包超人的作者柳瀨嵩也特別替每一站設計出專屬公仔，是條充滿觀光魅力的路線**。除了有一般電車外，也有針對觀光的賞景觀光電車，及以各式造型圖案所設計的電車等，讓人每種車都想搭搭看。

安藝走遠一點：奈半利站

如果將安藝市做為半日遊行程的話，另一個半天就坐上奈半利線電車，前往周邊的景點遊玩吧！像是神秘的伊尾木洞，或是到田野駅下車喝杯咖啡。

伊尾木洞

別冊P.19,C3 後免・奈半利線伊尾木駅徒步7分 安芸観光情報センター0887-34-8344 安芸市伊尾木117 10:00~15:00 週一(遇假日順延翌日休) 自由參觀。導覽行程洞窟至200公尺處折返(約60分)大人¥800、小學生¥300，至400公尺處折返(約90分)大人¥1,000、小學生¥300；學齡前小孩免費 www.akikanko.or.jp/kanko/iokidou.html#yoyaku 導覽僅日文、至少2人成行，需提前一週網路預約

喜歡自然探險派的，推薦從安芸駅搭一站繼續往東到伊尾木駅，這裡有一條長約3公里的伊尾木洞。**這條高約5公尺、寬僅約3公尺的洞窟，由3,000萬年前的岩層所形成**，淺水小溪就在腳邊悠悠流過，除了地質外這裡也是綠色蕨類植物的寶庫，可以自行前來探秘外，也推出1小時及1.5小時的付費導覽行程可供選擇。

整個步道行程除了一段地質洞穴外，也包含外面的植物自然步道與小瀑布。

岡御殿

別冊P.19,C2 後免・奈半利線田野駅下車徒步約7分 0887-38-3385 安藝郡田野町田野町2147-1 9:00~16:30 週二(遇假日順延翌日休)、12/28~1/2 大人¥300、國高中生¥200、小學生以下免費

岡御殿是一處建於天保十五年(1844年)的書院造建築，由此地豪商的岡家所蓋建，當時這裡不是用來自住，而是**提供給藩政時代的藩主巡視東部時的住所(本陣)，在本陣內保存復原了當時的御殿、茶之間、土蔵、御成門等建物**，尤其是對於是藩主居住的上段之間、近侍的住所及湯殿、家具等，都保留了下來，另外也可順訪位於其西側岡家屋敷、也就是岡家的宅邸住處。

岡御殿是處可以感受藩政末期的時代氛圍之處。

手作布丁 ¥400

茶房千福

おすすめ 薦

在古民家咖啡館裡品味流逝的時光。

別冊P.19,C1 後免・奈半利線田野駅下車徒步約7分 0887-38-5547 安芸郡田野町1305 7:30~17:00(早餐至11:00) 週四、12/31下午、1/1 咖啡¥500 senbuku.hp.gogo.jp/pc

說起高知東海岸的有形文化財還不少，保存完善之餘也讓人能夠入內體驗，如**茶房千福即是間19世紀古民家咖啡館，有西洋桌椅也有和風座墊，招牌是採用地雞土佐ジロー所生的夢幻土雞蛋做成的傳統布丁**，只要一口齒頰間就是滿溢的蛋香，至於熱呼呼的雞蛋三明治、每天變換口味的手工蛋糕、來自門前柚子樹的清涼柚子水，都是來到茶房千福品味流逝時光的不可或缺。

早餐套餐 ¥650起

手工蛋糕 ¥450起

高知精彩景點

高知縣裡除了書中列出的桂濱、五台山、四萬十川及安藝等必去景點，在近郊也有幾處非去不可的特別景點，跟著我們一起探索高知其他的好玩景點吧！

隔著大片的玻璃外面，就是沙灘海景。

香南市 mana*mana

別冊P.17,C1 後免・奈半利線夜須駅，下車即達 0887-52-8489 香南市夜須町千切537-90道の駅やす 11:00~17:00(7~8月至18:00)，週六日例假日8:00~17:00(7~8月至18:00)，早餐週六日例假日8:00~11:00 週三(遇假日順延翌日休)、1/1 yasea.jp/michi-top/

夜須車站邊集合了數家店舖的「道之駅やす」，其中臨著海灘位於2樓的「mana*mana」不僅可以坐下來翹起腳做日光浴賞海景，還有咖啡飲料及依季節推出的美味現做美食，大熱天時**最推薦七彩繽紛如彩虹的水果冰棒**。以在地盛產的柑橘類及其他水果做成的冰棒，更秉持天然尚好不能浪費的想法，所有水果連皮帶肉做成果醬再製成無添加冰棒，不但健康美味，可愛的外觀，還是美拍的最佳主角。

到處都是麵包超人的蹤跡,注意看連影子都是呢!

開館15週年紀念的巨大麵包超人像。

大廳上方有個神氣的麵包超人飛翔在空中。

©香美市立やなせたかし記念館・アンパンマンミュージアム

香南市

柳瀨嵩紀念館・麵包超人博物館・詩與童話繪本館

おすすめ 薦

香美市立やなせたかし記念館・アンパンマンミュージアム・詩とメルヘン本館

Power up!汲取麵包超人的無窮力量~

別冊P.17,C1 JR土讚線土佐山田駅轉乘JR巴士大栃線,約25分至「美良布(アンパンマンミュージアム)」站,下車徒步約5分 0887-59-2300 香美市香北町美良布1224-2 9:30~17:00(入館至16:30) 休週二(遇假日順延翌日休) やなせたかし記念館 共通券(3館)大人¥800、國高中生¥500、3歲以上¥300、未滿3歲免費 anpanman-museum.net

台灣很多小朋友都很迷的麵包超人,其創作者就是出身高知県香美市的柳瀨嵩,在這座高達四層樓的氣派博物館裡,不但**展示上千件珍貴的繪本原版畫**,還有柳瀨嵩為了博物館特別創作畫作,**館內還會放映麵包超人的電影、五花八門歷屆各種商品、地下室屬於小小孩的遊戲天地**等,還看不過癮的話,戶外也有許多大型公仔超好拍,當然別忘紀念品店尋寶,尤其這裡限定的商品絕對能讓你收集到與眾不同的特殊款。

這裡也很精采,可別錯過了!

入口大廳: 挑高達三層樓的大廳前方是通天大階梯,回頭是巨無霸麵包超人氣球,從博物館入口開始就無比吸睛。

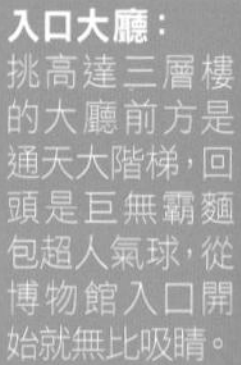

©香美市立やなせたかし記念館・アンパンマンミュージアム

玻璃收藏庫: 這裡收藏著麵包超人相關的五花八門歷屆各種商品,像是玩偶、文具、衣服等,找找看你家也有相同款商品嗎?

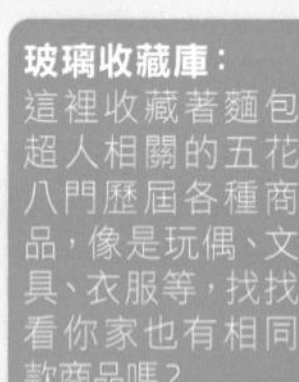

繪本原版畫: 超過上千件作品依照季節、主題輪流不定期更換,讓每一趟的造訪永遠有期待。

©香美市立やなせたかし記念館・アンパンマンミュージアム

麵包超人世界: 將麵包超人居住的世界,以袖珍縮小的模型實際打造出來,相當有趣。

©香美市立やなせたかし記念館・アンパンマンミュージアム

麵包超人列車(アンパンマン列車)

麵包超人列車塗滿繽紛色彩的車身相當顯目，JR四國鐵路幾乎有大半的範圍都是其行經的路線，而列車可依行駛範圍區分為予讚線、土讚線、高德・德島線，有多款的車身設計，吐司麵包超人、紅精靈、細菌人、咖哩麵包超人等柳瀨嵩筆下主要角色全都出列其中，讓卡通迷驚喜連連。

各列車的運行時間及區間不一，詳見官網 予讚線：岡山・高松~松山(8000系アンパンマン列車：特急しおかぜ、いしづち)；松山~宇和島(宇和海アンパンマン列車：特急宇和海)；土讚線：岡山~高知(あかいアンパンマン列車、きいろいアンパンマン列車：特急南風)；瀨戶大橋：岡山~琴平・高松(アンパンマントロッコ)；高德・德島線：高松~德島~阿波池田(ゆうゆうアンパンマンカー：特急うずしお、劍山) www.jr-eki.com/aptrain 予讚線特急しおかぜ(潮風)・いしづち(石錘)、土讚線特急南風的麵包超人列車只有一節車廂為卡通專車，其他則是普通的列車內裝，欲搭乘的話需先購買指定席券。另予讚線特急しおかぜ(潮風)・いしづち(石錘)、土讚線特急南風的麵包超人列車綠色車廂及予讚線特急宇和海無麵包超人塗裝

記念瀑布為洞內最大的瀑布，象徵流動之水。
千仞之間的光束投射引導參訪者欣賞洞內最高點。

香南市

龍河洞

別冊P.17,C1 JR土讚線土佐山田駅轉乘土佐交通巴士20分至「龍河洞」站，下車即達；土佐黑潮鐵道後免・奈半利線のいち駅開車8分 0887-53-2144 香美市土佐山田町逆川1424 8:30~17:00(12~2月至16:30) 觀光方案大人¥1,200、國中生¥700、小孩¥550 ryugadou.or.jp

位在高知縣香美市的**「龍河洞」為日本三大鐘乳洞**，全長約4公里，為國家指定天然紀念物，也是全世界唯一經考古學出土證實曾作為居住空間使用的鐘乳洞，是為歷史及學術性高價值史蹟得以保存至今。洞內導入彩燈及光雕投影，為原本神秘的洞內加添互動型體驗元素，更搖身躍向全球化景點。

以進入西岡酒造的店面就如同迷你博物館。

至今已經是第九代經營的酒造，有著許多獲獎的吟釀美酒。

西岡酒造

高岡郡

別冊P.17,B1　JR土讃線土佐久礼駅下車徒步5分　0889-52-2018　高岡郡中土佐町久礼6154　9:00~16:00　藏展示區不定休　自由參觀　www.jyunpei.co.jp/

每年10月到3月就是釀酒人最繁忙季節，創立於1781年的西岡酒造屬於另一個值得細訪的景點，有著高知最古老的酒藏，烏瓦白牆木框窗還有一顆懸掛著的杉玉，**在這個超過230年歷史的建築物裡，可以品酒、買酒，也能一探製酒的相關展示**，像是用來蒸米、可容納好幾人的大鐵釜，長柄撈杓或具有歷史價值的酒樽等等，非常有意思。

道の駅 なかとさ

高岡郡　おすすめ 薦　港邊美味朝聖地！

別冊P.17,B1　JR土讃線土佐久礼駅下車徒步18分　株式会社SEAプロジェクト　0889-59-9090　高岡郡中土佐町久礼8645-2　9:00~16:00(依店家而異)　依店家而異　www.nakatosa.com

位在高知西部臨著海邊的「道の駅なかとさ」，2017年一開幕立即造成話題、成為人氣夯點，**雖然是處休息站，但可吃可玩媲美觀光景點，每到假日就會湧進無數在地及外地人前來嚐鮮**，有新鮮魚貨的市場、炭火BBQ 海鮮餐廳、很快銷售一空的麵包店「岩本こむぎ店」、「風工房」自家溫室供應的各式草莓甜點。走逛得太累卻又意猶未盡，不妨沿著倚山壁而上的長長階梯，下榻盤據於在高處的黑潮本陣，泡泡溫泉賞賞海景再大啖滋鮮味美的半烤鰹魚。

カツオソフトクリーム(柴魚霜淇淋)添加了柴魚高湯的霜淇淋甜中帶絲鹹味，多吃幾口還會冒出海鹽焦糖的錯覺口感。

麵包¥230起

各式新鮮海味簡單炭烤就很美味。

まゆみの店

別冊P.17,B1 JR土讃線土佐新荘駅下車徒步7分 0889-42-9026 須崎市栄町10-14 11:00~15:00(週六日至17:00)，售完提前閉店 休週三、第1個週日、不定休 昔ながらの 鍋焼きラーメン醤油味(懷舊醤油鍋燒拉麵)¥850起 mayuminomise-nabeyaki.com/

來到須崎，當然就一定要吃一碗號稱須崎名物的鍋燒拉麵，由醬油味的雞骨湯、雞肉丁、生蛋、竹輪及細麵組成，看似簡單的一碗拉麵，但能備受喜愛、更吸引不少名人到訪，可見越是簡單的料理越是考驗手藝，其中**在地眾多名店中又以まゆみの店經常大排長龍**，味道誘人固然是主要答案，但是開朗健談的老闆娘まゆみ阿姨恐怕也是這裡備受喜愛的原因之一吧。

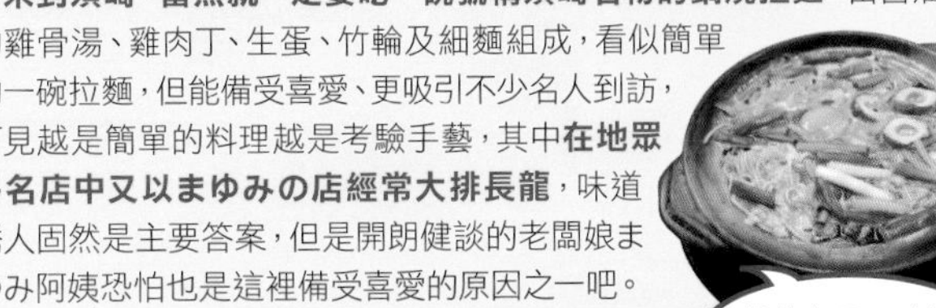

店內有許多簽名板，許多名人也都愛這一味。

鍋焼きラーメン(鍋燒拉麵)¥850起

沢渡茶¥550起

茶器で入れる お茶と茶大福のおやつ¥980。

ASUNARO茶屋

おすすめ 薦

山川屏息美景佐茶湯風味~

茶農家の店あすなろ

別冊P.17,B1 國道33號沿線上，從高知市開車約100分 0889-36-0188 吾川郡仁淀川町鷲ノ巣224-6 10:00~16:00(L.O15:30)，12~3月11:00~16:00(L.O15:30)，午餐10:00~14:00 休週四~五、年末年始 午餐套餐¥1,180起 www.asunaro-cafe.com

居高臨下、沿著仁淀川由茶農所開設的這家茶屋，在遠離人潮的群山綠水與茶園環繞下，顯得格外靜謐。**以大量木頭為主體、嶄新設計的摩登茶屋，將最棒的景致毫不保留引入店中**，不論坐在室內或是到戶外陽台座位區，一杯好茶、一份在地食材精製的茶美食與甜點，佐眼前廣闊美景，度過短暫奢侈的美好時光。這裡當然不可錯過的就是在地的沢渡茶，也有以沢渡茶做出的各式甜點，都展現出店主推展好茶的誠摯心意。

將沢渡茶加入鬆餅中烘烤，吃得到溫柔的茶香美味。(手焼き沢渡茶ワッフル¥1,180)

還可做藍染體驗。

土佐和紙工芸村QRAUD

おすすめ 薦

體驗製作專屬的高級和紙。

道の駅 土佐和紙工芸村「くらうど」QRAUD

別冊P.17,B1 JR伊野駅搭乘高知縣交通巴士15分，在岩村下車即達 088-892-1001 吾川郡いの町鹿敷1226 和紙體驗館9:00~17:00 週三 明信片8張．色紙2張：空白¥400(約40分)．加入草花¥600(約60分) www.qraud-kochi.jp

在日本享有高知名度的高級和紙「土佐和紙」，來到這裡當然不能錯過體驗自己做紙的樂趣。距高知市約40分鐘的「土佐和紙工芸村QRAUD」，是位在優美的仁淀川旁的一處複合設施，即使一人也能在此悠閒體驗做紙，除了製作單純的紙，也能額外加入季節花草，成為獨一無二的個人作品。另外，多達數棟建築所構成的這裡，**還有織布、染布、划船等體驗，另有餐廳、住宿、藝廊及產地市集**等，在這裡耗上半天都沒問題。

加入季節花草，成為獨一無二作品。

運用在地食材作成道道美味餐點。

土佐の塩丸 灘製塩所

おすすめ 薦

講求最天然的滋味，加一點就超美味的天日鹽。

別冊P.17,B2 搭乘巴士在大洲本町站徒步約10分 0880-55-3226 幡多郡黒潮町灘333 9:00~17:00 不定休 siomaru.com/

位在太平洋畔的製鹽廠「土佐の塩丸」，只靠**原始的陽光、海風的做法製出珍貴的天日鹽**。製鹽廠另有提供體驗課程，包含透過設備的參觀説明製鹽過程、溫室採收及選別裝罐體驗，課程結束後將小黃瓜沾天日鹽試吃，亦可體驗鹽滷去角質等，另可選擇多加入鹽滷的豆腐製作體驗。

參加完體驗可帶回一瓶天日鹽。

製鹽體驗¥2,200。

大田口カフェ
coffee
點杯咖啡搭配上店主人手做的細緻甜點，邊眺望吉野川或閱讀，簡直一大享受。
時光似乎在此靜止。

大田口Café

長岡郡

おすすめ 薦

樹屋般的秘境咖啡館。

大田口カフェ

別冊P.17,C1　土讃線大田口駅徒步約10分　長岡郡大豐町寺内236-3　088-773-0410　11:00~16:00　不定休　www.facebook.com/ootaguchicafe2008/

春夏時節，大田口Café外牆到屋頂爬滿了嫩綠色的爬藤，讓這家沿著吉野川而立的咖啡店，顯得獨特而引人注目。由夫妻一起經營的咖啡店，以大量厚實木作裝潢的店內充滿溫馨感，尤其靠落地玻璃窗向外望出的景致，更是美麗。店內提供各式手做甜點、以在地食材烹煮的料理外，也喝得到在地大豐町產的碁石茶，身兼泛舟教練的店主人，也會在夏季開辦泛舟活動，有興趣的人可以事先上網查看預約。

以「融入在地環境並善用在地資源」為設計概念在檮原町設計五大巨作。

雲之上飯店本館(雲の上のホテル本館)：外觀以形似衝浪板的屋頂比擬雲朵，屋簷下則以半圓形池塘比擬檮原町山間梯田和藍天星空輝映的景象，獲得了GOOD DESING建築賞。

雲之上藝廊(雲の上のギャラリー)：隈研吾2006年在檮原町完成的第二作，使用町產杉木打造，屋頂導入太陽能發電板，館內設置富有在地文化的茶堂。

檮原町綜合廳舍(梼原町総合庁舎)：於2010年完工，連接雲之上飯店本館及雲之上溫泉，設計概念融入檮原町杉林小鎮，並運用日本木建築支撐屋頂的「斗拱」工法，將木塊堆疊而成。

雲之上圖書館(雲の上の図書館)：為2018年完工的新作，外觀不改融入周邊環境的中心概念，內部大量使用町產杉，天花板交錯的木條彷彿進入森林般，是處休憩及閱讀的場所。

高岡郡

檮原町

おすすめ 薦

在森林小鎮飽覽2020東奧建築大師「隈研吾」作品～

梼原町

別冊P.17,B1 高知駅搭乘JR特急至JR須崎駅轉乘高陵交通巴士須崎．檮原線，約1小時17分至「梼原町」站；開車從南國IC．高知IC約1小時10分 梼原町役場0889-65-1111 高岡郡梼原町梼原1444-1梼原町役場 www.town.yusuhara.kochi.jp

位在高知縣西北邊四國山地內的**「檮原町」，町內有91%是森林，上有四國喀斯特，是個不折不扣的森林小鎮**。此地也是幕末志士坂本龍馬脫藩時經過的地區，衝著「脫藩之道」而來的龍馬迷不在其數，也使檮原町被列為縣內重要的歷史景點。近來因小鎮裡的建築請來2020年東京奧運主場館操刀手，也是知名建築師「隈研吾」來設計，而引起一股觀光熱潮。

小鎮驛站檮原(まちの駅ゆすはら マルシェ・ユスハラ)：1樓為物產館，2樓以上則是雲之上飯店別館，外觀使用茅葺亦有自然散熱功能，1樓物產館內的柱子則使用完整杉木原木，彷彿置身森林。

德島縣
とくしま

德島縣怎麼玩

德島縣位於四國東部，舊名為阿波，其以自然觀光資源著名，夏日限定的熱鬧祭典「阿波舞祭」為德島市帶來眾多的觀光人潮；在鳴門海峽出現的巨大漩渦是來德島必看的自然奇蹟；或是將腳步走到德島西部的脇町，感受美麗又優雅的「阿波藍」，體驗手作或觀光藍染富商宅邸；喜歡大自然的話，別錯過一探大步危與祖谷的深山秘境。

❶大步危·小步危(P.6-28)

位在德島西部的大步危·小步危是由吉野川激流衝擊而形成優美呈細長型的溪谷，在兩側美景清流旁是深山老林、孤峰絕壁下無論是走大步或是小步都十分危險，因而得到其名稱。

❷奧祖谷(P.6-32)

日本平安年代結束，在兩個武士家族的崛起與鬥爭──源平合戰，連戰連敗的平家，一路撤退，當時戰役中兵敗如山倒的平家落人隱藏之處之一，即是「祖谷」。在蜿蜒山路直搗深林之中，一探被列為日本三大秘境之一的世外桃源。

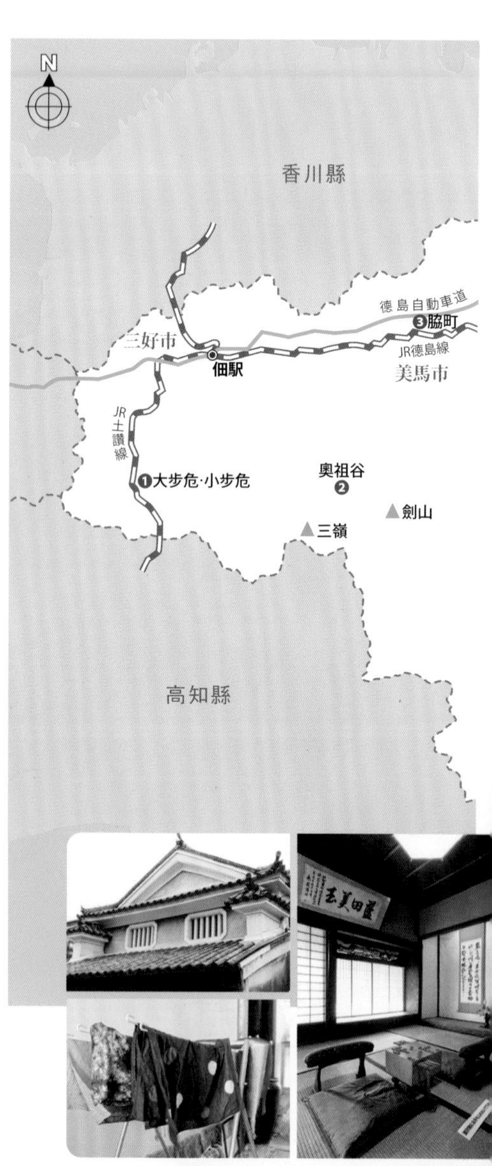

❺鳴門(P.6-18)

想要體驗什麼是海上漩渦嗎？在鳴門可以踏上渦之道上透過天空步道直視漩渦中心，膽大一點的還可以坐船出海，近距離感受漩渦的刺激感；此外周邊的大塚國際美術館擁有世界級館藏，值得一訪！

❸脇町(P.6-14)

德島的阿波藍染自古名滿天下，脇町自江戶到明治數百年來就是藍商的居住地，湛藍的吉野川上穿梭不息的船隻，載運著藍染，載運著布匹，載運著金銀，載運出脇町富甲一方的氣概。

❹德島市(P.6-4)

位在德島縣東北部的德島市是德島縣的行政及經濟重鎮，一年一度的夏季阿波舞祭典的舉辦地，因市區因處處水道風光加上眉山、德島中央公園等景，而入選百大水鄉的水上城市；阿波尾雞也是來德島不容錯過的美食！

德島市
とくしまし
Tokushima City

德島市(徳島市)依著眉山面著太平洋，還有新町川和助任川流過市區，是一個山明水秀的城市，德島人和海很親近，在河邊就停著不少艘私人帆船，把船當成像腳踏車一樣的休閒，滿溢著度假氛圍。德島市最熱鬧的地方莫過於德島駅前的商店街，以及走過兩國橋後的紺屋町，要血拼購物殺到那準沒錯。德島以拉麵聞名，隨便逛逛市區會發現很多拉麵店，值得多吃幾碗，不枉來過德島。

交通路線＆出站資訊

電車

從四國各縣主要城市、岡山搭乘JR即可順利前往，但若是在阿波舞活動期間前去造訪，因觀光客人數暴增，最好預先預約座位或是提早到車站。

JR四國德島駅➪德島線、鳴門線、高德線、牟岐線

巴士

從四國各縣主要城市或是關西前往德島市，可搭乘JR特急外，也可利用高速巴士前往。(詳細班次及票價請至P.A-22)

◎四國各縣主要城市

香川(高松駅)出發➪德島巴士・四國高速巴士・大川巴士「高徳エクスプレス号」(高德Express號)，車程約1小時30分。

愛媛(松山駅)出發➪JR四國巴士・德島巴士・伊予鐵巴士「吉野川エクスプレス号」(吉野川Express號)，車程約3小時30分。

高知(高知駅)出發➪JR四國巴士・德島巴士・土佐鐵巴士(とさでん交通)「高知徳島エクスプレス号」(高知德島Express號)，車程約2小時50分。

◎其他地區主要城市

關西機場出發➪南海巴士・關西空港交通・本四海峽巴士・德島巴士「関空リムジンバス」(關空利木津機場巴士)，車程約3小時。

大阪出發➪JR四國巴士・JR西日本巴士・本四海峽巴士「阿波エクスプレス大阪号」(阿波Express大阪號)，車程約2小時50分。

京都出發➪JR四國巴士・JR西日本巴士・德島巴士・本四海峽巴士・京阪巴士「阿波エクスプレス京都号」(阿波Express京都號)，車程約3小時。

神戶出發➪JR四國巴士・JR西日本巴士・本四海峽巴士「阿波エクスプレス神戸号」(阿波Express神戶號)，車程約2小時15分；德島巴士・神姬巴士・阪神巴士「徳島－神戸線」，車程約2小時。

岡山出發➪德島巴士・兩備巴士「徳島－岡山線」，車程約車程約2小時30分。

廣島出發➪廣交觀光巴士・德島巴士「あわひろしま号」(阿波廣島號)，車程約3小時25分。

渡輪

・和歌山出發：南海Ferry一天8班，船程約2小時10分。

出站便利通

◎前往鳴門可在德島駅轉乘鳴門線，車程約40分，至鳴門駅下車。

◎德島市中心必去的景點，中央公園、阿波舞會館等都是步行約10~15分內可抵達，或是可以多加利用車站前的市區巴士做景點接駁。

◎使用巴士遊德島的旅人，可以使用由德島巴士營運的「とくしまバスNavi いまドコなん」查詢巴士班次，車程時間及所需車費都清楚明列。

・とくしまバスNavi いまドコなん(徳島市交通局)

transfer.navitime.biz/tokushima/pc/map/Top

◎遊玩德島也可在德島駅附近租借腳踏車。

・徳島駅前地下駐輪場　レンタサイクル

徳島市寺島本町東3-4-3(徳島駅前地下自転車駐車場北口)

6:00~22:00

5小時未滿¥270、5小時上¥450，押金3,000(車輛歸還時取回)

jitensha.sakura.ne.jp

觀光旅遊攻略

◎徳島市宿泊案内所

088-622-8556

徳島市寺島本町西1-4-2(JR徳島駅前)

14:00~18:00

◎徳島市広域観光案 ステーション

088-635-9002

徳島市元町1-24アミコ東館外側

10:00~19:00

休 1/1

◎徳島県国際交流協会

088-656-3303

徳島市寺島本町西1-61 Clement Plaza 6F

10:00~18:00

www.topia.ne.jp

CLEMENT PLAZA

徳島駅クレメントプラザ

別冊P.21,B1 與徳島駅直結 088-656-3211 徳島市寺島本町西1-61 商店10:00~20:00、餐廳11:00~23:00 不定休 www.clementplaza.com

與車站體合一的CLEMENT PLAZA，從B1至5樓雖然商場範圍並不算太大，但從**B1到2樓集中服飾、咖啡店、藥妝、及飲食街與伴手禮商店區，便利的交通立地**，也成為旅人最方便的會面、購物、飲食或是採購伴手禮的好地方，其中B1新整裝的FOOD HALL與名產販售區，引進許多新話題店，是好買好吃的最佳去處。

充滿年輕氣息的餐酒館風格美食街區，集結8家風格各異的美食話題店家。

駅BAR横町

おすすめ 薦

徳島駅バル横町

餐酒館美食話題新所在！

徳島駅B1F 11:00~22:00 不定休

2018年年底新開幕的「徳島駅バル横町」，就位在立地相當便利的車站內B1，**摩登的集合式地下美食街區設計空間內，集結9家風格獨特的美食店家**，有些是德島話題店、有些則是首次新開店，快速就為德島新美食話題所在。9家店舖包含創作美食、走昭和復古風的酒食舖、炸雞配酒、走台灣夜市小食風格的店以及中式或是印度料理店等，每家都引人味蕾大開外，也都是喝酒吃飯聚會的好地方，當然針對中午簡單吃，也都有推出午間套餐，讓旅人快速吃飽又吃好。

NARUTO BASE.BAR

おすすめ 薦

ナルトベースバル 徳島ステーション

優雅品嚐德島地產的創作美食。

088-679-7223 徳島駅バル横町内 11:00~22:00 www.narutobase.jp

主打創作料理的酒吧餐廳NARUTO BASE.BAR，善用來自四國、瀨戶內海的風美物產食材，讓這個酒吧餐廳的美食也相當令人驚豔。與農家直接連結的食材取得，讓食材安全又安心，不論是餵育鳴門金時長大的金時豚豬肉、阿波牛、鳴門鯛等，以及來自四國各式地酒、或是想要搭配紅酒、啤酒或是以四國各式柑橘類調味的雞尾酒，連非酒精類飲品選擇也非常豐富。

想品嚐在地知名食材的料理或是小酌一杯，這裡都很適合。

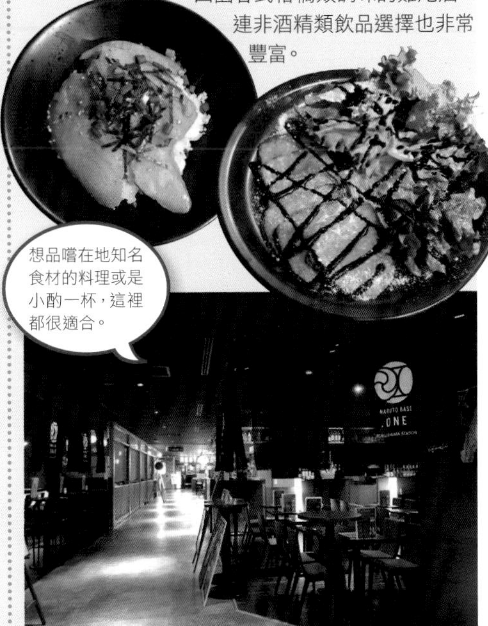

德島名產街

おすすめ 薦

集結5家店鋪的伴手禮採買處！

徳島駅B1F 10:00~20:00

徳島駅B1除了バル横町，還有一區就是販售德島的知名特產品區，**這裡集結了5家名特產銷售品牌店**每一家都是獨自的一家綜合各式名產的店鋪，若特別喜愛鳴門金時糕點類，這裡選擇超級多，各店都走精緻、創意選品路線，店內精挑的好物，讓人覺得每樣都好想買。

融入在地盛產水果的調味蜂蜜，光看都像擺飾品。

有好多德島可愛吉祥物「すだちくん(酸橘君)」周邊商品。

cafe boosan

カフェブーサン

別冊P.21,B1 徳島駅徒步約7分 088-679-6696 徳島市寺島本町東1-11-2 12:00~15:00、17:00~22:00，週六日及例假日12:00~22:00 休週二、不定休 www.instagram.com/cafeboosan/

2013年開幕的cafe boosan，由**設計事務所內野設計為喜愛爵士的店主人所打造**，一整片擺滿近千片CD、LP收藏的棚架旁，擺著主人的吉他與音響，耳畔流洩的樂聲是讓人放鬆的爵士樂，偶爾也會撥放搖滾或是古典樂。餐點選項不多，以咖哩為中心，也有推出咖啡、飲料與自家手工製甜點，雖價位偏高，但能在此享受片刻悠閒。

鳥巢亭

推薦

德島必吃阿波尾雞美味！

鳥巢亭

別冊P.21,B2 德島駅徒步8分 088-652-1773 德島市両国本町2-18 11:30~13:15、17:00~22:00(L.O.21:40) 休 週日 www.instagram.com/tosute_kko/

來到德島這個日本知名阿波尾雞的產地，當然一定不能錯過**大啖阿波尾雞的美味**。在德島市區有很多餐廳都有提供阿波尾雞的料理，而且因為是產地，這裡的雞料理可是豐富又多樣，推薦前往居酒屋型態餐飲店，絕對能一次滿足。近30年歷史的鳥巢亭位在遊船碼頭的兩國橋邊，雖是一家居酒屋，但中午也有營業，但僅提供6~7種套餐選擇，一樣能吃到阿波尾雞，但若想品嚐烤雞腿、雞肉內臟等烤串、雞肉漢堡、親子丼、生雞肉片等，最好鎖定晚餐時段。

日本產量NO.1美味雞肉～阿波尾雞

不想錯失德島美味，那麼阿波尾雞一定要列入必吃名單！德島產的阿波尾雞雖沒有名列日本三大名雞之列，但扎實美味及適用各式料理的廣用風格，讓阿波尾雞相當受日本人喜愛，也成為日本產量NO.1的高品質雞肉代表。其好吃秘訣在於養殖日數一定要在80日以上、且須採放養方式，因此雞肉低脂味濃、肉味濃富有彈性，德島有很多阿波尾雞使用指定店，一定要試試喔。

由黑松和自然的岩石巧妙地設計的日式庭園。

阿波十郎兵衛屋敷

別冊P.21,C1 德島駅前7號乘車處搭乘德島巴士川內循環線，約30分至「十郎兵衛屋敷」站，下車即達 088-665-2202 德島市川内町宮島本浦184 9:30~17:00(入館至16:30)，7~8月至18:00(入館至17:30)；定期上演11:00、14:00(1~2月平日僅11:00)，8/12~8/15 10:00、11:00、14:00、16:00 休 12/31~1/3 入場費大人¥410、高中大學生¥310、國中小學生¥200 joruri.info/jurobe

阿波十郎兵衛屋敷是**介紹阿波淨琉璃的小型博物館**，由十郎兵衛的宅邸所改建，已有三百多年歷史屋敷內的庭園稱為龜鶴の庭，簡樸中帶有幽靜，是十郎兵衛生前最喜歡的庭園。屋外舞台定期上演知名劇作家進松左衛門的作品《傾城阿波の鳴門》中「順礼歌の段」這一幕，參觀前最好抓準時間，錯過可惜。

老牆垣、城河加上復原的数寄屋橋等，讓公園也充滿江戶歷史氛圍。

平坦的公園內唯一的城山山丘是舊城跡所在地，現在成為小型健行散步處。

公園內的豐富植栽，在不同季節帶來美麗色彩。

德島中央公園

おすすめ 薦

廣闊優美的德島城跡公園。

德島中央公園

別冊P.21,C1 德島駅徒步約10分 德島市公園緑地課 088-621-5295 德島市德島町城内1番外 自由參觀 www.city.tokushima.tokushima.jp/shisetsu/park/chuo.html

位在德島駅正後方的德島中央公園，其**區域原本是舊德島藩主蜂須賀公的建城所在地**，廣達20萬平方米的公園中央有一座城山山丘，德島城就建築在這之上，下方則是居所表御殿及表御殿庭園及周邊的城牆及護城河。如今城雖已不再，但這個緊鄰市中心的免費超大城跡公園，已成為市民最親密的休閒場所，隨處可見老樹、城牆、城河與門跡外，櫻、楓、銀杏、水杉及廣闊的玫瑰百花園等，常見傍晚假日許多市民都來此休閒慢跑，相當受在地人喜愛的公園。

館外是舊德島城表御殿庭園(千秋閣表御殿庭園)，是結合枯山水、築山泉水的桃山樣式庭園。

德島城博物館

088-656-2525 德島中央公園內 9:30~17:00(入館至16:30) 週一(遇假日照常開館)、例假日隔天、12/28~1/2、1/4、館內燻蒸作業(6/4~6/7)、特別展開展準備日10/3 常設展・企劃展(含舊德島城表御庭園參觀)大人¥300、高中大學生¥200，國中以下免費 www.city.tokushima.tokushima.jp/johaku/index.html

德島城博物館是以德島城的表御殿跡所在，在1992年重新蓋建的博物館建築，館內便是以德島藩及德島藩主的蜂須賀家相關的歷史、美術收藏等為主要展示。蜂須賀家正是在豐臣秀吉時代被授予了阿波國屬地的大名，並在此築城及建設此地，尤其阿波的水軍的歷史發展也相當精采，都可以在此看到。館內鎮館之寶便是打造於江戶時代的和船「千山丸」，精美的繪畫與雕刻，被推斷可能是大名的坐船外，也是唯一江戶時代僅存的和船。

阿波舞會館

薦 おすすめ

一起來跳德島的阿波舞吧！

阿波おどり会館

別冊P.21,A1 徳島駅徒歩約15分 088-611-1611 徳島市新町橋2-20 1Fあるでよ徳島9:00~20:00(12/21~12/27、1/2~1/11至18:00)；2F阿波おどりホール白天公演11:00、14:00、15:00、16:00，晚上公演20:00~20:50；3F阿波おどりミュージアム(阿波舞博物館)9:00~17:00；5Fあわぎん眉山ロープウェイ9:00~21:00(11~3月至17:30) 休1F あるでよ徳島2、6、10月的第2個週三(遇假日順延翌日休)、12/28~1/1 3F阿波舞博物館大人¥300、國中生以下免費；2F阿波おどりホール白天公演(每日4場)大人¥800、國中小學生¥400，晚間公演(有名連演出1場)大人¥1,000、國中小學生¥500；阿波舞博物館・白天公演・眉山纜車來回套票¥1,830 www.awaodori-kaikan.jp

熱鬧又歡樂的阿波舞是來德島必體驗，跟著舞者一起同手同腳大跳一番，絕對好玩。

有四百年歷史的阿波祭典名滿天下，但並不是每個人都有緣參加一年一度的活動，在**阿波舞會館幾乎每天上演熱鬧場景，來這可以大飽眼福**，觀賞熱力四射的阿波舞，表演的都是當地赫赫有名的連(隊伍之意)。千萬不要害羞，該跳舞時就一起上台跳個夠，體驗阿波舞的歡愉狂放吧，一場表演約40分鐘，氣氛輕鬆活潑，引人入勝。

會館1樓設有地方土產專賣店，2樓則是表演阿波舞的舞台，參觀3樓的博物館可以瞭解阿波舞數百年的變化，展示的老照片和資料彌足珍貴，4樓則是練習場，5樓的纜車則可通到眉山展望台。

3樓阿波舞博物館內展示相關歷史記載與文物、服裝等，也可以戴上3D眼鏡體驗祭典狂熱。

「あるでよ」是德島方言「有喔」的意思。
德島必買伴手禮都在這裡啦！

あるでよ徳島

088-622-8231 阿波舞會館1F 9:00~20:00(12/21~12/27、1/2~1/11至18:00) 休2、6、10月的第2個週三(遇假日順延翌日休)、12/28~1/1

由物産観光交流PLAZA所營運的這處購物點，可說是伴手採買好去處，完整囊括德島各地代表性的物產，不論是阿波藍染相關商品、鳴門金石、鳴門海鹽、鳴門海帶，還有阿波盆糖、酸橘相關商品、大谷燒、阿波舞踊子相關圖案商品一應俱全，加上營業時間拉長到晚上，即使傍晚從眉山搭纜車下來，還是能悠哉慢慢採買。

德島阿波舞祭

德島市在8月中旬的盂蘭盆節(似台灣的中元節)期間，都會舉行阿波舞祭，已有四百多年的歷史，仲夏夜裡，阿波舞席捲所有的熱力，男女老少百萬人都感染了一份無拘無束的輕鬆喜悅。

8/12~8/15(8/11前夜祭)18:00~22:00

・付費演舞場：藍場浜演舞場、南內町演舞場
・免費演舞場及觀賞場地：兩國本町演舞場、新町橋演舞場，兩國橋南阿波舞舞台、新町橋東阿波舞廣場、兩國橋南阿波舞廣場、アミコドーム、シビックセンターホール

前夜祭 預售票		
指定席	特別指定席	¥5,000
	S席	¥3,800
	A席	¥2,800(25歲以下¥1,000)
付費演舞場 預售票		
指定席	南內町特別觀覽席	¥15,000
	SS席	¥6,000
	S席	¥3,000
	A席	¥2,500
	B席	¥2,000
自由席	C席	¥1,000

未滿3歲小孩免費；當日券為預售票票價再加¥300；另付費演舞場預售票價票價7/11後採浮動制每日異動，詳見官網查詢

眉山纜車

あわぎん眉山ロープウェイ

別冊P.21,A-1~A-2 088-652-3617 德島市新町橋2-20阿波おどり会館5F 9:00~21:00 (11~3月至17:30，1/1 6:00~17:30) 單程大人¥620、小學生¥300，來回大人¥1,030、小學生¥510 www.awaodori-kaikan.jp/

阿波舞會館就在眉山腳下，從會館5樓可以搭乘纜車到標高290公尺的眉山山頂展望台，單趟需時6分鐘，纜車是小巧的圓柱形，顏色鮮豔非常可愛。**到了展望台欣賞德島的景致**，天氣好時連淡路島和紀伊水道都看得見。

從阿波舞會館5樓就能直結眉山纜車。

面北的戶外觀景台可以完整一覽德島市區的多河風貌。

眉山山頂展望台

冬季纜車營運僅到17:30，等於夜燈初上就得下山，可別賞景而忘了末班纜車。

在德島市區內常常一抬頭就能看到不遠處的眉山，整個眉山也設有公園步道，是市民休憩處。看似不算高的山頭，登頂後卻能將整個德島市區一覽無遺，因鄰近市區關係，夜晚的萬家燈火就像踩在腳下，相當美麗，也**曾名列日本新夜景的浪漫美景之列**。觀景台共有室內跟戶外三區，可以欣賞德島市區串聯河、海景致外，更棒的是在夜景來臨前轉頭就欣賞到另一側夕陽落映在群山間，浪漫爆表。

東新町商店街

別冊P.21,B1 德島駅徒步約10分 德島市東新町1丁目

德島市嚴格說起來並非是個適合逛街的購物之城，但如果還是喜歡逛一逛、繞一繞商店街的人，除了站前周邊外就是東新町商店街一帶了，這裡是**有著拱頂的商店街區，由東新町、籠屋町、富田町、銀座通り等組成**，有商店、超市也有不少餐廳，大都是屬於比較在地生活機能的商店街區，街區範圍就在水祭公園往阿波舞會館的區塊內。

鄰近有一個大型阿波舞木偶機械鐘，適合散步時順訪。

德島不是一個島？

「德島」為何名稱有個島？它明明不是島、卻又長得像個島，這樣說明似乎更讓人覺得模糊了。整個德島市其實是被吉野川所沖刷出來的大平原，但除了吉野川外，德島市區還有多達1百多條河道串聯，因而分割出許多像是孤島般的地形。其中，以德島城為中心的城下町區域，剛好被這些複雜水道給孤立，形成一個葫蘆般的地形，在此建城的藩主蜂須賀家政，便將城下町取名德島，雖然德島名稱由來各式說法不一，但德島是個多河的水城卻是不爭的事實。

JR Hotel Clement德島

JRホテルクレメント徳島

別冊P.21,B1 德島駅直結 088-656-3111 德島市寺島本町西1-61 Check in 14:00，Check out 12:00 www.jrclement.co.jp/tokushima

JR Hotel Clement德島共有18樓，250間房間，是全德島是最大的旅館，**可以遠望淡路島和吉野川，視野十分廣闊**。JRHotel Clement德島就在德島駅旁與車站直通，交通之方便自然不需贅述，且與CLEMENT PLAZA及周邊商店街連成一氣，晚上吃碗拉麵或喝個啤酒都十分便利。

HOTEL SUNROUTE TOKUSHIMA

ホテルサンルート徳島

別冊P.21,B1 德島駅徒步1分 088-653-8111 德島市元町1-5-1 Check -in 14:00，Check out 11:00 www.sunroute-tokushima.com

位於德島駅前的高性價比飯店，地點相當棒之外，舒適又整潔的飯店本身多達178間客房，提供各式客房滿足住宿選擇，**頂樓的11樓還有提供住客可以享受免費的天然溫泉「びざんの湯」及三溫暖**，讓一天的疲憊都能輕鬆消除。飯店本身提供有3家餐廳選擇，而且樓下就是連鎖咖啡店及24小時便利商店，隨時想買點什麼，無論天候都超方便。

銀座一福本店

別冊P.21,B2 德島駅徒歩10分 088-652-2340 德島市銀座10 11:00~21:30(L.O.21:00) 休 週一(遇假日照常營業) ワンタン麵(餛飩麵)¥750 www.ginzaippuku.com

位於東新町商店街範圍、銀座通り上的老舖，這裡的美食目標當然就是瞄準德島拉麵，知名的德島拉麵光在市區就有超過100間店可以品嚐到。除了**豚骨茶色濃厚湯頭外，也另有白色系、紅色系湯底系列，1951年創業的老舖一福，則屬於白色湯頭系列**，想來份傳統德島系拉麵，記得點「月見」系列，會在拉麵裡加上一顆生雞蛋，另外這裡的餛飩麵也很受歡迎，是人氣NO.1，除了拉麵其他菜單還有煎餃、炒飯等。

白色豚骨風味的清爽系湯頭，喜歡蔬菜多多的話，就點五目拉麵。(五目拉麵¥750)

很多知名藝人也都曾造訪過這裡。

拉麵豆知識

拉麵是二次世界大戰後日本移民從中國帶回來的食物，原名也叫做支那蕎麥或中華蕎麥，是戰後艱困日子裡的救命食品，和台灣早期的蕃薯籤飯有異曲同工之妙，隨著拉麵深入民間，漸漸發展出各種不同的口味，成為日本獨特的麵食文化。德島拉麵以醬油口味的豚骨湯頭聞名，濃郁而不膩的口感，配上筍絲、豆芽和閃著油光的叉燒肉，佐以青綠的蔥花，味道頗似豬腳麵線，好吃地令人放不下碗筷。

拉麵東大 大道本店

ラーメン東大 大道本店

別冊P.21,B2 阿波富田駅往西徒步約12分 088-655-3775 德島市大道1-36 11:00~翌4:00(L.O.翌3:45) ramen-todai.com

東大ラーメン(東大拉麵)¥750

東大在戰況激烈的德島市屬於屈指可數的名店，人氣一級棒，湯頭口感一路走來始終如一，麵條細卻有勁，蔥花更能帶出湯頭的深厚，讓人一飲而盡，堅持原味卻不故步自封，講求和時代並進。營業到凌晨4點，晚上肚子餓了時可以去光顧。

中華そば いのたに本店

別冊P.21,A1 德島駅徒歩約10分 088-653-1482 德島市西大工町4-25 10:30~17:00(售完為止) 休 週一(遇假日順延一天) www.inotani.jp/instanthp/page01.html

在新橫濱拉麵博物館有一席之地的**「いのたに」絕對是德島拉麵的王道**，茶色的醬油湯汁為底，用豚骨、雞骨和海鮮乾貨慢慢燉煮，滷過的肉條略帶一絲甜味，頗為爽口，自製的麵條口感自然不用說，打一顆蛋更是美觀誘人。不過晚上5點就關門了，想要去吃晚餐的請早。

中華そば 肉入中盛(中華拉麵 中碗加肉)¥800

新町川水際公園&新町遊步道

別冊P.21,B1 德島駅徒步約5分 德島市南内町二、三丁目 新町川畔(新町橋與兩國橋之間)

以德島駅為中心的德島市中心，北邊臨助任川、南臨新町川，可說是市民最熟悉又喜愛的散步慢跑悠閒去處。新町川位居城市中心，充滿水岸城市氣氛則又與日常生活更加緊密，**河道兩邊有商店餐廳、咖啡館外，在新町橋跟兩國橋的河段，兩側設有散步木棧步道及人行橋，還有水祭公園、乘船處等**，夏季各式噴泉水瀑與活動舉辦相當熱鬧。

寬廣的河濱散步道，騎單車遊逛也很舒適，每月最後一個週日還有市集舉辦。

夜晚橋墩造景燈光，也營造浪漫氛圍。

船長沿途解說風景外，來到河口會提供遊客鳥食，吸引海鷗聚集。
優雅的橫貫市中心的眉山，可說是德島市重要地標。

瓢單島周遊船

おすすめ 薦

坐船遊覽水都德島！

ひょうたん島周遊船

新町川を守る会090-3783-2084 德島市南内町2 新町川水際公園ボートハウス前(両国橋北詰) 11:00~15:40(40分鐘1班)，7~8月至19:40，8/12~8/15 9:00~22:00(15分鐘1班) 休1/1、天候不佳 大人¥400、小學生以下¥200 未滿1歲小孩不能搭船

走在德島市區雖然會看到一些河道，但光這樣可能還不能確切感受到德島市竟然是有著138條河道的水城。**既然來到水城，當然就要搭船感受一下這個多河、多橋的城市魅力，針對一般遊客最推薦「瓢單島周遊船」行程**，隨到隨買票，舒適沙發座椅的航程約20分鐘，繞行整個被河道圈圍成葫蘆型的市區中心一周，途中除了城市景致、眉山、城跡所在的中央公園等，沿途經過的各式低矮橋墩也讓躲避時趣味橫生。

香川縣
脇町
高知縣

脇町
わきまち
Wakimachi

位於德島縣西部美馬市的脇町，雖然只是個在大河~吉野川畔的小鎮，但吉野川畔一帶大量種植蓼藍，並盛產出代表日本藍的「阿波藍」，展現優雅又層次色澤豐富的「阿波藍」，甚至在江戶至明治時代，德島更成為日本最大藍染供應地，也造就了此地富商輩出的藍染之城，想一探數百年前的藍商勝景，便是前往脇町，這裡仍保留下數百公尺長的當時藍商們聚集商販的豪宅、藍藏建築街道。兩層樓、連軒綿延的商店街建築，至今仍保留原汁風貌，優雅的街道，除被列入日本之道百選，也是日本重要傳統建築物群保存區。

交通路線&出站資訊

電車

JR四國穴吹駅◇德島線

出站便利通

◎脇町並無鐵道經過，從德島市也無巴士可以抵達，前往當地最便利的方式就是搭乘電車約1小時到穴吹駅下車，再轉乘計程車前往4公里外的脇町。
◎穴吹駅也有巴士前往脇町，但一日僅3個班次，並不推薦。脇町的歷史老街的街區範圍並不大，徒步遊逛即可。
◎穴吹駅出站後，會有排班計程車等在站口，主要都是接駁前往脇町，一般都會在「道の駅　藍ランドうだつ」讓乘客上下車。如果需要搭計程車回車站，最好當下一併預約回程。跳表計費，單程約¥1,450、10分鐘。

觀光旅遊攻略

◎美馬市観光交流センター
080-2976-5532
美馬市脇町大字脇町字突抜町45-1　9:00~17:00
www.city.mima.lg.jp/kankou/kankouannai/miru/kouryu-center.html

認識「うだつ」

「うだつ」並非地名，漢字寫成「卯建」，指的其實是建築與建築間、尤其是位在2樓屋頂邊緣突出的裝飾性短牆，在日本百年以上的老商店街常見此一建築形式，一般是用於阻擋風勢，尤其是阻止火災的蔓延，建築上看似簡單增添幾段小小的「うだつ」，卻是得具備相當財力才有辦法，逐漸也形成一種誇示財力的象徵，而在脇町老街上，可以看到各式不同形式設計的「うだつ」，不妨當成建築散步一邊欣賞。

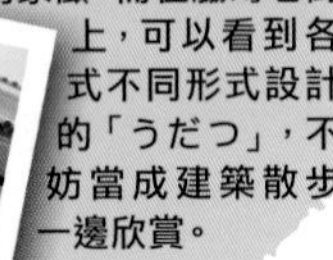

雅緻的格子門、白牆、老屋、倉庫，幽靜而不喧譁，襯著遠方群山當背景，適合優雅漫步。

散步在老街上，沿路參觀間間藍染富商的豪華宅邸。

脇町歷史建築街區

おすすめ 薦

うだつの町並み

別冊P.21,B4　穴吹駅轉搭計程車約10分　美馬市脇町大字脇町　商店大約10:00~傍晚

感受江戶藍商繁榮勝景的街道。

在江戶時代有「阿波藍」之稱的德島藍染經濟可謂是全盛期，這裡**以阿波藍的集散地而繁榮興盛，白壁、黑瓦整條長達約400多公尺的老屋街區，有著江戶時代、明治時代及大正時代的建築**，從建築的時代風貌、也見證著這個掌握著日本藍染主要的Japan Blue，如何從極盛期慢慢走向寂靜。

脇町劇場オデオン座

別冊P.21,C4 穴吹駅轉搭計程車約10分 0883-52-3807(入場至16:30) 美馬市脇町大字猪尻字西分140-1 9:00~17:00 休週二、12/27~1/1 大人¥200、國中小學生¥100 odeonza.amebaownd.com/

與老街區隔著大谷川而立的脇町劇場，這個戰前昭和時代就已經設立的劇場，建築走的是當時的洋風，內部上演的則是歌舞伎、浪曲等，戰後轉變成了電影院，但依舊逃離不了逐漸廢館、面臨拆除的命運，後因山田洋次導演的『虹をつかむ男』(1996年)在此取景，也讓這座老劇院被保存了下來，現在不但每年定期有戲劇演出，平時也**開放內部參觀，可以到看像是花道、大夫座等傳統歌舞伎劇場風貌**。

西洋的建築風貌在一片日本傳統歷史建築中相當醒目。

Café角屋

別冊P.21,B4 穴吹駅轉搭計程車約10分 0883-53-3570 美馬市脇町大字脇町152-1 10:00~17:00 休週四(年末年始照常營業) www.udatsulist.com/blank-9

位於歷史街區上、鄰近脇町劇場的角屋，就安安靜靜的獨立端坐在小小的巷弄街角邊，優雅的**老建築內重新改裝後，內部依舊保持以溫潤木造呼應建築風貌，營造出溫暖又充滿大正、昭和時代的空間氛圍**。可以來此點上一杯咖啡或茶，配上美味蛋糕，靜靜的享受安靜的時光流逝感。

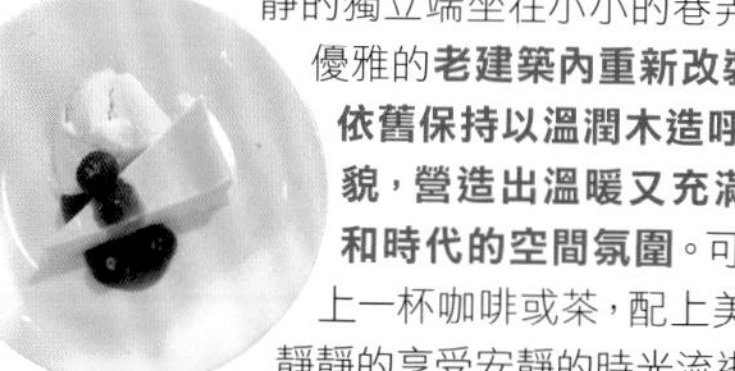

木格窗透進來的光線，灑落在穩重的木桌椅上，讓咖啡時光格外幽靜享受。

咖啡、茶飲 ¥450~550
將天花板打開、整片外牆變成玻璃窗，兼具傳統風格也加入現代文青元素。

森邸 カフェ

おすすめ 薦

MORITEI Café

充滿文青風的老屋咖啡館。

別冊P.21,B4 穴吹駅轉搭計程車約10分 0883-53-6577 美馬市脇町大字脇町108 9:00~17:30 休週三 moriteicafe.wixsite.com/cafetop

來到偏遠的鄉間老街，想喝一杯咖啡雖不難，但如果對咖啡要求高一些的，老街還是有一兩間講究咖啡的專門咖啡館，森邸便是其中一家。就位在老街的主要大街上，坐在裡面邊喝咖啡、邊看老街上的風景，也相當愜意。**店內雖是以150年以上的老屋改裝，卻置入年輕摩登新風格**，既有文青氣息卻又跟老屋相當合拍。各式手沖咖啡跟茶飲外，也有簡單套餐、文創商品販售等，大大的空間卻座位相當少，也算是個性年輕店主的風格展現。

孕育藍商的大河——吉野川

日本三大川之一的吉野川，不但切割出德島最知名的山谷景點祖谷大步危、小步危，廣闊的河面也沖積出德島平原。自古以來反覆的河水氾濫，雖不利稻作、卻帶來豐沛的沖積土，為藍染植物「蓼藍」的種植播下根基，豐沛的水量也成為藍染輸送帶來便利的通運。脇町就位在吉野川畔，大量盛產的阿波藍透過吉野川運至此集中，為脇町藍染商街帶來興盛繁榮，可説是孕育藍商壯大的重要母親之河。

卯建茶房

うだつ茶房

別冊P.21,B4　穴吹駅轉搭計程車約10分　080-2976-5532　美馬市脇町大字脇町字突抜町45-1　9:00~17:00(L.O.16:30)　休週一、第2個週日　www.udatsulist.com/blank-3

鄰近「道の駅 藍ランドうだつ」停車場邊的倉庫群，以美馬市觀光交流中心為立地點，分別設有交流室、、藍染體驗空間與咖啡空間「うだつ茶房」，**以獨立的小倉庫(藍藏)作為茶房，雖然僅有10個座位，卻是輕鬆享受地產食材的餐飲空間**，提供午餐套餐外，也有地產的阿波晚茶、地產水果果汁、咖啡類等選擇，也可以來份自製蛋糕午茶套餐。

美馬市觀光交流中心正好在茶房的旁邊。

有著代表日本藍的阿波藍，其展現的各式藍色色澤，優雅色調讓人百看不厭。

藍染體驗(約40分鐘)¥1,100

美馬市觀光交流中心 藍染工坊

別冊P.21,B4　穴吹駅轉搭計程車約10分　090-3188-3711、0883-52-5168　美馬市脇町大字脇町字突抜町45-1　10:00~16:00(體驗報名至15:00)

緊鄰うだつ茶房旁的另一棟白牆倉庫則是體驗工坊，以在地最知名的特色藍染為體驗項目，在**這處藍染工房裡，可以比較體驗一下讓人驚豔的日本藍，如何展現出他不同的層次的藍色韻味**。染布步驟雖與台灣差不多，但從植物到變成藍染的染料製程，卻是大大不同，阿波藍會先將植物乾燥再經漫長的發酵，最後再製成一桶桶的染料，在工房裡不但能親身體驗，透過也能講中文的工作人員解釋下，也能更進一步理解阿波藍的美麗秘密。

藍藏

藍蔵

別冊P.21,B4　穴吹駅轉搭計程車約10分　0883-53-2333　美馬市脇町大字脇町55道の駅 藍ランドうだつ内　賣店9:00~17:30，喫茶11:00~14:00　休12/27~1/1

與藍染工坊隔鄰的另一區古倉庫群，也一樣規劃成休憩購物空間，以兩棟緊鄰的建物為主體，有1樓的物產館，這裡集合德島名產外，當然也有一區專屬藍染的商品區，不論是布類飾品用品，也有藍染香皂、藍茶等，讓人驚豔藍染植物的多功能。2樓則是可以享用阿波尾雞、各式甜點飲料的空間，尤其以**德島物產水果的手工冰淇淋也相當推薦**。戶外走廊也有桌椅座位區，讓人可以悠閒休憩歇歇腿，藍藏邊，也可見以往藍染透過河運輸送時的河濱運貨石坡道。

蓼藍也可以吃，變身成糖果、香皂等，其中藍茶從以往就是藍商健康茶飲。

各式用藍染製成的生活用品。

吉田家住宅保留古時宅邸，展示藍染發展史料。

1樓也規劃成為販售各式藍染製品的區域。

佐直 吉田家住宅

別冊P.21,B4　穴吹駅轉搭計程車約10分　0883-53-0960　美馬市脇町大字脇町53　9:00~17:00(入館至16:30)　休12/27~1/1　$大人¥510、小孩¥250

1792年創業、屋號佐直的吉田直兵衛可說是脇町這裡在藍染製作經販相當具規模的藍商，從其位於南町通り(歷史街區)上的宅邸兼商家便可略窺一二。**江戶後期打造的這處藍商町家，包含主屋、質藏、藍藏等總共5棟屋宅圍繞著中庭而建**，從南町通り的大門進入一直到屋宅最後端，可以跟河港相通，廣達600坪的範圍在老街裡算是數一數二的藍商大宅，開放參觀後，也讓人可以一覽以往藍商結合製作、儲藏、住宅、商談空間的屋宅配置。

鳴門

なると
Naruto

鳴門位在德島縣的東北方，隔著大鳴門橋和兵庫縣淡路島遙遙相望，再渡過銜接淡路島與本州陸地的明石海峽大橋，就是神戶。鳴門最有名的就是旋渦，海面上無數個呈現旋渦旋轉的浪潮十分壯觀，吸引無數的遊客前往參觀。大塚國際美術館、大谷燒等等可以順遊的景點也不少。

交通路線＆出站資訊

電車

在德島駅搭乘鳴門線往鳴門方向列車，在鳴門駅下車，車程約30分。

JR四國鳴門駅➔鳴門線

巴士

◎德島駅出發➔搭乘由淡路交通巴士運行的「淡路・德島線」路線，在鳴門駅前下車，車程約30分。

淡路交通巴士www.awaji-kotsu.co.jp

◎神戶出發➔搭乘阪神高速巴士「新神戶・神戶三宮・舞子~鳴門・德島」路線往鳴門・德島方向巴士，在鳴門公園下車，車程約1小時20分。

阪神巴士www.hanshin-bus.co.jp/salad/index_narutoku_kobe.html

◎新神戶駅出發➔搭乘西日本JR巴士・JR四國巴士・本四海峽巴士「阿波エクスプレス神戸号」(阿波Express神戶號)，在鳴門公園口下，車程約1小時30分。

出站便利通

◎以大漩渦聞名的鳴門位在德島市北方，並以大鳴門橋與神戶淡路島相連，從這兩處前往都相當方便。

◎從鳴門駅站前巴士站出發，可搭乘德島巴士往鳴門公園方向運行巴士，在鳴門公園下車，車程約20分。

觀光旅遊攻略

◎鳴門市うずしお観光協会

088-684-1731

鳴門市撫養町南浜字東浜165-10なると物産館内

9:00~17:00

休 年末年始

和処 とみます

別冊P.21,C1 鳴門駅徒歩約10分 088-686-0203 鳴門市撫養町斎田字大堤322 10:00~14:00、17:00~21:00(L.O.20:30) 休週三 tomimasu.jp

開設在幽靜小巷中的「和処 とみます」，光看潔白的外觀會以為是高級法式餐廳，但其實是一間別緻的日式料亭，進入店內，用餐處的牆面是一大片落地玻璃窗，乾淨雅致的空間陽光滿盈，餐桌之間以竹簾相隔，增添一份靜謐與涼爽感。**料理從平價的烏龍麵到售價略高的定食都有**，職人將每日新鮮購入的海鮮製作出一道道色香味俱全的料理。

店內菜單隨季節調整，吃得到當季旬味。

鳴門金時地瓜製成的各式商品排排站！
包裝好的新鮮地瓜也少不了。
新
新いも
1kg入 600円
砂付き!!
なると金時
¥350

鳴門物產館

なると物産館

別冊P.22,D2 鳴門駅徒歩約12分 088-685-2992 鳴門市撫養町南浜字東浜165-10 9:00~17:00 休年末年始 www.naruto-bussan.jp

由鳴門市渦潮觀光協會經營的**鳴門物產館，鳴門自豪的商品都齊聚一堂**，零食菓子類的炸蓮藕片、鳴門炙り金時，還有數不清的調味料、果醬、吉祥物周邊商品、水果酒、海鹽，以及傳統工藝的藍染、大谷燒、等，各類商品一應俱全，充分反映出鳴門物產的豐饒與傳統工業的蓬勃。更棒的是，店舖旁即為觀光協會的詢問櫃台，可以索取旅遊手冊或是諮詢鳴門旅遊相關的問題，工作人員都會很熱心地協助。

踏入美術館，眼前就是令人驚豔的西斯汀教堂與內部原汁呈現壁畫，很多活動也都在此舉辦。

館內也不定期有各式與民眾互動的活動，從場景布置空間、穿戴留影等，活動活潑又多元。

來到大塚國際美術館，從日本可以看見全世界。

おすすめ 薦

可以花半天慢慢遊逛的超大美術館！

大塚國際美術館

大塚国際美術館

別冊P.22,C4 德島駅前搭往鳴門公園、美術館方向巴士，車程約50分鐘至「大塚美術館」站，下車即達 088-687-3737 鳴門市鳴門町土佐泊浦字福池65-1鳴門公園內 9:30~17:00(入館至16:00) 休 週一(遇假日順延翌日休) 大人¥3,300、大學生¥2,200、國高中小學生¥550 o-museum.or.jp

有哪一個美術館可以同時欣賞《蒙娜麗莎的微笑》和《最後的晚餐》？有哪一個美術館允許參觀者觸摸展覽品？**大塚美術館收藏來自世界26國、190多個知名美術館、1000多件西洋名畫的複製陶版畫**，除了畫作外，連西斯汀教堂壁畫也原汁原味重現，**模擬原畫作的色彩和大小，鮮麗生活、維妙維肖，和原畫並無二致，而且歷千年不壞**。複製技術之高超，本身也是一項藝術，當原畫難免遭到時間的摧殘甚至失散時，陶版畫可以永久記錄人類最偉大的藝術結晶，向藝術大師致敬。達五層展示的館內極為寬廣，設有3間餐廳，是日本最大的常設展覽場。

大塚國際美術館精彩必看！

這裡雖然是複製畫，但原寸原樣甚至與原畫幾乎一樣的風貌，通通幫你集結在此，簡直用一天就能看遍世界各大美術館重要作品，還依年代、主題、壁畫場景空間還原等分區展示，看完這一場，也算是把歐洲重要美術史閱讀了一遍。

B3F 中世、古代

美術館依山而建，因此一進到美術館的展場便是在B3，**這裡最令人的驚艷的除了西斯汀教堂外，是美術館中可看到把整個禮拜堂、聖堂、儀式間、墓室壁畫整個重現的展區**。這裡以古代的羅馬時期各式壁畫、以及中世紀最盛行的宗教繪畫呈現，甚至在同一展示室內可欣賞到《天使告知受孕》，在不同年代、不同畫家筆下的作品呈現。

B2F 文藝復興、巴洛克

來到B2就等於來到歐洲藝術繁花盛開、集結各種大師名作、歷史名作的年代，這裡不論是**達文西筆下的《蒙娜麗莎的微笑》、《最後的晚餐》，《維納斯的誕生》、維梅爾的《戴珍珠耳環的少女》、林布蘭專屬展覽室等**，還有各式皇室肖像作品，尤其推薦必看《最後的晚餐》，原畫在米蘭，當地限制人數下想一覽原畫幾乎難度頗高，這裡原汁原寸呈現修復前與修復後兩幅供觀者對比。

B1F 巴洛克、近代

B1主要以近代，也就是新古典主義、浪漫主義、自然主義、現代藝術的印象派，是各式藝術主義、畫派繁花盛開的時期，像是**秀拉、莫內、塞尚、梵谷、高更、米勒、雷諾瓦、竇加、等畫作都能看到**，這裡還特別闢有一室將梵谷瓶插向日葵完整7幅畫作複製畫蒐羅齊備展出，而想看四幅大睡蓮則原寸展示於 B2水池環繞的戶外區。

1~2F 現代

展示的以1900年以後的表現主義、新具象、現代主義、普普藝術等，像是**慕夏、克林姆、夏卡爾、畢卡索、安迪沃荷的作品都蒐羅其中**，也闢有特展室。而來到最頂層的1樓，還有綠意盎然的廣大戶外庭園與面對庭園的悠閒咖啡餐廳。

購票省錢TIPS！

大塚美術館光一張全票就要¥3,300，貴鬆鬆的花費要是一家4口來，可是費用不少，還好針對國高中小學生只要¥550，如果預先購票還能再省一筆！不用擔心得早早買才行，即使當日出門前才去預購門票，都能享優惠價，很多地方都能買到，像是德島旅遊中心、一些德島特約飯店、便利店，或是直接上網買、用手機取票都可以，相當方便。

❗預售點與優惠票價詳見官網

《在亞爾的臥室》可以進入拍照外，連牆上畫作也都原汁原味細緻呈現。
仿照《星空下的咖啡座》的場景再現，也可以入座點杯咖啡成為名畫世界裡的人物。
Café Vincent

Cafe Vincent

カフェ フィンセント

大塚國際美術館B3F

14:00~16:30(L.O.)

一進到美術館入口第一層的B3，除了眼前的西斯汀教堂吸引目光外，外面一旁以梵谷命名的主題咖啡館Cafe Vincent，也很有看頭，**清爽的開放式空間以黃色向日葵花田顏色為意象，是提供咖啡、餐食與輕食甜點。其中還特別將梵谷兩張畫作立體化，分別是《星空下的咖啡座》 以及《在亞爾的臥室》**，星空下的咖啡座成了任何人都可以入座的空間，臥室則完整搬進來咖啡館裡，供人參觀拍照留念，當然如果還不過癮，推薦再點一份大份量的梵谷布丁，綿密又充滿清爽奶蛋香，讓人回味。

MUSEUM SHOP
世界名畫剪影都變成原子筆了，是大塚美術館的專屬原創設計。

MUSEUM SHOP

大塚美術館B3F　9:30~17:00　名畫原子筆¥385、大塚美術館圖錄畫冊¥1,320

一次看了這麼多世界名畫，如果想把自己喜歡的畫作帶回家繼續回味，當然就得造訪位於B3的美術館商店。**這裡商品種類多到數不盡，從吃的、文具相關、背包、飾品、書籍畫冊、陶版複製畫、票卡夾、紙膠帶等一應俱全**，讓人這個也好想要、那個也想買，記得逛完美術館留點時間來挖挖寶喔。

走在渦の道體驗驚險的海上散步。

從腳下的透明玻璃可以看到神奇的海上漩渦。

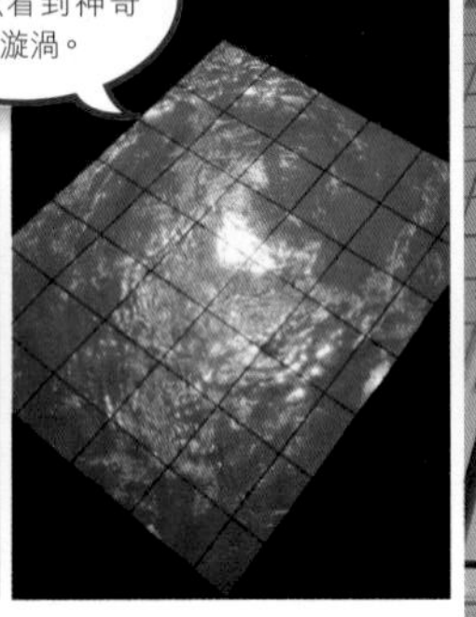

大鳴門橋・渦の道

おすすめ 薦

隔空踩上氣勢磅礴的漩渦浪潮，自然壯闊奇景撼動人心。

別冊P.22,D3 巴士「鳴門公園」站，下車徒步約7分 088-683-6262 鳴門市鳴門町土佐泊浦字福池65鳴門公園內 9:00~18:00(黃金週及暑假8:00~19:00、10~2月9:00~17:00)，入場至閉館前30分 休3、6、9、12月的第2個週一 大人¥510、國高中生¥410、小學生¥260、學齡前小孩免費；另有推出與鳴門觀光汽船、等各設施的套票 www.uzunomichi.jp

大鳴門橋完工於1985年，向北走可連結淡路島、明石海峽大橋，一路直通關西。大鳴門橋長達1,629公尺，除了供汽車行駛，橋面下還設有450公尺的**「渦の道」可以漫步在海面上，透過腳下的透明玻璃，欣賞著名的漩渦**，最大級可達直徑20公尺、時速20公里，有膽子站上去的話，就試試漩渦在腳下旋轉奔流的滋味。

漩渦的大小事

漩渦因為海底地形起伏不平，海峽之間的水流方向不一樣，加上潮汐引起的落差，種種因素形成時速世界第三快的鳴門漩渦，聲勢浩大，浩浩蕩蕩，壯麗的漩渦裹捲著白色的波浪，襯著藍色的海，海浪聲隆隆，驚濤裂岸，相當震撼。銀白色的大鳴門橋橋身以藍色大海為背景，是十分壯麗的圖畫。漩渦的規模依潮汐和季節而變，並不是無時無刻都可以欣賞到大漩渦，渦の道、鳴門觀光汽船等網頁都會列出每日的潮汐時刻，所以先查詢當天後再規畫前去的時間。

鳴門觀光汽船

おすすめ 薦

搭船出海吧！親眼見識漩渦魅力～

うずしお観潮船

別冊P.22,A4　徳島駅搭乘開往鳴門公園的徳島巴士，約20分至「鳴門観光港」站，下車即達　088-687-0101　鳴門市鳴門町土佐泊浦大毛264-1亀浦観光港　わんだーなると(Wonder鳴門)9:00~16:20每40分鐘一班，航程約30分鐘；預約制的アクアエディ(Aqua Eddy)9:15~16:15每30分鐘一班，航程約25分鐘　Wonder鳴門大人¥1,800、小學生¥900，2F一等艙另加價大人¥1,000、小學生¥500；Aqua Eddy大人¥2,400、小學生¥1,200　www.uzusio.com

從大鳴門橋的渦の道由高處隔著玻璃向下望，已是魄力十足，但若**搭乘鳴門觀光汽船出海觀潮，更是臨場感滿點**，海風從耳邊蕭蕭吹過，漩渦捲著白浪就在眼前，望之讓人生懼。為追尋出現時間地點不定的漩渦，船隻會不斷調整方向與位置，因此船上會些許搖晃，乘客欣賞漩渦時，也需多注意安全。

搭上觀潮船，往世界級海上漩渦前進！

手扶梯全長68公尺，高低差有34公尺，搭起來意外刺激。

Eskahill鳴門

エスカヒル鳴門

別冊P.22,C3　巴士「鳴門公園」站，下車徒步約3分　088-687-0222　鳴門市鳴門町土佐泊浦福池65鳴門公園內　9:00~17:00　手扶梯至展望台來回大人¥400、國中小學生¥100　www.narutokanko.co.jp/eskahill

連接鳴門山頂觀光設施的手扶梯，全長68公尺、高34公尺的Eskahill鳴門是全東亞第一長，坐到頂上的展望台需花費整整3分鐘，**展望台上視野極佳，大鳴門橋當然盡收眼底，天氣好時還可以看到淡路島、小豆島**，令人身心開闊。大樓內還設有餐廳和土產店，尤其1樓販賣的鳴門金時霜淇淋口味更是讓人驚艷，冰涼的霜淇淋下是熱呼呼的番薯塊，看似突兀卻意外地搭，讓人意猶未盡。

大鳴門橋架橋紀念館Eddy

大鳴門橋架橋記念館エディ

別冊P.22,C3 巴士「鳴門公園」站，下車徒步約5分 088-687-1330 鳴門市鳴門町土佐泊浦福池65鳴門公園内 9:00~17:00(入場至16:30) 大人¥620、國高中生¥410、小學生¥260、學齡前小孩免費 www.uzunomichi.jp/eddy/

暱稱為Eddy的大鳴門橋架橋紀念館，是**為了紀念大鳴門橋完工所建造**，在2019年3月全新整修後開幕，引進4K360度劇場「awa」、數位互動體驗遊戲「Play the Eddy!」以及VR觀光體驗「德島旅行(とくしまTrip)」等，透過遊戲及互動遊戲更加瞭解德島縣的文化及自然環境。在頂樓的展望台能一望360度的美景，將大鳴門橋及海景盡收眼底。

從千疊敷展望台一覽大鳴門橋與海景。

千疊敷展望台

別冊P.22,D3 巴士「鳴門公園」站，下車徒步約8分 鳴門市商工観光課088-684-1157 鳴門市鳴門町土佐泊浦福池65鳴門公園内 自由參觀

位在大鳴門橋前的展望台，臨近渦の道的入口，**壯闊的橋身與瀨戶內海美景就展現在眼前**，不時可見海面上往來航行的船隻，氣氛一派悠閒，順著遊步道走還可前往海岸。展望台附近有多間土產店、餐廳與喫茶店，可以購入知名的鳴門金時、紀念品或各種名產。

お茶園展望台

別冊P.22,C4 巴士「鳴門公園」站，下車徒步約5分 088-684-1157 鳴門市鳴門町土佐泊浦福池65鳴門公園内 自由參觀

過去阿波藩主蜂須賀候曾在此處開設茶屋，一邊品茗一邊觀潮，甚是雅興，也因此這個展望台稱為茶園。從展望台望出去，**左手邊為大鳴門橋，右手邊則是千鳥ケ浜，不同的景色卻同樣帶來感動**，展望台建有涼亭，可以學學蜂須賀候的雅致，買杯茶飲在此觀景。

靈山寺

おすすめ 薦

四國88所靈場的第一座經殿。

靈山寺

別冊P.20,C1 德島駅搭乘高德線20分至JR板東駅，下車徒步15分 088-689-1111 鳴門市大麻町板東塚鼻126 自由參拜 www.88shikokuhenro.jp/01ryozenji

靈山寺是遍路之旅的出發點，四周的街道還保有昔日風韻，迎面而來的是宏大典雅的仁王門，兩旁塑像面目猙獰、表情兇惡，讓修行者不得不重新審視自己信心堅不堅定，並受不殺生、不偷盜、不邪淫等十善戒。靈山寺的本尊釋迦如來是西元815年空海大師親手所刻，莊嚴慈悲，歷經千年，廟宇曾多次毀於祝融，不變的是靈山寺裡的梵唱和祝禱。門前有不少店販賣遍路的物品，方便旅人採買完了，好踏上遍路之旅。

祈求與健康、愛情、工作結緣的「縁結び観音」。

靈山寺是四國遍路的第一站，許多人特此來朝聖。

森陶器販售種類繁多的器皿。

大谷焼窯元森陶器

別冊P.22,A2 阿波大谷駅徒步5分 088-689-0022 鳴門市大麻町大谷字井利ノ肩24 8:30~17:00(週日9:30~16:30) 年末年始，工房休週日 自由參觀，陶器繪製體驗¥1,100起、製陶體驗(需預約)¥2,750起 morigama.jp

大谷燒從江戶時代流傳至今，已有兩百多年的歷史，是**德島代表性的傳統工藝**。在森陶器可以參觀廠房和百年歷史的登窯，沿著山坡排列的甕牆，是極美麗的風景，像一幅構圖精細、顏色簡單的陶版畫。在森陶器也可以親自體驗製陶的樂趣，但要事前預約，販賣部種類繁多的器皿，整列排開來，讓人眼花撩亂，大谷燒的樸拙厚重，別有一番韻味。

3月下旬~4月中旬是妙見山公園的櫻花季節。

妙見山公園

別冊P.22,A2 鳴門駅徒步20分；搭乘巴士至「妙見山公園」站，下車徒步5分 鳴門市撫養町林崎字北殿町

有著岡崎城(撫養城)城跡的妙見山公園，腹地內還有據傳為清少納言之墓的「あま塚」，以及主要展示法國玻璃工藝家Charles Martin Émile Gallé作品的「鳴門ガレの森美術館」可以參觀。而**這裡也是賞櫻勝地，每到櫻花滿開時，整座山染上了一片柔嫩粉紅色彩**，夜間點上燈光更添浪漫氛圍。

大步危・祖谷

おおぼけ・いや
Oboke・Iya

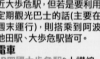

吉野川的上游祖谷溪貫穿了四國山脈，切割出令人讚嘆不已的大步危、小步危峽谷，絕景望之令人屏息，被稱為日本三大祕境之一。

自平安時代以來，日本皇室成員枝葉繁茂、皇子眾多，為了繼承以及種種政治因素，常將皇子去除皇籍，賜姓源姓或平姓，不同天皇的直系子孫漸漸形成兩大勢力，權勢爭奪不斷，在12世紀終於爆發了源平合戰，戰爭中落敗的平家一族輾轉逃亡至祖谷一帶，在此隱姓埋名，為祖谷添上幾筆神祕色彩。

交通路線&出站資訊

從德島市、高知市搭JR鐵路前往相當方便，主要景點靠近大步危駅，但若是要利用定期觀光巴士的話(主要在週末運行)，則搭乘到阿波池田駅、大步危駅皆可。

電車

JR四國大步危駅➪土讃線
JR四國阿波池田駅➪土讃線

巴士

◎KOTO巴士(琴平バス/コトバス)香川高松駅・琴平⇔大步危・祖谷直行巴士。
一天一班，高松駅發車9:00(需預約)
高松駅・高松機場出發大人¥2,500、學生¥2,000、小學生以下¥1,250；琴平出發大人¥1,500、學生¥1,200、小學生以下¥750
www.kotobus-express.jp/timetable/iya/
◎大阪⇄阿波池田巴士總站(阿波池田バスターミナル)：阪急巴士・四國交通巴士，車程約3小時47分。
阪急巴士www.hankyubus.co.jp/highway、四国交通巴士yonkoh.co.jp

出站便利通

◎這一帶為山區，交通較為不便，若自駕前往，雖然可以開車到大步危或深山裡的祖谷，但因為山路蜿蜒狹窄不易行走，且當地人車速較快，所以開車會比較費力，建議還是利用巴士或觀光計程車較安全。
◎利用四國交通推出的「定期観光(西祖谷コース)」，就能玩到祖谷跟大步危峽谷，行前先到網頁預約，參加當天10:30在到JR阿波池田駅集合出發。
4~7月週六日及例假日10:45發車，8月後運行日詳見官網
大人¥11,000、小孩¥10,500
JR阿波池田駅(上車)→阿波池田BT(上車)→平家屋敷→郷土料理(午餐)→かずら橋→小便小僧→道の駅大步危→大歩峡船下り(下車)→西宇(下車)→JR阿波池田駅(下車)→阿波池田BT(下車)
yonkoh.co.jp/teikan#route

觀光旅遊攻略

◎三好市観光案内所
0883-76-0877
池田町サラダ1810-18(阿波池田駅前)
8:00~18:00 休 年末年始

大步危・小步危

流經高知與德島的吉野川，是為日本三大暴川之一，將四國山脈岩石切削成陡峭的溪谷，巨岩奇石延綿不絕，在崎嶇蜿蜒的小徑上，大步走也不是，小步走也危險，因此有如此有趣的稱呼。

大步危峽觀光遊覽船

おすすめ 薦

大步危峽谷斷崖絕壁美景撼動人心。

大步危峽観光遊覧船

別冊P.23,A3 大步危駅徒步約20分；開車約5分 0883-84-1211 三好市山城町西宇1520 9:00~17:00(出航至16:30) 休 天候不佳 大人¥1,500、3歲~小學生¥750 www.mannaka.co.jp/restaurant/excursionship/excursionship.html

吉野川貫穿四國山脈所切割出的大步危、小步危峽谷，乃天下絕景，要一覽大步危的壯麗，**搭乘觀光遊覽船自然最佳**，往返約2公里、30分鐘的船程讓人心曠神怡，流水是最偉大的石雕大師，岩壁奇勝，形態不一，四季景色的轉換，也是秀麗絕倫。

展品包括象徵平家的紅旗、盔甲和數百項文書資料。

平家屋敷民俗資料館

別冊P.23,A3 大步危駅搭乘四國交通巴士，約6分至「平家屋敷前」站，下車即達 0883-84-1408 三好市西祖谷山村東西岡46 9:00~17:00(12~2月至16:00) 不定休 大人¥500、小學生¥300 r.goope.jp/heike-1408/about 館內禁止攝影

平家屋敷民俗資料館建於江戶時代，據說是**平家女兒所生的安德天皇，所重用的御醫子孫所建**，平家落敗後，家臣餘黨避難於祖谷溪，御醫採集當地豐富的草藥，行醫為生。現改為展示平家寶物和民具的資料館。

祖谷溪・小便小僧

おすすめ 薦

大步危的可愛名景點！

祖谷渓・小便小僧

別冊P.23,B2 阿波池田駅搭乘開往かずら橋的四國交通巴士，約55分至「風呂ノ谷」站，下車即達 三好市観光案内所0883-76-0877 三好市池田町松尾~三好市西祖谷山村 自由參觀

在深山幽谷之中，吉野川支流祖谷川從標高1955公尺的劍山往下奔流，蜿蜒流淌於四國山地之間，呈V字型的溪谷兩側是**經溪水侵蝕而成的斷崖絕壁，高低差從數10公尺到數百公尺皆有**，由其在深秋十分，溪谷兩側染上一片鮮紅，更是絕美。說到祖谷溪，在**200公尺絕壁上的尿尿小童**絕對**是代表物**。

尿尿小童據說過去在開挖道路時留下一塊凸出於道路的岩石而建造。

落差達50公尺的琵琶瀑布如白絲般優美。
吊橋的空隙頗大，從橋面可以看到底下的淙淙河水。

祖谷蔓橋・琵琶瀑布

おすすめ 薦

橋材皆以樹枝編織而成的日本三大奇橋之一。

祖谷のかずら橋・琵琶の滝

別冊P.23,C3 大步危駅搭乘開往かずら橋的巴士，約20分至「かずら橋」站，下車徒步5分 三好市観光案内所0883-76-0877 三好市西祖谷山村善徳162-2 祖谷蔓橋4~6月8:00~18:00，7~8月7:30~18:30，9~3月8:00~17:00 祖谷蔓橋天候不佳 祖谷蔓橋大人¥550、小學生¥350、學齡前小孩免費

祖谷溪是平家人為了躲避政敵而藏身的秘境，因此搭建了敵人來犯時，可以隨時斬斷追兵去路的藤蔓吊橋，也有一說是空海大師修行遍路所建，已被**指定為國家重要有形文化財**。從祖谷蔓橋步行約2分鐘可以來到附近的琵琶瀑布，據說平家人會聚集在此邊彈奏琵琶邊思念故鄉，互相安慰彼此，而這瀑布也因此得名。

黑澤濕原

黒沢湿原

別冊P.23,C1 阿波池田駅搭乘開往漆川八幡的四國交通巴士，約40分至「漆川八幡」站，下車徒步約50分 三好市観光案内所0883-76-0877 三好市池田町漆川黒沢 自由參觀

大步危一帶可說是感受風光明媚景色與大自然芬多精的天堂，為在三好市漆川地區的黑澤濕原，**6~10月間水生植物們輪番綻放，是黑澤濕原最佳的觀賞季節**。其中，花瓣形狀像是白鷺展翅高飛的鷺蘭(日本鷺草)，每年7~9月間盛開，潔白無瑕的小巧花朵我見猶憐，在全球的數量急劇減少而瀕臨絕種，相當珍貴。

黑澤濕原有著整備完善的散步木道整備完善。

松尾川溫泉・白鷺莊

松尾川温泉・しらさぎ荘

松尾川溫泉是當地人也愛來的大眾溫泉。

別冊P.23,B1 阿波池田駅開車約25分；或從JR阿波池田駅搭乘行經出合的四國交通巴士，約35分至「出合」站，下車徒步約30分 0883-75-2322 三好市池田町松尾黒川2-1 10:00~19:00 休週三、12/30~1/3、天候不佳 泡湯大人¥520、小學生¥320、學齡前小孩免費 www.matsuogawaonsen.com/

規模不大的松尾川溫泉，是當地人愛用的公眾溫泉，**鹼性單純硫磺泉的泉質，具有降低血糖、排毒、降血壓等功效**，同時有美肌的效果，無論年輕或年長者都適合來此泡泡湯。這裡也提供旅宿住宿，大人一晚只要¥4,000元，還可以免費泡湯(但需自備浴巾、牙刷等)，價格相當平實。

そば処 祖谷美人

おすすめ 薦

好山好水孕育出美味蕎麥麵。

別冊P.23,B3 大步危駅搭乘開往かずら橋的四國交通巴士，約15分至「祖谷美人前」站，下車徒步即達 0883-87-2009 三好市西祖谷山村善徳9-3 8:00~17:00 iyabijin.jp

由溫泉旅館所開設的同名蕎麥麵餐廳，是**這一帶最有人氣的餐飲店之一**，每到用餐尖峰時刻總是座無虛席，餐點以當地美食祖谷蕎麥麵為主打，自家製的麵條為祖谷特有的短粗平麵，口感濕軟獨特，帶有微微蕎麥香氣，除了基本的清湯麵之外，也有山菜、山賊(加入絞肉)蕎麥麵等選擇。

そば膳(蕎麥麵套餐)¥1,700

店內現烤的鹽烤香魚、味噌串燒是當地特色風味，值得一試。

RiverStation West West

おすすめ 薦

集結玩、買、吃的複合式觀光設施。

別冊P.23,A3 JR小步危駅徒步約20分鐘 德島縣三好市山城町西宇1468-1 0883-84-111 10:00~17:00(各店營時不一) 12月~7月中旬休週三或不定休 漂漂河泛舟¥2200/人，森林高空探險¥2,800/人 west-west.com

位在大步危峽谷入口的RiverStation West West，**可說是一處集結了森林、河谷體驗型探險活動，餐飲店、24小時便利店，還有知名戶外用品店「Montbell」加盟店、峽谷觀景台的一處多功能複合式設施**，光在這裡就能玩上大半天，相當適合親子共遊，像是參加漂漂河般悠閒的平緩泛舟戲水活動，或是體驗用樹木打造的空中繩索漫步探險，餓了這裡有由200年古民家改建的蕎麥麵名店「もみじ亭(紅葉亭)」，而Montbell也推出僅有這裡才買得到的限定款T-恤，更有24小時便利商店隨時隨地補充能量，在這深山之地，這麼多精彩設施，讓人更能放心來這裡大玩特玩。

知名蕎麥名店「紅葉亭」，秋日被紅葉庭院包圍，景致優雅。

在高達5公尺的林間攀爬高空索道，刺激好玩之外還能居高賞景。

在水域平緩的河川上，親子可一起體驗划槳前進的愉快行舟之旅。

峽谷の湯宿大步危峡まんなか

別冊P.23,A3 大步危駅徒步約20分、開車約5分，或可事前預約請工作人員至JR大步危駅接送 0883-84-1216 三好市山城町西宇 1644-1 Check in 15:00，Check out 10:00 www.mannaka.co.jp/hotel/hotel.html

這裡與觀光船遊覽船由同一個老闆所經營，飯店名稱「まんなか」意指正中心，因大步危・小步危一帶為在四國的中心位置而得名。**位於大自然懷抱中的溫泉飯店，峽谷溪流美景自然不在話下**，飯店的溫泉與佳餚更是有口皆碑，大浴場為單純硫磺泉、露天風呂則是礦石人工溫泉，溪谷絕景就在腳下，身心無限放鬆。豐盛的會席料理以當季食材新鮮製作，色香味俱全的擺盤與調理極為講究。

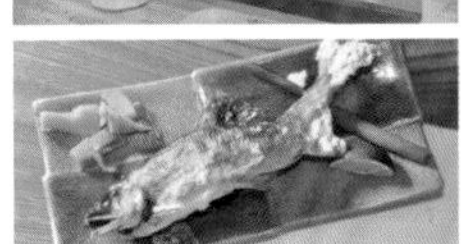

會席料理無論是前菜、煮物、炸物、鍋物，道道讓人齒頰留香。

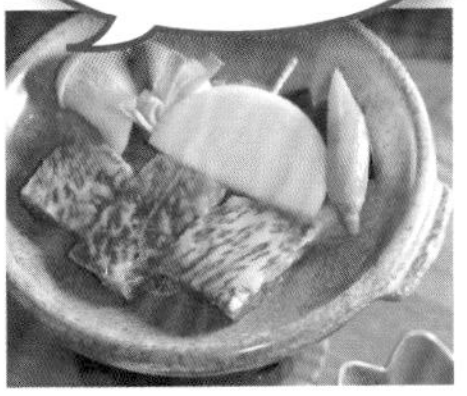

新祖谷溫泉飯店蔓橋

新祖谷温泉 ホテルかずら橋

別冊P.23,C3 大步危駅搭計程車約15分 0883-87-2171 三好市西祖谷山村善德33-1 Check in 15:00，Check out 10:00 www.kazurabashi.co.jp

蔓橋最引以為傲的**莫過於擁有自己的纜車**，房客可以坐著纜車，到頂樓的露天溫泉去泡湯。蔓橋的溫泉設施簡直寵壞房客，命名為雲海の湯、樹海の湯的溫泉，分別為男湯和女湯，視野遼闊，可以展望蒼翠的山林，景色之美，讓人泡了就不想起身了。

奧祖谷

四國北邊是千年前源平合戰的決戰場，落敗的平家人為躲避政敵的追殺清算，逃到祖谷溪隱姓埋名，漁耕為生，質量均佳的祖谷溫泉蒸騰著歷史的重量，平家子孫在祖谷溪茵茵如蓋的滋養下，也守住了一片青翠。現在奧祖谷仍舊風存著質樸的山村田野風光，從大步危一帶往東開車約40分鐘深入山林，民家沿著山面而建，依山傍水甚是優美。

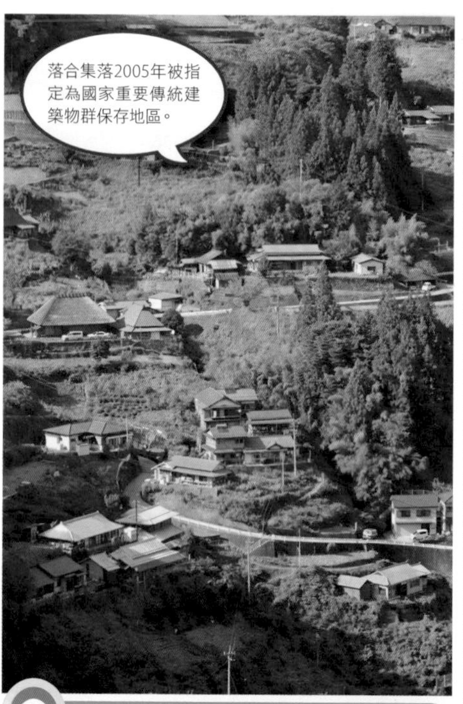

落合集落2005年被指定為國家重要傳統建築物群保存地區。

落合集落

別冊P.22,B5 大步危駅搭乘開往久保的四國交通巴士，約1小時至「東祖谷中学校前」站，下車徒步25分 三好市観光案内所0883-76-0877 三好市東祖谷落合99

高低差達390公尺的陡峭山坡面上，**散落著江戶中期至明治時期建造的古民家與石垣**，數百年間就這樣悠然地屹立於山谷中，絲毫不受塵世喧囂所擾，春夏綠意環繞，冬日染上純白積雪，將山間村落映襯地更清新脫俗。

坐上列車感受與世隔絕的寧靜感，讓人身心舒暢。
駅舎

奧祖谷觀光周遊單軌列車

奥祖谷観光周遊モノレール

別冊P.22,C5 阿波池田駅搭乘開往祖谷・久保的四國交通巴士，約1小時30分後至終點「久保」站下車，再轉乘市營巴士至「菅生」站，下車徒步約30分 090-7781-5828 三好市東祖谷菅生28 8:30~16:00(10~11月至15:30)。每日班次有限，當日乘車券售完為止，建議可於當天早上打電話詢問 休週三(遇假日照常運行)、12~3月 大人¥2,000、小孩¥800 2024年全年運休中

這條徜徉於森林中的觀光單軌列車，一班可供兩人乘坐，全長4,600公尺、高低差達590公尺、最高可達海拔1,380公尺，**論長度、最大傾斜度與落差高度都是世界之冠**。以いやしの温泉郷為起點，全程約65分鐘，在森林中緩慢前行的小車慢行於大自然的懷抱之中，呼吸沁涼清新的新鮮空氣。

舊小采家住宅

旧小采家住宅

別冊P.22,C5 阿波池田駅搭乘開往祖谷・久保的四國交通巴士，約1小時30分後至終點「久保」站下車，再轉乘市營巴士至「菅生」站，下車徒步約15分 三好市教育委員会文化財課0883-72-3910 三好市東祖谷菅生28 自由參觀

從單軌列車乘車處步行約5分鐘即可抵達舊小采家住宅，**於天寶年間建造的祖谷傳統民家，距今已有近200年歷史**，在1983年從東祖谷移築到現在的位置。小采家留存住當時民家的建築特徵，牆面上覆滿的竹子是為了保護土壁外牆，在正面還可以看到當時的廁所。

祖谷鄉土料理

祖谷的名物是別有風味的祖谷蕎麥麵(祖谷そば)和味噌串燒(でこまわし)。味噌串燒上串著蒟蒻、芋頭和豆腐，塗上厚厚的味噌在炭上烤，相當樸素而美味。祖谷溫泉蕎麥麵較粗較短，有別於一般的蕎麥麵，材料實在、揉功紮實，一碗就可以吃出日本秘境溪谷的深厚韻味。

稻草人之里

かかしの里

別冊P.22,D5 大步危駅開車約1小時；阿波池田駅搭乘開往祖谷．久保的四國交通巴士，約1小時30分後至終點「久保」站下車，再轉乘市營巴士至「名頃」站，下車即達 0883-72-7620 三好市東祖谷菅生191 自由參觀

位在東祖谷深山地帶的名頃地區，過去因為木材品質良好，所以由稱為「木地師」的木工業者開山進入，而逐漸形成現在的集落。**人口逐年減少的名頃集落後來因「稻草人」而翻紅**，原來是由村莊內的綾野月美女士因幫父親製作稻草人而開始創作在田裡工作的老婆婆、彈吉他的少年、廢校內上課的學童等。

每具人偶神態、服裝、表情各異，不仔細還以為有許多人聚集在此呢。
串

野猿是利用人力自拉繩索渡河，原是古代運送貨物用。

祖谷二重蔓橋・野猿

おすすめ 薦

漫步原始山林間享受森呼吸～

奧祖谷二重かずら橋・野猿

別冊P.22,D5 波池田駅搭乘開往祖谷．久保的四國交通巴士，約1小時15分後至終點「久保」站下車，再轉乘開往劍山的市營巴士至「かずら橋」站，下車即達 三好市觀光案內所0883-76-0877 三好市東祖谷菅生620 奧祖谷二重蔓橋4~6月、9~11月9:00~17:00，7~8月8:00~18:00 休奧祖谷二重蔓橋12~3月 奧祖谷二重蔓橋大人¥550、小孩¥350、學齡前小孩免費 野猿目前故障中，無法運行

距今約800年前，戰敗潛逃於此的平家一族力圖東山再起，所以暗自在劍山的平氏家族馬場進行訓練，途中行經此處，**為了渡河而搭建起吊橋，因兩座橋相鄰並列，所以又被稱為「男橋女橋」或「夫婦橋」**，是祖谷現存三座吊橋中的其中兩座，每三年會重建一次，以確保橋梁的穩固安全。一旁還有人力索道(野猿)，坐上去後需自力拉繩索渡河，是相當有趣的體驗。

登頂後天氣晴朗時還可遠眺到瀨戶內海與紀伊半島。

花15分鐘搭乘吊椅在空中散步迎著微風相當舒適。

劍山

おすすめ 薦

登上西日本第二高峰，一覽山景風光。

剣山

別冊P.20,B2 大歩危駅開車約1小時30分 剣山観光登山リフト0883-67-5277 三好市東祖谷菅生205-25 4月中旬~11月9:00~16:30，黃金週、8月、10月週六日及例假日8:00~16:30 12月~4月中旬 吊椅單程大人¥1,050、小孩¥520，來回大人¥1,900、小孩¥900 剣山観光登山リフトwww.turugirift.com

入選為日本百名山的西日本第二高峰，標高1,955公尺，僅次於1,982公尺高的石鎚山。劍山別名太郎笈，與西南方的次郎笈互望，從山腳搭乘登山吊椅可一口氣直抵海拔1,750公尺處，若自己攀爬的話則約需50分鐘。抵達山腰後可依自己的體力從三條步道中選擇登山路線，沿途風光明媚，登頂後視野一片遼闊，壯闊山景連綿不絕。

霧の峰

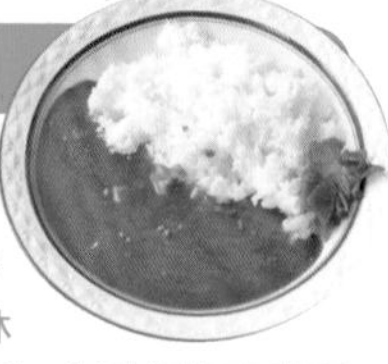

別冊P22,D5 大歩危駅開車約1小時30分 0883-67-5211 三好市東祖谷菅生205-8 8:00~17:00(依季節而異) 不定休

這間**劍山登山口附近的餐飲處，由同名旅宿所經營，是登山客補充能量、運動後小憩一下的最佳去處**，提供祖谷蕎麥麵、鹽燒雨子魚(あめご)等鄉土料理，也有親子丼、咖哩飯與飲料。除了餐廳，一旁還有兼設土產店，可在此購買劍山登山紀念徽章、鑰匙圈等小物，還可享用烤糰子、霜淇淋等簡單食物。

祖谷溫泉

大步危・祖谷地區是由吉野川上游的祖谷溪所貫穿，陡峭的溪谷絕景被稱為日本三大秘境之一。因源平合戰敗落的平家一族逃亡至祖谷一帶，在此隱姓埋名，更更祖谷增添幾分神秘色彩。而深藏在溪谷邊的秘境湯泉吸引來熱愛溫泉人士，周邊隨著四季變化的絕美自然景色，更為泡湯增添許多樂趣。

四國・廣島・瀨戶內海 基本情報

前往四國地區，其實比想像中還簡單許多，目前從台灣有直飛岡山、廣島、高松、松山的班機，可作為前往四國的起點，或是將最大的關西國際機場當作進出點，再轉乘鐵路或巴士也很方便。因為四國西臨九州、東濱關西，從日本境內其它城市搭乘鐵路、巴士前來，基本的交通都不算複雜，快快規劃旅程，來趟四國小旅行吧！

基本資訊

日本概要

◎國名 日本　◎正式國名 日本國

◎行政中心 東京(現行法令沒有明訂首都為何。)

◎語言 日語

◎宗教 以信神道教者占最多數，其次為佛教、基督教、天主教等。

◎地理環境 位於東北亞的島國，由四大島：北海道、本州、四國、九州及許多小島組成，西濱日本海、朝鮮海峽、中國東海，東臨太平洋，主島多陡峭山脈和火山，本州是最大主島，沿海為狹窄平原。

◎四國位置 四國是日本本土四島中最小的島嶼，行政區域劃分為香川縣、愛媛縣、高知縣以及德島縣，四面環海，中間橫亙著蒼翠山巒，北依瀨戶內海與本州對望，南臨太平洋，予人清新純粹的印象，除了最大的四國本島，尚有其他小島，其中較著名的有小豆島、直島等。交通方面自1998年4月，自四國至本州的跨海大橋「明石大橋」通車之後，四國可直通本州神戶附近的明石，不再僅仰賴水陸和空運交通，陸路聯繫逐漸頻繁。

時差

日本比台灣快一個時區，就是台北時間加一小時。

氣候

◎春天(3~5月) 氣溫已經開始回升，仍頗有寒意，有時會有攝氏10度以下氣溫，早晚溫差大，需注意保暖。3月底至4月中是四國的賞櫻季，也是觀光人潮眾多的時候。提早二個月訂機位、旅館較能保障旅行計畫。

◎夏天(6~8月) 夏天陽光十分炙熱，攝氏30度以上的日子不少，7月下旬至8月初甚至超過35度。山裡的氣溫平均少3~5度，但山裡溫差大，帶件小外套就可以。夏天是祭典最精彩的時候，尤其德島阿波舞祭、高知YOSAKOI祭更是吸引百萬人次參與，若要在這段期間造訪，建議半年前~1年前就要預訂房間。

◎秋天(9~11月) 傍晚時天氣涼爽宜人，薄外套或針織長衫就很適合。接近11月的晚秋，部份山區已進入冬天氣候，須穿厚外套。11月份進入賞楓季節，豔麗奪目的紅葉為山頭染上詩意。

◎冬天(12~2月) 四國的冬天會比台灣更加乾冷，寒流來時還降至0度左右，保暖防風的衣物不可少。除了山區之外，都市市區不太會下雪，只會偶爾因寒流而微微飄雪，不會造成交通影響。

習慣

日本的一般商店街和百貨公司，除了特賣期間，通常都從早上11點左右營業到晚間7點到8點之間。行人行走方向是靠左行走，車輛行進方向也都與台灣相反。日本各處實行分菸制度，在公共場合都不可以吸菸，想吸菸必須要到有標識能吸菸的地方才可以。

用餐

除了小餐館、路邊攤和投幣拿券式的拉麵店等小商家只能使用現金，大部分的地方可以刷卡(門口會有可否刷卡的標示)。一般店家都在店門附近擺放料理模型，可以按照模型選餐。不少大型居酒屋也都推出圖文並茂的菜單，讓不會日文的外國朋友可以按圖點餐。

電源

電壓100伏特，插頭為雙平腳插座。如果筆電的電源線為三個插座的話，記得要帶轉接頭，以免到日本後無法使用。

郵政

郵筒分紅、綠兩色，紅色寄當地郵件，綠色寄外國郵件(有些地區只有一個紅色郵筒兼收)。市區主要郵局開放時間，週一~五為9:00~19:00，週六為9:00~17:00。

航空明信片(定形郵便物，非不規則狀)郵資¥100，航空郵件(定形郵便物：長邊14~23.5cm、短邊9~12cm、厚度1cm內)50g以下郵資¥120~190。

消費資訊

貨幣及匯率

◎匯率：台幣1元約兌換日幣4円

◎通貨：日幣¥、円。紙鈔有1萬圓、5千圓、2千圓及1千圓，硬幣則有500圓、100圓、50圓、10圓、5圓及1圓。

兌換日幣

出發前記得在國內先兌換好日幣，雖然各大百貨公司及店家、餐廳等都可使用信用卡，但是像購買電車票、吃拉麵、買路邊攤、住民宿等，都還是會用到現金。國內各家有提供外匯服務的銀行都有日幣兌換的服務，桃園國際機場內也有多家銀行櫃台可快速兌換外幣。

➔小費

日本當地消費無論用餐或住宿，都不用額外給小費，服務費已內含在標價中。

➔購物

日本的大折扣季是在1月和7月，每次約進行1個半月的時間，跟台灣一樣折扣會愈打愈低，但貨色會愈來愈不齊全。1月因適逢過年，各家百貨公司和商店都會推出超值的福袋。

➔消費稅

日本的消費稅已在2014年4月1日從5%調漲為8%，並在2019年10月調漲至10%。但無需擔心這會讓荷包大大縮水，根據消費稅的增加，退稅規定也有所調整，詳細的條件可參考下方網址或詳見P.B-5。

www.japan.travel/tw/plan/japans-tax-exemption/

飛航資訊

➔簽證及護照規定

2005年8月5日通過台灣觀光客永久免簽證措施，即日起只要是90日內短期赴日者，皆可享有免簽證優惠。

◎免簽證實施注意事項

對象：持有效台灣護照者(僅限護照上記載有身分證字號者)。

赴日目的：以觀光、商務、探親等短期停留目的赴日(如以工作之目的赴日者則不符合免簽證規定)。

停留期間：不超過90日期間。

➔班機

從台灣目前直飛高松機場的航班較多，或可選擇直飛愛媛縣松山機場。如果在旅遊旺季時訂不到機票的話，建議可以改從大阪的關西國際機場、九州的福岡機場或是岡山的岡山機場做為出入口，利用新幹線到四國交通相當方便，可做為後補機場。

◎桃園國際機場⇔四國直飛班機

出發的	目的地	航空公司	班機時間
桃園國際機場	香川縣高松機場(TAK)	中華航空·日本航空	每週5班，週二~四、六~日
香川縣高松機場(TAK)	桃園國際機場		每週5班，週二~四、六~日
桃園國際機場	愛媛縣松山機場(MYJ)	長榮航空	每週2班，週三、日
愛媛縣松山機場(MYJ)	桃園國際機場		每週2班，週三、日
桃園國際機場	高知龍馬機場	台灣虎航	每週2班，週三、六
高知龍馬機場	桃園國際機場		每週2班，週三、六

◎台灣⇔關西、中國或九州機場

因直飛四國地區機場的航班較少，在旅遊旺季時可以選擇其他機場進出，例如關西地區的關西國際機場、中國地區的岡山機場及廣島機場，以及九州地區的福岡機場。以下是台灣桃園國際機場、高雄國際機場有與上述機場對飛的航空公司列表。

出發地⇔目的地	運行航空公司
桃園國際機場⇔關西國際機場	長榮航空、中華航空、星宇航空、日本航空、全日空航空、國泰航空、台灣虎航、樂桃航空
桃園國際機場⇔岡山機場	台灣虎航
桃園國際機場⇔廣島機場	中華航空
桃園國際機場⇔福岡機場	長榮航空、中華航空、星宇航空、日本航空、全日空航空、台灣虎航、樂桃航空
高雄國際機場⇔關西國際機場	長榮航空、中華航空、日本航空、全日空航空、台灣虎航、樂桃航空
高雄國際機場⇔福岡機場	長榮航空、中華航空、日本航空、全日空航空、台灣虎航、樂桃航空

其他資訊

➔信用卡掛失

◎VISA信用卡國際服務中心

00531-44-0022

◎Master信用卡國際服務中心

00531-11-3886

◎JCB日本掛失專線

0120-794-082

◎美國運通日本掛失專線

03-3586-4757

➔當地旅遊資訊

◎高松機場Information Center

087 814-3355 高松市香南町岡1312-7(高松機場1F大廳) 8:15-21:40

◎香川・高松ツーリストインフォメーション(香川・高松Tourist Information)

087-826-0170 高松市浜ノ町1-20高松ORNE北館(JR高松駅1F廣場) 9:00~20:00

◎松山市観光案內所

089-931-3914 松山市南江1-14-1(JR松山駅內) 8:30~20:30

◎高知観光情報発信館「こうち旅広場 - とさてらす」

088-879-6400 高知市北本町2-10-17((JR高知駅南口旁) 8:30~18:00 www.attaka.or.jp

◎徳島市宿泊案內所

088-622-8556 徳島市寺島本町西1-4-2(JR徳島駅前) 14:00~18:00

➔國定假日

1月1日	元旦
1月第2個週一	成人之日
2月11日	建國紀念日
2月23日	天皇誕辰
3月20日或21日	春分之日
4月29日	昭和之日
5月3日	憲法紀念日
5月4日	綠之日
5月5日	兒童之日
4月底~5月初	黃金週
7月第3個週一	海洋之日
8月11日	山之日
9月第3個週一	敬老之日
9月22日或23日	秋分之日
10月第2個週一	體育之日
11月3日	文化之日
11月23日	勤勞感謝日
12月29~31日	年末休假

日本入境手續

所有入境日本的外國人都需填寫入出境表格和行李申報單，如果自由行觀光客在出發前沒有拿到旅行社所發送的表格，請在飛機航班上主動向機組人員詢問索取，並盡可能在飛機上填寫完成，每一個空格都需填寫，以免耽誤出關時間。

入境審查手續

自2007年11月20日開始，為了預防恐怖事件發生，所有入境日本的外國旅客都必須經過按指紋與臉部照相過程才可入境。

↓

❶ 抵達後請準備好已經填寫完成的入境表格，於外國人的櫃檯依指示排隊。

↓

❷ 向櫃檯入境審查官提交護照、填寫好之入境表格。

↓

❸ 在海關人員的引導指示下讀取指紋。
請將兩隻手的食指放上指紋機，等候電腦讀取指紋資訊。

↓

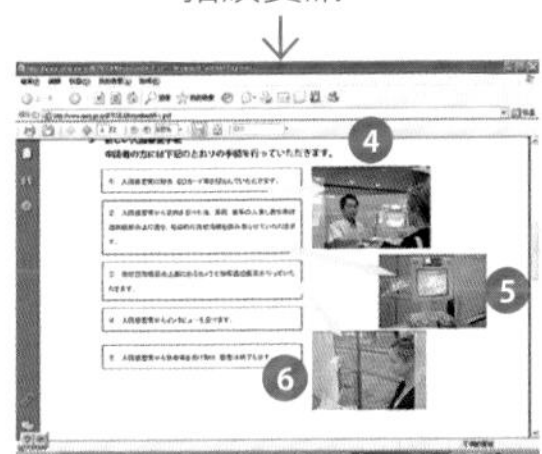

請參照 www.moj.go.jp/content/000001945.pdf

↓

❹ 準備臉部拍照，請將臉部正對著指紋機上的攝影鏡頭。

↓

❺ 接受入境審查官的詢問。

↓

❻ 入境審查官審核認可之後，
會在護照上貼上日本上陸許可，並釘上出國表格。
(此張表格於日本出境時審查官會取回)

↓

❼ 等候入境審查官歸還護照，完成入境手續。

不需接受按指紋與臉部照相手續的人

1.特別永住者。
2.未滿16歲者。
3.進行外交或政府公務活動之人員。
4.受到日本國家行政首長邀請之人員。
5.符合日本法務省規定之人員。

JAPAN IMMIGRATION INSPECTOR
上陸許可
LANDING PERMISSION
Date of permit: 25.MAY.2008
Until: 23.AUG.2008
Status: 短期滞在 Temporary Visitor
Duration: 90days
NARITA(2)

隨指標抵達證照檢查處後，請在標示為「外國人入境」的窗口前依序排隊，並準備：1.護照2.填寫好的出入境表格3.機票存根，在輪到你時交給窗口的入境審查官。檢查完資料後，審查官貼上入境許可，並請你在指紋登記系統留下紀錄，完成入國手續。

填寫入國紀錄

❶ 姓(填寫護照上的英文姓氏)
❷ 名(填寫護照上的英文名字)
❸ 出生日期(依序為日期、月份、西元年)
❹ 現居國家名
❺ 現居都市名
❻ 入境目的(勾選第一個選項「觀光」，若非觀光需持有簽證)
❼ 搭乘班機編號
❽ 預定停留期間
❾ 在日本的聯絡處(填入飯店名稱、電話號碼即可)
❿ 在日本有無被強制遣返和拒絕入境的經歷(勾選右方格：沒有)
⓫ 有無被判決有罪的紀錄(不限於日本)(勾選右方格：沒有)
⓬ 持有違禁藥物、槍砲、刀劍類、火藥類(勾選右方格：沒有)
⓭ 簽名

備註：新式入國記錄背面問題即為❿~⓬

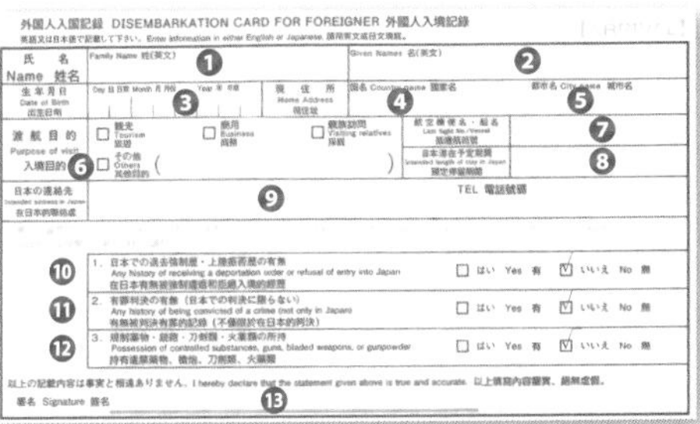

外国人入国記録 DISEMBARKATION CARD FOR FOREIGNER 外國人入境記錄

氏名 Name 姓名	Family Name 姓(英文) ❶	Given Names 名(英文) ❷
生年月日 Date of Birth 出生日期	Day 日 Month 月 Year 年 ❸	現住所 Home Address 現住址：国名 Country name 國家名 ❹ / 都市名 City name 城市名 ❺
渡航目的 Purpose of visit 入境目的 ❻	□ 観光 Tourism □ 商用 Business □ 親族訪問 Visiting relatives □ その他 Others ( )	航空機便名・船名 ❼ / 日本滞在予定期間 Intended length of stay in Japan ❽
日本の連絡先 在日本的聯絡處	❾ TEL 電話號碼	

❿ 1. 日本での退去強制歴・上陸拒否歴の有無 Any history of receiving a deportation order or refusal of entry into Japan 在日本有無被強制遣返和拒絕入境的經歷 □ はい Yes 有 ☑ いいえ No 無

⓫ 2. 有罪判決の有無（日本での判決に限らない） Any history of being convicted of a crime (not only in Japan) 有無被判決有罪的記錄（不僅限於在日本的判決） □ はい Yes 有 ☑ いいえ No 無

⓬ 3. 規制薬物・銃砲・刀剣類・火薬類の所持 Possession of controlled substances, guns, bladed weapons, or gunpowder 持有違禁藥物、槍砲、刀劍類、火藥類 □ はい Yes 有 ☑ いいえ No 無

以上の記載内容は事実と相違ありません。I hereby declare that the statement given above is true and accurate. 以上填寫內容屬實，絕無虛假。

署名 Signature 簽名 ⓭

訪日前可網路預填「入境審查單」及「海關申報單」

從2023年4月29日起，日本[illegible]Covid-19入境規範限制，等於入境日本跟[illegible]模一樣，唯一不同，入境日本前，新增可以透過「Visit Japan Web」，預先填寫「入境審查單」及「海關申報單」以節省入境時間，當然也可選擇到日本[illegible]填傳統紙本，一樣可以入境。

◎機[illegible]

目前僅7個主要機場（東京-成田機場、東京-羽田機場、關西機場、中部機場、福岡機場、新千歲機場、那霸機場）可以使用 Visit Japan Web 辦理入境和海關手續。

❶四國地區機場及岡山、廣島機場還不能用VJW，仍需要填寫紙本。

使用TIPS

① 用手機填寫：預先填寫「入境審查單」及「海關申報單」後會取得1組QRCode，以供入境日本時使用，建議用手機在網路直接填寫，就會在手機上取得。

② 截圖使用：在出國前填完資料取得的QRCode，由於是透過網路連線後出現，但在下機當下，可能上網不那麼便利或是網路卡卡，建議直接將QRCode截圖存下，一樣可以使用，以免因臨時找不到網站而慌張。

港澳入境日本&旅遊資訊

➔日本基本資訊

請參考P.B-1~B-2。

➔簽證及護照規定

持香港特區護照(HK SAR)、澳門特區(MACAU SAR)、英國(海外)公民(BNO)，只要是90日內短期赴日者，皆可享有免簽證待遇。

◎免簽證實施注意事項

對象：持有效持香港特區護照(HK SAR)、澳門特區(MACAU SAR)、英國(海外)公民(BNO)者

停留期間：不超過90日期間

赴日目的：以觀光、商務、探親等短期停留目的赴日(如為其他目的，需另外申請簽證)

◎在香港日本國總領事館

香港中環康樂廣場8號(交易廣場第一座46樓及47樓)

+852-2522-1184

9:15-12:00、13:30-16:45

週六、日

www.hk.emb-japan.go.jp/itprtop_zh/index.html

❶領館轄區：香港特別行政區、澳門特別行政區

➔貨幣及匯率

匯率：港幣1元約兌換日幣19.3圓。

匯率：澳門幣1元約兌換日幣18.8圓。

通貨：日幣￥。紙鈔有1萬圓、5千圓、2千圓及1千圓，硬幣則有500圓、100圓、50圓、10圓、5圓及1圓。

➔電話

港澳行動電話雖和日本系統不同，但目前4G、5G手機已可漫遊日本地區。投幣話機可使用10圓、100圓。能打國際電話的公用電話越來越少，請特別注意。

❶以市話撥打國際電話方式，請參照B-2。香港國際區號(852)、澳門國際區號(853)

➔中國駐大阪總領事館

港澳居民在日本遭遇到任何問題與麻煩，如護照遺失、人身安全等，皆可與辦事處連絡。

Osaka Metro千日前線阿波座駅9號出口，徒步2分

大阪市西區靭本町3-9-2

06-6445-9481、06-6445-9482

週一~五9:00~12:30

osaka.china-consulate.gov.cn/jpn/

➔港澳居民入境日本手續

港澳居民入境日本，除了以往紙本入境申報單(參考P.B-3)及海關申報單外，一樣適用「Visit Japan Web」，可提供出境前預辦入境手續的「入境審查」、「海關申報」和「免稅購買」的網上服務。

作者墨刻編輯部
攝影墨刻攝影組・Joseph Lin
主編黃琪微
美術設計許靜萍(特約)・詹淑娟(特約)・羅婕云
地圖繪製墨刻編輯部・Nina(特約)

發行人何飛鵬
PCH集團生活旅遊事業總經理暨社長李淑霞
出版公司
墨刻出版股份有限公司
地址：115台北市南港區昆陽街16號7樓
電話：886-2-2500-7008／傳真：886-2-2500-7796
E-mail：mook_service@hmg.com.tw
發行公司
英屬蓋曼群島商家庭傳媒股份有限公司城邦分公司
城邦讀書花園：www.cite.com.tw
劃撥：19863813／戶名：書虫股份有限公司
香港發行城邦（香港）出版集團有限公司
地址：香港九龍土瓜灣土瓜灣道86號順聯工業大廈6樓A室
電話：852-2508-6231／傳真：852-2578-9337／
E-mail：hkcite@biznetvigator.com
城邦（馬新）出版集團 Cite (M) Sdn Bhd
地址：41, Jalan Radin Anum, Bandar Baru Sri Petaling,
57000 Kuala Lumpur, Malaysia.
電話：(603)90563833／傳真：(603)90576622／
E-mail：services@cite.my
製版・印刷凱林彩印股份有限公司
ISBN978-626-398-021-1・978-626-398-020-4（EPUB）
城邦書號KS2070 **初版**2024年5月 **二刷**2024年7月
定價460元
MOOK官網www.mook.com.tw
Facebook粉絲團
MOOK墨刻出版 www.facebook.com/travelmook

執行長何飛鵬
PCH集團生活旅遊事業總經理暨墨刻出版社長李淑霞
總編輯汪雨菁
資深主編呂宛霖
採訪編輯趙思語・李冠瑩
叢書編輯唐德容・林昱霖
資深美術設計主任羅婕云
資深美術設計李英娟
影音企劃執行邱茗晨
資深業務經理詹顏嘉
業務經理劉玫玟
業務專員程麒
行銷企畫經理呂妙君
行銷企畫主任許立心
業務行政專員呂瑜珊
印務部經理王竟為

wagamama no.070

四國‧廣島‧瀨戶內海攻略完全制霸 2024~2025

國家圖書館出版品預行編目資料

四國.廣島.瀨戶內海攻略完全制霸. 2024-2025/墨刻編輯部作. -- 初版. -- 臺北市：墨刻出版股份有限公司出版：英屬蓋曼群島商家庭傳媒股份有限公司城邦分公司發行, 2024.05
320面；14.8×21公分. -- (wagamama ; 70)
ISBN 978-626-398-021-1(平裝)

1.CST: 旅遊 2.CST: 日本

731.9 113005559

最新退稅手續 無紙大進化

2020年4月，新的退稅手續又有大進化，主要是將退稅紙本電子化，無紙環保更輕鬆，以往不論在哪買退稅商品，最後會拿到一疊厚厚的退稅單據，然後釘在你的護照上，回國時才由海關取走，而最新規範則將不會再有這些複雜單據，所有購物紀錄都會被以數據方式上傳，在辦理離境手續時，只要一刷護照，海關就可以從電腦上來確認你的免稅購物明細了。

❶因為是漸進式推行的退稅系統，也有可能遇到還尚未系統電子化的商家，仍維持傳統紙本方式退稅

➔退稅計算門檻

日本2019年10月再將消費稅一口氣提到10%後，等於買¥1,000就得多付¥100元稅金，唯有搞懂退稅，才能買得開心又划算。以往退稅制度將商品分為「一般品」、「消耗品」，同一天在同一間店、購買同一種類商品達¥5,000以上方可享受退稅。2018年7月以後，不分一般品、消耗品，只要同一天在同一間店裡，未稅前合併消費達¥5,000以上、¥50萬以下，就可以享受退稅。

➔退稅品不可在日本境內拆封使用

為防止退稅過後的物品在日本被打開，退稅品會裝入專用袋或箱子中，直到出境後才能打開。若是在日本就打開，出境時會被追加回稅金，需特別注意。但如果為了達退稅門檻，而與消費品合併並計算，就會被一起封裝，這時一般品也不能在日本拆開使用。

消耗品(需封裝，不可在日本使用)	食品、飲料、化妝品、藥品、菸酒等
一般品(不封裝，可在日本使用)	百貨服飾、家電用品等

➔液體要放託運

原則上所有免稅商品都需要在出境時帶在身邊讓海關檢查，但如果買了酒、飲料等液態食品，或是化妝水、乳液等保養品不能帶入機艙，必需要放入託運行李中時，可在結帳退稅時請店員分開包裝，但切記裝入行李箱時一樣不可打開包裝袋或箱子，以免稅金被追討。

➔認明退稅標章「Tax-Free」

可退稅的店家會張貼退稅標章，若不確定可口頭詢問是否有退稅服務。付款時務必出示護照一起辦理付款&退稅。

www.japan.travel/tw/plan/

➔退稅流程

❶ 可退稅商店內選購商品。 ➔ ❷ 同一日同間商店購買a)消耗品＋ b)一般品達¥5,000以上。 ➔ ❸ 結帳時表示欲享免稅，並出示護照。短期停留的觀光客才享有退稅資格。

❹ 結帳時，由店員刷護照條碼紀錄，免稅單不再印出，資料雲端電子化。 ➔ ❺ 回國出境，日本海關只需刷護照條碼，便能知道你有無免稅品消費紀錄。 ➔ ❻ 原則免稅品上應於出境時隨身攜帶以利海關檢查，若有液體則需託運。